CON MONO, ALPARGATAS Y FUSIL

El olvido histórico, un ultraje a la memoria de los inocentes

Derechos de autor © 2022 Jesús Peramo Moya

Inscrito en el Registro Central de la Propiedad Intelectual

EXPEDIENTE 765-791656

NÚMERO DE ASIENTO REGISTRAL 00/ 2022 /2364

Todos los derechos reservados

No se permite la reproducción, distribución, comunicación pública o transformación, total o parcial de este libro, ni su incorporación a un sistema informático, ni su transmisión en cualquier forma o por cualquier medio, sea éste electrónico, mecánico, por fotocopia, por grabación o por cualquier otro método, sin el permiso previo y por escrito del autor (titular de la propiedad intelectual). La infracción de los derechos mencionados puede ser constitutivo de delito contra la propiedad intelectual (Artículos 270 y siguientes del Código Penal).

Diseño de la portada: Jesús Peramo Moya

JESÚS PERAMO MOYA

CON MONO, ALPARGATAS Y FUSIL

El olvido histórico, un ultraje a la memoria de los inocentes

ÍNDICE

INTRODUCCIÓN 3

1. LA REPÚBLICA COMO NUEVA FORMA DE GOBIERNO 7
2. ASTURIAS Y OCTUBRE DE 1934. INSURRECCIÓN Y BARBARIE 15
3. ELECCIONES FEBRERO 1936. AMBIENTE PREVIO. CAMPAÑA ELECTORAL Y VIOLENCIA EN LAS CALLES 29
4. AMBIENTE TRAS LAS ELECCIONES DE FEBRERO DE 1936 39
5. CARACTERÍSTICAS DEL FRENTE POPULAR 45
6. PRINCIPALES PARTIDOS Y FUERZAS QUE COMPONÍAN EL FRENTE POPULAR 51
7. LAS ALIANZAS OBRERAS 63
8. SUBLEVACIÓN CONTRA UN ESTADO DESLEGITIMADO 65
9. ILEGITIMIDAD DEL GOBIERNO DEL FRENTE POPULAR. LA REPÚBLICA EN LA GUERRA 71
10. DEGENERACIÓN DE LA II REPÚBLICA. LA SUPRESIÓN DE LA JUSTICIA 83
11. PRENSA Y CULTURA 87
12. MILICIANOS Y REVOLUCIONARIOS. LOS HÉROES DEL SAQUEO. EL PSOE PLANEA LA INSURRECCIÓN 93
13. SOVIETIZACIÓN DE ESPAÑA. PERSONAJES DE LA URSS 99
14. LAS BRIGADAS INTERNACIONALES. BRIGADISTAS Y OTROS DELINCUENTES 109
15. LA PERSECUCIÓN A LA IGLESIA. POLÍTICA DE EXTERMINIO Y GENOCIDIO DEL CLERO 115
16. VIOLENCIA CONTRA LAS MUJERES 129
17. CHECAS, SACAS Y MATANZAS 135
18. ASALTOS Y ASESINATOS EN EMBAJADAS 165
19. VENGANZAS Y AJUSTES DE CUENTAS 169
20. COMPLICIDAD DEL GOBIERNO DE LA REPÚBLICA EN LOS ASESINATOS ... 173
21. LA POLÍTICA REVOLUCIONARIA COMO PRETEXTO PARA EL ROBO Y EL SAQUEO 181
22. EL SAQUEO DEL BANCO DE ESPAÑA 187

23. POBLACIÓN 197

24. LOS MILITARES 205

25. MILITARIZACIÓN. EL EJÉRCITO POPULAR DE LA REPÚBLICA Y SOVIETIZACIÓN DEL GOBIERNO. LA REPÚBLICA, SÚBDITA SUMISA DE LA URSS 211

26. AYUDA DE LA URSS 231

27. LA DIMISIÓN DE AZAÑA 237

28. LA DEMORA DE LA DERROTA. EL GOLPE DE CASADO 239

29. LA REUNIÓN CON EL BANDO DE FRANCO 245

30. CARTAGENA 247

31. LAS RATAS ABANDONAN EL BARCO. LA HUIDA 249

32. LA DESBANDADA A FRANCIA TRAS LA DERROTA 253

33. EL YATE VITA 257

34. EL FINAL 261

35. EL MAQUIS. LA RESISTENCIA 263

36. CAUSA GENERAL. ILEGITIMACIÓN DEL FRENTE POPULAR. JUSTICIA Y REPRESIÓN DEL BANDO NACIONAL 271

37. EL DESENGAÑO 285

38. DIRIGENTES Y CIERTOS PERSONAJES 289

39. DESPROPÓSITO DE LA <<MEMORIA HISTÓRICA>> Y CONCLUSIÓN 353

40. REFLEXIONES FINALES. ERRORES DE LA REPÚBLICA. COINCIDENCIAS DE LA HISTORIA. 379

41. HOMENAJE A LAS VÍCTIMAS 383

DESENLACE FINAL Y TRISTE LECCIÓN 385

SIGLAS Y ABREVIATURAS 387

BIBLIOGRAFÍA RELACIONADA Y LECTURAS RECOMENDABLES 389

PRESENTACIÓN

No se pretende con este libro invalidar ni criticar el derecho que toda persona tiene de pensar en la forma que mejor le parezca, y de identificarse con la ideología que considere conveniente, según sus principios, ideas o condición social. Pero dentro de ese derecho, de la libertad de elegir, está el sentido común, que debe ser guía para evitar las ideas tendentes al ejercicio del crimen, el robo, el abuso sobre los demás, y sobre todo, el abuso de poder. El periodo de la Segunda República española y de la Guerra Civil ha sido objeto de enormes contradicciones y de asentamiento de falsas realidades a medida que ha pasado el tiempo. Aquí se pretende reflejar la realidad de lo que fue esa época, en lo concerniente a la responsabilidad y culpabilidad, sobre los hechos ocurridos, de los poderes gobernantes, de aquellos dirigentes que decían luchar para establecer una sociedad más justa, pero que en realidad lo único que les impulsaba era el odio hacia el adversario político. El resultado fue un estrepitoso fracaso con consecuencias terribles para todos los españoles.

Si alguien se siente ofendido o menospreciado por el crudo relato de los hechos tantas veces ocultados o enmascarados, después de tanto tiempo transcurrido, no es esa la intención de estas páginas, por lo que esperamos que la lectura y la reflexión sirvan de estímulo para ver y asimilar las cosas tal y como sucedieron y cerrar este triste capítulo de nuestra Historia, para siempre.

INTRODUCCIÓN

Hay una idea fundamental que me ha impulsado a reflejar por escrito los principales acontecimientos ocurridos en España en el triste periodo que va desde la proclamación de la II República hasta el final de la Guerra Civil. Ha sido el interés mostrado constantemente por las *figuras* responsables de la buena convivencia entre todos los españoles, por alterar la verdad de lo que ocurrió, tratando de cambiar la Historia, mostrando una imagen falsa, distorsionada, que siempre apoya su perversa ideología disfrazada de *buenismo* democrático. En concreto, ha sido la Ley de *Memoria Histórica,* defendida por ciertos personajes cuyos oscuros objetivos pasan por la división de los españoles para conseguir la destrucción de España como Nación. Este es un libro escrito por un lector, más que por un escritor. Un lector harto de ver los mismos hechos descritos de manera tan distinta, según sea el autor que los narra, y por supuesto, acomodándolos a su ideología. El afán de lectura induce a buscar la verdad de los hechos, y a cuestionarse si realmente estos ocurrieron como se relatan, pues hay quien se afana en contar las cosas a su manera, arrimando como se dice, el ascua a su sardina.

La obsesión mostrada y el debate sobre el alcance de la represión franquista en los últimos años, ha traído, entre otras consecuencias, la aparición de nuevos estudios acerca de la represión desarrollada en la España republicana durante la Guerra Civil, para mostrarla tal y como fue. Si aquellos que defienden la <<bondad>> de la República pueden hablar de su << Memoria Histórica>>, esa invención deleznable, cualquiera puede también estar en su derecho de hablar del *Olvido Histórico*, el olvido de la verdad, de los hechos tal y como ocurrieron, por duros y malos que sean y aunque duelan a unos y también a otros, así como del ultraje que supone a las víctimas inocentes de aquel desaguisado, y a su memoria, cierto tipo de actuaciones. Por ello, es interesante esforzarse por sacar conclusiones positivas, en lugar de avivar constantemente las cenizas de la Guerra Civil, el odio entre unos y otros, y la división constante entre grupos y sectores, actuaciones que sin duda alguna evitarían la buena convivencia, y nos llevarían de nuevo al desastre.

El fin de este libro es doble. Por un lado reflejar la verdad de lo que fue la Segunda República, desde su nacimiento hasta el fin de la Guerra Civil, en oposición a la constante exaltación sobre la época gloriosa que dicen que fue. Y también denunciar la responsabilidad de sus dirigentes en los hechos acontecidos, su ineptitud y su actitud beligerante y dictatorial contra todo aquel que no se sintiese republicano y contra todas las posturas y actuaciones que no fuesen de su agrado.

Las heridas de la Guerra Civil quedaron cicatrizadas hace tiempo, pero hay quien se esfuerza constantemente en reabrirlas con el fin de justificar sus actos, su ideología, sin importarle que ello provoque de nuevo la división de la sociedad, aunque parece realmente que es esa la intención que se persigue. En gran parte de los españoles hay una falta de información y conocimiento sobre los responsables del asesinato de tantos buenos españoles, responsables a los que hoy día se homenajea de manera infame. La ignorancia de los hechos hace que el tiempo diluya las atrocidades cometidas y minimice u oculte la actuación de los que fueron ejecutores o responsables.

Es una tarea muy difícil contar hechos históricos, en los que intervinieron multitud de personajes, con miles de actuaciones, situaciones, hechos y vicisitudes, como sucedió durante la II República y la Guerra Civil. Son tantos los datos, fechas, nombres, cifras y elementos componentes de esta época, que se hace necesario reflejar los más importantes, los que tuvieron repercusión sobre la vida de los españoles y que acrecentaron el drama que supuso la Guerra Civil. No por ello hay que olvidar el resto, tan necesario como lo expuesto, para entender y asimilar la verdad de esta parte de nuestra Historia. Cierto es que puede haber algún error, por supuesto no intencionado.

Relatar estos hechos, para que permanezcan en la Historia, no en la Historia que se inventan los defensores de la <<Memoria Histórica>>, es la mejor contribución que se puede hacer para que las generaciones futuras aprendan que ciertos experimentos, como lo fue la II República, solo conducen al desastre. El relato de lo acontecido es sobre todo un homenaje a la dignidad de las víctimas, cualquiera que fuese su ideología. Es un reconocimiento al sufrimiento y dolor que padecieron a causa del odio de aquellos que les privaron del derecho a vivir, concediéndoles a cambio la obligación de morir de forma atroz. Todas estas páginas son una ofrenda a todas estas personas y un reconocimiento a todas las víctimas.

Es preciso también reconocer que hubo quien mostró un comportamiento decente con sus semejantes, a pesar de que ello estuviese en lucha con las circunstancias políticas y de doctrina de sus dirigentes, por lo que también merecen un sincero homenaje estas personas.

El uso continuado de la mentira como medio para contentar a las fuerzas que apoyan un Gobierno y así mantenerse éste en el poder, ha sido siempre una práctica miserable y vomitiva. Y con más motivo cuando con esta actuación se impide la defensa de la Constitución y de los derechos en ella establecidos, sobre todo los derechos de las personas honradas.

De todas formas, siempre habrá quien no aprenda nada, pues la facultad de pensar con raciocinio no es signo de identidad de todo el mundo. Este escrito es para aquellos que tienen cierta inquietud por conocer realmente la verdad de ciertos hechos, para aquellos que no creen lo primero que les cuenta el político de turno en sus arengas de charlatán de feria. Para los ignorantes maliciosos es suficiente con los medios de comunicación, los cuales ya se encargan de aleccionarles constantemente en la forma que sus *amos intelectuales* les van indicando. Aunque sería muy conveniente la lectura de algún libro de vez en cuando antes de emitir un juicio u opinión que pueda constituir un insulto a la decencia y dignidad de las personas. La verdad ahí queda. Que engañen a quien se deje engañar.

1. LA REPÚBLICA COMO NUEVA FORMA DE GOBIERNO

> *Cuando Lenin respondía a un profesional español preguntándole a su vez: << ¿Libertad dice usted? ¿Para qué?>>, la respuesta supondría nada menos que la definición de la civilización, como un bien en sí misma, y al margen de los intereses de clase. Eso no le interesaba entonces a Lenin.*
>
> *Ramón J. Sender – Ensayos sobre el infringimiento cristiano*

La república, esa forma de gobierno en la que es el pueblo quien tiene la soberanía y facultad para gobernar, pero delegando ese poder en gobernantes libremente elegidos por el pueblo, fue muy celebrada cuando se proclamó en España, pues mucha gente estaba convencida de que su llegada iba a mejorar las condiciones de vida de la clase obrera española. Se cambiaba una bandera por otra, se acababa la Monarquía, la Iglesia, el Ejército. Esto es lo que pensaba el hombre de la calle. La realidad sería bien distinta. Con la salida del rey Alfonso XIII y la proclamación de la República en unas elecciones municipales, saliendo las turbas a las calles sin esperar el resultado del escrutinio, no se solucionaron los problemas de la sociedad española, sino que se inició un proceso calamitoso de desgobierno que llevó a España al desastre, y a sus ciudadanos a un enfrentamiento impulsado por un odio feroz, que les condujo a una guerra civil que dejó secuelas durante muchos años.

El 12 de abril de 1931 se celebraron elecciones municipales en toda España. La preparación de las elecciones fue encargada por el rey a un grupo de políticos encabezados por el conde de Romanones. Los resultados concedían unos sesenta mil escaños de concejal a los monárquicos y unos catorce mil a los republicanos. Meses más tarde, en los sótanos del Ministerio de la Gobernación seguían apilados centenares de paquetes que contenían los resultados telegrafiados desde cada uno de los Ayuntamientos de España, sin que nadie se hubiera molestado en abrir los citados paquetes. El motivo era <<la falta de personal>>. El resultado final de aquellas elecciones no se sabía, pero se había cambiado la historia del país. La coalición republicana había triunfado en casi todas las ciudades, y había fracasado en la mayoría de los pueblos.

Las elecciones del 12 de abril fueron de carácter municipal y no de carácter constitucional, por lo que no procedía un cambio de régimen. La alianza republicana no había ganado las elecciones municipales y nunca hubo un plebiscito o referéndum para legitimar la República.

Amaneció el 14 de abril y el conde de Casa Valencia entró en el Palacio Real con una carta del conde de Romanones en la que comunicaba al rey que sería conveniente <<se ausentase del país durante algún tiempo>>. No se podían anular unas elecciones que ellos mismos habían convocado. El rey optó por marcharse de España embarcando en Cartagena en un buque de la Armada. La legitimidad del régimen nacido el 14 de abril de 1931 tuvo una amplia aceptación en España.

En aquellos momentos se precipitaban los acontecimientos. Los catalanes habían declarado, por su cuenta y riesgo, su propia república. La localidad guipuzcoana de Éibar se había pronunciado esa mañana a favor de la república. A Madrid llegaban cientos y cientos de telegramas sumándose a esa proclamación. Por la calle de Alcalá marchaba, hacia la Puerta del Sol, un oficial del Ejército ondeando una bandera republicana, la nueva bandera, la tricolor. A su alrededor iba una multitud coreando las palabras libertad y república. A las cuatro de la tarde la Puerta del Sol estaba abarrotada de gente. Alcalá Zamora y sus amigos se dirigieron al Ministerio de la Gobernación, aclamados por la chusma y, al grito de <<abran en nombre de la República>>, ocuparon el Ministerio. Toda la maquinaria del Estado que controlaba la vida de España se dirigía desde este Ministerio. Poco después ondeó la bandera republicana y empezaron a sucederse los disparates. A continuación fueron al Ministerio de la Guerra, del cual se hizo cargo el infame Azaña. La Segunda República había sido proclamada.

Las turbas salieron a las calles vociferando y dando vivas a la República en muchas ciudades y localidades. Todavía por la noche había una multitud de madrileños rodeando el Palacio Real y dirigiéndose a las puertas. El rey ya estaba viajando por carreteras de la Mancha rumbo a Cartagena. Delante de las puertas de palacio se había situado un escuadrón de caballería, que era increpado e insultado por la turbamulta, y no sabía qué hacer ante esa situación. Aumentaban los gritos y la tensión, y entonces apareció un automóvil conducido por el doctor Juan Negrín, acompañado de dos amigos, el pintor Luis Quintanilla y el escultor Emilio Barral. Se apearon del automóvil y se encararon con los policías que custodiaban las puertas de palacio, instando al capitán que dirigía la tropa a que se retirase a una distancia prudencial, pues se había proclamado la república y él, como representante del nuevo Consejo Municipal Republicano de Madrid, así se lo pedía. Se retiró la tropa, y acto seguido alguien trepó al balcón central y puso la bandera tricolor republicana. De esta forma se aplacó a las masas. Era imposible reprimir las manifestaciones republicanas que se daban en toda España.

A la mañana siguiente, la reina Victoria Eugenia, sus dos hijas y sus tres hijos subían al expreso de Irún en la estación de El Escorial y eran despedidos por una multitud de amigos y criados. El general Sanjurjo, capitán general de la Guardia Civil, también acudió a despedir a su reina. El maquinista del tren era el Duque de Zaragoza.

Mientras tanto, la chusma celebraba la salida de la familia real con disfraces, burlas y parodias de despedida. Por la calle Montera de Madrid bajaba un camión engalanado con las insignias de la hoz y el martillo, y en el que se representaban las virtudes de la Rusia Soviética, con gente joven, chicos y chicas, cantando puño en alto la Internacional. Era el delirio producido por la ignorancia. Al llegar a la puerta del sol la gente les abucheaba, les gritaba <<abajo el comunismo>>, <<bolcheviques a Moscú>>, <<queremos la fiesta en paz>>, y frases parecidas. Aquel día todo parecía magnífico. Se había producido un cambio de régimen, y el populacho creía tener todos sus problemas resueltos con la llegada de la República. ¡Pobres ilusos! Cuánta sangre se derramó después, cuando los acontecimientos demostraron que el mito romántico de la tan cacareada República era un auténtico fracaso y un engaño monumental.

Cuando se proclamó la república, en 1931, el anarquismo se inclinaba a la estrategia revolucionaria. Los anarquistas querían hundir la República burguesa y el orden establecido, para establecer el comunismo libertario mediante la violencia, la práctica de acciones insurreccionales, y la llamada <<gimnasia revolucionaria>>. Los resultados eran buenos para el anarquismo, pero fatales para la consolidación de la República: Motines revolucionarios en 1932 en la cuenca del Llobregat, en 1933 en Andalucía, Cataluña, Valencia y Aragón y en 1934 en Asturias, junto a la UGT. En enero de 1933, en la insurrección contra el Gobierno de Azaña, que terminó en la matanza de Casas Viejas, se demostró que la CNT era el principal enemigo de la República. Los grandes episodios de desestabilización política de la II República fueron siempre desencadenados por los anarquistas.

La II República española nació con violencia y así se mantuvo hasta que desapareció, pues el fracaso estaba anunciado desde el primer día en que se proclamó. En las primeras semanas de la II República, los anarcosindicalistas de la FAI y la CNT causaron veintitrés asesinatos en Barcelona y numerosos estragos, y después tres insurrecciones revolucionarias, en enero de 1932, en enero de 1933 y en diciembre de 1933, como entrenamiento a lo que ellos esperaban que sería un levantamiento contra el sistema capitalista. Hubo un intento de golpe de estado, ante todo este caos, protagonizado por el general José Sanjurjo, el 10 de agosto de 1932, la *sanjurjada* que fue ignorada por el estamento militar y causó 10 muertos.

En los años anteriores a 1936 y en los desdichados 1936 a 1939, los de la Guerra Civil, los partidos políticos, en su lucha, sembraron el odio, provocando una división absurda en todo el pueblo español, que desembocó en la anarquía, la violencia, el caos, e inevitablemente la guerra, tan deseada por los sectores izquierdistas. La guerra tuvo como consecuencia el derramamiento de sangre de miles de españoles, ancianos, mujeres, niños, todos ellos víctimas inocentes, además de la ruina económica y moral, y la destrucción de pueblos, ciudades y numerosos edificios de incalculable valor patrimonial e histórico.

El hombre de la calle, desde que se instauró la República, era consciente de los cambios que se estaban produciendo, del fin de los símbolos de la Patria, de la Bandera, de la Corona, del Ejército, de la Iglesia. Era el fin de las instituciones, que poco a poco se iban deteriorando hasta límites inimaginables, al igual que la convivencia social.

Los partidos políticos de izquierda utilizaban la ideología para el adoctrinamiento de las personas ignorantes y bondadosas. La II República se había convertido en un auténtico estado fascista pero con ideología comunista, al privar de las libertades más elementales a sus ciudadanos. La República <<democrática>> pretendía estar gobernada siempre por la izquierda, la cual fracasó en cinco insurrecciones sucesivas que protagonizó entre 1930 y 1934.

La II República no era la ley, el orden, la convivencia, la democracia. En realidad, la II República fue un régimen privado de libertad en el que se fueron extinguiendo paulatinamente todos los derechos constitucionales, se desmoronó el orden público y se produjo una deriva hacia el caos y la anarquía, propiciado principalmente por los políticos de turno y por las fuerzas de izquierda que los controlaban, estableciendo una política de hechos consumados. El objetivo de la izquierda republicana era un proyecto de reforma radical, un programa político y sobre todo ideológico, cuyo fin era excluir para siempre del Gobierno los intereses católicos y conservadores, es decir, suponía la exclusión de las derechas de la vida política a perpetuidad. Esta forma de república democrática y parlamentaria era una gran mentira diseñada para legitimar el poder de la izquierda para siempre. Los socialistas se unieron a esta estrategia ideológica con el compromiso de que todas las reformas culminarían en la implantación del socialismo. No pensaban pues, en ningún momento en el establecimiento de una democracia, como se demostró después.

La II República suprimió con frecuencia los derechos civiles imponiendo una censura mayor que la que había antes con la monarquía parlamentaria. Así lo demostró con la promulgación de la Ley para la Defensa de la República, la cual otorgaba al Gobierno amplios poderes para suspender los derechos civiles y las garantías constitucionales con los tres estados de alarma, prevención y de guerra. De hecho, la II República pasó más días con las garantías constitucionales total o parcialmente suspendidas, que en un estado de normalidad constitucional. Como bien dice Stanley George Payne, estas cosas no las inventó Franco, sino que fueron una realidad.

Se promulgaron cantidad de leyes injustas y arbitrarias, cuyo fin era simplemente la destrucción de la sociedad y la convivencia pacífica de los españoles. Un ejemplo de ello fue la Ley de Reforma Agraria de 1936, que en realidad era una legalización de las ocupaciones de fincas. Otro fiasco más para satisfacer a las masas de izquierda, azuzándolas contra los terratenientes y propietarios de fincas.

Al final, el Gobierno quedó desposeído de todos los poderes, quedando estos en manos de los simpatizantes y dirigentes del Frente Popular, y más tarde, de los comunistas. Este era el estado óptimo de la justicia revolucionaria, lo que tanto proclamaba Largo Caballero. La República se convirtió así en un nido de delincuentes.

Uno de los errores más graves de la II República fue tolerar y fomentar la idea generalizada entre las izquierdas de que en la República solamente tenía cabida la ideología y partidos de izquierda para gobernar, descartando para siempre la alternancia de poder en virtud de lo que dijeran las urnas, y por supuesto cualquier forma de acceso al poder de las derechas. Su discurso era establecer para siempre el poder de las izquierdas. Esa era la República que perseguían.

Hay documentación extensa que prueba estos hechos. El PSOE apoyaba sin rodeos una dictadura comunista. Largo Caballero así lo proclamaba en sus mítines y en los diarios de la época, sobre todo en *el Socialista*: Prefería la dictadura comunista a la <<dictadura burguesa o fascista, yendo el Partido Socialista a la conquista del poder por los medios que fuesen si las urnas no le eran favorables>>. Esto demuestra hasta qué punto el PSOE abominaba de la democracia. Largo Caballero también enviaba un mensaje totalmente antidemocrático a los jóvenes del PSOE, diciendo que el Partido Socialista no se diferenciaba en nada del Partido Comunista, y que prefería la violencia obrera al fascismo, pues la democracia burguesa era, según él, un sistema de opresión y violencia. En sus mítines profería constantes amenazas de ir a la guerra civil. Al mismo tiempo, amenazaba con la violencia a las primeras elecciones con voto femenino. No olvidemos que <<la gran defensora de los derechos de la mujer>>, Margarita Nelken, diputada del PSOE que durante la guerra fue chequista, estaba en contra del voto de la mujer.

Días antes de las elecciones de 1933, Largo Caballero proclamaba: <<Vamos a echar abajo el régimen de propiedad privada… tardaremos más o menos, pero no ocultamos que vamos hacia la revolución social. La burguesía no aceptará una expropiación legal. Habrá que expropiarla por la violencia. Lucharemos hasta que en las torres y edificios oficiales ondee la bandera roja de la revolución socialista>>. Era una descarada exaltación a la Rusia comunista, a la violencia, al terrorismo y un atentado a la convivencia pacífica de los españoles. Los defensores de la <<Memoria Histórica>>, defienden a este personaje, como a tantos miserables, haciéndole incluso homenajes recordando que fue llamado el *Lenin español*.

El 25 de septiembre de 1934, tras la victoria electoral del centro-derecha, de la CEDA, las derechas tardaron meses en poder acceder al Gobierno, ante las repetidas amenazas de la izquierda, y sobre todo de Largo

Caballero. Cuando por fin el Gobierno se decidió a incorporar a varios ministros de la CEDA, el PSOE, es decir, Largo Caballero, anunció sin rodeos una guerra que calificó de <<bendita>>, diciendo que había que ir a la guerra civil declarada.

La amenaza se cumplió: el 5 de octubre de 1934 Largo Caballero encabezó un sangriento golpe de Estado contra el Gobierno legítimo. El foco de la rebelión armada estuvo en Asturias, donde los golpistas asesinaron a 33 sacerdotes y religiosos y destruyeron 17 iglesias y 40 edificios religiosos, causando también considerables daños materiales y patrimoniales. El primer conflicto con el que tuvo que enfrentarse el Gobierno de la República fue el de la quema y saqueo de iglesias y conventos. En España era la vía de escape de las multitudes enfurecidas, saquear e incendiar iglesias.

A causa del golpe, perdieron la vida unos 300 militares y miembros de las fuerzas del orden. Se encarceló a muchos golpistas que fueron liberados después por el Frente Popular, una coalición de partidos de izquierdas encabezada por el PSOE, tras ganar las elecciones de febrero de 1936 mediante un fraude electoral, hoy ya sobradamente documentado (está perfectamente documentado en el libro de Manuel Álvarez Tardío y Roberto Villa García titulado *1936, Fraude y Violencia en las elecciones del Frente Popular*).

Hay que aclarar que, durante la guerra, aunque había una férrea censura en la zona republicana, sobre todo en los actos y atrocidades que se cometían y en las actuaciones del Gobierno, existían cauces para informar en el extranjero de lo que estaba ocurriendo en España, a pesar de que el Gobierno y las fuerzas de izquierda quisieran mostrar por el mundo la imagen de que se estaba luchando por la libertad, la democracia y contra el fascismo. Cosa totalmente falsa, pues la República era un régimen asesino en el que imperaba la anarquía, el robo y el crimen, siendo sus dirigentes los primeros en ejecutar y consentir toda clase de tropelías y delitos.

Resumiendo, la II República fue una catástrofe para España, alentada por políticos indeseables en manos de la izquierda comunista, del separatismo y de la anarquía. En menos de cinco años, hubo dos presidentes, doce gobiernos, la Constitución prácticamente suspendida todo el tiempo, una salvaje persecución religiosa constante con incendio de iglesias y conventos, reinando en las calles el caos, la violencia y la anarquía como norma habitual. Los ajustes de cuentas, el pistolerismo, los atracos, los atentados a empresarios y dirigentes políticos, el separatismo catalán y vasco, la pobreza y la incertidumbre de la población, eran los componentes principales de la división de la población cada vez más polarizada, y con el odio hacia el oponente político como norma básica de comportamiento.

Como bien había dicho Pio Baroja, la República <<era una merienda de negros en la que los republicanos y socialistas se repartían todos los empleos>>.

2. ASTURIAS Y OCTUBRE DE 1934. INSURRECCIÓN Y BARBARIE

> *El terror como arma es casi irresistible. Infunde miedo y duda. Destruye la confianza en los procedimientos democráticos. Inmoviliza a las fuerzas policíacas. Polariza facciones: los jóvenes contra los viejos; los que no tienen contra los que tienen; los ignorantes contra los intelectuales. Como infección social es más mortífera que una plaga.*
>
> *Morris West - La Salamandra*

El ambiente en las calles en 1934 era de extrema violencia. El pistolerismo era habitual. Prácticamente a diario había crímenes y atentados. Un ejemplo lo tenemos en el siguiente suceso: Felipe Gómez Rey asesinó el 11 de enero de 1934 al joven Francisco de Paula Sampol, por el mero hecho de que la víctima estaba leyendo un periódico falangista.

Entre los episodios más cruciales del año 1934 está la llamada Revolución de octubre, una huelga general atizada por el PSOE y el sindicato UGT y apoyada por la CNT, el Partido Comunista y los anarquistas de la FAI. El objetivo era desestabilizar al Gobierno e impedir que gobernasen las derechas. Los socialistas disponían del periódico *Avance* en la cuenca minera para proclamar su soflama incendiaria. La propaganda comunista concentrada en esa región de España hizo el resto, en una población minera que solo necesitaba la chispa para encender la llama.

Las izquierdas habían advertido previamente que no tolerarían a ningún miembro de la CEDA en el Gobierno, y por ese motivo convocaron la huelga que debía comenzar la noche del 4 al 5 de octubre en todo el país. La huelga general revolucionaria empezaba en Madrid esa noche como protesta por la formación de un nuevo gobierno en el que, por primera vez, entró a formar parte el partido católico CEDA. Los pasos a seguir por las izquierdas eran, la huelga general, la insurrección armada, y después la toma del poder.

La CEDA había doblado en número de escaños al PSOE. Ganó por pluralidad de votos, aunque no logró la mayoría absoluta en escaños. Las izquierdas habían sido derrotadas. Los resultados electorales no se publicaron nunca. Puesto que la CEDA había triunfado, tenía legítimo derecho a formar parte del Gobierno de la nación. Pero había problemas con los vascos y catalanes. Además, los dirigentes de izquierdas no digerían que la República pudiera estar gobernada por partidos de derechas y se negaban a admitir el resultado de las elecciones generales de 1933, ganadas por las derechas, es decir por la CEDA (confederación de partidos católicos y de derechas liderada por José María Gil Robles).

Las izquierdas entonces exigieron al presidente de la República Niceto Alcalá Zamora la anulación de los resultados electorales, y el cambio de las normas electorales para, de esta forma, celebrar nuevas elecciones que garantizaran la victoria de la coalición de izquierdas. Era espectacular el sentido de la democracia que tenia esta gente. Con todo descaro proclamaban que no se podía permitir que un partido católico ganara las elecciones, incluso cuando las normas electorales habían sido redactadas por la izquierda. Este era el panorama de la II República <<democrática>> que tanto añoran y ensalzan algunos grupos de analfabetos e indigentes intelectuales faltos de sentido común hoy día.

Los resultados de estas elecciones fueron:

Derechas 212 diputados, centro 169 diputados, izquierdas 98 diputados. El Partido Comunista logró por fin su primer diputado, el Doctor Bolívar.

La victoria electoral de la CEDA, que había sido democrática, y la incorporación de tres de sus miembros al Gobierno, fue el pretexto o justificación para la insurrección revolucionaria o agresión violenta y anticonstitucional de las izquierdas, en especial de los socialistas y la Alianza Obrera. La izquierda tachaba de <<fascista>> a la CEDA, cuando en realidad eran las izquierdas, y en especial el PSOE, los fascistas, tal y como demostraron con su comportamiento salvaje y antidemocrático al desencadenar una gran violencia contra la CEDA, causándole muertos entre sus miembros.

El gran triunfador de las urnas había sido Gil-Robles, con la CEDA como partido más votado, y por tanto con plena capacidad legal para exigir el poder. Pero renunció a hacerlo, de momento, pensando que le bastaría con presionar desde fuera del Gobierno a su aliado, el Partido Radical de Lerroux, con la ilusión de calmar las pasiones de las izquierdas. Entonces sus adversarios tomaron este gesto como una muestra de debilidad y se envalentonaron todavía más.

El Partido Republicano Radical de Alejandro Lerroux, que había quedado en segunda posición, formó gobierno, pues al principio la CEDA no quiso participar en él, sino solo apoyarlo, al ver el panorama antidemocrático, la radicalización de los socialistas, y por no crear un ambiente de discordia. Gil Robles solo había exigido tres ministerios, y cuando en 1934 Alejandro Lerroux (presidente del Gobierno), admitió la entrada en el Gobierno de tres ministros de la CEDA, se desataron revueltas en muchas ciudades españolas y particularmente estalló la llamada *Revolución de Asturias*, ya planeada e instrumentada por el PSOE, que fue sofocada por el Ejército y las fuerzas del orden, y dejó numerosos muertos en toda España y un ambiente de odio y resentimiento previo a la guerra civil.

Llegó el 5 de octubre y se proclamó la huelga general revolucionaria de los socialistas en todo el territorio nacional. Era una llamada contra el gobierno de Lerroux con la CEDA. La intención de los socialistas era clara, querían debilitar y hacer caer al nuevo Gobierno.

La llamada revolución de Asturias el 6 de octubre de 1934 fue un autentico mito fundador de la coalición frentepopulista, mito político que actuó después como una poderosa fuerza de atracción a la vorágine revolucionaria y anarquista. Fue un golpe revolucionario contra el gobierno de centro-derecha, promovido por las fuerzas de izquierda y los nacionalistas catalanes, con el beneplácito y colaboración de los republicanos de izquierda.

Comenzó la fiesta cuando unos noventa mil mineros de la cuenca asturiana se apoderaron de Oviedo, cortaron las comunicaciones con el resto de España, por ferrocarril y carretera en el puerto de Pajares, donde instalaron ametralladoras, y se dirigieron después a Gijón, donde se apoderaron de una fábrica de armamento. Disponían de fusiles, pistolas y gran cantidad de dinamita. Habían formado una especie de ejército, *la guardia roja*, con más de 30.000 miembros fuertemente armados. En poco más de tres días habían creado un pequeño Estado comunista dentro del Estado español. La insurrección se extendió por la mayor parte de Asturias, su cuenca minera,

Mieres, Langreo, Campomanes y Pola de Lena, así como las de Palencia y León. En Oviedo se propagaron los desórdenes y los saqueos. Los comités revolucionarios abolieron la moneda e implantaron un sistema de vales, al mismo tiempo que ordenaron el cierre de bares, tabernas, y lo que les vino en gana, amenazando de muerte a quien difundiera noticias contrarias a la revolución, es decir contrarias a sus mezquinos intereses asesinos. En Asturias estas hordas de gente rabiosa recorrían las calles vociferando como energúmenos: <<hay que hacer lo mismo que se hizo en Rusia>>.

Los revolucionarios, comenzaron rápidamente a asesinar seminaristas y sacerdotes y a dinamitar e incendiar iglesias y conventos, expresando así su furia y odio al clero. Uno de los muchos actos de salvajismo de esta chusma fue la voladura con dinamita de la Cámara Santa y la cripta de Santa Leocadia en la Catedral de Oviedo.

Hubo enfrentamientos con las fuerzas del orden público y el Ejército, enviado para sofocar la rebelión. Los combates se saldaron con 1.061 civiles, 100 guardias civiles, 51 guardias de asalto, 16 carabineros, 19 miembros de otras fuerzas de seguridad y 98 militares, todos ellos muertos. Además de 33 sacerdotes y religiosos asesinados, algunos civiles, 17 iglesias y 40 edificios religiosos destruidos. Se produjeron casi 3.000 heridos.

El golpe fue un fracaso rotundo y los sangrientos combates dejaron miles de muertos y heridos en toda España, y considerables daños, tanto en iglesias como en el patrimonio artístico. Se produjo la destrucción de docenas de fábricas, puentes, casas y edificios públicos, dinamitados por los revolucionarios y como consecuencia de los combates entablados contra ellos. En total murieron unas 1.500 personas y se arrestaron a unas 15.000, aunque hay quien eleva la cifra de detenidos. Algunos presos fueron después apaleados y tratados brutalmente durante unos meses. Los revolucionarios se hicieron con el control de casi toda la provincia, por lo que fue necesaria la intervención enérgica del Ejército. Se produjeron asesinatos por parte de los revolucionarios, y también hubo represión del Ejército, con ejecuciones fulminantes e inmediatas.

La intervención del Ejército en esta también denominada *Revolución bolchevique española*, no la perdonaron jamás las izquierdas, usándola como pretexto para justificar su fracaso y saciar su sed de venganza, como se vio poco después con la depuración del Ejército, reincorporación de los implicados, y el asesinato de gran cantidad de militares bajo el calificativo de represores fascistas. La Legión permaneció en Asturias de guarnición hasta marzo de 1936, cuando el nuevo gobierno del Frente Popular decidió su regreso a Marruecos.

En otros puntos de España estalló también la insurrección, en 26 provincias, aunque con menor intensidad, dándose disturbios, que fueron pronto sofocados. En Madrid, los revolucionarios disparaban a los cafés que incumplían la orden de cierre dada por los socialistas, por incumplir la huelga general. En tres semanas que duraron los disturbios hubo en Madrid un centenar de muertos, de ellos una docena de soldados o policías.

El mismo día 6 de octubre, en Cataluña, los anarquistas catalanes ocuparon edificios portuarios y pabellones de la Feria de Muestras en Monjuitch. Se les unió la Alianza Obrera de Cataluña. Luis Companys, presidente de la Generalidad de Cataluña, aprovechó la ocasión para dar el golpe de Estado y proclamar la independencia de Cataluña. Desde el balcón del Palacio de la Generalidad, declaró el Estado Catalán, dentro de la República Federal Española, instando a la muchedumbre a unirse con las armas para defenderse, acabando su arenga con un ¡Viva la República!. Después se atrincheró en el Palacio de la Generalidad tras expulsar a los periodistas y tras haber hablado con el general Batet conminándole a que se pusiera a las órdenes de la Generalidad. Pero el general habló con Lerroux, presidente del Gobierno, y por cierto fiel defensor de la unidad de la patria, el cual le ordenó que declarase el estado de guerra, cosa que hizo enseguida. Poco después, sobre las 23.00 horas, una batería del regimiento de artillería, escoltada por una compañía de Infantería, con el general Batet al mando de las tropas, leyó en las calles de Barcelona el bando de proclamación del estado de guerra.

Mientras tanto, el responsable de los Mozos de Escuadra, Enrique Pérez Farrás, indicó al general Batet su intención de obedecer solamente órdenes del presidente de la Generalidad. Entonces los Mozos de Escuadra comenzaron a disparar a las tropas, produciendo varios muertos y heridos. Comenzaron los cañones del Ejército a disparar contra el palacio de la Generalidad de Cataluña, y tras cinco horas, a las 6 de la mañana del 7 de octubre, y tras más de 50 muertos, los rebeldes se rindieron y fueron hechos prisioneros. La lucha se produjo también en otros puntos vitales de la ciudad. El general Batet ya había rendido a la 1,30 de la madrugada, a cañonazos, al sindicato de comerciantes, foco nacionalista, que estaba atrincherado en el edificio o local del CACDI, causando varios muertos. Companys y sus secuaces, se rindieron a las tropas del general Batet, siendo detenidos y confinados en el buque Uruguay, en el puerto de Barcelona. La foto de esta pandilla de salteadores, pertenecientes al gobierno de la Generalidad, tras los barrotes carcelarios, fue vista en todo el mundo. Fueron detenidas cerca de 3.000 personas, incluido el propio Manuel Azaña que en esas fechas estaba en Barcelona.

Por cierto, el Consejero de Gobernación de la Generalidad, el radical José Dencàs, ya había huido igual que las ratas, por las alcantarillas, tras mantener una reunión con Companys, que ya había retirado de su coche oficial la bandera tricolor. Dencàs marchó a Italia a refugiarse con Benito Mussolini.

Uno de los episodios de latrocinio más vergonzosos fue el asalto a la sucursal del Banco de España en Oviedo, que fue saqueada, así como otras sucursales bancarias de la zona (en Grado el banco Herrero, y en La Felguera la caja fuerte de la Duro Felguera). También se saquearon los bancos en Pola de Siero, Sama y Mieres. En Oviedo, los insurrectos no consiguieron abrir la caja fuerte del Banco Herrero. Los buenos revolucionarios, lo primero que hacen es hacerse con el dinero, el oro, los metales y piedras preciosas depositadas en los bancos. Hay quien desde la <<Memoria histórica>> justifica y apoya estos expolios como propios del espíritu revolucionario que impulsa a la clase oprimida. No dejan de ser miserables actos de terrorismo y pillaje.

Se recuperó después buena parte de lo robado. Dicho robo en el banco de España se calculó en unos 14,5 millones de pesetas de la época, casi 4.700 millones de pesetas de 2001, unos 28 millones de euros. El banco estaba custodiado por 4 carabineros y 6 soldados, y tras 4 días de asedio desde los tejados colindantes, los bandidos consiguieron penetrar en el edificio, rindiendo a sus defensores. Al frente de esta pandilla de delincuentes, valientes y aguerridos mineros, iba Cristino García Granda.

Se hizo cargo entonces de la situación el Comité Revolucionario, con Graciano Antuña y el dirigente del PSOE Ramón González Peña como cerebros de la operación, decidiendo usar la dinamita para reventar las puertas blindadas del sótano y la caja fuerte. Una vez conseguido el botín, el dinero se envió a Sotrondio, repartiéndose en sacos entre las organizaciones y dirigentes sindicales y socialistas. Se entregaron cantidades de dinero a los jefes y cuadros locales. Era el reparto del botín una vez consumado el expolio. También había en la cámara oro y joyas que los revolucionarios no tocaron, entre ellas las coronas de la Virgen de Covadonga.

Ramón González Peña, líder de la revolución, cuya intención era haber tomado los cuarteles por sorpresa en las primeras horas de la revolución, fue detenido en febrero de 1935, estaba escondido en Ablaña, siendo condenado a muerte y conmutada la pena por cárcel. Fue liberado por el Frente Popular en febrero de 1936 y elegido de nuevo diputado, llegando a ser ministro de Justicia en el segundo gobierno de Juan Negrín. La persona adecuada para el puesto, de nuevo la zorra a guardar las gallinas. Tras la Guerra Civil huyó a Francia, exiliándose después a México, donde murió en 1952.

Cristino García Granda fue fusilado en España en 1946 junto a otro grupo de guerrilleros *maquis*. Había escapado a Francia al acabar la guerra y fue internado en el campo de Argelès Sur Mer. Logró salir de él para luchar contra el ejército alemán. En 1945 cruzó los Pirineos con una partida de 11 guerrilleros, llevando a cabo actos terroristas en los que murieron algunos de ellos. Después viajó a Madrid para organizar la Agrupación Guerrillera de la Zona Centro del *maquis*. Para no perder el tiempo, atracó junto a otros compinches el Banco Central en el Paseo de las Delicias, consiguiendo un botín de 143.000 pesetas. Pero fue capturado por la policía cuando huía. A este sujeto también le hicieron homenajes en Francia años después, poniendo su nombre en algunas calles de algunas localidades francesas, y como no, en España también, en Alcalá de Henares.

Graciano Antuña fue capturado en Oviedo el 20 de julio de 1936, juzgado en consejo de guerra en Luarca el 3 de mayo y fusilado en las tapias del cementerio.

A finales de 1934 se habían recuperado unos 2,6 millones de pesetas. La cantidad más importante, 1.325.000 pesetas se recuperó en el monte La Parra, en Las Regueras, tras la detención de Cornelio Fernández. En los primeros meses de 1935, la policía continuó recuperando cantidades de dinero. Solía ser muy frecuente entonces que, para preservarlos de la humedad, se guardasen los billetes en unas de aquellas latas en las que venía envasado el dulce de membrillo y luego las enterrasen en huertos o prados, en el campo, en sitios bien anotados por los cacos de la revolución.

Al final, la policía consiguió recuperar más de 4,5 millones de pesetas, o sea, el equivalente a 1.234 millones de pesetas de 2001. Quedaron en poder de los revolucionarios nueve millones y medio de pesetas (2.560 millones de pesetas de 2001). Se cree que 5 millones de pesetas acabaron depositados secretamente en Bruselas, después de haber pasado por París y quedando bajo la administración directa de Amador Fernández y el control de Graciano Antuña y Belarmino Tomás, que habían conseguido salir de España. Los cuatro millones que quedaron ocultos en Asturias sirvieron para financiar las redes clandestinas montadas para sacar de España a los perseguidos, y para proseguir la lucha del maquis tras la Guerra Civil, en su absurda idea de proseguir la resistencia.

Por cierto, Pablo Castellano, uno de los dirigentes más activos del PSOE en la clandestinidad, aseguró haber visto en la sede socialista de Toulouse, unos años antes de la muerte de Franco, una maleta con dinero que provenía de aquella expropiación revolucionaria, dinero que también había sido utilizado para mantener la lucha del maquis. De todos estos actos de pillaje jamás se habla en la <<Memoria Histórica>>.

El golpe fracasó y sus inductores fueron procesados y condenados, eso sí, a penas muy leves para los principales líderes que lo promovieron. Azaña se dio cuenta de que la venganza de octubre sería un motivo excelente para juntar a todas las izquierdas, haciendo un gran frente contra las derechas como única posibilidad de que la izquierda volviera al poder con amplia mayoría, y así tener la seguridad de que con el bloque de izquierdas en el poder, jamás podrían gobernar las derechas. De esta forma vengarían la derrota de octubre de 1934, y podrían resarcir a los encarcelados, convirtiendo una rebelión ilegal contra la República en un acto de justa defensa del orden republicano, pues así se quería presentar. Ese fue el pacto, el vergonzoso pacto de la izquierda revolucionaria apoyando a los azañistas en el Gobierno, si éstos vengaban la derrota de octubre. Esta venganza implicaba la subversión total del sistema judicial, así como llevar a cabo el proyecto político de las izquierdas, que el sector de Largo Caballero entendió expresamente como proyecto revolucionario. Así nació el Frente Popular, idea nacida en Moscú, que acudió a las elecciones de febrero de 1936 con un programa demencial, que atentaba contra el sentido común y cuyos enunciados manifestaban perfectamente el ánimo de revancha y de venganza por la derrota sufrida en la revolución o insurrección de octubre de 1934.

El fracaso de la insurrección hizo aumentar en los componentes de los partidos de izquierda, que formarían después el Frente Popular, la amargura, el resentimiento, la intransigencia, el odio y sobre todo el ansia de un nuevo encuentro que permitiera satisfacer su sed de venganza. Así, se puede considerar que la revolución de octubre fue el inicio de la Guerra Civil, pues supuso un paso más para el desmembramiento de España en dos bandos. El Partido Comunista aspiraba a convertir a España en la segunda república soviética del mundo, y había una masa humana dispuesta a dejarse arrastrar por esta ilusión que solo conduciría al desastre.

A título de ejemplo, en la insurrección de octubre de 1934, decidida y planificada por el PSOE, hay un pueblo en el Noreste de Palencia, lindando con Cantabria, donde halló eco la proclama socialista. Victoriano Maeso Miralpeix, abogado, asumió el cargo de gobernador de Palencia el 12 de diciembre de 1933 y resumía lo acontecido en octubre de 1934 de esta manera:

<<Barruelo ha sido la pesadilla de todos los sectores de opiniones defensores del orden. La población rebasa los seis mil habitantes, en su mayoría socialistas de matiz revolucionario. Tenían en sus manos todos los cargos municipales y controlaban todos los servicios.

Disponían pues, en un momento de exaltación revolucionaria, de grandes masas, además de grandes medios ofensivos poderosos, como se va descubriendo, que no fue posible requisar, a pesar de la actividad desplegada por la Guardia Civil, en repetidos registros y de su constante vigilancia para llegar al desarme. Se comprende cual sería la situación de aquel pueblo el día 6 de octubre en las primeras horas, que declararon la huelga revolucionaria, cuando ya tenían la certeza de que el día 5 ya estaba declarada en diferentes capitales. No les importó que vieran en la mañana del día 5, que el puesto de la Guardia Civil se había reforzado hasta llegar al número de 10 parejas del Benemérito Cuerpo, y que la fuerza tuviera aquel día y aquella noche la vigilancia permanente que exigieran las circunstancias. Sabían que con las masas electrizadas revolucionarias armadas, conseguirían reducir a la fuerza del orden hasta la impotencia, obligándola a una defensiva, como así lo consiguieron, o a una capitulación.

Al mismo tiempo y en las primeras horas del día 6, que pusieron en práctica sus intenciones, cercando el cuartel de la Benemérita y atacándole con armas de fuego, bombas explosivas y líquidos inflamables, hirieron a la mitad de sus defensores, saciaron sus apetitos y sus proyectos criminales, atacando a los indefensos Padres Maristas, dando muerte al superior que arrastraron por las calles, en recompensa a la enseñanza gratuita que daba a algunos de sus hijos, destruían el templo parroquial y la Casa Consistorial, aquella que les había servido para controlar la vida municipal, reduciéndola por el incendio a pavesas, con toda su documentación, para borrar todo vestigio de los acuerdos que allí se habían adoptado, y toda prueba de mayor excepción que imposibilitase en absoluto en lo porvenir una bien ordenada inspección>>. Esta declaración es una muestra de lo que ocurrió en toda Asturias.

Ya el 5 de octubre, uno de los revolucionarios sublevados realizó un <<acto de valentía patriótica>>, amenazando de muerte, pistola en mano, al hermano Bernardo (Placido Fábrega Juliá) en presencia de los alumnos. Ese día se dio la tarde libre en la escuela marista, por ser San Plácido, onomástica del director. Los maristas de Barruelo y Vallejo se reunieron a comer. Por la tarde les atacaron con artefactos explosivos. Tras ser reducida la Guardia Civil e incendiados el ayuntamiento e iglesia, los valientes revolucionarios tirotearon la escuela marista. Fábrega propuso entonces salir por la huerta hacia Aguilar de Campóo, por un boquete de la tapia que da al rio Rubagón. A las cuatro de la madrugada del día 6, una patrulla les sorprendió apenas cruzado el rio y gritó la contraseña <<libertad>>. El hermano Bernardo se identificó como el director de la escuela, conversando con su captor para dar tiempo a que el resto pudiera huir. Dos disparos de escopeta le alcanzaron en el pecho. Un marista escondido en la maleza le oyó decir: << *¡Perdón, Dios mío! ¡Lo perdono Señor! ¡Perdónalo, Virgen María! ¡Ay, Madre mía!*>>. Otro religioso se refugió en una casa cercana, y los tres más jóvenes escaparon hacia Aguilar. El cadáver de Fábrega quedó en el campo hasta las 9 de la mañana, siendo entonces arrastrado a la huerta de la escuela, donde quedó abandonado. El día 7 de octubre, ya tomada la localidad por las fuerzas del orden, lo llevaron al cementerio y se le hizo la autopsia. El entierro se celebró el día 8 a las cuatro de la tarde. Un año más tarde se le trasladó a un mausoleo costeado por suscripción popular en cuya lápida se lee: *Al hermano Bernardo Fábrega, educador y apóstol de la juventud. Vivió trabajando, murió perdonando. 18 febrero 1888 – 6 octubre de 1934*. En septiembre de 1937, en plena guerra civil se le dedicó la calle que bordea el edificio de las escuelas. El delito de este pobre hombre había sido llevar una vida de servicio dedicada a los demás.

Al principio del curso 1934, la Guardia Civil había tenido que proteger a los alumnos, que eran 354, con seis hermanos maristas. Ante las leyes que prohibían los símbolos y educación religiosos, algunos maristas dejaron la escuela de Barruelo, pero el hermano Bernardo, vistiendo de civil, siguió enseñando el catecismo. Desde 1931, el hermano Bernardo dirigía la escuela de Barruelo, donde también amplió dos años la escolarización. También dirigió la Mutual Escolar para ayudar a las familias de los accidentados en las minas y creó círculos de estudios para extender la cultura cristiana. Formó una orquesta y un coro, y daba clases de francés, matemáticas y contabilidad para alumnos y mineros. Esta era la actividad de este hombre al que tanto odiaban las masas revolucionarias. Era de familia humilde, el sexto de ocho hijos, sus padres eran colonos que emigraron en busca de trabajo, y contaba cinco años cuando murió su padre en Sant Mori, sufriendo la familia más traslados y miseria.

Estos tristes hechos se sucedieron en infinidad de pueblos aldeas y ciudades de España durante la llamada revolución de Asturias de 1934. Después, tras las elecciones de febrero de 1936 y durante la guerra, siguieron sucediéndose las quemas y saqueos de iglesias y conventos ante la pasividad del Gobierno de la República y del Frente Popular.

El relato anterior es necesario, pues es un fiel reflejo de la situación existente en muchas poblaciones de España, tras la campaña de política revolucionaria extendida por el PSOE con vistas a la insurrección revolucionaria que preparaba y a la implantación de la dictadura del proletariado. Al mismo tiempo es una muestra del odio feroz que, insuflado por los partidos de izquierda año tras año, sentía por la iglesia una gran masa de simpatizantes izquierdistas. Este odio alcanzó su grado máximo al estallar la Guerra Civil, produciéndose la persecución más sangrienta de la historia contra la Iglesia, que puede definirse como un auténtico genocidio.

Para dar una idea de la situación, que se vivía en España en 1934, solamente en Madrid hubo tres huelgas generales, huelgas de periódicos, huelga de taxistas que llenaron de tachuelas las calles de Madrid, fastidiando la circulación durante días, y un incontable número de altercados.

Las intenciones del PSOE habían sido claras. Primero la preparación de medios, las armas, y después la preparación ideológica y propagandística, el famoso decálogo de adoctrinamiento para las masas borreguiles de izquierda. Ambas acciones tenían como fin ejecutar el golpe de Estado al Gobierno republicano. Estos hechos también los negarán los energúmenos de la <<Memoria Histórica>>, a pesar de estar perfectamente documentados.

El mismo José Antonio Primo de Rivera, en abril de 1934, a la salida de la cárcel modelo, donde había estado prestando declaración, fue alcanzado en su coche por una granada, resultando ileso. El líder llevaba un grupo de matones a su servicio como protección, para defender los locales de Falange Española y al propio líder cuando actuaba en los mítines públicos. Más de una vez fueron detenidos líderes de Falange tras sufrir ellos mismos tiroteos y atentados. La violencia era una práctica habitual, y una táctica a seguir por la chusma de izquierdas. Lo prueba el famoso *Decálogo del joven socialista*, publicado en febrero de 1934 en *Renovación*, el Órgano de la Federación de Juventudes Socialistas de España. Es escalofriante. La incitación a la violencia y eliminación del adversario, siguiendo los cánones que siempre promulgaron las izquierdas. Se reproduce íntegro para mostrar a los incrédulos sus altas cualidades humanas y morales.

1º Los jóvenes socialistas deben acostumbrarse a las movilizaciones rápidas, formando militarmente de tres en fondo.

2º Cada nueve (tres filas de tres) formarán la década, añadiéndole un jefe, que marchará al lado izquierdo.

3º Hay que saludar con el brazo en alto –vertical– y el puño cerrado, que es un signo de hombría y virilidad.

4º Es necesario manifestarse en todas partes, aprovechando todos los momentos, no despreciando ninguna ocasión. Manifestarse militarmente, para que todas nuestras actuaciones lleven por delante una atmósfera de miedo o de respeto.

5º Cada joven socialista, en el momento de la acción, debe considerarse el ombligo del mundo y obrar como si de él y solamente él dependiese la victoria.

6º Solamente debe ayudar a su compañero cuando éste ya no se baste a ayudarse por sí solo.

7º Ha de acostumbrarse a pensar que en los momentos revolucionarios la democracia interna en la organización es un estorbo. El jefe superior debe ser ciegamente obedecido, como asimismo el jefe de cada grupo.

8º La única idea que hoy debe tener grabada el joven socialista en su cerebro en que el Socialismo solamente puede imponerse por la violencia, y que aquel compañero que propugne lo contrario, que tenga todavía sueños democráticos, sea alto, sea bajo, no pasa de ser un traidor, consciente o inconscientemente.

9º Cada día, un esfuerzo nuevo, en la creencia de que al día siguiente puede sonar la hora de la revolución.

10º Y sobre todo esto: Armarse. Como sea, donde sea y «por los procedimientos que sean». Armarse. Consigna: Ármate tú, y al concluir arma si puedes al vecino, mientras haces todo lo posible por desarmar a un enemigo.

Esta era la doctrina que seguían las izquierdas, y las consignas que debían seguir para implantar la <<dictadura del proletariado>>, todo un tratado de <<armonía>> para la buena convivencia entre los españoles, un auténtico libelo terrorista y de aniquilación del adversario político, para preparar lo que vendría después. Esta era la situación.

3. ELECCIONES FEBRERO 1936. AMBIENTE PREVIO. CAMPAÑA ELECTORAL Y VIOLENCIA EN LAS CALLES

> *El marxismo es el eficaz espejuelo para muchos desprevenidos y de escaso discernimiento. Como todas las mentiras, se ha impuesto con el engaño y la violencia. Entre los falsos profetas de los últimos tiempos, la ideología marxista está entre aquellas que prometen la felicidad sobre la tierra, basándose en el bienestar material, pero sin dar lo que prometen.*
>
> *Amadeus Voldben - Dopo Nostradamus. Las profecías para el año 2000*

La violencia política durante la campaña electoral fue mucho más grave de lo que se había supuesto hasta ahora. A título de ejemplo, en la noche del 17 de enero de 1936, tres pistoleros anarquistas disparaban contra las personas que se encontraban en el interior de una taberna en una plaza del centro de Jerez de la Frontera, causando la muerte de un obrero tonelero, y heridas graves a un agente de la Guardia Civil y al subjefe de la Policía Municipal de la ciudad. Al día siguiente, en Arcos de la Frontera, el alférez José Díaz de la Guardia Civil se dirigió acompañado de dos guardias civiles y un guardia municipal a detener a los anarquistas, tras un aviso de que estaban en una taberna. Al verse acorralados los anarquistas, comenzaron a disparar, muriendo el alférez de un disparo en el vientre. Los guardias civiles repelieron la agresión, matando a dos de los anarquistas e hiriendo de gravedad al tercero, que sobrevivió y declaró haber sido ellos los autores del atentado del día anterior en Jerez de la Frontera, y que él mismo había sido quien mató al obrero víctima del atentado. Otro guardia civil también fue herido.

En las calles eran frecuentes los ataques de pistoleros contra obreros que no se plegaban a la disciplina sindical con motivo de huelgas o conflictos laborales. Las víctimas, los agredidos, eran obreros que simpatizaban con grupos conservadores o falangistas, dándose también ataques de pistoleros anarquistas a miembros de UGT. En las Cortes, los diputados de derechas e izquierdas se miraban con verdadero odio, aumentando día a día la agresividad en sus palabras e intervenciones.

En la campaña electoral hubo enfrentamientos de diversa naturaleza entre grupos de ideologías rivales, choques producidos durante el reparto de propaganda por causas diversas, reyertas callejeras, y enfrentamientos ante sedes políticas o tras los mítines. También los hubo entre grupos de extremistas con las fuerzas del orden, Guardia Civil o de Asalto, cuando éstos establecían controles de carretera, realizaban detenciones o acudían a solventar disputas ya iniciadas. Se produjeron también atentados contra los propios agentes del orden público. Hubo agresiones físicas de todo tipo, con armas de fuego o navajas, donde uno o varios individuos agredían a otro de ideología contraria, produciéndose casi una tercera parte de estas víctimas durante la jornada electoral, lo que refleja el elevado grado de violencia premeditada durante la recta final de la campaña. Los protagonistas indiscutibles de la violencia no fueron los republicanos de izquierda, sino los socialistas, comunistas y anarquistas. En el lado derechista, los falangistas fueron los más violentos de este sector político. En los cedistas, el uso de la violencia tuvo básicamente un carácter defensivo.

Las izquierdas practicaron un terrorismo golpista durante la campaña electoral, con amenazas de muerte, y con advertencias de que jamás aceptarían un triunfo de las derechas. El objetivo era vengarse del fracaso de la insurrección de 1934, que acabó con muchos militantes de izquierda en la cárcel, por los hechos ocurridos en Asturias.

En general, el proceso electoral fue ordenado, pero la campaña muy sucia, con 41 muertos y 80 heridos de gravedad. La campaña electoral había sido muy violenta, hasta el punto de registrarse un número de agresiones, muertos y heridos sin precedentes en ninguna otra convocatoria electoral. La violencia, instalada en las calles, no obstaculizó decisivamente el proceso electoral, pero sí fue una manifestación contundente de la radicalización política, en un ambiente totalmente radicalizado.

Una muestra de la violencia de la campaña electoral y del clima existente, se puede ver en Alicante donde el alcalde radical socialista hacía su campaña electoral repartiendo panfletos que decían: <<El 16 de febrero no dejéis votar a las beatas ni a las monjas. Cuando veáis a alguien que lleve en la mano una candidatura de derechas, cortarle la mano, rompérsela en las narices

y se la hacéis comer>>. Grandioso ejemplo de democracia y tolerancia política. ¿Esto tampoco vale para reflejarlo en la <<Memoria Histórica?>>.

Mientras tanto, el Partido Comunista enarbolaba constantemente la bandera de <<Octubre de 1934>> reinterpretando la amnistía como una etapa más en la lucha contra el fascismo y la reacción que para éste suponían, en bloque, los partidos de centro y derecha.

El disparate iba en aumento. El reclamo más importante de la propaganda de izquierdas fue la amnistía de los presos por la insurrección de 1934, y la exigencia de responsabilidades a quienes se opusieron activamente a la insurrección. Exigencia extensible, por supuesto, a las autoridades y fuerzas del orden público que la reprimieron. Es decir, se pedía el indulto para los criminales, y la represión y la cárcel para los que hicieron cumplir la Ley y la Constitución, sofocando la rebelión, en el cumplimiento de su deber.

A las candidaturas enfrentadas las separaba un abismo ideológico. Aunque el único voto limpio era el de las grandes ciudades, lo cierto es que durante la Segunda República el interés de los partidos en ganar adeptos llegó con fuerza a las zonas rurales. La gente no sabía muy bien qué era el socialismo, pero no importaba, pues tenía hambre, odio a los sectores más acomodados, y sobre todo ansias de venganza. El caos era el mejor abono para conseguir los fines revolucionarios comunistas. Cuanto peor marchara la sociedad, mejor sería para los fines revolucionarios.

La propaganda de acción Popular puso el acento en la encrucijada a la que se enfrentaban los votantes. La derecha católica les planteaba una disyuntiva entre el marxismo revolucionario y los defensores del orden público y el trabajo. Acción Popular elaboró cientos de carteles y folletos distribuidos por toda España donde se advertía sobre <<la revolución y sus cómplices>>. Este era su eslogan de campaña.

Gil Robles, líder de la CEDA, con su gran cartel electoral en la madrileña Puerta del Sol, tenía un protagonismo indiscutible, a veces mal interpretado. El eslogan cedista no reclamaba poderes excepcionales, sino que apelaba al voto para construir una mayoría parlamentaria que el presidente de la República no pudiera boicotear. Criticó la candidatura conservadora por Madrid, de perfil bajísimo por la evidente falta de líderes conocidos, excepto Royo-Villanova, Gil Robles y Calvo Sotelo, después asesinado por orden del

Gobierno. La propaganda conservadora era que votar contra el Frente Popular era como un voto a España, recordando que en caso contrario, toda España sería Asturias, refiriéndose a los sucesos de octubre de 1934. Con este panorama, se celebraron mítines por todo el país, con la presencia extenuante de los principales líderes políticos.

La campaña electoral de 1936 supuso el lanzamiento de la cartelería gráfica. La de las izquierdas destacó por su fuerte emotividad y una descalificación absoluta del adversario. Así, la cartelería reflejó notablemente el carácter polarizado y dramático, prácticamente plebiscitario, de las últimas elecciones antes de la Guerra Civil. Se exaltaba a Rusia y se alentaba a la violencia y a la guerra civil. Era una cartelería a todo color que desempeñó un papel fundamental en la propaganda de los partidos, que estaban mejor organizados durante la Segunda República. Otra de las innovaciones más importantes de la campaña fue el uso de automóviles para lanzar pasquines y papeles electorales.

La participación de las mujeres no se limitó a la emisión del voto. Fueron muy activas en todo tipo de actividades de propaganda, como el voceo de candidaturas o la pega de carteles. En las oficinas de Estadística y Elecciones hubo un claro predominio femenino en la gran tarea que supone todo proceso electoral a la hora de efectuar el nombramiento de presidentes de mesa, adjuntos y suplentes. Las mujeres desempeñaron un papel muy importante en la vida interna de los partidos más modernos, como la CEDA, participando en la elaboración de censos, fichas de simpatizantes y posibles votantes. Los periódicos dedicaron mucha atención al voto femenino, que se creía trascendental para la victoria de una u otra candidatura. Tanto las izquierdas como las derechas hicieron un gran esfuerzo para movilizar el voto de las mujeres. Sucedió igual que en 1933, cuando éstas votaron por primera vez en unas elecciones generales. El Frente Popular partía de un prejuicio sobre el supuesto conservadurismo del voto femenino, que no fue tal.

En cuanto a la Iglesia, ésta no pidió el voto para un partido concreto, pero sí alentó a la participación conservadora en un momento en el que se jugaba la <<suerte de España>>. Muchos católicos acudieron a las iglesias a rezar el domingo 16 de febrero, siguiendo el consejo de sus párrocos.

Las votaciones pudieron realizarse con garantías, sobre todo por las extremas medidas de seguridad que adoptó el Gobierno. En el orden social, estaban a la orden del día los robos y atracos a cualquier establecimiento, bancos, joyerías, colmados y estaciones de tren. Se detenía a menudo a alguien con armas en su poder que procedían de los sucesos de Asturias. La corrupción desde órganos institucionales, como Ayuntamientos iba en aumento. La delincuencia aumentaba, siendo difícil a veces distinguir entre la delincuencia común y la violencia política. En cualquier caso, el desgobierno y la falta de autoridad, provocaban una inseguridad que hacía difícil la convivencia pacífica. Esto ocurría porque los sucesivos gobiernos del Frente Popular no quisieron o no pudieron aplicar una política inequívocamente represiva, por temor a que se incrementase el malestar de las masas obreras.

En Cataluña, igual que en otras partes de España, las elecciones se vivieron como una consulta a vida o muerte. Allí la polarización entre orden y revolución tenía un ingrediente especial: La fracasada insurrección nacionalista desde la Generalidad en octubre de 1934.

El 27 de febrero de 1936, la prensa publicaba los resultados para la nueva Cámara: 255 diputados de izquierda, 143 de derechas, 55 de centro y 14 comunistas. Los comunistas sonreían ante estos resultados y esperaban el momento para actuar.

En el Frente Popular, los republicanos de izquierda se avinieron a la exigencia de Largo Caballero de embarcarse en una coalición electoral con la extrema izquierda y además insistieron en un pacto con ella posterior a las elecciones. Todo ello sin asegurarse ni la adhesión explícita de la República de 1931, la que según ellos la derecha ponía en peligro, ni la condena de toda violencia insurreccional por parte de las izquierdas obreras. Como se comprobó un mes más tarde de la firma del pacto, el nuevo Gobierno republicano quedaría sujeto a la constante presión de la izquierda obrera en el Parlamento y en la calle. Y ello desde el primer día, donde el Gobierno de Azaña, que no era más que un Gobierno de gestión hasta que se abrieran las Cortes, comenzó a aplicar las demandas de la izquierda obrera contenidas en el pacto, sin conocer si este había sido respaldado por la mayoría de electores. La amnistía fue aprobada por la Diputación Permanente de las Cortes disueltas, sin que hubiera terminado el proceso electoral y viniendo precedida por excarcelaciones de hecho. Azaña se dio cuenta rápidamente de las tremendas consecuencias del diabólico pacto.

Influidos por los informes del Gobierno, los medios trasladaron una imagen engañosa de cómo habían transcurrido las votaciones del 16 de febrero.

La tranquilidad fue más bien el resultado de las impresionantes medidas de seguridad. Bien es cierto que la noche anterior a las votaciones, el presidente del Gobierno, Manuel Portela Valladares, radió un comunicado a todo el país anunciando que garantizaría el orden público y no toleraría la ocupación de la calle por ninguno de los contendientes. A las 7 de la mañana se constituyeron las mesas electorales en toda España, levantándose las actas correspondientes. Desde 1890, la normativa electoral establecía el uso de urnas transparentes en las que el elector introduce una papeleta donde aparecen impresos o escritos a mano los candidatos a los que desea votar. Terminada la votación en la mesa electoral, se consigna también en otra acta el resultado del escrutinio, así como las protestas o incidencias si las hubiera habido en el colegio electoral, o si no se hubiese constituido la mesa, indicando el motivo. En caso de irregularidad, los candidatos y sus apoderados requerían a un notario o funcionario habilitado para que levantase acta.

El 16 de febrero amaneció un Madrid lluvioso, como en casi toda España. La participación fue alta. Se formaron grandes colas en algunos colegios. En todos los pueblos de España, la jornada de las votaciones se vivió con intensidad y expectación. En muchos se movilizaron los simpatizantes de las candidaturas en lucha.

Pero al llegar la noche del 16, y en pleno escrutinio, empezaron a formarse manifestaciones de izquierdas en varias ciudades a favor del Frente Popular y para hacer dimitir al gobierno de Portela y abrir las cárceles. Los comunistas intentaron capitalizar las manifestaciones contra el gobierno de Portela y a favor de la amnistía. Comenzaron a arder iglesias y edificios religiosos. Al día siguiente había graves desórdenes en toda España. El Gobierno no intervenía, incluso sabiendo que la muchedumbre entorpecía el registro de los resultados electorales.

El día 17, la Puerta del Sol era un hervidero de gente. Elementos del PCE como Francisco Galán aprovechaban la ocasión para arengar a la multitud con soflamas incendiarias.

El 19 de febrero, Portela Valladares salió del Consejo de Ministros demacrado, tras presentar su dimisión irrevocable y negarse a afrontar los desórdenes de ese día. El presidente de la República, Niceto Alcalá Zamora, salió indignado del Consejo de Ministros del 19 de febrero, calificando de <<huida>> la dimisión de su presidente de Gobierno Portela Valladares.

Hubo un intento, por parte del ministro de Obras Públicas Cirilo del Rio, que lideró a los miembros del gobierno Portela, los cuales trataron de retrasar la dimisión de su presidente, por lo menos hasta que se completara el escrutinio oficial.

Las candidaturas de los conservadores lograron un nivel de cohesión mayor que en ninguna otra elección anterior. El factor que no permitió una coalición antirrevolucionaria compacta, fue la disputa entre Alcalá Zamora y Gil Robles a cuenta de la negativa del primero a permitir un Gobierno liderado por la CEDA y la subsiguiente disolución de las Cortes, decisión que el presidente de la República, Niceto Alcalá Zamora, tomó contra el bloque de centro-derecha. Esas diferencias de cohesión en las candidaturas resultaron decisivas para explicar una parte del incremento de escaños en las izquierdas y la consiguiente reducción de sus adversarios.

La llegada al poder de las izquierdas solo tres días después de las votaciones es inexplicable, si no se insiste en que, una vez cerrados los colegios electorales, la misma noche del 16 irrumpió una movilización que, hasta ahora, se había considerado una <<celebración cívica de izquierdas mal gestionada por las autoridades>>. Lo cierto es que las calles no se ocuparon para celebrar un triunfo electoral general todavía desconocido. Las manifestaciones contribuyeron a crear, por el contrario, un ambiente que convertía la victoria parcial del Frente Popular en determinadas zonas urbanas en otra completa, de la que debía sacarse, además, consecuencias inmediatas: La apertura de las cárceles, la entrega a las izquierdas de los Ayuntamientos y, a partir de la tarde del 17, la sustitución del Gobierno de Portela Valladares, sin acabar el recuento, por otro del Frente Popular. Esta manifestación no se limitó a la ocupación pacífica de la calle, ilegal por sí misma en medio de unas elecciones y explícitamente proscrita y prohibida por las disposiciones del Gobierno. La apertura de las cárceles supuso la salida de más de 30.000 personas que según Largo Caballero salían <<más rojos de lo que habían entrado>>. Suponía la puesta en libertad de unos 3.000 presos políticos por los sucesos de Asturias, y de unos 27.000 delincuentes comunes y de otras clases de escoria de la sociedad.

Entre la noche del 16 y el mediodía del 19 se desarrolló una campaña de agitación y violencia tal, que puso contra la espada y la pared al gobierno de Portela, hasta hacerlo caer. El temor de este y de sus subalternos a utilizar a la fuerza pública para disolver las manifestaciones, una medida que urgía después de la declaración del estado de alarma, demuestra que hubo razones más que fundadas para reclamar medidas extraordinarias, perfectamente constitucionales y amparadas en la ley de orden público de 1933. Con estas medidas se habría podido abordar lo que era un claro desafío al Estado de derecho, garantizar un escrutinio ordenado y celebrar las elecciones allá donde hubieran de repetirse. Azaña volvió después al poder por estas circunstancias.

Por tanto, todavía el 19 de febrero, los resultados electorales, incompletos aun, no confirmaban una mayoría parlamentaria de las izquierdas. El nuevo Gobierno heredaba del anterior la gestión del proceso electoral y su primera labor era asegurar el recuento oficial. Pero la impresionante oleada de violencia entre la tarde del 19 y la mañana del 22, apenas contenida, propició que el recuento se realizara en un ambiente de coacción, con consecuencias, según se ha demostrado, en los resultados de varias provincias.

En esta situación, lo que fue una votación generalmente limpia, se convirtió en un recuento adulterado que, en un contexto de resultados apretados y abiertos, influyó decisivamente en el reparto final de escaños, otorgando la victoria al Frente Popular por la que tanto habían presionado en la calle las izquierdas obreras. Incluso en esas circunstancias, el número de votos obtenido por las distintas candidaturas antirrevolucionarias superó con creces a los del Frente Popular. A pesar de que lo decisivo era cómo el sistema electoral transformaba esos votos en escaños, este último dato era un indicio significativo de que, sin el clima de intimidación y los fraudes probados, la mayoría podría haberse decantado hacia el centro-derecha. Las falsificaciones probadas inclinaron el escrutinio a favor de las izquierdas, privando de trascendencia a la inmediata segunda vuelta.

En democracia se debe aceptar pacíficamente la derrota en las urnas, proporcionando a los diputados de la oposición las garantías jurídicas suficientes para convalidar sus actas. En la Segunda República, esta labor estaba en manos del nuevo Parlamento, y no de los jueces. El gobierno de Azaña, consciente de ello, no se quiso enfrentar con todas sus consecuencias a la mayoría de los diputados socialistas y a los comunistas, los cuales decidieron imponer una revisión de las actas para mermar todavía más la representación conservadora, tal y como ya habían anunciado en las campañas pro anulación que promovieron durante el recuento oficial y que alteraron el normal desenvolvimiento del escrutinio. Azaña y Prieto conocían de sobra que los fraudes electorales habían sido decisivos para alcanzar la mayoría parlamentaria, pero no aprovecharon la mano tendida de la CEDA y de los grupos republicanos moderados, y acabaron aceptando, no sin lamentaciones estériles, la anulación arbitraria de varias actas de sus adversarios. Las alteraciones de la Comisión de Actas hicieron engordar la mayoría del Frente Popular con 23 nuevos escaños, incluyendo en el cómputo los obtenidos en Granada y Cuenca ya en mayo. Más grave fue todavía que esa cifra se añadiera a los 29 y 33 escaños que las izquierdas sumaron gracias a las alteraciones ocurridas en la primera vuelta electoral. Por tanto, se ha demostrado que algo más del 10% del total de los escaños en las nuevas Cortes, más de cincuenta, no fue fruto de una competencia electoral en libertad.

Las violentas elecciones celebradas en Granada y Cuenca a comienzos de mayo, organizadas por el Gobierno de Azaña y con la activa participación de Prieto, sobre todo en Cuenca, certificaron hasta qué punto las autoridades del Frente Popular no estaban dispuestas a tratar a las oposiciones como adversarios legítimos. Era una política de orden público claramente partidista. Las autoridades provinciales permitieron el descarrilamiento de la candidatura derechista en Granada, asegurando que el Frente Popular obtuviera todos y cada uno de los escaños en juego. En Cuenca promovieron los fraudes y coacciones necesarias para garantizar la victoria de las izquierdas. El pucherazo había tenido éxito.

La anormalidad que presidió los recuentos en algunas Juntas Provinciales del Censo quedó demostrada, pues se aprovechaban las similitudes gráficas para adulterar varias cifras a lápiz, atribuyendo más votos al Frente Popular. Así ocurrió en Jaén, donde se apreciaban raspaduras, borrones y tachones en la plantilla de escrutinio, para alterar el resultado reflejado en las actas electorales. Hubo colegios electorales donde, a punta de pistola, miembros afines a candidaturas de izquierdas exigían la entrega de las urnas con el fin de confeccionar ellos las actas de escrutinio. Negarse a esta amenaza costó la vida a algún miembro de Mesa Electoral. En otros colegios electorales aparecieron a última hora papeletas en bloque y algunas en sobres abiertos. En ciudades como La Coruña, Orense, Cáceres, Málaga, Santa Cruz de Tenerife, Granada o Cuenca ocurrieron también cosas muy raras. Toledo fue también una de las provincias que registró un mayor nivel de violencia. Y para colmo, el nuevo gobierno de Azaña decretó, cuando aún se desconocía el resultado electoral, la cesión de Ayuntamientos a las fuerzas de izquierda, lo que fue una medida muy polémica y un tremendo error.

Aunque el proceso electoral no fue el antecedente directo de la guerra civil, la actuación del Frente Popular en sus primeros días de gobierno, contribuyó a eliminar las posibilidades de consolidación de un régimen como el de 1931, que arrastraba serios problemas institucionales desde su mismo origen. Ocurrió lo contrario a lo que se necesitaba para ampliar la confianza de los ciudadanos españoles en la democracia y el régimen parlamentario, concebidos como un vehículo para facilitar la alternancia legal y pacífica y como una garantía de que los derrotados no padecerían el desamparo institucional y la exclusión política.

El 19 de febrero por la tarde, se formó el nuevo gobierno de Azaña, constituido por los partidos de Izquierda Republicana y Unión Republicana, y encargado de continuar con el proceso electoral. Constituido su Gobierno, Azaña se dirigió a todo el país <<con palabras de paz>> dirigidas a los conservadores y solicitando de sus propios electores orden, con la promesa de que aplicaría de inmediato el programa del Frente Popular. Siguieron los trámites post electorales, y el jueves siguiente al día de las elecciones, se reunieron las Juntas Provinciales del Censo para practicar el escrutinio oficial y proclamar a los candidatos triunfantes. La Junta Provincial del Censo, tras proclamar a los nuevos diputados, les entregó una credencial para que pudieran acreditar su condición de parlamentarios en las Cortes. El acta de la Junta Provincial del Censo era enviada sin pérdida de tiempo a la Junta Central en Madrid, y si contenía protestas, ésta la remitía, a su vez, a las Cortes.

Las elecciones supusieron un fraude electoral, un engaño a la ciudadanía. Fue un auténtico pucherazo electoral masivo dado por las izquierdas. En el capítulo *Causa General, Deslegitimación del Gobierno del Frente Popular* se narra con todo lujo de detalles el escandaloso <<pucherazo>> que supusieron las elecciones de febrero de 1936, con datos y argumentos irrebatibles. Y para disipar dudas, se puede ver el magnífico trabajo de Manuel Álvarez Tardío y Roberto Villa en su libro ya mencionado, titulado *1936. Fraude y violencia en las elecciones del Frente Popular*.

4. AMBIENTE TRAS LAS ELECCIONES DE FEBRERO DE 1936

> *Cuando la violencia se convierte en demasiado sangrienta para todos, suplicamos un alto y pedimos ser liberados, ya sea por la Iglesia, por un salvador personal, o lo que es más patético, por políticos y burócratas que están tan ensangrentados y confusos como todos los demás.*
>
> Morris West - La Salamandra

Hay un documento decisivo que define y retrata perfectamente el ambiente en España tras las fraudulentas elecciones de febrero de 1936. Es el *Manifiesto* del Comité de la Agrupación Socialista Madrileña, vanguardia del ala bolchevique (caballerista) del PSOE. Este documento constituía el programa del partido más fuerte no sólo de la izquierda, sino en general, de todo el parlamento de 1936. *El Manifiesto* declaraba que el Partido Socialista tenía por aspiración inmediata <<la conquista del poder político por la clase trabajadora y por cualquier medio>>. Era la proclama de Largo Caballero, *el Lenin español*.

El Manifiesto proclamaba que mientras se produce el cambio de la sociedad capitalista a la socialista, la forma de gobierno debe ser la dictadura del proletariado, organizada como democracia obrera. Proponía también la transformación del Estado en una confederación de nacionalidades ibéricas, reconociendo el derecho a la autodeterminación y a la independencia, así como la supresión de la lengua nacional (el castellano), la supresión de los ejércitos permanentes, la confiscación de todos los bienes del clero y la disolución de las órdenes religiosas, y por supuesto, la necesidad de armar al pueblo.

En lo económico, *el Manifiesto* de los socialistas madrileños propugnaba el control obrero de todos los establecimientos de la industria y el comercio, la nacionalización de la banca y de los recursos naturales, y la unificación con el Partido Comunista extendiéndose a los demás países obreros. Era un programa orientado hacia una revolución de estilo soviético.

Este era el programa del ala mayoritaria del socialismo español en 1936, que ya venía proclamando desde hacía años Largo Caballero, el grupo que después desbancaría y neutralizaría a sus competidores en el seno del PSOE, haciéndose cargo del Gobierno de la República en septiembre de 1936 y que después sería desplazado del poder sólo por el Partido Comunista.

El proyecto general había seguido los pasos de la estrategia moscovita: Se empieza con un frente unido del proletariado tal y como se formó en torno a 1934; después se forma el Frente Popular, como compareció a las elecciones de febrero de 1936 y, finalmente, se forma el partido único del proletariado, proceso que comenzó por la fusión de sindicatos y juventudes.

Esta estrategia la siguieron los partidos de izquierda, convergiendo en el frente Popular de 1936 todas las poderosas y permanentes tendencias revolucionarias que la izquierda española había ido acumulando a lo largo de su historia. Esto no era sólo teoría política. España estaba ardiendo. Había huelgas generales, motines, incendios de iglesias y conventos, sacando y arrastrando las momias de los frailes y monjas. Las turbas invadían colegios, quemaban iglesias, conventos, domicilios particulares de gente de derechas, palacios, sedes de partidos de derechas, cafés, teatros, talleres, tahonas, almacenes, oficinas, talleres de periódicos, y cualquier cosa que se les pusiera por delante. Se producían asaltos a Diputaciones, saqueos en tiendas, tiroteos con la fuerza pública, asesinatos de derechistas… En el campo había huelgas y manifestaciones, por supuesto todas de una extrema violencia. Había controles en carreteras formados por grupos de milicianos que exigían dinero a los transeúntes, para el Socorro Rojo, según decían los bandidos asaltantes, o para cualquier otro fin. Se arrasaban naranjales, se incendiaban campos y cosechas. El hostigamiento a la Iglesia llegó a niveles demenciales, exigiendo tasas por enterramientos o por tocar las campanas. Las milicias del Frente Popular, uniformadas y a veces armadas, desfilaban libremente mientras las autoridades del Estado hacían la vista gorda.

El mes de mayo ardieron unos ochenta edificios religiosos (iglesias, conventos, monasterios). En Málaga la multitud había saqueado e incendiado templos y conventos hasta dejar muy pocos en pie. En otras ciudades se produjeron disturbios semejantes o peores.

Madrid estaba al rojo vivo. El lunes 10 de Mayo, aprovechando la huelga general convocada por los anarquistas, en protesta por los sucesos del ABC, ardieron varias iglesias en el centro. Frente a las iglesias se congregaban grandes masas para disfrutar del espectáculo, ante la mirada impasible de los bomberos, impotentes porque la multitud les impedía acceder a las bocas de riego. La policía, por supuesto, había desaparecido como por ensalmo. Había taxistas que por diez pesetas ofrecían un recorrido o *tournée* por el Madrid en llamas. Se restableció un poco el orden cuando al atardecer el Gobierno declaró el estado de sitio y el Ejército tomó posiciones frente a las iglesias, ya chamuscadas. Mientras tanto, el Gobierno mostraba una pasividad asombrosa ante estos lamentables hechos. Desde las fraudulentas elecciones de febrero de 1936 hasta el estallido de la Guerra Civil el 18 de julio, se produjeron centenares de asesinatos, incendios de iglesias, templos y periódicos de derechas, ocupaciones de fincas y fábricas, saqueos y un sinfín de atentados contra la paz social, la propiedad y la vida de las personas, pero el Gobierno seguía en su letargo, sin reaccionar, complaciente con las masas.

Todos estos actos delictivos eran consentidos bajo la mirada complaciente del jacobinismo azañista, que pensaba controlar la situación. Mientras tanto, el Gobierno proclamó que el estado actual del orden público era satisfactorio y prorrogó el estado de alarma. De nuevo se usaba la mentira como base para mantenerse en el poder. Característico de las izquierdas. El Gobierno se entretenía en hacer leyes y reformas como si esto pudiera curar a España del odio y la locura que la asaltaban.

Los enfrentamientos de la primavera de 1936 eran de una violencia político-ideológica organizada desde la cúpula de los partidos, gestionada por grupos armados bien organizados y cuyo móvil gravitó en torno a la contrarrevolución. Esta violencia se desarrolló sobre todo en las calles de la gran ciudad, y fue organizada por grupos paramilitares de diverso tipo. Se mostraba y extendía espectacularmente en escenarios de creciente intensidad destructiva. Esta violencia actuó de aglutinante para la formación de los frentes políticos que después formaron los bandos contendientes en la Guerra Civil. Era el colmo de la insensatez. Las milicias de la izquierda provocaban violencias contra las derechas y después acudían a detener a las víctimas, derechistas, acusándolas de provocar dichas violencias. Este sistema se extendió durante toda la Guerra Civil. Existía ya un clima social casi de guerra civil, pregonado por los políticos.

La violencia tuvo su campo preferente de expresión en el ámbito local. Este fue el escenario donde se había dirimido el cambio de régimen en la primavera de 1931, y donde más incidencias tuvieron las reformas y las contrarreformas, impulsadas por los distintos gobiernos republicanos. También fue donde se libró con más tenacidad la lucha por el poder, tanto real como simbólico. En el ámbito local fue realmente donde el Estado republicano evidenció con más claridad su ineptitud para hacer frente a la degradación y erosión de la autoridad, causa de su crisis y derrumbe.

En la II República se produjo una crisis de valores que hizo cada vez más difícil la convivencia pacífica. Esta crisis de valores fue después analizada e interpretada por el bando vencedor a la hora de administrar justicia, como <<la amenaza que fue a los principios relativos al uso del poder, pues los gobernantes son responsables de sus actos>>.

El 17 de marzo de 1936, el Gobierno había convocado oficialmente, por un Decreto, elecciones municipales para el 12 de abril, para renovar todos los Ayuntamientos.

Con motivo de la designación de listas para las elecciones municipales, los socialistas y comunistas exigían mayoría y que los candidatos a alcalde fuesen suyos, con el propósito de dominar la República desde los Ayuntamientos y proclamar la dictadura del proletariado de los soviets. El 3 de abril, el Gobierno, mediante otro Decreto, suspendió y aplazó indefinidamente las elecciones. Lo cierto es que el estado de alarma estaba vigente y la debilidad del Gobierno no podía garantizar el libre ejercicio del sufragio electoral en las condiciones adecuadas. Y el 7 de abril se produjo la destitución de Alcalá Zamora como presidente de la República, siendo sustituido por Manuel Azaña el 11 de mayo de 1936.

Los Gobiernos que se sucedieron en el poder desde el 16 de febrero tuvieron en su mano importantes herramientas restrictivas de los derechos ciudadanos: Los gabinetes prorrogaron sistemáticamente el estado de alarma proclamado por Portela Valladares el 17 de febrero, hasta el punto de que la totalidad de los 151 días que mediaron entre la toma del poder por Azaña y la dimisión de Casares Quiroga transcurrieron con los principales derechos cívicos y políticos en suspenso, en la totalidad del territorio nacional. En lugar de desgobierno, en esos meses hubo un aumento del poder despótico del Gobierno a través de sus propios decretos, de la legislación aprobada en la Cámara y del control político y policial dirigido por el ministro de la Gobernación, los gobernadores civiles y los alcaldes.

Las semanas previas al estallido de la Guerra Civil son un perfecto ejemplo de cómo la deriva revolucionaria había terminado por devorar al proyecto republicano. Socialistas y anarquistas sembraban España de huelgas y competían entre sí en fervor revolucionario pero contra el Gobierno, al cual habían apoyado. Esta ola de huelgas, en la construcción, de ascensoristas, electricistas, y en el campo, donde se producían brutales quemas de cosechas, eran de un carácter violento. Había huelga de la marinería mercante en casi todos los puertos españoles, quedando muchos barcos paralizados en el extranjero. Estas olas de huelga, suponían un serio quebranto para la normal vida económica y social del país, produciendo problemas de abastecimiento y desatando conflictos internos entre los sindicatos, socialistas contra anarquistas, que recurrían abiertamente al pistolerismo contra el rival.

Desde el <<triunfo>> del Frente Popular, 16 de febrero de 1936 al 17 de julio de 1936, la izquierda desató una ola de violencia y atentados que provocó en España 444 víctimas mortales y 1.593 heridos, fruto de los 2019 incidentes ocurridos. Se produjo la destrucción total de 160 iglesias y el asalto, incendio y destrucción parcial de más de 200 templos. Fueron destruidos 10 periódicos. Se destrozaron 33 centros particulares y políticos. Hubo unos 140 atracos consumados. Se produjeron 113 huelgas generales, y 228 parciales, algunas incendiarias, con el correspondiente saqueo e incendio de templos y conventos y otras manifestaciones de la <<libre expresión de la voluntad popular>>. Todo ello aderezado con bombas, petardos y altercados de otro tipo. Ese era el Estado de libertad y democracia que se había implantado con la República.

La cifra total de muertos y heridos graves apunta la existencia de una violencia de mayor envergadura de lo que hasta ahora se había supuesto, dada la cantidad de víctimas que se produjeron. Pero el hecho más grave llegó el 13 de julio de 1936: El asesinato del líder de la oposición Calvo Sotelo, a manos de miembros del PSOE y fuerzas gubernamentales. Este fue uno de los desencadenantes de la Guerra Civil española, al producirse días después, el 18 de julio de 1936, el alzamiento o sublevación de una parte del Ejército contra el Gobierno de la República, culpable por tolerar ese estado de cosas y que había perdido toda legitimidad ante los ciudadanos. El crimen del líder de la oposición demuestra el grado de degeneración a que puede llegar un Gobierno, como lo fue el Gobierno de la República española, del Frente Popular, del PSOE, para conseguir sus fines políticos e ideológicos.

Estos eran los disparates que el Frente Popular estaba cometiendo, azuzado por los despropósitos que exponían algunos diputados y dirigentes republicanos, y aireados en la prensa izquierdista a bombo y platillo.

En vísperas del 18 de julio había tres conspiraciones contra el orden republicano. Una contrarrevolucionaria, de las derechas y un amplio sector del Ejército. Y dos conspiraciones revolucionarias: La de los anarquistas y la de los socialistas y comunistas. Estas conspiraciones revolucionares son las que convergieron después del 18 de julio para constituir, a través de los Comités, un auténtico Gobierno paralelo.

5. CARACTERÍSTICAS DEL FRENTE POPULAR

> *En Europa, en América, donde los hombres tienen mayor libertad de elección que bajo el látigo soviético, se está dando prueba de querer caminar cada día hacia un autolesionismo inconcebible.*
>
> *Amadeus Voldben - Dopo Nostradamus. Las profecías para el año 2000*

El germen del Frente Popular en España fue la iniciativa de Azaña de reconstruir la conjunción republicano-socialista tras el fracaso de la revolución de 1934. Azaña dirigió una carta al socialista Indalecio Prieto el 25 de diciembre de 1934 indicando la idea de hacer un frente republicano, pero sin los comunistas, con el desagrado de éstos, según la idea de Prieto. Por tanto no fue una iniciativa soviética la creación del Frente popular a pesar de haber en España agentes de la Internacional Comunista antes de 1936. Lo cierto es que tanto los comunistas como los socialistas bolcheviques vieron en el proyecto una estupenda oportunidad para llevar a cabo la estrategia diseñada por el Komintern el 2 de agosto de 1935 en el VII Congreso Mundial de la Internacional Comunista, en el que Jorge Dimitrov expuso la estrategia de la creación de Frentes Populares.

Existía entonces una intensa corriente de simpatía hacia la URSS promovida desde el ala izquierda del PSOE, encabezada por Largo Caballero, el *Lenin Español* y por su propaganda en el periódico *Claridad*. El instrumento decisivo para extender la influencia soviética en la España Republicana fue el PSOE más que el propio Partido Comunista.

A partir de entonces los órganos públicos del socialismo se dedicaron a difundir idílicas imágenes propagandísticas ensalzando el paraíso soviético. De nuevo la mentira, alimento de los ignorantes. Entre los propagandistas estaba Margarita Nelken, quien elogiaba el buen trato y dispendio que el Gobierno ruso daba a los procesados a los que los Tribunales y guardianes trataban como ciudadanos libres y ni siquiera esposaban. Todo era mentira. Formaba parte del entramado propagandístico de la criminal ideología comunista. Margarita Nelken no debió asimilar bien este proceder <<magnánimo>> de los Tribunales rusos, pues después, en la Guerra Civil, se hizo chequista, asesinando a gente inocente, participando en otros crímenes, como el de Ramiro de Maeztu y participando en las terribles sacas de las cárceles camino de las fosas comunes.

La propaganda como medio para influir en las mentes ignorantes era tremenda. En el periódico *El Socialista*, periódico oficial del PSOE, se proclamaba una franca admiración hacia el régimen de Stalin y la plena construcción socialista de su sociedad como <<paradigma del bienestar>>. Era un argumento deleznable que buscaba urgir al Gobierno republicano a entablar relaciones diplomáticas con Moscú. No podía haber propaganda más miserable y falsa. Se mostraba el verdadero rostro de la izquierda socialista. *El Socialista* seguía indicando como punto de referencia a Moscú y ensalzando su sociedad, elogiando la iniciativa de la Constitución Soviética de no permitir la creación de partidos políticos, pues con el partido comunista era suficiente, según la propia doctrina comunista.

Era de una magnitud asombrosa la fascinación que sentían los socialistas españoles ante el espejismo comunista soviético, ante la Rusia que se les mostraba como imagen de felicidad. Solo hay una explicación: La tremenda ignorancia, causa de grandes males pasados y futuros. La propaganda comunista soviética no les mostraba los campos de trabajo, auténticos campos de muerte, en los que la mortalidad entre los recluidos, ancianos mujeres y niños tomados como rehenes, era tremenda. No mencionaba las terribles purgas, ni las deportaciones de pueblos enteros, o las terribles torturas en las Chekas, o las requisas y robos para provocar hambrunas y así diezmar el campesinado. Esta propaganda no hablaba de los asesinatos en masa de poblaciones y aldeas enteras, de los campesinos liquidados con gases asfixiantes; un cúmulo tremendo de crímenes que se habían cometido y seguían cometiéndose diariamente en la idílica URSS de Stalin y cuya enumeración sería incontable. Crímenes justificados con la simple calificación de la víctima de ser <<enemigo del pueblo>>.

A partir de ese momento, Largo Caballero, con miles de milicianos socialistas y comunistas armados uniformados y en formación militar, desfilaron el 1 de mayo entre vivas a Rusia, a Stalin y a Largo Caballero, llamado *el Lenin español*. Pedían la guerra civil como medio para exterminar a las derechas, al clero y a la oligarquía de terratenientes y capitalistas y para instaurar la dictadura del proletariado por la fuerza de las armas. La semilla del odio germinaba. Las matanzas vendrían después.

Ese fue el nacimiento del Frente Popular, embrión de las desgracias que asolarían España poco después. A pesar de la persistente propaganda en el exterior de España, y la posterior campaña de mentiras hecha muchas décadas después, elogiando el régimen republicano, la coalición de izquierdas que se hizo con el poder en febrero de 1936, llamada primero Bloque Popular o Coalición de izquierdas y más tarde Frente Popular, no era en absoluto una fuerza de carácter democrático. Era una coalición de republicanos de carácter jacobino (los de Azaña) con socialistas y comunistas, apoyados desde fuera por elementos anarquistas y posteriormente por la URSS.

La II República no era un régimen democrático equiparable a lo que hoy entendemos por tal, sino un sistema de poder sometido a permanente tensión revolucionaria, desde el mismo día de su nacimiento. La visión convencional de unas izquierdas democráticas y pacíficas era totalmente falsa. La izquierda republicana siempre trató de sacar partido de la violencia en 1931. La República no era un Estado idílico. Era falsa la idea de régimen de libertad que se proyectaba al exterior. Era una auténtica tiranía. El Gobierno unido a socialistas, comunistas, separatistas, independentistas, anarquistas, radicales y gente violenta de la peor condición social, accedía a todas las peticiones de estos grupos con tal de mantenerse en el poder, mostrando su miseria y bajeza moral.

La República tuvo en ocasiones entre sus dirigentes a delincuentes, como el Ministro de justicia en 1936 Juan García Oliver, pistolero y atracador de bancos, y a otros que habían cometido multitud de atentados contra la convivencia y la paz. La violencia política, sobre todo a través del sistema de milicias armadas, era una realidad vigente en España desde muy temprano. El nuevo régimen señaló pronto a la Iglesia como su enemigo, al que había que exterminar.

Los partidos que componían el Frente Popular eran, por su ideología, prácticas y tendencias, dignos de ser ilegalizados, y detenidos y encarcelados sus dirigentes. En todos ellos sus características principales eran el uso de la violencia contra todo aquel que no comulgase con sus ideas, la falta de respeto a la vida de las personas, a su pensamiento y a sus propiedades, y sobre todo, la exaltación del odio en las acciones contra sus víctimas. Tenían la firme convicción de estar siempre en posesión de la verdad y la razón, realizando impunemente sus actos delictivos y sus atentados con el convencimiento de estar protegidos por el Gobierno y el Estado.

El Frente Popular demostró durante la guerra una incapacidad militar tremenda, una desunión total y una gran incompetencia en sus dirigentes políticos, la mayoría de ellos inmorales e ineptos. Los dirigentes fueron incapaces de prevenir una guerra cuando aún era posible evitarla, a pesar de la lucha ideológica entre todos los componentes de las izquierdas. El Gobierno del Frente Popular permitió a los sectores afines al Frente Popular apoderarse de la calle, siendo un obstáculo de clase los Tribunales. Por ello, la coalición de izquierdas debía controlar todo el sistema judicial. Para los socialistas, el Frente Popular era la puerta para conseguirlo. Es un hecho demostrado que el Frente Popular implantó un estado de auténtico terror durante la Guerra Civil, con una actividad represiva muy intensa en la España que controlaba, actividad que se tradujo en varias decenas de miles de muertos y en la práctica cotidiana del robo, el saqueo, la tortura y el crimen. Cuando empezó la guerra se produjo una devaluación absoluta del derecho de propiedad y de los derechos de las personas. Se produjo un episodio de incautación masiva de inmuebles en Madrid protagonizado por el Partido Socialista.

En cuanto a la vida económica de la España del Frente Popular, se regía por criterios absolutamente revolucionarios y carentes de sentido común.

Los partidos del Frente Popular fueron los máximos responsables del movimiento revolucionario comunista, que tanto dolor y sufrimiento provocó después en gran parte de España. Este fue uno de los acontecimientos que precedió a la Guerra Civil que, junto a otros, fue la causa final que contribuyó al desencadenamiento del conflicto español. Ya en fechas previas a la Guerra Civil el PCE pretendía perseguir y encarcelar a los líderes del Gobierno de 1934 y abolir todos los partidos conservadores, encarcelando a sus dirigentes y confiscando sus propiedades. Todo un ejemplo de democracia. De hecho, José Antonio Primo de Rivera, jefe de Falange Española de las JONS fue detenido en marzo de 1936, por ser de derechas, y bajo la acusación de tenencia ilícita de armas. Al Gobierno le molestaba que José Antonio dijera que las elecciones las había ganado realmente Rusia, y que las calles estaban tomadas por el comunismo, cuyos grupos o bandas de acción, actuaban impunemente incendiando iglesias, casas, fábricas y destituyendo y nombrando a las autoridades que les viniese en gana. Con él detuvieron a unos dos mil falangistas. José Antonio fue encerrado en la cárcel de Alicante, de la que ya no salió vivo, pues fue asesinado el 20 de Noviembre de 1936.

6. PRINCIPALES PARTIDOS Y FUERZAS QUE COMPONÍAN EL FRENTE POPULAR

> *En España los anarquistas han ido siempre a la cabeza de todos los movimientos revolucionarios. Es gente decidida, pero carecen de un claro programa político social*
>
> Andrés Carranque de Rios – *La vida difícil*

Partiendo del principio de que los movimientos izquierdistas tenían profundas diferencias y que la división interna de la izquierda era palpable, no es de extrañar que la proliferación de partidos de izquierda contribuyera a incrementar el caos durante el periodo republicano. Anarquistas, comunistas, nacionalistas, los del POUM y otros especímenes, se llevaban a matar.

PSOE, PARTIDO SOCIALISTA OBRERO ESPAÑOL

No fue nunca un partido moderado. Siempre fue un partido golpista y asesino, según demuestran sus actos y su historia. Se declaraba marxista, defendiendo sin rodeos una dictadura socialista. El mensaje que enviaba a los jóvenes del PSOE era un mensaje antidemocrático de un cinismo impresionante. En las primeras elecciones con participación del voto femenino inició una campaña de violencia y amenazas, haciendo un llamamiento a la guerra civil, anunciándola como bendita guerra.

Era el partido más fuerte del Frente Popular. Sus dirigentes tuvieron durante la Guerra Civil cargos importantes en los aparatos represivos del Estado. Su programa era, y seguiría siendo, la toma del poder, por cualquier medio, y la implantación del socialismo, incluyendo la dictadura del proletariado. El PSOE era un partido revolucionario radical que consideraba la violencia como un instrumento apto para conquistar el poder. Su aspiración última no era la República gobernada por otros, sino la instauración de un régimen socialista al estilo soviético, despreciando los procedimientos democráticos e institucionales, apostando por la revolución. Las checas del PSOE tuvieron un gran protagonismo en los primeros meses de la Guerra Civil. Los dirigentes del PSOE siempre utilizaron la violencia en forma de amenaza. El mismo Pablo Iglesias tuvo su primera actuación en este sentido, cuando amenazó de muerte el 7 de julio de 1910, en el Congreso, a Antonio Maura, expresidente del Gobierno, el cual sufrió un atentado días después protagonizado por Manuel Posas Roca, un militante del Partido Radical, y habitual de la casa del pueblo, la del PSOE, que le disparó tres veces. El juez condenó al terrorista a menos de cuatro años de prisión, pues estimó que este no quería matar al político, sino solamente llamar la atención. Ya había entonces en España jueces como los de hoy, tolerantes y progresistas.

El 1 de julio de 1936, el socialista Angel Galarza comentó sobre Calvo Sotelo: <<Pensando en su Señoría encuentro justificado todo, incluso el atentado que le prive de la vida>>.

Amenazas, coacción, el camino del poder a través del miedo. Esta era la norma habitual a seguir por las izquierdas: la amenaza de muerte al adversario político.

PCE, PARTIDO COMUNISTA DE ESPAÑA

Estaba considerado como el partido de los soviéticos en España. De la escisión de los elementos más radicales del PSOE, nació entre 1920 y 1921 el Partido Comunista Español. Este era doctrinalmente revolucionario, presto siempre a hacerse el amo de la situación. Poseía una estrategia de la revolución mucho más completa y mejor calculada que la de sus compañeros del Frente Popular. Una de sus famosas proclamas era <<Queremos la muerte de la Iglesia, para ello educamos a los hombres y así les quitamos la conciencia>>.

El PCE vivía desde 1931 como un grupo de alcance muy menor, bien organizado, con buena red de comités, pero con peso político nulo. Su crecimiento fue exponencial. Había un conflicto entre la estructura española y los intentos de control por parte de Moscú. La ambición socialista agigantó al pequeño PCE, y el control soviético sobre el comunismo español se hizo casi completo. El PCE pensaba que sería el amo y gobernante de España.

El programa del PCE era un pliego de medidas estrictamente soviéticas: Confiscación de propiedades, nacionalización de propiedades y de la Banca, disolución del Ejército y sustitución de este por un Ejército rojo y campesino… y alguna que otra barbaridad más. En los mítines se exaltaba a la URSS puño en alto. Los agentes enviados por Stalin dejaron su sello en la represión organizada por el Frente Popular, tanto en la estructura y actividad de la policía política de la II República como en el uso de los medios para anular a quienes Moscú consideraba rivales en España, es decir, los comunistas heterodoxos. La España de la II República se convirtió durante la Guerra Civil en un estado satélite de Moscú. El comunismo español, en el campo del espionaje, como en otros aspectos, era un fiel subordinado de Moscú y de los intereses de Stalin. No en vano los dirigentes del PCE habían pasado por la Escuela Lenin de Moscú, o Academia Frunze, que era la Academia Militar del Ejército Rojo. Por ella pasaron José Díaz, Jesús Hernández, Antonio Mije, Manuel Hurtado, Dolores Ibárruri y Enrique Lister. Todo un compendio de personajes que hubieran hecho mejor quedándose en la Unión Soviética.

La misión del PCE era imponer los mandatos del partido para que la guerra se llevara a cabo de una manera determinada. El Partico Comunista fue el que más luchó por disciplinar a las milicias, por integrarlas en un ejército regular, por acabar con los excesos de *la vida revolucionaria* en la retaguardia. Pero eso no impidió que estuviera casi siempre detrás de cada uno de los pasos del terror desencadenado en la España del Frente Popular, es decir, formación de checas y de Tribunales Populares, ejecución de crímenes desde los puestos de mando de Seguridad del Estado (Carrillo), en las checas, y ejecución de una feroz represión y asesinato de muchos anarquistas y militantes del POUM. (Durante la guerra civil, el PCE acometió, con sus unidades y mandos del Ejército Popular, una sangrienta persecución y una serie de asesinatos sobre los miembros de la CNT y del POUM).

La líder del Partido Comunista, Dolores Ibárruri, *la Pasionaria*, amenazó al líder de la oposición, José Calvo Sotelo, diputado monárquico por Renovación Española, el 16 de junio de 1936, a través de una frase: <<Este hombre ha hablado por última vez>>. Actualmente, sus partidarios niegan que pronunciara esta frase que, al parecer, se borró del diario de sesiones del Congreso de Diputados, y la censura actuó para que no se publicase en los periódicos. Ese día hubo una sesión muy tensa en el Congreso. El jefe de Gobierno, Casares Quiroga advirtió a Calvo Sotelo haciéndole responsable de lo que pudiera suceder. Era una clara amenaza, y Calvo Sotelo contestó: <<La vida podéis quitarme, pero más no podéis>>. Fue entonces cuando *la Pasionaria* pronunció su famosa frase. Esta era la verdadera cara de la dirigente comunista, que luchaba por la igualdad y la libertad. En esa misma sesión Dolores Ibárruri pidió el encarcelamiento de todos los líderes de la oposición, es decir, de las derechas. Pidió también encarcelar a los terratenientes, y a los empresarios,

<<por dejar en malas condiciones a los trabajadores>>. Es curioso ver como unos días antes de su asesinato, Calvo Sotelo le contaba a un diputado en los pasillos del Congreso textualmente: <<Me han variado la escolta y en ella han metido elementos que no merecen mi confianza, y he tenido, además, la confidencia y la noticia de que esos elementos habían recibido la consigna de que si se realizaba algún atentado contra mí, ellos se abstuvieran de intervenir. Que se hicieran los sordos y los ciegos>>.

Y en este caldo de cultivo, por desgracia, la amenaza se cumplió. Calvo Sotelo fue asesinado por miembros del PSOE y del Gobierno, el 13 de julio de 1936. Tras este lamentable suceso se produjo la rebelión militar de una parte del Ejército, el 18 de julio de 1936 contra el Gobierno de la República, iniciándose la Guerra Civil.

UGT, UNION GENERAL DE TRABAJADORES

La Unión General de Trabajadores fue fundada por Pablo Iglesias el 12 de agosto de 1888, en Barcelona, coincidiendo con la Exposición Universal de Barcelona. Era una organización sindical obrera muy ligada al socialismo marxista. Era el sindicato del PSOE, y prácticamente el único sindicato fuerte del país en la época del Frente Popular. Junto a Largo Caballero, apoyó la sublevación contra el gobierno de la República, llamada la revolución de Asturias de 1934.

Durante la Guerra Civil, junto a la CNT firmaba y sellaba los bandos emitidos en ciertas localidades por los Comités revolucionarios, en los que se ordenaba a la población la entrega de todo símbolo religioso, para ser destruido, y de las joyas y metales preciosos para unirlos a la causa de la revolución, bajo pena de ser pasado por las armas quien incumpliese dicha orden.

CNT, CONFEDERACION GENERAL DEL TRABAJO

Era una confederación de sindicatos de corte anarcosindicalista que jugó un papel importante para consolidar el anarquismo en España. Este proyecto revolucionario arrancaba del siglo XIX. Optaba por la acción directa contra los propietarios. A partir del sindicato catalán Solidaridad Obrera, se constituyó una confederación de pequeños sindicatos que acabó llamándose Confederación General del Trabajo, la CNT. Esta se movía entre la organización sindical estructurada, revolucionaria desde el punto de vista doctrinal, pero legal y pacífica, y el terrorismo puro y duro. El anarquismo político siempre utilizó la violencia política. En 1936 respaldó al Frente Popular aunque no entró en coalición electoral ni se presentó a los comicios. Pero sí pidió el voto para la gran coalición de izquierdas, en la que vio una gran oportunidad para seguir haciendo su <<gimnasia revolucionaria>>, consistente en la realización de toda clase de atentados, sabotajes, asaltos y crímenes contra gente de derechas, sus propiedades y sus negocios. Al empezar la Guerra Civil, formaron sus propios Comités revolucionarios y Patrullas de control. La CNT seguía la estrategia de la FAI. Esta era la actitud de todas las fuerzas de izquierda. No se podía esperar más que el desastre.

En los hechos de Mayo de 1937, en Barcelona, el poder de la CNT se descompuso totalmente. Cayó en desgracia en toda la España republicana. Hubo quien aprovechó para ejercer su revancha, como en Santa Magdalena de Pulpis (Castellón), donde el 23 de mayo los vecinos se tomaron la justicia por su mano asesinando a siete milicianos anarquistas que habían creado un Comité revolucionario que tenía aterrorizado el pueblo. El proceder de estos bandidos anarquistas era el mismo en toda la España republicana, pero en Cataluña fue donde más se dejó sentir su efecto de bandidaje, expolio y terror. Era de sobra conocida la tendencia de los anarquistas a fusilar a todo aquel que discrepase de sus ideas. Asesinaban incluso con la sonrisa en los labios. Siempre andaban organizando huelgas, apropiándose de tierras que no les pertenecían e incendiando iglesias. En sus actos destilaban odio y veneno.

En junio de 1937 llegó el golpe de gracia. El Gobierno del Frente Popular, bajo presión descarada comunista, aniquiló los sectores del propio Ejército, que estaba en manos del POUM y de los anarquistas, todos ellos en el frente de Aragón. El 29 de julio se desarmó a la división 29 (del POUM) en el frente de Huesca, y el 4 de agosto se aprobó el decreto de disolución del Consejo anarcosindicalista de Aragón, realizándose la acción por la fuerza militar. El día 11, cuando la división de Enrique Lister, por orden de Indalecio Prieto, nuevo ministro de Defensa, tomó Caspe, disolvió el Consejo ácrata, ocupó sus dependencias y sitió Alcañiz.

Al norte del Ebro, la división comunista 27 acabó la tarea represiva, que terminó con la disolución de las tres divisiones anarcosindicalistas del frente de Aragón. El Consejo de Aragón fue sometido a un riguroso proceso de depuración, con el objetivo de desprestigiar a la CNT. Los líderes del Consejo fueron acusados por el Frente Popular, es decir por el PCE, de haber cometido crímenes, robos, abusos, saqueos, malversación, tráfico de alhajas, asesinatos y otros delitos. El presidente del Consejo, Ascaso fue encausado.

Mientras, en Barcelona, la policía iniciaba la persecución más cruenta contra el POUM. El nuevo jefe policial era desde mayo Ricardo Burillo, el jefe de los guardias de Asalto que asesinaron a Calvo Sotelo. Fue entonces cuando se detuvo a Andrés Nin y a otros líderes del POUM, como Julián Gorkin, (Julián Gómez García). La acusación de trotskismo cayó sobre mucha gente, incluso sobre el siniestro Galarza, ministro de Gobernación, que fue obligado a dejar su cargo. Lo sustituyó otro socialista, Zugazagoitia y el nuevo director general de Seguridad fue Antonio Ortega. Se aplicaban las tácticas soviéticas de adjudicar crímenes monstruosos a los disidentes y opositores, técnica muy utilizada en las grandes purgas estalinistas de los años treinta en la URSS, aplicándolas rápidamente a los militantes del POUM con el fin de sepultarlos en la vergüenza y el oprobio.

En estos términos, y llegando a extremos de vergüenza, se vio la más pura intoxicación estalinista cuando a principios de 1938 los comunistas difundieron por Europa el panfleto *Espionaje en España*, que pretendía resumir los cargos contra el POUM. El libro lo firmaba un tal Max Rieger, que no existía. Bajo ese nombre se ocultaba un equipo de la Internacional Comunista dirigido por el agente Stepanov. El prólogo lo escribió otro delincuente, José Bergamin, que se daba la gran vida en París como agregado cultural de la República y presidente de la Alianza de Intelectuales Antifascistas. No reproducimos el texto, pues se puede ver en el libro del líder del POUM Juan Andrade *Notas sobre la Guerra Civil, actuación del POUM*, Libertarias, Madrid, 1986. Merece la pena leerlo.

Los grandes sucesos de desestabilización política de la II República no los desencadenó la derecha, sino precisamente las izquierdas, y sobre todo los anarquistas. Hay que destacar que las raíces del anarquismo español se hallaban en el analfabetismo de la población rural.

FAI. FEDERACION ANARQUISTA IBERICA

Era una organización de carácter anarquista. Entre sus dirigentes figuraban atracadores de bancos y otras personas dedicadas al terrorismo y a los atentados contra bienes y personas. Barcelona era el cuartel general del anarquismo en España. La FAI creó sus propios Comités revolucionarios y Patrullas de Control, participando muy activamente en la persecución religiosa y destrucción de imágenes e iglesias, así como en otros expolios y asesinatos de gente de derechas. Esta es una realidad indiscutible y para comprobarlo y hacerse una idea de lo que supuso la actuación de esta banda, basta con leer el magnífico trabajo de Miquel Mir en su libro *Diario de un pistolero anarquista,* escrito sobre el diario que José Serra, patrullero de la FAI, escribió años después en el exilio en Londres. En él narra la forma de actuar de las patrullas de control para limpiar y liquidar la retaguardia de católicos, gente de derechas y cualquier otro grupo que ellos considerasen contrario a la revolución. Los engañaban diciéndoles que los pasaban a Francia, y tras robarles todo, los asesinaban de la forma más vil. Después de 1941 aparecieron en el cementerio de Moncada más de 1700 cadáveres de estos infelices. También se relata en este libro que fueron miembros de la FAI quienes asesinaron a 45 hermanos maristas en una noche, en el cementerio de Moncada, engañándolos, de manera vergonzosa. Miembros de la FAI participaron en el saqueo de cruces, cálices y otros objetos de valor que luego vendían para comprar armas. Muchos de estos objetos fueron vendidos en Francia.

En la consigna dada por los dirigentes de la FAI a sus obreros afiliados <<los anarquistas no necesitamos prisiones, sólo cementerios>>, está definida la criminal doctrina de esta banda. Su *revolución* fue cortada en seco en mayo de 1937 por los comunistas, que aprovecharon para aplastar a sus rivales políticos, desapareciendo incluso, entre las víctimas, brigadistas internacionales, como el anarquista italiano C. Berneri, el cual escribió días antes: <<Hoy luchamos contra Burgos, mañana tendremos que hacerlo contra Moscú>>. Por cierto que Georges Orwell, que era voluntario brigadista, pudo escapar de esta quema.

IZQUIERDA REPUBLICANA

Partido de ideología de izquierdas fundado por Manuel Azaña en 1934, tras el fracaso electoral de 1933 de los partidos republicanos de izquierda.

El proyecto de Azaña de la revolución jacobina arrancaba del liberalismo exaltado del siglo XIX y, sobre todo, del fracaso de la I República en 1874. Era una especie de venganza por dicho fracaso. En su mezquino afán de obtener una absoluta mayoría de las izquierdas, para que éstas gobernasen siempre, Azaña y la izquierda republicana se aliaron con los anarquistas.

PARTIDO SINDICALISTA

Era un partido diminuto. El líder y presidente del Comité Nacional del Partido Sindicalista era el anarcosindicalista Ángel Pestaña Núñez, que fundó el partido en 1934 tras ser expulsado de la CNT por ser demasiado moderado, y por no ser partidario de la violencia, y sí del ejemplo. Pestaña desechaba el anarquismo como teoría capaz de lograr la transformación social. Durante la guerra fue nombrado subsecretario general de Guerra.

Casi todos los miembros del Partido Sindicalista procedían de Barcelona, Alicante, Murcia y Andalucía, donde se fusionaron con el Partido Social Ibérico. Su periódico era *El Sindicalista*, en Barcelona, trasladado en septiembre de 1935 a Madrid. Este partido se adhirió al Frente Popular, participando en sus listas electorales en las elecciones del 16 febrero de 1936. Consiguieron acta de diputado Ángel Pestaña, por Cádiz, y Benito Pavón por Zaragoza.

Ángel Pestaña había viajado en 1920 a Rusia, con motivo de la III Internacional Comunista, congreso en el que se enfrentó a Lenin, y lo que vio entonces, la tiranía comunista, la dictadura de Lenin y de sus amigos, los crímenes y los tremendos errores que se estaban cometiendo en nombre de la libertad del pueblo, la corrupción de aquel nuevo Estado que era una auténtica mentira desde su principio, le llenó de repugnancia hacia el régimen comunista y le hicieron desengañarse totalmente de este régimen tan nefasto para la Humanidad. Así lo reflejó en sus libros *Lo que yo vi - 70 días en Rusia* y *Lo que yo pienso – 60 días en Rusia*. Luchó contra la violencia de sindicalistas como Durruti, Ascaso y García Oliver, más próximos a la FAI.

Ángel Pestaña murió el 11 de diciembre de 1937 en Barcelona, tras sufrir un periodo de enfermedad y debilitamiento físico debido al asma que padecía y por la perforación de un pulmón producido tiempo atrás en el atentado de unos pistoleros del Sindicato Libre.

POUM, PARTIDO OBRERO DE UNIFICACION MARXISTA

El Partido Obrero de Unificación Marxista (POUM) fue un partido marxista leninista español de carácter revolucionario, cierta tendencia trotskista, y alineado con las tendencias de la llamada *izquierda comunista,* fundado en 1935 por Joaquín Maurín con un puñado de aventureros (Andrés Nin, Gorkin, Andrade...), expulsados del Partido Comunista Español. Su dirigente Andrés Nin proclamaba que la Iglesia sería destruida. Stalin, a través de sus comisarios políticos y agentes en España, ejerció una brutal represión sobre los dirigentes de este partido ordenando el asesinato de muchos de ellos, entre ellos el de Andrés Nin, secuestrado, torturado, despellejado y asesinado. Jamás apareció su cadáver.

A principios de 1936, EL POUM entró en el pacto del Frente Popular. Cuando estalló la guerra, entró en el gobierno catalán y secundó a la CNT en la política revolucionaria de colectivizaciones, mostrando así su postura opuesta al PSUC (el partido estalinista catalán, vinculado al PCE) y a la UGT, que eran partidarios de las nacionalizaciones, y sobre todo que seguían los dictados de Moscú, de la Komintern y del PCE, en cuanto a posponer la revolución para hacer la guerra. En el bando republicano, había oposición y enfrentamientos, a veces encarnizados y armados, entre anarquistas y poumistas, partidarios de colectivizaciones, por un lado, y socialistas y comunistas, partidarios de nacionalizaciones, por otro.

Pronto, el POUM empezó a suponer un problema para el Gobierno de la República a causa de la presión comunista. El Partido Comunista, Santiago Carrillo desde *Mundo Obrero,* había denunciado al POUM. Puesto que a finales de agosto, el POUM protestó por las ejecuciones de los disidentes Zinoviev y Kámenez a manos de Stalin, creció el enfrentamiento entre POUM y PCE. Cualquier discrepancia con Moscú era tachada de traición, y por tanto equivalía a una condena a muerte. A partir de ahí, el PCE y el PSUC comenzaron a acosar al POUM acusándolo de *troskismo,* hasta hacerle desaparecer del gobierno catalán. El objetivo de Moscú era eliminar al POUM del poder y aniquilarlo.

Una vez neutralizado políticamente el POUM en diciembre, los comunistas pasaron a la ofensiva contra la CNT, tarea difícil, pues los anarquistas tenían mucha fuerza en el bando republicano, con miles de afiliados, miles de milicianos en armas, un poder autónomo en Aragón y representación en todos los órganos y comités de la España del Frente Popular. En Cataluña, los anarquistas de la CNT habían impuesto su fuerza a los nacionalistas de Companys. La bestia había escapado de las manos de los asesinos.

Los comunistas llegaron a chocar con las milicias de la CNT/FAI en enfrentamientos que llegaron a derramamientos de sangre. De febrero a mayo de 1937 fueron asesinados en Madrid y alrededores por las checas organizadas por los rusos, más de 80 cenetistas. En Mora de Toledo fueron asesinadas 60 personas, hombres y mujeres que pertenecían a la CNT, cuyo delito había sido el de contestar a los comunistas y sus métodos de terror y sangre. En realidad eran sus mismos métodos. El POUM se unió a los anarquistas, manteniendo contactos con la *Agrupación de los Amigos de Durruti*.

Los sectores más radicales de la CNT preparaban una revuelta contra la Generalidad de Cataluña desde mayo de 1937. Era el sector denominado l*os amigos de Durruti*, que se opusieron a colaborar con las instituciones republicanas. Eran disidentes de la línea oficial de la CNT. Preparaban un levantamiento en toda regla. Su origen se sitúa en aquellos milicianos anarquistas, de la columna Durruti, desplegados en Gelsa (Tarragona), que se opusieron a la militarización de las milicias y, en marzo de 1937 abandonaron el frente llevándose sus armas consigo. La propaganda los presentó como héroes románticos e idealistas, cuando en realidad fueron quienes el 5 de octubre de 1936 cometieron la feroz matanza sobre los elementos <<reaccionarios>> de la comarca, cuyo triste recuerdo duraría muchos años. Estos asesinos de Gelsa irían después a Barcelona dirigidos por Jaime Balius y Pablo Ruiz formando una organización distinta de los demás grupos anarquistas, Juventudes Libertarias, que atentaría después contra Federica Montseny en el Monumental el 11 de mayo. Este grupo representaba una amenaza para el poder de la Generalidad y de la República. Su programa era un auténtico atentado a la propiedad, vida y libertad de los ciudadanos, con la excusa de dar el poder a la clase trabajadora.

La deriva revolucionaria del POUM, su agitación anarquista en mayo de 1937 provocó en Barcelona una auténtica guerra civil entre los anarquistas y el Gobierno de la Generalidad. Se produjo una ruptura entre el frágil equilibrio existente entre las fuerzas del orden y las fuerzas revolucionarias. Como consecuencia, la lucha entre trotskismo y estalinismo pasó de la política a las barricadas. Llegaron a Barcelona el 6 de mayo, unos 5.000 agentes de policía dirigidos por jefes comunistas. Durante este mes se produjeron enfrentamientos tanto en Barcelona como en otras áreas de Cataluña, entre los militantes trotskistas y los estalinistas, entre fuerzas no comunistas contra comunistas, que se saldaron con más de 400 muertos y con la aniquilación del POUM. Pasaría a la historia como *Los hechos de mayo* de Barcelona, 1937. Los pistoleros de los servicios comunistas aprovechaban cualquier ocasión para eliminar a quien se opusiera a su política comunista. Nada nuevo. Ejercían su feroz represión y sus <<depuraciones>> en las cárceles del partido, en La Pedrera y en sus cuarteles llamados *Carlos Marx* y *Voroshilov*. En esos antros comunistas torturaban, mutilaban y asesinaban a jóvenes anarquistas. Hechos similares ocurrieron en Tortosa y Tarragona. Pocos días después de estos hechos, Orlov se presentó en la Dirección General de Seguridad ordenando la detención y eliminación de los miembros del comité ejecutivo del POUM, actuando como si España fuera ya un país satélite de Moscú.

Los grandes triunfadores de la crisis de mayo fueron la URSS y su tentáculo en España, el PCE. El ministro comunista Jesús Hernández lo dice con claridad: fue Togliatti, a las órdenes de Moscú quien impuso el cese inmediato de Largo Caballero como presidente del Gobierno, por no ser lo bastante servil, sustituyéndolo por Juan Negrín, el único posible, ya que <<Prieto es anticomunista, y Álvarez del Vayo demasiado tonto>>. Es una prueba más del poder que tenía la URSS en España.

El 3 de mayo de 1937 la escalada de tensión entre el Gobierno y los anarcosindicalistas llegó a su punto culminante en Barcelona. La policía, con 200 hombres, trató de hacerse por la fuerza con el edificio de la central telefónica, situada en la plaza de Cataluña, que desde el inicio de la guerra y en virtud del *Decreto de Colectivización* estaba en manos de la CNT. Después de meses de humillaciones y subsiguientes claudicaciones del sindicato, algunos sectores de la CNT decidieron resistir el asalto, temiendo que ese fuese solo el principio de acciones en su contra, aún más contundentes por parte del Gobierno. Se temieron asaltos a otros edificios de la CNT y rápidamente se distribuyeron armas para defenderlos. La noticia corrió como la pólvora y se levantaron barricadas por toda la ciudad. Es lo que se conoce como los ya mencionados *hechos o jornadas de Mayo*.

El 6 de mayo acabaron las hostilidades. El Gobierno de Negrín inició una feroz represión contra el POUM y sus dirigentes. Tras el definitivo control de la ciudad de Barcelona el 7 de mayo de 1937 por la Guardia de Asalto, el POUM se encontró en una situación crítica, pues estos sucesos suponían su posterior ilegalización, persecución y eliminación.

Puesto que los comunistas exigían la ilegalización del POUM, se procedió a detener a sus dirigentes y miembros, que pasaron a la clandestinidad. El PCE quería absorber todas las milicias para crear un único frente, eliminando a su competencia acusándola de contrarrevolucionaria. Se disolvieron las milicias del POUM en el frente, y los comunistas del POUM fueron sometidos a una sanguinaria purga. No era fácil dar el paso de la Komintern a la disidencia. Entre los grandes disidentes españoles del comunismo, estaban Andrés Nin, Julián Gorkin, Joaquín Maurín y Víctor Alba, la auténtica élite intelectual del comunismo español.

Los representantes soviéticos en España recibieron órdenes de aislar al partido de Nin y prepararse para liquidarlo completamente. La caza comenzó con la detención y secuestro de Andrés Nin y la mayor parte de los dirigentes del POUM, sin que las autoridades de la Generalidad de Cataluña fueran advertidas ni consultadas. Seis días después de su detención, Andrés Nin fue <<misteriosamente secuestrado>> de nuevo y ya no apareció jamás. La versión oficial calumnió al POUM acusándole de ser una conexión fascista y que sus raptores eran agentes de la Gestapo. Tras la apertura de determinados archivos secretos de Moscú, después de 1989, se han obtenido pruebas de la participación de agentes de Stalin, en el secuestro y posterior tortura y asesinato de Andrés Nin. El secuestro fue obra del agente soviético del NKVD Alexander Orlov, con la colaboración de algunas instancias del Gobierno republicano y la policía. Y la versión más real de los hechos es que Andrés Nin fue trasladado a Valencia y luego a Madrid y Alcalá de Henares, donde, al parecer, fue torturado y asesinado en un chalé propiedad de Constancia de la Mora e Hidalgo de Cisneros.

7.   LAS ALIANZAS OBRERAS

> *El marxismo considera al hombre cargado solo de necesidades materiales, una pretensión falsa y anticientífica. La triste experiencia de los siglos pasados no ha enseñado nada a los hombres ciegos, obstinados en sus errores, que presumen de construir el futuro con los viejos maderos corrompidos.*
>
> *Amadeus Voldben - Dopo Nostradamus. Las profecías para el año 2000*

Las Alianzas Obreras fueron los pactos alcanzados entre diversas organizaciones obreras entre diciembre de 1933 y octubre de 1934. Su fin era hacer frente a las medidas contrarrevolucionarias del gobierno de centro-derecha surgido en las elecciones de 1933, y luchar hasta conseguir la revolución social. Su objetivo era conseguir la unidad de acción de la clase obrera para enfrentarse a los planes de la derecha y alcanzar el socialismo a través de la vía insurreccional.

El Partido Socialista había aprobado un programa de acción con el PCE. Así nacieron las Alianzas Obreras, lideradas por el PSOE, participando la CNT, comunistas disidentes y el PCE a última hora. Estas Alianzas Obreras solo funcionaron en Asturias, en la llamada Revolución de Asturias de 1934, y fueron las que dirigieron la insurrección. Eran el embrión de un ejército revolucionario que en los sucesos de octubre de 1934 reunieron a 30.000 hombres armados ya bajo el nombre de *Ejército Rojo*. En Asturias fracasaron, pero la experiencia dio lugar al nacimiento de las Milicias Antifascistas Obreras y Campesinas (MAOC), formadas por iniciativa comunista. La insurrección en Asturias fracasó, con un elevado coste en vidas y propiedades, y con las consecuencias correspondientes en el orden penal.

Los anarquistas, además de reivindicar su vía revolucionaria, invitaban al sindicato socialista UGT a constituir Alianzas Obreras para acometer el derrocamiento del régimen político y social existente, es decir, el hundimiento de la II República.

La CNT solo se sumó a las Alianzas Obreras, en Asturias. Rechazaba la democracia parlamentaria y levantaba la bandera de la revolución. Planteaba que las Alianzas partían del fracaso del sistema de colaboración política y parlamentaria, y exigía que la UGT abandonase cualquier forma de colaboración política y parlamentaria con el régimen republicano, que rompiera con el Frente Popular y con su doctrinario marxista de la dictadura del proletariado, para así destruir completamente al régimen político y social que regulaba la vida del país.

Tras el Congreso Nacional de la CNT del 1 de mayo de 1936 en Zaragoza, los choques entre militantes socialistas y anarquistas se intensificaron. En este congreso se planteaba la demolición del régimen político y social existente. García Oliver proponía crear un *ejército revolucionario*, y Cipriano Mera, el albañil que llegó después a general en el bando republicano, se burló de él.

La primera alianza obrera se había formado en Cataluña a iniciativa del Bloque Campesino Obrero, que era un pequeño partido comunista antiestalinista. Después, las Alianzas Obreras se extendieron por España gracias a los socialistas (UGT, PSOE y JJSS) y a raíz del cambio de estrategia de Largo Caballero al proclamar la vía insurreccional, abandonando la vía parlamentaria. El PCE las atacó ferozmente, y a última hora se unió a ellas.

El líder de la UGT en ese momento era Largo Caballero, que había patrocinado comités revolucionarios desde 1934 y apadrinaba la convergencia del PSOE con los comunistas. Al mismo tiempo hacía arengas a la guerra civil para tomar el poder, si fuera preciso, con la fuerza de las armas. Así lo expresaba en sus mítines, que eran auténticas soflamas incendiarias.

8.   SUBLEVACIÓN CONTRA UN ESTADO DESLEGITIMADO

> *Los hombres no son animales, no son bestias; son hombres, y como tales hombres llegarán a comprender que tienen la necesidad de unirse y seguir a los que les enseñan el verdadero camino de salvación, y dejar arrinconados en el olvido a los charlatanes que los tienen engañados y entretenidos sin hacer nada de provecho.*
>
> Esteban Beltrán – *Socialismo agrícola*

La situación en España era caótica. Las posibilidades de convivencia entre los españoles se desvanecían. Reinaba la anarquía, el desorden, el crimen, las huelgas incendiarias, los incendios y saqueos de iglesias y conventos. Además de los varios centenares de asesinatos cometidos desde febrero del mismo año, que caldearon aún más el ambiente de crispación existente. Por todas partes imperaba el desorden, el pillaje, el saqueo y la destrucción. Las autoridades del Estado no podían garantizar los derechos elementales de los ciudadanos, y lo que era peor, no ponían especial interés en ello. Menos aún para aclarar los crímenes y atentados que se producían.

Calvo Sotelo, líder de la oposición, exigía al Gobierno que restableciese el orden público, a su juicio totalmente quebrado, reclamando que en caso contrario fuese el Ejército quien lo hiciera. Ya había sido amenazado en el Congreso por Casares Quiroga, Dolores Ibárruri y por Largo Caballero.

La noche del 13 de julio de 1936, una camioneta de la Guardia de Asalto, la número 17, salió del cuartel de Pontejos. A bordo iban los militantes socialistas miembros de *la Motorizada,* que era la guardia personal de Prieto, Luis Cuenca Estevas, pistolero anarquista guardaespaldas de Prieto, Santiago Garcés y Fernando Condés, capitán de la Guardia Civil y director de *la Motorizada* y que era quien mandaba la operación. Iban acompañados de guardias de Asalto. En total iban más de veinte individuos. Una buena banda de forajidos con una intención clara y preparada por el Gobierno al menos tres meses antes. La intención era <<visitar>> a Antonio Goicoechea, líder de Renovación Española, pero no se encontraba en su domicilio. La banda de forajidos decidió entonces ir a buscar a José María Gil Robles, pero estaba veraneando con su familia en Biarritz, por lo que el nuevo objetivo fue el domicilio de Calvo Sotelo, llegando a él sobre las 3 de la madrugada. Parte de esta pandilla de asesinos había rodeado el edificio y tomado las bocacalles inmediatas. El resto subió al piso de Calvo Sotelo y, tras identificarse como Guardias Civiles, y en la confianza y garantía que ofreció el tal sujeto de la Guardia Civil, Fernando Condés a Calvo Sotelo, éste les acompañó con la intención, según le dijeron, de prestar declaración en la Dirección General de Seguridad. Calvo Sotelo, al recibir verbalmente la orden de entregarse intentó llamar por teléfono, sin duda a la Dirección de Seguridad, pero la línea había sido cortada. Los asesinos impacientes, obligaron a Calvo Sotelo a vestirse rápidamente en su presencia. El líder de la oposición se despidió entonces de su esposa y descendió entre los individuos, los cuales le obligaron a subir al vehículo, que partió a gran velocidad. Una vez a bordo de la camioneta y en marcha, a unos 200 metros de arrancar, Luis Cuenca le descerrajó dos tiros a bocajarro en la nuca. Después arrojaron el cadáver a las puertas del cementerio del Este de Madrid.

Apenas se confirmó la noticia del hallazgo, comenzaron a llegar al cementerio numerosos amigos, intentando sacar el cadáver del cementerio, pero el coche-ambulancia que se envió con ese fin tuvo que volverse ante la prohibición del juez. El cadáver presentaba una herida de arma de fuego con salida bajo el ojo izquierdo y entrada por la nuca. Tenía el rostro muy desfigurado y con numerosas contusiones de arma blanca. Brazos y piernas, especialmente la izquierda, que tenía el pantalón desgarrado, presentaban heridas que demostraban que la víctima forcejeó incesantemente con los asesinos antes de su muerte. Tenía también la americana manchada de barro y muy echada para atrás, como si en el forcejeo se la hubieran echado sobre la cabeza para cegarle.

Nadie quiso saber nada y la prometida investigación se sustituyó por una mayor violencia hacia falangistas y derechistas. El capitán Condés fue protegido y refugiado en casa de Margarita Nelken y más tarde, junto a Luis Cuenca, quedó en libertad.

El asesinato de Calvo Sotelo precipitó todo. En todos los sentidos. El Gobierno republicano en lugar de investigar los hechos y poner fin a la violencia, se sirvió de aquel asesinato como estímulo. Fue un aviso dirigido a las derechas. Los asesinos fueron ascendidos a puestos superiores y los archivos que guardaban la verdad, fueron destruidos. El Gobierno, actuando con una rapidez inaudita, cesó al juez Ursicinio Gómez Carbajo por su rigurosidad y firmeza en la investigación e interrogatorios. Se produjo el robo a mano armada del sumario, por milicianos socialistas. Las declaraciones del conductor de la furgoneta atestiguan que el que disparó a la nuca de Calvo Sotelo no fue Luis Cuenca, sino el teniente de los Guardias de Asalto Máximo Moreno. Es igual, lo de menos es la mano ejecutora. Lo importante es que los culpables del crimen fueron el Gobierno y sus cómplices asesinos.

Ante estos hechos tan graves, algunos militares del Ejército de África precipitaron la conspiración militar que estaba en marcha, sublevándose la tarde del 17 de julio. Todo indicaba que se trataba de un simple pronunciamiento militar más de la España contemporánea.

Franco se sumó a la rebelión en armas contra la República al producirse el asesinato de Calvo Sotelo, un acto que rebasaba los límites del disparate. El Gobierno de Casares Quiroga, que se había proclamado <<beligerante contra el fascismo>>, no hizo nada por investigar el crimen, que precisamente había sido perpetrado por miembros del Gobierno. Esta actitud del Gobierno decidió definitivamente al general Francisco Franco Jefe del Estado Mayor, a actuar, a pesar de ser partidario de que el Ejército no interviniera en los asuntos políticos, a menos que el país se encontrara al borde del caos y el colapso absoluto. Casares Quiroga se dirigió a la Presidencia del Consejo de Ministros, y arengó al Frente Popular a un ataque a fondo para aplastar al enemigo allá donde se presentase. Dimitió la noche del 18 de julio, siendo sustituido por Diego Martínez Barrio, al frente de un Gobierno que no llegó a tomar posesión, y por José Giral definitivamente. Giral entregó armas al <<pueblo>>, sindicatos y demás organizaciones, para <<defender la República>>.

El levantamiento militar que se produjo el 18 de julio de 1936, iniciado por el Ejército y secundado por muchos españoles, se autodenominó desde los primeros momentos como Alzamiento Nacional. La resistencia de una parte de la sociedad, encuadrada en partidos y sindicatos de izquierda, y sobre todo tras obtener armas entregadas a éstos y al populacho por José Giral, junto a la sed de sangre y venganza existente al estar la sociedad dividida, derivó en un estallido de violencia y en una cruenta guerra civil que duró casi tres años. España quedó dividida en dos bandos o zonas, la Nacional y la Republicana.

El golpe militar se convirtió rápidamente en un levantamiento de media España que, en pocas semanas configuró su propia organización, limpiando su retaguardia con una represión feroz, empezando a recibir ayuda extranjera y moviendo fuertes columnas hacia Madrid sin gran oposición. Era un movimiento con un Ejército disciplinado, con mandos capacitados y con la fuerza moral de querer acabar con la situación caótica existente en España. Este era el llamado bando Nacional.

El 24 de julio de 1936, los generales sublevados crearon la Junta de Defensa Nacional. Poco después, el 29 de septiembre, en Burgos, el general Miguel Cabanellas, el más antiguo de los generales, firmó y emitió el decreto 138 acordado por dicha Junta, en el que se nombraba a Francisco Franco jefe del Gobierno del Estado español, y generalísimo de las fuerzas nacionales de Tierra, Mar y Aire. La junta se disolvió en ese momento, quedando Franco, con plenos poderes, al mando de todos los Ejércitos del bando Nacional.

Mientras tanto los partidos políticos de izquierda, comenzaron a hacer su revolución pueblo a pueblo, cometiendo toda clase de desmanes y asesinatos. Con las primeras actuaciones de los milicianos, el Gobierno republicano comenzó a zozobrar en el terreno político y militar, perdiendo toda autoridad. El sistema de columnas mixtas con gran presencia miliciana era un auténtico desastre en el campo de batalla. El Ejército nacional avanzaba por Extremadura, tomando Talavera y siguiendo su marcha hacia Madrid. Entonces Azaña nombró presidente del Gobierno al líder socialista Largo Caballero, con gran alegría de las milicias y de los comités, siendo apoyado por las fuerzas del Frente Popular, y con gran agrado de Moscú. No hay que olvidar que quien mandaba en España eran los comités del Frente Popular. Este individuo, Largo Caballero, fue el responsable de que el PSOE, desde las elecciones de 1933, adoptara una posición y actitud descaradamente guerracivilista, pidiendo a gritos la guerra civil. Este era el llamado bando republicano.

El clima de violencia hacia militares, clero y personas de significación conservadora y religiosa se desató muy pronto como consecuencia de una evidente cultura de exclusión y odio hacia estos sectores, que venía incrementándose desde finales de 1934. Al producirse la sublevación de los militares, el escenario más violento de los primeros días de la guerra fue Madrid, en donde estaban buena parte de los parlamentarios y los dirigentes políticos.

Las sesiones de Cortes no volvieron a reanudarse –ya muy mermadas– hasta el primero de octubre de aquel 1936. Posteriormente, todavía a primeros de diciembre, celebraron una sesión en Valencia y en esa misma ciudad se celebraron otras tres sesiones durante 1937. En el año 1938 solo hubo tres sesiones que se celebraron, respectivamente, en el monasterio de Montserrat, en San Cugat del Vallés y en Sabadell. La última sesión en territorio español fue en el castillo de Figueras, cercano a la frontera francesa, el 1 de febrero de 1939. Después, comenzaría la huida, el <<sálvese quien pueda>>.

Siempre se ha dicho que la rebelión del Ejército del 18 de julio fue una rebelión contra la democracia. Es otra mentira más de las izquierdas. La democracia ya no existía en España, por lo que los militares rebeldes no pueden ser acusados en ese aspecto, aunque puedan serlo en otros.

9. ILEGITIMIDAD DEL GOBIERNO DEL FRENTE POPULAR. LA REPÚBLICA EN LA GUERRA

Martín se quedó cavilando. Lo que había visto en el puerto le tenía trastornado. El ejército presionaba muy duro por las líneas de Asturias y de Vizcaya. El pueblo entero era una jaula de grillos. En él se juntaban los refugiados que huían del escenario de guerra y los refuerzos de milicias populares que llegaban de un sitio y de otro para contener la creciente presión de los nacionales (llamados rebeldes). Era un contrasentido.

Torcuato Luca de Tena – La brújula loca

La sublevación de parte del Ejército contra el Gobierno de la República, el 17 de julio de 1936, realmente empezó en esa fecha, protagonizada por los generales Mola, Sanjurjo, Franco, Queipo de Llano, Cabanellas, González de Lara, Goded, Varela y otros. Fue una actuación anunciada, como consecuencia de la deriva del Gobierno de la República hacia un Estado en el que reinaba el caos, el desorden y la anarquía.

La democracia electoral había sido aniquilada desde el momento en que hubo irregularidades en las elecciones la noche del 16 de febrero de 1936, coacciones en la segunda vuelta del 1 de marzo, manipulaciones de los resultados, y la exclusión de la derecha en la repetición de las elecciones de Granada y Cuenca el 5 de mayo. Este estado de cosas justificó con creces la intervención del Ejército para poner orden en este caos.

Por ello, la respuesta del Ejército, de las autoridades legítimas del Ejército, fue el alzamiento en armas contra la cada vez más descarada implantación de las doctrinas comunistas y anarquistas que llevaban a España al desastre y a la eliminación de los derechos y libertades individuales. El Ejército se sentía obligado por su Ley Constitutiva de 1878, obedeciendo a la defensa de España frente a los enemigos interiores y exteriores, mientras era respaldado y secundado por la parte sana de la Nación.

Hubo una serie de características propias de la República durante la Guerra Civil, que impulsaron su hundimiento como Estado y su descrédito internacional, y que hicieron prácticamente imposible alcanzar una victoria sobre el bando Nacional. La descentralización del poder y la multitud de mandos existente tuvo una influencia decisiva, así como la baja capacitación de los cuadros militares. Se daba mando a personas que jamás tuvieron conocimientos militares. Albañiles, panaderos, o cualquier persona de otra profesión era <<ascendido y nombrado>> oficial con mando de tropas. Todo aquel que tenía un arma se creía con derecho a mandar. El caso de la Armada fue de un salvajismo demencial. A pesar de quedar la mayor parte de la flota en poder de la República, la marinería, al asesinar a casi toda la oficialidad de los barcos, era incapaz de gobernar los buques. La ineptitud e ignorancia de esta tropa era realmente espectacular.

Se produjo una situación internacional desfavorable a la República, aunque los propagandistas del régimen republicano hicieron todo lo posible por dar una imagen falsa de lo que en realidad era la República española: un régimen anárquico y carente de democracia. El descrédito internacional se agudizó cuando se fueron conociendo los crímenes cometidos en la zona republicana en las checas y en las matanzas de las cárceles. La imagen de la República que se daba por todo el mundo mostrando los horribles crímenes y matanzas, de civiles, militares y religiosos, así como de los saqueos e incendios de templos e iglesias, era perjudicial para la imagen que la República quería mostrar a todo el mundo. Desde el principio se había extendido una campaña de odio y exterminio del adversario, de la Iglesia y de los católicos con tal ímpetu, que pronto se conoció en los países democráticos. Durante la guerra, la República trató de mostrar a la comunidad internacional la imagen de ser una democracia parlamentaria que admitía y protegía la propiedad privada. Es decir, quería pasar como un Estado similar a otras democracias occidentales, para así tener más fácil el apoyo de estas. Esto es lo que Burnett Bolloten llamó *el gran camuflaje*. En su magnífico libro *El Gran Engaño* explica de forma magistral éstos y otros acontecimientos, para ilustración de mentes no atontadas por las ideas comunistas.

El ala bolchevique del PSOE agrupada en torno a Largo Caballero pretendía un régimen socialista al estilo soviético aprovechándose de la debilidad del Gobierno republicano. Se produjo la descomposición del Estado, al recurrir a la injerencia de la URSS, que ya había sembrado su semilla de odio en España, y al someterse a la implantación de su asquerosa doctrina comunista y al servilismo, en virtud del control efectuado por el personal enviado por Stalin. Ello provocó una dependencia en materia económica y militar de Moscú, sobre todo tras la entrega a la URSS de la gran reserva de oro del Banco de España.

La República tuvo pérdidas territoriales importantes, fruto de las derrotas militares de Brunete, Belchite, Teruel, Valle del Ebro, entre otras. Cuando el territorio republicano quedó partido en dos al llegar las tropas Nacionales a Vinaroz, la República ya previó el desenlace de la guerra, la derrota inminente y la huida hacia el exilio, en vista de su evidente incapacidad para negociar una paz a causa del inestable equilibrio, cada vez más evidente, en el seno del Gobierno.

En el bando republicano las personas contrarias al Frente Popular fueron vistas como potenciales elementos simpatizantes de los sublevados, siendo objeto de la furia revolucionaria desde los primeros días. En muchos de estos casos con escaso control por parte de las autoridades republicanas legítimas, pero en cambio, con la activa participación de líderes locales de partidos, sindicatos y comités populares.

Uno de los mayores disparates del gobierno de la República fue la apertura de las cárceles, liberando a los presos, escoria de la sociedad la mayoría de ellos, y la entrega de armas al populacho, a los sindicatos y a los partidos, tras el 18 de julio. Tan pronto tuvieron armas, la primera reacción de los milicianos y las turbas fue asaltar templos y conventos para incendiarlos, y proceder a la caza de elementos <<fascistas>>, es decir, señoritos, gente de bien, personas del clero, y cualquier otra persona que considerasen <<desafecta>> a la causa republicana o del <<pueblo>>. La petición de armas era vieja exigencia por parte de los socialistas, y más desde 1931 cuando Largo Caballero las exigió para acentuar la atmósfera revolucionaria creada por la primera quema de conventos e iglesias, en las primeras semanas de la II República. Los socialistas siempre habían estado seguros de que podrían controlar al pueblo y guiar la revolución. El poder en las Cortes y, sobre todo en la calle no correspondía a la minoría republicana de izquierdas, sino precisamente a los partidos revolucionarios, y especialmente al Partido Socialista Obrero Español.

A partir del asesinato de Calvo Sotelo, los socialistas comenzaron a pedir armas para sus milicianos. Estaba claro que Largo Caballero quería ir a la guerra civil. Proclamaba que no respetaría cosas ni personas. Tras la toma del cuartel de la Montaña en Madrid, los milicianos obtuvieron más de 100.000 fusiles. Ni los socialistas ni los anarquistas movilizaron las milicias organizadas para el combate. Únicamente las milicias comunistas estaban dedicadas al esfuerzo de guerra. Los demás se dedicaron a la represión, al saqueo, al asesinato y a la caza y ejecución de <<fascistas>>, hasta el 27 de septiembre, ya caído Toledo, fecha en que se movilizó militarmente a las milicias socialistas y anarquistas. Aristócratas, religiosos, burgueses, pequeños propietarios agrícolas o de comercio, curas, notarios, militantes católicos, guardia civil, oficinistas, gentes de derechas, con sombrero, con corbata, republicanos de centro, católicos declarados, empleados, nadie estaba a salvo de esa aniquilación. Muchas querellas personales y envidias se saldaron con la excusa revolucionaria y la fiebre de sangre desatada en la retaguardia. La chusma pronto empezó a quemar iglesias y conventos, asesinando a sus moradores, curas, frailes, seminaristas, monjas, y después siguió con su orgía de saqueo nocturno derramando sangre inocente. Una batahola de gente se sintió de este modo invencible, al tener armas, pudiendo hacer cuanto le viniese en gana, sin que nadie se lo impidiera, y con el beneplácito de las autoridades republicanas. Cualquier impresentable se arrogaba el derecho de decidir sobre la vida de otros.

Los sectores más radicales de la izquierda creyeron llegada la hora de la revancha. La violencia en las calles llegó a extremos insospechados, y las autoridades del Frente Popular temían que la situación escapase a su control. Aunque dichas autoridades no hicieron nada por impedir la ola de crímenes, secuestros, torturas, saqueos, robos, incendios de templos, iglesias y conventos, y sobre todo, el intento de eliminación o exterminio de todo enemigo de clase o ideología, especialmente la Iglesia y el clero. El grado de sadismo revelado en casi todos los actos criminales cometidos en la zona republicana, fue una característica indicativa de la diferencia esencial con el carácter de las ejecuciones en la zona nacional. Aunque en esta también se cometieron actos sádicos. Los militantes de ambos bandos se dieron cuenta de que el enemigo tenía que ser rápidamente eliminado. En la zona republicana, los asesinos de todas las creencias compartían un fanatismo común, una mezcla de odios y temores sociales, políticos y religiosos, que incitó a cometer lo que el poeta Rafael Alberti calificó de <<asesinato necesario>>.

Por tanto, un mes después del Alzamiento, el hundimiento del orden público en la zona republicana todavía era un hecho cotidiano. Las instituciones legales de la II República carecían de medios para frenar la ola de violencia, violencia que era ejecutada por las milicias de los partidos que sostenían al Gobierno de la República, milicias a las que el propio Gobierno había armado y que constituidas en comités de salud pública o cualquier otra denominación, se habían lanzado al exterminio del enemigo. Las violaciones, robos y asesinatos con el pretexto de combatir al fascismo, eran el pan nuestro de cada día. Surgían las comisarías Antifascistas, que pronto comenzaron a robar, incautar, asesinar y violar impunemente. Nadie estaba tranquilo en su fábrica, taller, comercio o labores de la tierra, y mucho menos en su domicilio particular. De los centros oficiales del Gobierno Civil sacaban a los funcionarios y los asesinaban. De las Jefaturas de Policía a los agentes, pues no había función de autoridad alguna en ningún estamento. Todo lo acordado era letra muerta. No mandaban ellos, ni el comité del Frente Popular, ni las organizaciones de milicias o guardias antifascistas, ni siquiera el llamado Comité de Salud Pública. Por encima de todos estaban las cuadrillas de ladrones y asesinos que enrolados en todos esos organismos disponían de vidas y haciendas, y que solo obedecían al mandamás que las capitaneaba. Casi siempre los dirigentes de estas bandas de asesinos eran delincuentes, asesinos, y gente de baja ralea que había estado en prisión y fue puesta en libertad cuando se abrieron las cárceles tras la fraudulenta victoria en las elecciones del 16 de febrero de 1936, del Frente Popular. Famosa fue la Columna de Hierro, anarquista, que se dedicaba a vivir en el campo, expoliando a los campesinos y matando a los curas. Se saqueaba e incautaba Bancos, industrias, pequeños y grandes comercios, vehículos, inmuebles familiares, y miles de fincas agrícolas. Era el latrocinio legitimado por la fuerza de las armas.

Las autoridades militares o civiles del Gobierno republicano consintieron, alentando y ordenando, en muchos casos, sangrientas represalias cuyas víctimas se podían contar por miles. Las cárceles se llenaron rápidamente de gente inocente y comenzaron las temibles sacas. El proceso era siempre el mismo. Llegaban los milicianos, sacaban a un grupo de presos, la autoridad los entregaba y después eran asesinados. Si la autoridad oponía resistencia, como sucedió en Ocaña, se asaltaba la cárcel y se llevaban a los presos a golpe de fusil, para después asesinarlos.

Se crearon las checas, o cárceles del pueblo, según la terminología comunista soviética, *la Cheka*. En ellas se cometieron crímenes atroces. Estos centros de horror estuvieron funcionando durante toda la guerra. Su estela de crímenes se extendió por toda España. Miles de inocentes de toda edad y condición social fueron brutalmente torturados, violados y asesinados. Los saqueadores hacían su agosto antes de asesinar a su víctima. La mecánica era siempre la misma: Las milicias del Frente Popular, y patrullas de otros grupos, armadas por el Gobierno, aplicaban su violencia sobre las personas designadas como <<enemigas de clase o del pueblo>>, mientras las instituciones formales de orden público asistían al proceso desde la impotencia o, en otros casos, desde la complicidad. Las víctimas indefensas no podían ofrecer resistencia a las milicias armadas, las cuales se envalentonaban e intensificaban la represión al ser conscientes de su nuevo poder.

Tras los bombardeos de la aviación Nacional, se organizaban manifestaciones que, al grito de <<a matar a los presos>>, se dirigían a las cárceles para acometer la labor de <<limpieza>>, en una infernal orgia de venganza y sangre. Entonces se producían las famosas sacas de presos, los cuales eran gente de toda condición social y oficio, que habían sido detenidos por ser de derechas, militares, católicos, contrarios al Frente Popular o a la causa republicana, o simplemente sospechosos de ser simpatizantes de derechas, o cualquier otra ocurrencia. Estos presos estaban además de en las cárceles, en barcos y edificios como conventos, hospicios, cuarteles, colegios e iglesias, las que quedaban en pie. Los presos eran sacados a la fuerza, subidos a golpes y culatazos a camiones, y asesinados, en algún paraje no muy lejano, tras sufrir tremendas vejaciones. Estos hechos ocurrieron en Bilbao, Santander, Madrid, Valencia, Barcelona, Castellón, y otras muchas ciudades.

En las cárceles no había delincuentes, sino infelices a los que llamaban presos políticos que después eran asesinados tras ser asaltadas dichas cárceles por la chusma. Así comenzaron pues las matanzas masivas, produciéndose episodios espeluznantes. Los mismos republicanos juzgaron estas matanzas como su mayor vergüenza. Y más vergonzoso fue que la carnicería continuó en las terribles checas. Cuando el Gobierno republicano intervino para controlar los desmanes, no los disminuyó, sino que los intensificó. Ninguna medida de orden neutralizaba la dinámica revolucionaria de crímenes y asesinatos que el propio Gobierno del Frente Popular había abierto. Las instituciones se veían implicadas en el terrible mundo de los asesinatos, saqueos, torturas, incendios, tráfico de bienes robados a víctimas inermes o la evasión masiva del tesoro nacional. La Justicia no existía. Los Tribunales se dejaban llevar por la corriente revolucionaria avalando formalmente el crimen en las farsas y parodias de juicios. El ensañamiento y salvajismo sobre víctimas y cadáveres se convirtió en práctica habitual. Esta es la demostración más clara del odio que imperaba hacia las víctimas. Ni en las Embajadas y Consulados estaban seguras las personas. Algunos de estos edificios fueron asaltados y las personas allí refugiadas asesinadas. Como les ocurrió a las hermanas del cónsul de Uruguay, que fueron secuestradas, ultrajadas y salvajemente asesinadas. (Uruguay rompió relaciones diplomáticas con la España republicana por este motivo).

Los desmanes republicanos de Madrid, la descontrolada represión republicana, y las espantosas carencias existentes, espantaron al escritor Manuel Chaves Nogales y le hicieron abandonar Madrid, yéndose a Valencia en noviembre de 1936, cuando huyó el Gobierno de la República a Valencia. Después marchó a Francia donde murió en 1944. En sus libros reflejó las espantosas condiciones de vida en Madrid y lo que estaba sucediendo realmente.

El 6 de noviembre de 1936, de madrugada, el Gobierno de la República, a las órdenes de Largo Caballero, previendo la derrota inminente, abandonó el Madrid sitiado por las tropas rebeldes franquistas y se trasladó a Valencia. Este hecho fue considerado por la población como una huida cobarde. En Tarancón (Cuenca), fue retenida la comitiva por milicianos, instando a la comitiva a volver a Madrid, amenazando incluso con las armas en la mano. Se había encargado la defensa de la capital a los generales Miaja y Pozas, a través de dos sobres en los que se indicaban las órdenes que debían cumplir, pero los sobres no debían abrirse antes de las 6 de la mañana y, además, se produjo el error de cambiar las órdenes, Miaja recibió las de Pozas y viceversa. Miaja presidía la Junta de Defensa. Los repetidos ataques del Ejército Nacional fueron repelidos por Rojo y Miaja, con el apoyo de los nuevos carros de combate soviéticos T-26 a las órdenes del general ruso Vladimir Gorev. El Quinto Regimiento del PCE, participó también en la defensa de Madrid. Después llegaron los rusos Kléber y Lukacs con sus Brigadas Internacionales, y Madrid quedó asediado hasta el día de su caída y la entrada de las tropas nacionales.

Tras esta huida del Gobierno de la República, se incrementaron las matanzas y las sacas de presos, siguiendo unas directrices de <<limpieza

total>>. A partir de esa huida, el Gobierno de la República, del Frente Popular, fue cayendo en manos de la URSS de la forma más ignominiosa, siguiendo sus dictados hasta prácticamente el final de la guerra.

Por entonces, Santiago Carrilo, igual que José Cazorla, estaba ligado a los servicios secretos soviéticos desde su estancia en Moscú unos meses atrás. Junto a Serrano Poncela, como nuevas autoridades del Orden Público, conocían perfectamente lo que ocurría con las sacas de presos de la Cárcel Modelo cuyo destino era morir masacrados en Paracuellos, y los tres fueron los responsables de estas matanzas, mientras el Gobierno y algunos de sus ministros miraban hacia otro lado. Los consejeros soviéticos y el personal de la Comintern que estaban en Madrid, Gorev, Codovila, Berzin, Vidali, Orlov, Grigulevich, y algún que otro canalla más, no permitían la evacuación de los presos cuando el Gobierno huyó a Valencia. Aconsejaban la <<liquidación total>> y también la depuración de *quintacolumnistas*. Había pues que exterminarlos. Ellos eran agentes expertos en actividades especiales como el asesinato y la liquidación de trotskistas. Pero realmente la culpabilidad y responsabilidad de los asesinatos de Paracuellos corresponde a Santiago Carrillo, que estaba al corriente de toda la trama como responsable de la Consejería de Orden Público. Este individuo jamás admitió su responsabilidad en los crímenes. Murió en 2012 sin pedir perdón ni mostrar arrepentimiento alguno.

La cantidad de asesinatos, la aparición diaria de cadáveres y su difusión por todo el mundo, hizo que se resintiera la imagen de la República. En agosto de 1938, el embajador español en Buenos Aires, Ángel Ossorio y Gallardo, escribió una carta al ministro de Estado exponiéndole la conveniencia de contrarrestar la mala imagen que daba a la República la proliferación de noticias de diputados asesinados en la España republicana. Todos estos excesos y asesinatos, la pasividad del Gobierno ante ellos, y la indigna sumisión a la URSS y a su política comunista era motivo suficiente para que la República perdiera la poca legitimidad que tenía.

Mientras tanto, en la URSS, la Rusia que ciertas masas, las masas del Frente Popular, soñaban en sus delirios multitudinarios como ejemplo a seguir, el genocida Stalin que años atrás había empezado su campaña de exterminio de los campesinos por hambre, requisándoles todos sus productos y cosechas e impidiéndoles marchar a las ciudades, seguía con su campaña de asesinatos en masa dirigidos contra toda la sociedad. Nadie estaba a salvo. El 30 de julio de 1937 Stalin aprobaba la orden operativa número 00447, mediante la cual se ordenaba el arresto de 259.450 personas, de las que 72.950 debían ser fusiladas. En esta operación se procedió a la limpieza étnica de habitantes no rusos de las regiones fronterizas con la Unión Soviética, es decir, alemanes, polacos, coreanos, chinos, letones, griegos, estonios, búlgaros, afganos, iraníes, rumanos, fineses y macedonios. Esta orden fue preparada por el temible comisario del pueblo para el Interior Nikolay Yezhov, después sustituido por el todavía más sanguinario Lavrenti Beria. El amo de ambos era el gran Stalin, que en otra orden mandó ejecutar al primogénito de cada familia en una región de la URSS. Stalin, que aumentó la población de los campos del Gulag durante 1937 en 700.000 personas. La gran Rusia, que entre los años 1937 y 1938 tuvo 680.000 ejecuciones. Esta era la realidad de lo que ocurría en la URSS, bajo la tiranía de Stalin, el más sanguinario asesino jamás conocido. Era lo que invocaban los ignorantes descerebrados del Frente Popular, cuando puño en alto gritaban <<Viva Rusia y viva el comunismo>>, enardecidos por la euforia y el poder que confiere la posesión de las armas.

Llegó un momento en el que prácticamente todo el poder estaba en la persona de Juan Negrín, quien a su vez dependía de los dictados de Moscú y del Partico Comunista, el cual defendía la resistencia a ultranza. Este sentimiento de resistencia era compartido por Negrín, por lo que se afianzó aun más la unión con los comunistas. La continuación de la guerra era una imposición de la Unión Soviética en virtud de la dependencia de los comunistas españoles a Moscú, bajo los designios e intereses del Partido Comunista y por tanto, de la Unión Soviética, y así lo plantearon Negrín y su círculo político.

La crisis de abril de 1938 trajo como consecuencia la fractura definitiva del Frente Popular invalidando las condiciones para su posible recomposición, al resquebrajarse el sistema de partidos. Todo lo que no fuera el PCE era un enemigo a combatir. Se establecieron en la España republicana dos posiciones antagónicas: negrinismo y antinegrinismo. El partido de la resistencia, referido a Negrín, y el partido de la paz, en alusión a quienes daban la guerra por perdida y buscaban la manera de cerrarla acabando con tanto sufrimiento. Este conglomerado antinegrinista estaba impregnado de un anticomunismo radical, priorizando en algunos discursos la necesidad de un acuerdo con el enemigo, ante la hipótesis poco probable del triunfo de una República sumida en el comunismo y dependiente de Moscú. Negrín pasó de ser una marioneta en manos de los comunistas, a ser el hombre de Moscú, y también el hombre más odiado de España.

A Azaña le faltó decisión para retirar su confianza a Negrín, sancionando el hecho en la Diputación Permanente de las Cortes. ¿Qué cargo republicano aceptaría un nombramiento y una responsabilidad siendo las posibilidades de negociación remotas, cuando se vislumbraba la derrota republicana, y lo único que resultaba viable era la rendición incondicional, o sea, la liquidación de la guerra? Ello implicaba además asumir las consecuencias de la derrota y la depuración de las responsabilidades correspondientes, con las penas consiguientes, porque el bando Nacional solamente admitía la rendición incondicional, teoría apoyada por todos los sectores y clase política de la zona nacional incluso el monárquico.

En septiembre de 1938 cuando el problema checo amenazaba con una inminente guerra europea, Franco reaccionó con rapidez y habilidad, prometiendo una postura neutral. Esto tranquilizó a las democracias europeas, sobre todo a Gran Bretaña y aumentó el prestigio del bando nacional.

La acción diplomática en Londres del Duque de Alba, asegurando la postura de España, mostró un mensaje que fue recibido con alivio por parte del Gobierno francés. Esta declaración de neutralidad, reportó significativos dividendos a Franco en el futuro inmediato, creando un sólido entendimiento entre Burgos y Londres, mientras que desmentía poco a poco el argumento republicano del peligro que supondría para Francia la presencia de alemanes e italianos a esta parte de los Pirineos. En vista de la ventaja militar de Franco, sobre todo tras la batalla del Ebro, Gran Bretaña apostó por la victoria de los nacionales, o lo que es lo mismo, la derrota de los republicanos, por lo que en febrero de 1939 reconoció al Gobierno de Burgos como el único legal de España. Por tanto, el tema de la rendición incondicional, y la eliminación del enemigo, reforzó la posición personal y política de Franco, imposibilitando en la zona republicana cualquier alternativa a la política negrinista de resistencia. Por esto, el bloque antinegrinista perdió posiciones y audiencia en la España republicana, y nunca consiguió generar una política alternativa, ni encontró personalidades que pudieran desarrollarla. No había recambio para Negrín desde las instancias políticas. No había soluciones intermedias, al menos mientras Gran Bretaña y Francia no presionaran de manera eficaz y decisiva sobre Franco. Solo la rendición incondicional era posible. Gran Bretaña manifestaba que, ante un posible gobierno comunista era preferible esperar la victoria de Franco.

Mientras tanto, en las cancillerías internacionales, se usaba el término <<mediación>> pero con el concepto de atenuar las represalias de los vencedores sobre los vencidos, y no como término de mediar para conseguir un final pactado. A Franco solo se le pedía una cierta dosis de clemencia. En realidad, muchos dirigentes republicanos y gran parte de los implicados temían la justicia que inexorablemente vendría, acabada la guerra, como consecuencia de sus terribles actos, muchos de ellos delictivos y sangrientos, tras tres años de guerra.

Es falso que se salvaran miles de posibles enemigos de la República gracias a la tolerancia y colaboración de distintos estamentos de la España republicana. El Gobierno no hizo gestiones para liberar presos de las checas ni para localizar a los desaparecidos. De hecho, ante las denuncias de personas como el Ministro Irujo, el diplomático Félix Schlayer y Joan Peiró, criticando los desmanes y la violencia que estaban protagonizando pseudorevolucionarios y asesinos por profesión y por instinto, que estaban robando y asesinando, el Gobierno del Frente Popular no hizo nada por impedirlo.

Al final fueron los propios partidos del Frente Popular quienes rechazaron la República Constitucional y democrática con su odio y su comportamiento revolucionario, al pretender que jamás gobernasen las derechas y al promover la denegación de plenos derechos civiles a los católicos y a la Iglesia a la que tenían como objetivo de exterminio.

10. DEGENERACIÓN DE LA II REPÚBLICA. LA SUPRESIÓN DE LA JUSTICIA

> *Había milicias que venían de Asturias para combatir a los fascistas en el frente de Vizcaya, y otros de la provincia de Vizcaya que se dirigían hacia Asturias para combatir a los fascistas de Oviedo. Eran artimañas de unos y otros para no ir al frente. Esta doble invasión de forasteros (milicias y refugiados), trajo consigo un mal compañero de viaje, el odio, que en los prófugos se manifestaba en un hambre animal de venganza por los descalabros sufridos, y en las fuerzas militarizadas en la absurda impaciencia paleta de estrenar sus armas de fuego antes de llegar a las trincheras*
>
> *Torcuato Luca de Tena – La brújula loca*

La degeneración y el descrédito del régimen asesino que fue la II República comenzaron el mismo día de su nacimiento. ¿Cómo fue posible que los sectores moderados y legalistas del Gobierno se sometieran a dictados que eran totalmente antilegales?

Hay pruebas documentadas de hasta qué punto la Justicia había caído bajo los imperativos revolucionarios del populacho. Las leyes eran dictadas siguiendo unos criterios de complacencia con la chusma que controlaba las calles. En la promulgación de Decretos y Leyes, la Justicia se dejó arrastrar por las izquierdas, cuyo objetivo era forzar al Gobierno a cambiar todo el sistema Judicial para poder ser controlado por la coalición de izquierdas. Los Decretos del Gobierno legalizaban la ejecución del terror revolucionario, con toda la serie de delitos y crímenes que comportaba dicha legalización. Las medidas represivas que decretó el Gobierno de la República atentaban contra la libertad y dignidad de las personas. Eran medidas arbitrarias para legitimar la represión y el asesinato de los <<enemigos de clase>>. El Gobierno cesó a todos los funcionarios que hubiesen tenido algo que ver en el movimiento de subversión, o fuesen desafectos, (muchos habían sido ya asesinados). Se clausuraron todos los establecimientos de las órdenes religiosas, se procedió a la depuración de maestros o funcionarios judiciales, y a la expropiación de bienes a quienes hubiesen intervenido en la rebelión militar, extensible al cónyuge, o simplemente hubiesen rezado por el triunfo de la misma. Se legalizó la expropiación sin indemnización de las fincas rurales incautadas por los Comités. Y para colmo de la farsa, se declararon como <<accidente de guerra>> los daños causados en los inmuebles desvalijados y destruidos por las turbas milicianas. Para rematar el desastre, se concedió autoridad y condición policial a las milicias encargadas de la represión, es decir, a la chusma armada más abyecta que pululaba por todas partes de la España republicana.

El 10 de junio de 1936 se estableció un Tribunal Especial para vigilar a los magistrados, formado con mayoría de presidentes de agrupaciones sociales de izquierda y ultraizquierda. A partir de entonces, el Ministerio nombraría los cargos de la justicia municipal. El sistema normal de garantías legales de la República quedó destruido. Los magistrados bajo vigilancia política, el Tribunal Supremo reducido a apéndice del Gobierno, los jueces municipales convertidos en vasallos directos del ministro. La independencia judicial había desaparecido.

El Frente Popular ejecutaba una fuerte depuración de los tribunales. Esta depuración era la prenda de la fidelidad del Gobierno a la izquierda revolucionaria. Era el gran pacto de la izquierda revolucionaria, que apoyaba a los azañistas en el Gobierno si estos vengaban la derrota de octubre de 1934. Esta venganza debía pasar necesariamente por la subversión global del sistema judicial. La legislación de los siguientes Gobiernos del Frente Popular consistió casi siempre en legalizar formalmente situaciones creadas por la acción revolucionaria en la calle, es decir, legalizando hechos consumados. Así se permitió a la ley encauzar y legitimar la revolución con todas las consecuencias delictivas que ello acarreaba. Las medidas gubernamentales sirvieron para otorgar un cauce más institucional a la revolución y al terror provocado por los revolucionarios.

Llegó un momento en que el poder estaba en manos de la clase trabajadora, que era quien resolvía, según las circunstancias por las que atravesara cada localidad o región, y que el Gobierno, al estar desposeído de todos los poderes, aceptaba y plasmaba en la Gaceta. Cada acción de los Comités debía ser aceptada por el Gobierno como jurisprudencia viva. Este era el estado óptimo de la justicia revolucionaria. La máxima degeneración de la Justicia.

Por eso el ex presidente del Gobierno Alejandro Lerroux, cuando huyó de España y dio su apoyo a los sublevados, lo hizo bajo el argumento de que en España ya no existía un Estado ni forma alguna de legalidad. Al empezar la guerra, este proyecto de depuración política se convirtió en una realidad consumada. El objetivo era que el sistema judicial fuese controlado por la coalición de izquierdas.

Se establecieron los Tribunales populares, cuyos jurados que decidirían sobre la vida y la muerte, eran los mismos que habían estado asesinando a mansalva en las semanas anteriores. En estos tribunales se recreaban a diario multitud de <<juicios>>, auténticas farsas, contra las pobres víctimas que de antemano estaban condenadas a muerte, sin posibilidad de defensa alguna.

Se formaron los nuevos jurados populares, para administrar la <<Justicia de la República y del Frente Popular>>. Al mismo tiempo, en Barcelona tomaba posesión el nuevo abogado fiscal de la Audiencia, un individuo que llegó vistiendo el mono de miliciano con su pistola al cinto y calzando alpargatas. Sobre este uniforme se puso la toga. No hay mejor ejemplo para describir lo que todo aquello significaba. La Justicia en manos de los delincuentes, con la indumentaria propia de los bandidos zarrapastrosos. Esta era la <<normalización>> legal de la represión. La llamada <<justicia popular>>. La legitimación del crimen, el saqueo y el robo. No cabía mayor degeneración que ver presidiendo los Tribunales a una caterva de milicianos armados y mal ajados <<administrando>> Justicia, la <<justicia del pueblo>>. En la España republicana el Gobierno veía razonable que un hombre fuese eliminado por sus ideas.

Cuando se institucionalizó la violencia a través de los instrumentos judiciales y policiales de la República, tras la disolución de las Patrullas de Control, disminuyeron un poco las matanzas. Las tareas de <<limpieza>> fueron acometidas por otros verdugos, y comenzaron a aumentar de nuevo las víctimas a causa de los nuevos instrumentos represivos de los que se dotó el Estado republicano: Campos de trabajo, cárceles, checas y sobre todo la creación del temible SIM (la policía política) creado por Indalecio Prieto el 6 de agosto de 1937.

Los asesinatos se hacían ahora mediante una farsa de juicio realizado por los <<Tribunales Populares>>. De esta forma se calmaban los escrúpulos de Francia y Gran Bretaña, a los que el Gobierno del Frente Popular quería arrastrar al conflicto.

En las Cortes, el comunista Uribe pedía cambiar la composición de los Tribunales, alegando que no administraban Justicia, para que los nuevos Tribunales hicieran una justicia en beneficio del pueblo, que era el único que tenía derecho a impartirla. Jamás se vio aberración de tamaño alcance. La justicia a la carta. Así se desmanteló la Justicia, al estar el Tribunal Supremo sometido a la vigilancia del Frente Popular. Se produjo en la zona republicana el hundimiento del Estado de Derecho. Los jueces archivaban la causa de los asesinatos y de los muertos encontrados por las calles, tan pronto como aparecía algún miembro del CPIP como autor o implicado en la detención del infortunado asesinado.

Azaña tuvo una gran parte de culpa en todo este asunto, pues en su afán de venganza, y el odio a las derechas, accedió a todas las peticiones de los grupos de izquierda, y después del Frente Popular. Para ello pactó con grupos radicales, separatistas, comunistas, anarquistas y terroristas.

Margarita Nelken fue otra propagandista de este sistema. Llegada de Moscú, visitaba a los milicianos en el frente, indicando el camino a las mentes ignorantes. En sus soflamas y artículos en el periódico socialista de Largo Caballero, *Claridad,* exhortaba a los milicianos de retaguardia a dedicar todo el esfuerzo de guerra para la eliminación física de los adversarios emboscados. Estas arengas producían nuevas oleadas de arrestos, con las consecuencias consiguientes. Según esta señora, la dictadura del proletariado era indispensable para establecer el socialismo. Nuevo proyecto socialista, catástrofe segura. Recordemos que esta señora, se negó a votar a favor del derecho de voto de la mujer. También participó en las actividades represivas como chequista.

Ante todos estos hechos, el Gobierno de la República mostraba una actitud pasiva e indiferente, como si el mantenimiento del orden público no fuera de su incumbencia. Accedía a todo con tal de congraciar a las masas que lo mantenían en el poder. Era el envilecimiento total de los poderes del Estado.

11. PRENSA Y CULTURA

> *En la imprenta se trabajaba normalmente. Nadie parecía intranquilo ni asustado. Habló un momento con los correctores y se dirigió con el regente a la rotativa en pleno funcionamiento. De la misma bandeja de salida cogió un ejemplar para ver el efecto tipográfico. En la primera página aparecían algunos espacios en blanco, lo cual le inspiró comentarios mordaces contra los censores.*
>
> *Gregorio Gallego – Asalto a la ciudad*

La prensa tuvo su buena parte de culpa y responsabilidad en el estallido de la guerra civil. Tras los sucesos de 1934 y hasta el inicio de la guerra, el Gobierno, en un acto <<democrático>> había cerrado muchos periódicos de derechas, y abolido los partidos llamados monárquicos. La prensa de derechas venía denunciando y acusando a los catalanes de querer desmembrar el país, y con razón, pues así lo venían demostrando los sucesos ocurridos desde la implantación de la República en 1931.

La prensa de izquierda y revolucionaria tuvo una participación muy activa en la persecución religiosa. Incitaba al exterminio del clero y a la confiscación de bienes eclesiásticos. Definía como <<enemigos seculares del progreso y la libertad>> y por tanto <<enemigos de clase>>, a la Iglesia católica y al clero, y de paso, personificaba en la derecha el mal, el orden social que había que echar abajo. Al mes de comenzada la guerra civil, los periódicos de Barcelona publicaban en primera plana: <<Ya no existen covachuelas católicas, las antorchas del pueblo las han pulverizado renaciendo en su lugar el espíritu libre que no tendrá nada en común con el masoquismo que se incuba en las naves de las catedrales>>.

La verdad, que yo he estado en algunas catedrales, y ya me gustaría verlas todas, y lo único que he experimentado es una sensación de grandeza ante la obra del hombre, una inmensidad de paz, un agradecimiento a quienes nos legaron semejante patrimonio. Por suerte no llegué a sentir el masoquismo por ninguna parte.

Los periódicos del Frente Popular publicaban frecuentemente noticias de atrocidades exageradas o falsas cuya finalidad era un llamamiento a la venganza. Esta era una intoxicación de la sociedad, obra de una muy hábil propaganda política comunista, muy importante para entender cómo fue posible extremar el odio civil tras la revolución de 1934. Desde el comienzo de la guerra civil, la prensa diaria republicana inició un proceso de transformación hacia la prensa de guerra y revolucionaria. La prensa describía a los tribunales populares, los comités, los nuevos jueces y fiscales con la toga sobre el mono de miliciano con alpargatas y pistola, como <<la nueva Justicia, debajo de la toga el mono de miliciano>>. El Gobierno del Frente Popular veía con buenos ojos esta actuación de la Prensa.

Se dedicaban también secciones especiales a la cuestión de la <<limpieza en la retaguardia>>, es decir, a la represión por parte de los nacientes tribunales populares, que consistía en asesinatos descarados enmascarados en una farsa de juicio hecho por cuatro analfabetos. Los periódicos lo titulaban <<la lucha en el frente de retaguardia>>. Era una forma más de incitar a la depuración, al saneamiento y escarda de la zona republicana, es decir, al crimen que ya alcanzaba cotas desorbitadas. Directores de periódicos escribían: <<la ejecución de los fascistas es la revolución>>, y vinculaban la necesidad de la violencia para establecer el <<nuevo orden social>>. Sin embargo, la prensa internacional aireaba las noticias de los asesinatos detenciones y registros arbitrarios, a pesar de que el Gobierno republicano trataba de ocultarlas. La prensa internacional difundía la aparición diaria de decenas de cadáveres asesinados en los <<paseos>> nocturnos, lo que provocaba un escándalo internacional sin precedentes y una imagen deplorable de la causa republicana.

Son tantos los testimonios y tanta la documentación existente en las Hemerotecas, que es imposible negar la virulencia con que la prensa de la zona republicana colaboró con el Gobierno del Frente Popular en todos estos actos de bandidaje y desinformación.

Aunque el artículo 34 de la Constitución de 1931 garantizaba la libertad de prensa, impidiendo cerrar un periódico sin sentencia firme, pronto se fraguó un plan para evitar ataques a la República. Salieron dos leyes. La Ley de Defensa de la República de octubre de 1931, un mes antes de la publicación de la

Constitución de 1931, y la Ley de Orden Público de 1933. Esto posibilitó el cierre de periódicos y cabeceras durante periodos concretos.

La ideología de los medios siguió siendo, en el caso de los periódicos republicanos y de izquierdas la misma, pero mediatizada por los hechos revolucionarios y bélicos que estaban sucediendo, y sobre todo, por la censura. En virtud de esta censura, la crónica diaria de la guerra en los periódicos republicanos, se convirtió en informaciones con mero contenido de propaganda, expresando la política de los partidos, que ocultaban la adversa suerte de las armas y necesitaban urgentemente hacer propaganda para elevar la moral en la retaguardia, pues aquí es donde primero cayó la moral, al sufrir de primera mano las calamidades, privaciones y miserias de la guerra. Los grandes rotativos proclamaban a bombo y platillo la ayuda de los ciudadanos <<demócratas>> de todo el mundo a la causa republicana, cuando la realidad era bien distinta, pues las noticias de las derrotas militares se ocultaban, tergiversando el resultado de los combates, lo que impedía a la población conocer realmente el curso de la guerra.

En la zona republicana no había una voz única y un modelo de prensa. La prensa republicana tachaba las malas noticias militares. Por ello, los partes de guerra tenían escasa credibilidad. En esta marea informativa, convivían republicanos de izquierda, socialistas, comunistas, anarquistas y comunistas heterodoxos. Cada partido hacía su propaganda, ajustándose a lo que su ideología representaba y a la férrea censura establecida. La prensa del Frente Popular elogiaba también los campos de trabajo, que eran en realidad campos de concentración, presentándolos como una manera humanitaria de entender la guerra civil. Era otra gran mentira. Eran centros donde las condiciones de existencia y de trabajo eran brutales. La miseria y la muerte eran características propias de los campos de concentración republicanos.

Del mismo modo, la prensa de Madrid elogiaba los <<servicios>> realizados por *los Linces de la República, la Brigada del Amanecer* y otras cuadrillas de bandidos. Elogiaba las actuaciones de la Brigada de Atadell, y publicaba fotografías de este indeseable, que era el jefe de esta cuadrilla de asesinos, cuyas actividades consistían en continuos saqueos, detenciones y asesinatos de gente inocente. También publicaba fotografías de las visitas de ciertas personalidades políticas y parlamentarias a las checas, como las que hacía el ministro socialista

Anastasio de Gracia para alentar a los miembros de algunas de ellas en su importante labor de <<limpieza>>.

Después, cuando las tropas republicanas retrocedieron y las nacionales se acercaban a Madrid, se desató en las fuerzas del Frente Popular de la capital un clima de histeria vengativa clamando sangre. Se temía que una quinta columna actuase a favor de los nacionales dentro de Madrid. La prensa izquierdista ya venía reclamando desde agosto el fusilamiento de los presos políticos, haciéndolo ahora con más entusiasmo, preguntando abiertamente cuando serían fusilados, y pidiendo el exterminio de todos los presos, curas, aristócratas y militares, considerados presos políticos fascistas, según la ideología del Frente Popular. La prensa exacerbaba a las masas para asaltar las cárceles y asesinar a los presos como justa venganza. También tras los bombardeos del bando nacional sobre una ciudad o localidad, la prensa hacía peticiones públicas de venganza o <<limpieza>>. Eran auténticas arengas incendiarias, soflamas llenas de odio, que incitaban a las masas a cometer toda clase de desmanes y asesinatos, como justa venganza.

Especial papel jugaron los corresponsales rusos, los cuales, muy pendientes de su Gobierno, y muy bien vigilados por Moscú, ejercieron de periodistas y de consejeros o asesores políticos, a la hora de ensalzar las ideologías populares, el modelo soviético, y la lucha que estaba haciendo el pueblo español por su <<libertad>>. La Internacional Comunista se dio cuenta de las nuevas y enormes oportunidades que se estaban abriendo en España para la izquierda, por lo que subvencionó una campaña masiva, llegando a patrocinar en 1935 cuarenta y dos publicaciones diferentes a través de otras organizaciones. La Internacional Comunista consiguió un gran triunfo al conseguir el apoyo de personalidades del mundo cultural y del entretenimiento. Es algo habitual en esta gente de la farándula, apostar siempre por el despropósito y la sinrazón.

La Editorial *Europa América*, dirigida por el comisario político italiano Pablo Bono, imprimía y divulgaba la propaganda del Komintern y se encargaba de recibir el dinero que Moscú enviaba periódicamente al Partido Comunista de España.

También el teatro y ciertas representaciones artísticas jugaron un papel importante en la propaganda del régimen comunista. Los locales que habían estado en manos de empresarios privados fueron incautados y la organización de la actividad teatral quedó en manos de los comités obreros. Se creó el 22 de agosto el Consejo Central del Teatro por un decreto del Ministerio de Instrucción Pública y Sanidad, alegando que era necesario poner al teatro como medio de propaganda al servicio del Frente Popular, para ganar la Guerra.

El Círculo de Bellas Artes, o checa de Fomento, tuvo una gran actividad propagandística, a través de un organismo llamado Altavoz del Frente, creado por el Partido Comunista Internacional. Montaban grandes exhibiciones propagandísticas, diseñaban la cartelería y usaban un programa de radio. La radio fue muy utilizada en la Guerra Civil, como arma propagandística y de información. Permitía subir la moral de la tropa del bando propio, con todos los artilugios propagandísticos propios, y al mismo tiempo bajar la moral del adversario escarneciendo y ridiculizando a sus dirigentes, así como divulgando bulos y mentiras sin fundamento. El PCE se encargó de llevar a cabo la propaganda, enviando escritores y obras de teatro al frente, y camiones con altavoces para lanzar las proclamas hacia las líneas enemigas.

12. MILICIANOS Y REVOLUCIONARIOS. LOS HÉROES DEL SAQUEO. EL PSOE PLANEA LA INSURRECCIÓN

> *Pandillas de asesinos dedicados al saqueo y al pillaje, al asesinato y al robo. Martín no vendió sus calamares. Unos mangantes se incautaron de su pesca en nombre del pueblo. Le dijeron que ya no hay tuyo ni mío. Que todo era de todos y que unos trabajaban pescando y otros pegando tiros. Y si protestaba le requisaban también la barca. El día anterior sonaron descargas de fusil. Unos hermanos que se escondieron en el pajar fueron localizados y asesinados junto al dueño del pajar. Eran víctimas inocentes de aquella guerra atroz desatada por los hombres. Se veían horrores por todas partes.*
>
> *Torcuato Luca de Tena – La brújula loca*

De las agrupaciones locales y de distrito de los partidos y sindicatos revolucionarios salieron las milicias. La fuerza miliciana acumuló mucho poder en los inicios de la guerra, porque esos partidos y sindicatos, que formaban parte de la estructura de poder gubernamental, habían avalado su constitución y armamento. Pero hay otro aspecto importante. Las milicias no surgieron de la nada el 18 de julio de 1936. Ya venían diseñándose y actuando desde meses atrás. Las milicias formaban parte del proyecto revolucionario de socialistas, comunistas y anarquistas desde muy temprano. Con la guerra se convirtieron en una realidad masiva. Su historia se relata a continuación.

En torno al Partido Socialista habían comenzado a formarse grupos insurreccionales al menos desde 1931, cuando llegó a España el italiano Fernando de Rosa con esa misión. Esos grupos crecían en la órbita del ala bolchevique del partido, centrada en torno a Largo Caballero y de importancia progresiva, hasta terminar siendo mayoritaria a lo largo de los años republicanos. Largo Caballero amenazaba constantemente con lanzar las masas a la calle. Tras la derrota electoral de noviembre de 1933, el PSOE organizó un comité para planificar y llevar a cabo una insurrección armada. Ese comité empezó a funcionar en febrero de 1934 y tenía por objeto la acumulación de armas, el aprovisionamiento de fondos, la propagación de una mentalidad de guerra civil en la sociedad, la organización de milicias y la infiltración de una red golpista en el Ejército. El comité lo presidia Largo Caballero y en él figuraba entre otros Santiago Carrillo por las JJSS (Juventudes Socialistas). Era un plan perfectamente elaborado.

En la sede madrileña de UGT se convocó a activistas de toda España para explicarles el sistema de intercambio de instrucciones y contraseñas. Y en la primavera de 1934, los comités provinciales recibieron el esquema de organización de las Milicias Proletarias, una estructura piramidal paramilitar de grupos, compañías, secciones, pelotones y escuadras, cada una de éstas últimas con diez hombres. El Comité decretaba que estas escuadras se formaran con los elementos más decididos y fueran armadas, obedeciendo a dos jefes que les instruirían militarmente. Había también una sección logística con técnicos en áreas como electricidad, teléfonos y comunicaciones, alcantarillado y gas. Se contemplaba la inmediata represión sobre los elementos más destacados de las derechas y, en especial, de las fuerzas armadas, que debían de ser detenidos y, en su caso, suprimidos. El plan ambicionaba extenderse a toda España mediante un sistema de Juntas. La Junta revolucionaria de la Provincia debería constituir Juntas locales en cada pueblo con personas de absoluta confianza. Era la primavera de 1934. La hipótesis de una guerra civil era todavía una lejana pesadilla para la mayoría de los españoles, aunque las izquierdas la estaban preparando y deseando.

El barco Turquesa fue el barco donde los socialistas, en particular el ministro Indalecio Prieto, trasladaron un cargamento de fusiles y explosivos para armar a los sindicatos mineros asturianos contra el Gobierno de la República en 1934. El barco fue interceptado, pero ya se había desembarcado gran parte de la carga y Prieto consiguió escapar. El Partido Socialista, junto al PCE había trazado un plan para formar las Alianzas Obreras, que en Asturias ya había juntado 30.000 hombres bajo el nombre de *Ejército Rojo*. Y de esta nacieron las Milicias Antifascistas Obreras y Campesinas (MAOC), formadas por iniciativa comunista.

Antes de 1936, los anarquistas ya habían montado comités de defensa confederales, las Juventudes Socialistas Unificadas (que eran la fusión de las organizaciones juveniles del PSOE y el PCE), las cuales disponían de milicias.

Líderes como Indalecio Prieto crearon su propia milicia: *La Motorizada*, cuyos miembros tuvieron un tremendo protagonismo en los acontecimientos posteriores.

La izquierda más radicalizada, prácticamente toda, alimentaba el mito del miliciano de claro origen soviético. Pedía salir a las calles con el fusil al hombro y llevando por compañera la muerte. Victoria o muerte. Tras las elecciones fraudulentas del 16 de febrero de 1936, Largo Caballero, en su diario *Claridad,* dejó clara su doctrina al respecto <<pidiendo a todos los camaradas socialistas, comunistas y sindicalistas la necesidad de constituir en todas partes las milicias del pueblo, y organizar militarmente las acciones para desarmar a fondo a los enemigos del proletariado y la República, constituyendo así una fuerza capaz de presionar y doblegar al Gobierno, haciendo que este se incline ante el criterio de las masas proletarias y campesinas>>. Poco después, Casares Quiroga se estrenaba en las Cortes como presidente del Gobierno con amenazas de aplastar a las derechas.

El comunista Antonio Mije ensalzaba a las milicias uniformadas desfilando puño en alto por las calles de Badajoz, como los jóvenes que formarían el futuro *Ejército Rojo*. El clima de guerra civil estaba servido. Era una demostración de fuerza de las masas campesinas y obreras encuadradas en los partidos marxistas que se preparaban para terminar pronto con la gente que, según ellos, les explotaba. Alardeaban de encontrarse muy pronto en España las dos clases antagónicas de la sociedad en un choque definitivo, violento, porque así lo determinaba la Historia. Era la violencia política y el designio de la guerra civil. Este mismo planteamiento de estrategia revolucionaria y guerra civilista lo exponía al mismo tiempo Santiago Carrillo el 14 de mayo de 1936 en el diario *Claridad*.

Pronto sucedió que el poder de las milicias, que la izquierda pedía insistentemente y que el Gobierno concedió para defender la República, terminó convirtiéndose en una brutal tiranía. Así, las milicias se constituyeron ante todo como fuerza represiva de carácter paramilitar o parapolicial. Cada una de las ramas y grupos de los sindicatos y partidos montó sus propias cárceles, sus propios verdugos y sus lugares para las ejecuciones. Las milicias estaban constituidas en comités bajo los nombres más absurdos, de *salud pública*, de *control*, de *asamblea del pueblo* y otros nombres muy variopintos, y abordaron pronto su actividad delictiva. Procedieron a la apertura de las cárceles y a la toma de centros oficiales, desplazando o sometiendo a los representantes institucionales. Comenzaron a confiscar, requisar, robar, torturar y asesinar. Milicianos armados montaban guardia, controlaban calles y carreteras, patrullaban, registraban domicilios, requisaban, detenían y ejecutaban a personas inocentes. En las ciudades había que pasar multitud de controles para ir de un sitio a otro, sobre todo en Madrid y Barcelona, y con riesgo de perder la vida. A partir de aquí se inició un proceso de organización protagonizado no por el Gobierno, sino por las milicias, o sea por sus partidos y sindicatos. Las patrullas confiscaban automóviles, sobre todo los lujosos, y se desplazaban por toda la ciudad cometiendo impunemente toda clase de tropelías. Había multitud de bandas de auténticos delincuentes dedicados al saqueo, el robo y el crimen. Entre otras, destacaban en Madrid *los cinco diablos*, o *la Brigadilla Relámpago*. Cualquier individuo armado, con trazas de bandido, podía detener a quien se le antojase en la calle, por la mera sospecha de ser <<faccioso o enemigo del pueblo>>. No digamos ya quien tenía pinta, en la opinión del bandido, de señorito. Esta forma de actuar era un pretexto para matar y robar.

Al estabilizarse los frentes se intensificaron los crímenes. Comenzaron a llegar a los pueblos las primeras columnas de fuerza militar o paramilitar. Las columnas de anarquistas y milicianos dejaban tras de sí un rastro de muerte, pues exigían que se les entregase a los vecinos detenidos, para ejecutarlos inmediatamente, pues según ellos, para asegurar la retaguardia era preciso exterminar a los sospechosos. Grupos de milicianos y Comités gestionaban las <<listas negras>> e improvisaban los Tribunales en muchas ciudades y pueblos de la zona republicana en guerra, para después llevar a cabo su política de saqueo, robo y exterminio.

Las policías privadas de las milicias se agrupaban bajo la autoridad de los comités. Había cientos de ellos en la España republicana. Eran unidades especializadas en funciones policiales, pero se trataba de una especialización específica. Estas patrullas o brigadas estaban plagadas de delincuentes que, tras la apertura <<revolucionaria>> de las cárceles, habían sido puestos en libertad sin otro requisito que firmar la afiliación a un partido del Frente Popular. En estas unidades también figuraban agentes de viejos cuerpos de seguridad, Policía, Guardia Civil o de Asalto que, aunque depurados severamente, eran vigilados por comisiones especiales, pues el nuevo poder desconfiaba de ellos. Así, el mantenimiento del orden público se convirtió en instrumento para el exterminio de los <<enemigos de clase>>. Bajo esta acusación murieron después decenas de miles de víctimas inocentes.

La represión de las organizaciones de izquierdas en algunas zonas de las provincias de Ciudad Real y Toledo, se realizó con una especial saña y virulencia, tal vez condicionada también por la precariedad del control del territorio en los primeros momentos, y por la existencia de recientes conflictos sociales y laborales. En Cuenca, en el verano de 1936, se formaron patrullas armadas con milicianos locales que recorrieron toda la provincia, pueblo por pueblo, para ir aplicando la <<justicia revolucionaria>>. Con la llegada a esta provincia de los anarcosindicalistas procedentes de Madrid, en concreto, la Columna del Rosal, liderada por Cipriano Mera, el famoso albañil elevado a la categoría de militar republicano, se introdujo una dinámica de violencia en pequeños pueblos que vivían aislados de los acontecimientos. Esta columna fue responsable de la destrucción de iglesias, persecución a terratenientes y religiosos con los consiguientes saqueos, robos, fusilamientos y asesinatos.

Esta forma de violencia extrema ya estaba prácticamente preparada y publicitada, pues la designación de media España como enemigo a batir era un hecho ya consumado antes de las elecciones de 1936. Ya lo proclamaba Dolores Ibárruri, la Pasionaria, y la religión formaba parte de las señas de identidad del enemigo. Tras la victoria fraudulenta del Frente Popular en febrero de 1936, la violencia contra la Iglesia, se recrudeció y ahora venía acompañada de detenciones ilegales y los consiguientes asesinatos, así como de torturas, vejaciones, violaciones y otras muchas salvajadas más.

Esta era la pandilla de ignorantes asesinos que tenía el poder y la decisión sobre la vida y la muerte en aquella España destrozada por el odio, el resentimiento y la violencia de una guerra civil. Un Gobierno ilegítimo, débil, asociado con anarquistas, separatistas, asesinos y atracadores de bancos (hubo ministros que lo habían sido). Un Gobierno condescendiente y tolerante con los delincuentes y con los actos criminales y delictivos que éstos cometían. Un Gobierno que mostraba indiferencia y pasividad ante la quema de iglesias y conventos y otros atentados, prohibiendo intervenir a las fuerzas de orden público y bomberos, para no provocar el enfado de las multitudes. Un Gobierno que consideraba como <<hecho aislado y extraordinario>> algo que sucedía todos los días, es decir, asesinatos, saqueos e incendios de iglesias. Era la realidad de la España republicana en guerra.

13.   SOVIETIZACIÓN DE ESPAÑA. PERSONAJES DE LA URSS

Desplegad sobre una gran mesa un mapa de nuestra patria lo suficientemente extenso. Poned gruesos puntos negros en todas las capitales regionales, en todos los nudos ferroviarios, en todos los puntos de transbordo, ahí donde termina la vía férrea y empieza un río, o bien el río forma un recodo y se inicia un sendero. ¿Qué sucede? ¿Ha quedado todo el mapa cubierto de cagadas de moscas? Pues bien, tenéis ante vosotros el majestuoso mapa de los puertos del Archipiélago.

Alexandr Solzhenitsyn – Archipiélago Gulag

Es un hecho demostrado que ya antes de la Guerra Civil, había en España una serie de personajes que trabajaban para los servicios de inteligencia de la Unión Soviética. A partir de 1936, la Komintern envió a España a muchos de sus mandos especialistas en los servicios de represión comunista, que comenzaron a aplicar su táctica: la justificación de la violencia, la práctica diaria del odio de clases, y lo que es peor, la idealización de la guerra civil y del terror.

La implantación del terror fue el clásico método usado por el comunismo soviético para implantar en España un Estado totalitario gobernado por el Frente Popular, pero dirigido por Moscú. Para ello la URSS organizó una serie de ayudas que consistían en medios humanos, asesores, comisarios políticos, y otros dirigentes, y también medios materiales, armas y suministros de guerra. Al mismo tiempo desplegaba las campañas publicitarias a través de los periódicos, controlados por el Frente Popular, que divulgaban y ensalzaban la ideología comunista y la vida idílica en el <<paraíso comunista>>.

En vísperas del 18 de julio de 1936 la relación de España con el comunismo soviético era en términos de afinidad ideológica, y no como un vínculo diplomático convencional. Cuando estalló la Guerra Civil, Moscú se adhirió al Pacto Internacional de *No Intervención* propuesto por Francia y firmado por 27 países europeos. Era el 23 de agosto de 1936. Moscú vio en la guerra de España la ocasión para unir a los <<demócratas>> contra el fascismo, pero llevando las riendas en la dirección de esta alianza, por supuesto.

Según documentos que han salido a la luz tras la caída del muro de Berlín, se sabe que la URSS estaba planteando la necesidad de intervenir en España desde el 20 de julio, es decir, desde casi el inicio del conflicto. Por entonces, el PCE era una marioneta de Moscú, que pensaba más en el equilibrio de poder en Europa que en la revolución de España. Pero pese al Pacto de *No Intervención*, a finales de agosto Stalin recibió a tres emisarios del Frente Popular, que le pidieron suministros de guerra pagaderos con el oro del banco de España. Esta reunión, secreta en su día, fue revelada después por Walter Krivitsky, que era jefe del servicio secreto soviético para Europa occidental y efectuó directamente la compra de armas para España. Por cierto a un precio abusivo. Se verá en el capítulo de ayuda de la URSS. Enseguida llegó a Madrid el primer embajador soviético, Marcel Rosenberg, junto a un nutrido grupo de asesores militares y agentes políticos y policiales.

A partir de este momento, la II República quedó definitivamente marcada por el característico sello soviético del tirano Stalin. Los designios de la II República iban a ser los que Moscú trazase. Otro aspecto que también fue pasado por alto en la llamada Ley de <<Memoria Histórica>>. Por tanto, la ayuda de la URSS fue de funcionarios soviéticos político-policiales, los de la Internacional Comunista, la fuerza militar propiamente dicha, unos 2.000 especialistas militares, armas, equipamientos de guerra, suministros, combustible y víveres. Al frente de este despliegue estaba el general Gorev, que después fue ejecutado por Stalin, en 1938.

Hubo, además, una parafernalia propagandística para atraer a brigadistas internacionales y demás gentuza que vieron en la guerra de España la ocasión para saciar sus criminales apetitos de sangre, rapiña y venganza. No hay que olvidar que la URSS, quería convertir a España en una segunda base socialista para intensificar la lucha por llevar el socialismo a todo el mundo. Stalin tenía como objetivo primordial conseguir el control del destino de la República. Para ello debía, con sus hombres de confianza, eliminar a la oposición de izquierdas, es decir, socialistas, anarcosindicalistas, trotskistas y gente del POUM, tarea tan importante como derrotar a Franco. Para tal fin, el PCE era el títere adecuado para lograr sus fines, y los españoles eran los imbéciles de turno que pagarían las consecuencias de su deleznable ideología.

Según estaba la situación internacional y, puesto que los compromisos diplomáticos de la URSS vetaban el envío de tropas regulares, Stalin tuvo la genial ocurrencia de promover la formación de unidades militares sobre la base de los partidos comunistas de Europa y América. Este fue el nacimiento de las Brigadas Internacionales. Fue la creación directa de la Internacional Comunista. Aunque se atribuye la idea a Willi Münzenberg, jefe de propaganda de la Komintern para Europa occidental. En dos sesiones, el 21 y el 26 de julio de 1936, la Komintern y el Profintern acordaron crear un fondo de mil millones de francos franceses que serían aportados por los sindicatos soviéticos. El comité rector de esta iniciativa estaba compuesto por comunistas: El italiano Palmiro Togliatti, el francés Palmiro Thorez y los españoles José Díaz y Dolores Ibárruri, la Pasionaria. Después se añadió por puro formulismo a Largo Caballero, el líder socialista español. El 20 de agosto el agente soviético Kolsov puso a disposición del Gobierno republicano 35 millones de francos para sufragar el proyecto. La Komintern abrió banderines de enganche en distintos puntos de Europa, siempre controlados únicamente por los partidos comunistas.

Comenzaron a llegar, de todos los lugares del mundo, aventureros, jóvenes idealistas y personas de dudosa moralidad, que acudían a <<la llamada de la lucha por la defensa de la libertad y la democracia en España y el mundo y contra el fascismo>>. Así se formó un ejército de casi 50.000 soldados de unas 50 nacionalidades, a lo largo de la guerra, organizado por André Marty, diputado francés comunista. Este es otro aspecto y otra gran prueba de la sovietización a que fue sometida la España de la República, pues las Brigadas Internacionales, igual que después la logística de guerra, estaba prácticamente controlada por el NKVD, o sea, por Stalin, a través del Partido Comunista de España, con Negrín como fiel vasallo. Otro aspecto que omitirán también los defensores de la <<Memoria Histórica>>. ¿Es posible que se olviden de tantas cosas?

Siguiendo los planes de la NKVD, la Guerra Civil española dio la oportunidad de purgar a elementos heterodoxos siguiendo la férrea disciplina que Stalin quería imponer a la izquierda mundial. Cualquier desviación de la línea estalinista podía ser castigada con la persecución, la cárcel y la ejecución del <<elemento sospechoso>>. Las Brigadas Internacionales fueron un buen campo de pruebas para ello.

Está documentado por André Marty en carta dirigida al Comité central del Partido Comunista francés, en la que confesó haber ordenado las ejecuciones necesarias (no más de quinientas) en Albacete, centro de la Brigada Internacional. Las Brigadas habían recibido una cantidad de gentuza que cometía toda clase de violencias, robos, homicidios y delitos abominables, por simple perversión. Estos elementos, cuando eran detectados, eran perseguidos, detenidos y enviados a Albacete. Algunos escapaban matando a los centinelas. Se hicieron muchas depuraciones políticas con estos pretextos, siendo ejecutados muchos brigadistas, algunos por sus excesos, para así dar la imagen de justicia y ejemplaridad a los demás brigadistas y a la sociedad.

Un brigadista procedente de los Estados Unidos, Sandro Voros, comunista, escribió una carta comentando la retirada de Teruel en 1938: <<Los líderes del Kremlin les proporcionaban el material y confiaban sobre todo en el horror. Oficiales y soldados son implacablemente ejecutados siguiendo sus órdenes. Las víctimas son más elevadas entre los polacos, eslavos, húngaros y alemanes>>. Es un documento que define y atestigua la actuación soviética, por si existe alguna duda. André Marty relató 300 ejecuciones.

La situación, al igual que la de las checas, fue conocida muy pronto fuera de España. Llegó a Barcelona una delegación extranjera que quería visitar las cárceles. En dicha delegación venía un diputado escocés John Mac Govern, que publicó su informe de la visita con el título <<el terror comunista en España>>. En dicho informe denunciaba que en la Cárcel Modelo de Barcelona había tantos presos <<fascistas>> como <<antifascistas>>, 500 de cada categoría. De los antifascistas, la mayoría eran extranjeros, de las Brigadas Internacionales, y le contaron a Mac Govern cómo habían sido torturados en las checas y por qué, por pruebas y denuncias falsas, críticas a la Komintern, o cualquier otro pretexto. Los presos les urgían que diesen a conocer al mundo la brutalidad de las checas, sus torturas, asesinatos de militantes y la imposibilidad que tenían de salir vivos de ellas.

Tras esa visita a la Cárcel Modelo de Barcelona, la comisión de Mac Govern, con un sinfín de autorizaciones del Ministerio de Justicia, se dirigió a la prisión secreta de la checa en la plaza Bonanova, donde los vigilantes les negaron la entrada, remitiéndolos al cuartel general de la Checa, calle Puerta del Ángel, 24. Los recibieron dos agentes, uno ruso y otro alemán y tuvieron que marcharse sin poder entrar en el edificio. Entonces descubrieron que acababan de tomar contacto con la España del SIM, el siniestro y temible Servicio de Investigación Militar, asesorado por la GPU soviética, cuya sombra presidió el terror en la España republicana desde ese momento y hasta el final de la guerra.

Las intenciones de Stalin estaban claras. Sus expeditivos métodos criminales fueron conocidos en todo el mundo, a pesar de que tratara de ocultar lo que realmente estaba ocurriendo en España, a pesar de que su asquerosa propaganda comunista soviética, se encargaba de dar otra imagen de lo que ocurría en España, pues le interesaba que así fuera. Pero cuando el terror y la represión alcanzaron su forma definitiva, fuertemente marcada por la influencia soviética, fue bajo el mandato de Juan Negrín. El grupo de asesores político-militares que se instaló en España entre agosto y septiembre de 1936 tenía una finalidad represiva evidente, causando el terror que posteriormente se produjo, con la complicidad del PCE como siervo vil, y el consentimiento del Gobierno de la República. Por cierto, los jefes comunistas y los consejeros soviéticos, se albergaban, con su cohorte de parásitos, en los mejores hoteles de Madrid, como el Florida, el Gran Vía, el Capitol, el Palace y el Gaylord, este último dotado de los mejores lujos, al igual que en Barcelona. Por supuesto, los hoteles habían sido previamente confiscados para la <<causa del pueblo>>.

Tras los sucesos de mayo de 1937, Moscú impuso el cese inmediato de Largo Caballero y su sustitución por Juan Negrín; el control de la España republicana era claramente soviético. Los socialistas del Gobierno eran prosoviéticos, y los que no lo eran, fueron de pronto <<escoltados>> por militantes comunistas o personas de absoluta fidelidad al PCE. En Gobernación estaba Zugazagoitia, pero la Dirección General de Seguridad se le dio al comunista Antonio Ortega. Prieto pasó a Defensa, pero controlado por dos militares comunistas, Cordón y Díaz Tendero, a los que Largo Caballero había desplazado, y ahora volvían. La competencia de Orden Público en Barcelona fue para el socialista Paulino Gómez, cercano a Prieto, pero la Jefatura Superior de Policía se encomendó al comunista Burillo. En la Comisaría General de Guerra quedó Álvarez del Vayo, abiertamente pro soviético.

El papel de la Internacional Comunista además del reclutamiento y financiación de las Brigadas Internacionales, se extendió a la influencia directa sobre el Gobierno de la II República a través de tres personajes, delegados de la Internacional en España. Palmiro Togliatti, alias *Ercoli*, el búlgaro Stepanov (su nombre era Stoyen Mineevich Ivanov) y el argentino Codovilla. Y en Barcelona, como delegado del Komintern en el PSUC, el húngaro Erno Gerö, cuyo papel en la represión fue el de un auténtico carnicero. El grupo de asesores político-militares que se instaló en España entre agosto y septiembre de 1936 se convirtió en árbitro de la política republicana, con la dócil asistencia del Partido Comunista de España, y siempre tuvo una finalidad represiva.

Hay que tener en cuenta que el jefe de la Internacional Comunista Vittorio Codovilla, consejero Jefe de la Internacional en España, presumía de que los comunistas ostentaban la mayoría de los puestos de mando del nuevo ejército y policía republicana. Y era cierto, pues tras el traslado del oro del Banco de España, la Unión Soviética no enviaba ningún material si el Gobierno de la República <<no accedía previamente a que se entregasen a los comunistas importantes puestos militares y policíacos>>. Los anarquistas se oponían a esta <<entrega de mandos>>, por lo que tenían que ser eliminados.

He aquí algunos personajes enviados por Stalin a la España republicana, dedicados a implantar el régimen soviético comunista en España, siguiendo los dictados de este tirano genocida. En España fueron conocidos como *los rusos*.

En este grupo político destacaba el agregado comercial de la embajada soviética Arthur Stashevsky, comunista polaco. Manipulaba las riendas políticas y financieras de la República. En 1938 fue llamado a Rusia y asesinado en las purgas ordenadas por Stalin.

El agregado militar de la embajada, general Ian Berzin, jefe del servicio secreto del Ejército Rojo en Moscú desempeñó en España la dirección de la inteligencia militar, entrando en conflicto con Orlov. Fue llamado a Moscú en abril de 1937 para ocupar el cargo de Comisariado del Pueblo de Justicia. Era una trampa. Detenido y acusado con cargos falsos, fue ejecutado por orden se Stalin.

Alexander Orlov vino a España como jefe de la NKVD. Tuvo un papel decisivo en las purgas de los trotskistas. Toda su carrera la había hecho en la policía política del régimen, la Cheka, transformada en 1934 en NKVD. Su tarea principal en España consistía en purgar a los disidentes de la política criminal de Stalin: Miembros del POUM, anarquistas y muchos voluntarios de las Brigadas Internacionales de diversas nacionalidades, que estaban en España como combatientes y acabaron ejecutados. Dirigió la feroz represión contra el POUM y la CNT en la que durante 1937 y hasta bien entrado 1938, muchos miles de miembros del POUM y otros izquierdistas de distintas facciones, fueron ejecutados o torturados hasta la muerte en las cárceles comunistas españolas.

Orlov fue el encargado por Stalin del traslado del oro del Banco de España a la URSS. Meses después del traslado del oro a Rusia, recibió un telegrama de Stalin ordenándole volver a Moscú. Temiendo por su vida, pues se enteró de que Stalin estaba purgando y asesinando a todo aquel que había participado en la operación del oro español, robó 60.000 dólares del fondo del partido y huyó con su familia, vía Francia, a los Estados Unidos de América, donde trabajó en la Escuela de Leyes de la Universidad de Michigan. Publicó en 1953 *La historia secreta de los crímenes de Stalin*. Sus declaraciones en su posterior informe al Subcomité del Senado de los Estados Unidos fueron fundamentales para esclarecer el expolio del oro del Banco de España cometido por la URSS y sacar a la luz los asquerosos manejos de Stalin. Murió en 1970.

Vladimir Antonov-Ovseenko vino como cónsul a Barcelona y era un agente destacado del NKVD. Controlaba la llegada de suministros militares a España mientras preparaba la aniquilación de los enemigos políticos de Moscú en toda España.

Marcel Rosenberg, de familia adinerada judía, vino a España como embajador de la URSS. La II República se puso a las órdenes de este criminal enviado por Stalin, junto a muchos otros instructores, supervisores, asesores y comisarios políticos, para sembrar el terror en la zona republicana. Fue relevado de su puesto en Madrid en 1937. Volvió a Rusia y fue asesinado en la famosa purga de 1937 ordenada por su amado Stalin.

Gorev (Vladimir Yefimovich Gorev, o Goriev) era uno de los mejores especialistas soviéticos en carros de combate. En España actuó en el estado Mayor Central y con Miaja en la defensa de Madrid. Fracasó en Bilbao y Gijón. Huyó a Francia, volvió a la URSS y fue inmediatamente ejecutado por Stalin en 1938.

Leonid Eitingon (Nahum Nikolaievitch), comandante de unidades militares del NKVD era agregado militar en Barcelona. Su misión era encargarse de operaciones guerrilleras y de infiltración. Hombre de confianza del jefe de la NKVD, el siniestro Beria, fue quien planeó el asesinato de Trotski en México en 1940. Pasó al KGB y se libró de las purgas de Stalin.

Junto a este grupo se establecieron en España dos agitadores profesionales, los periodistas Ilya Ehrenburg y Mijail Koltsov, corresponsales de guerra respectivamente del diario del Gobierno soviético Izvestia y del Partido Comunista de la URSS, Pravda. Ilya Ehrenburg elogiaba la implantación de los planes quinquenales propios del régimen estalinista, por lo que obtuvo el reconocimiento de las autoridades en la URSS. Abandonó España en el gran exilio que se produjo por los Pirineos tras la caída de Cataluña. Fue el único corresponsal soviético que estuvo presente en la contienda y observó y describió la verdad de lo ocurrido durante los tres años de lucha en España.

Mijail Koltsov era agente personal de Stalin en Madrid y se instaló en el Ministerio de Defensa. Su influencia fue fundamental en el terreno de la propaganda y en la censura oficial republicana, así como en la represión ejercida en las checas, y también lo fue en las sacas, matanzas y asesinatos masivos de Madrid, en los que tuvo gran responsabilidad. En 1938 se le ordenó volver a Moscú y desapareció de la circulación. Se cree que fue denunciado por André Marty acusándole de espiar para los alemanes. Fue fusilado al parecer en un campo de concentración. Propio de Stalin.

Erno Gerö fue un activista soviético que actuó como agente de la Komintern en España durante la Guerra Civil, con el alias de Pedro Rodríguez Sanz, entre otros. Fue asesor del PSUC (Partido Socialista Unificado de Cataluña) y responsable de la NKVD en Cataluña, donde se dedicó a la tortura y eliminación de Andrés Nin y los militares del POUM por su <<desviacionismo trotskista>>. Fue otro principal responsable de la represión contra el POUM. Después de 1939 presidió el partido comunista de Hungría y al acabar la guerra mundial se convirtió en pieza básica de Moscú dentro del estado satélite húngaro. Fue un estalinista convencido y tuvo un papel decisivo en el aplastamiento de la revolución de 1956 en Hungría. Murió olvidado.

André Marty fue jefe y organizador de las Brigadas Internacionales. Era diputado comunista francés, apodado *el carnicero de Albacete* por sus numerosos asesinatos. En su informe al Comité Central del Partido Comunista Francés, afirmaba su responsabilidad en el asesinato de quinientas personas.

Como puede verse, vino a este desdichado país lo mejor de cada casa para poner orden, su <<orden social>>.

A la vista de semejante caterva de mandamases de la policía política de la URSS y del comunismo internacional, se ve claramente la importancia que Stalin concedió a la guerra de España, tanto desde el punto geoestratégico como político y cuyo fin era librar una batalla en España que iba más allá de los dos bandos contendientes.

14. LAS BRIGADAS INTERNACIONALES. BRIGADISTAS Y OTROS DELINCUENTES

> *Así pues, el humilde pescador se esfumó dirigiéndose a casa de un antiguo pescador amigo suyo que tenía una fábrica de cuerdas de la que era único dueño y único obrero. El fabricante de cuerdas se disculpó diciendo que los actos de vandalismo contra gentes del pueblo no los cometían sus paisanos, sino los forasteros. ¡Qué gran manera de luchar y combatir por sus absurdos ideales, asesinando y robando!*
>
> Torcuato Luca de Tena – La brújula loca

En el capítulo anterior se ha visto cómo surgió la idea de las Brigadas Internacionales, creadas y financiadas por la Internacional Comunista, por Moscú y controladas pues por los partidos comunistas, el NKVD de Stalin.

En contra de lo que proclama la historiografía posterior a la Guerra Civil española, y sobre todo los pregoneros de la <<Memoria Histórica>>, las Brigadas Internacionales fueron auténticos nidos de bandidos, delincuentes, aventureros e idealistas, que vinieron a España impulsados no por la idea de la justicia social, la lucha contra el fascismo y otras zarandajas, sino por el afán de aventura y siguiendo el impulso de su ideología comunista. No estaba en juego el futuro y la libertad de los países democráticos, según habían proclamado a los cuatro vientos la propaganda izquierdista y el comunismo internacional. Es cierto que hubo brigadistas infelices que acudieron a los cantos de sirena de la defensa de la democracia mundial en España, con una fe ciega y depositando en la lucha toda su ilusión, como si su tierra fuera aquella en la que estaban luchando y que iban a regar con su propia sangre.

Bajo la gran invención de que <<luchar por la democracia en España es luchar por la democracia en el mundo>>, acudieron a España toda clase de aventureros, vagabundos, gente indisciplinada, idealistas y demás individuos, muchos de ellos de la peor calaña. Muchos lo hicieron atraídos por el afán de aventura o por el sueldo de diez pesetas diarias. Nada tenían que ver los problemas de España con la situación en ciertos países europeos. Muchos otros soñadores y otra gente que no tenía nada que perder, llegó con las Brigadas Internacionales a defender la gran mentira que se les había vendido, la libertad en España y la lucha contra el fascismo. Esa era la propaganda que la izquierda divulgaba por todo el mundo. Muchos jóvenes, hombres y mujeres, con ideales solidarios, impulsados por un espíritu de generosidad y de buena fe, aparcaron sus vidas y vinieron a España dispuestos a sacrificarse. Muchos dejaron sus huesos en España, y muchos otros fueron víctimas de las <<eliminaciones>> llevadas a cabo en las Brigadas Internacionales por sus sanguinarios dirigentes, Marty, Lister, el Campesino y otros jefes comunistas cuyo afán era deshacerse de <<elementos peligrosos>>.

Así pues, acudieron a la España del bando republicano unos 50.000 Brigadistas, en su mayor parte vinculados con el comunismo. Pertenecían a unas 50 nacionalidades distintas, y pretendían implantar un régimen comunista. Acudieron personajes de todo tipo, André Malraux, George Orwell, John Cornford. El armamento era soviético, y sus cuadros dirigentes eran estalinistas. Hubo centenares de miembros de las Brigadas Internacionales que ocuparon cargos de responsabilidad política, militar y policial en la República. Algunas Brigadas llevaban los mejores cuadros militares de la Internacional Comunista. Al frente de las Brigadas Internacionales había generales del Ejército soviético. Como jefe y organizador de las Brigadas se nombró al comunista y diputado francés André Marty, ya mencionado, que fue apodado *el carnicero de Albacete* por sus numerosos asesinatos. Muchos brigadistas llegaron a España pensando que su estancia duraría unas semanas. Pero después descubrieron la triste realidad. La indisciplina, la insubordinación, la discusión de una orden, el insulto a un superior, o simplemente el fracaso al tomar una posición durante el combate en el frente de guerra, eran actos castigados con un tiro en la nuca sin previo aviso, o con el fusilamiento de toda la unidad. Se ejecutaba con excesiva facilidad. Era la práctica implantada por André Marty, obediente a los mandatos de Moscú. Este individuo, desconfiado, mal encarado y asesino por naturaleza, seguía la paranoia comunista de las purgas de disidentes, eliminando a cualquier sospechoso de ser trotskista, disidente o espía, descerrajándole un tiro en la cabeza. La mayor parte de los brigadistas ejecutados de esta manera, no eran comunistas.

El primer batallón tomó el nombre de Edgar André, comunista alemán asesino de un oficial de las SA o camisas pardas, que jugaron un papel importante en la ascensión al poder de Adolf Hitler, que fue ejecutado por dicho asesinato en julio de 1936. Este batallón quedó formado el 22 de octubre en Albacete al mando del comunista alemán militar Hans Kahle que mandó diversas unidades en la Guerra Civil. Este se exilió en Gran Bretaña cuando se marcharon las Brigadas Internacionales. Se rumorea que fue asesinado por el espionaje soviético, aunque al parecer volvió a Alemania en 1946 situándose como jefe de la policía comunista (Volkspolizei) en Mecklenburg. Murió en 1947 en Ludwigslust. Su antecesor como jefe de la 45 División, el rumano general Kleber (Manfred Stern), fue condenado en 1939 por Stalin y enviado a un campo de concentración, donde murió en 1954. Este triste destino lo padecieron muchos combatientes que volvieron a la URSS tras la derrota en España, sufriendo la feroz represión del asesino Stalin.

Las Brigadas Internacionales fueron campo de pruebas para la aplicación de la línea represiva de Stalin y de la eliminación del disidente. Un ejemplo es la masacre de Turón (Granada). Este hecho está relatado y denunciado por el anarquista Diego Abad de Santillán seudónimo de (Silesio Vaudilio García Fernández), en su obra *¿Por qué perdimos la guerra?*, así como los horrores que ejercieron los miembros de la policía política estaliniana en la checa de Santa Úrsula de Valencia y en la de la calle de Córcega en Barcelona. La masacre de Turón ocurrió como se relata a continuación.

Un buen día se recibió en las Brigadas, bajo mando comunista del XXIII Cuerpo de Ejército, una orden para que cada Brigada enviase un pelotón o escuadra de gente probada como antifascista. Así se hizo y fueron enviados a Turón, un pueblo de la Alpujarra granadina. Se les había dicho que había que eliminar fascistas para el bien de la causa. Hasta ahí estaba todo bien adornado. Llegaron a Turón los designados y mataron a 80 personas, entre las cuales la mayoría no tenían por qué sufrir esa pena, pues no era desafecta ni peligrosa, dándose el caso de que los elementos de la CNT, del partido socialista y de otros sectores mataron a compañeros de sus propias organizaciones, ignorando que lo eran y creyendo obrar en justicia, según les habían ordenado sus superiores. Un caso de obediencia ciega al partido. Se llegaron a violar hijas que se ofrecieron para evitar que sus padres fueran asesinados. Lo más repugnante fue la forma de llevar a cabo dichos actos, en pleno día y ante todo el mundo, pasando una ola de terror trágico por toda aquella comarca. En las zanjas de la carretera de Turón a Murtas, entonces en construcción, quedaron sepultados los cadáveres de los asesinados. Posteriormente se desenterraron 35 de ellos.

El resto sigue allí hasta que levanten la carretera entera. Es una muestra más de la barbarie sin límites.

El objetivo del NKVD en España era luchar contra los militares sublevados y perseguir y eliminar a los adversarios de los comunistas y de la Unión Soviética dentro del bando sublevado. Las órdenes indicaban actuar con discreción para no comprometer al Gobierno soviético. Para ello se creó un Grupo de Información en el PSUC, el partido comunista catalán, para controlar a todos los comunistas que acudían a luchar en las Brigadas Internacionales y pasaban por Barcelona. El responsable era Erno Gerö, trabajando en estrecho contacto con el cónsul soviético Antonov-Ovseenko. Está comprobado que el NKVD utilizaba cualquier método para instaurar el terror y ejecutar la represión. Hasta el punto de que los soviéticos esgrimieron un documento falso, confeccionado por Orlov, tratando de demostrar la conexión entre elementos del POUM y los falangistas y de esta forma incriminarles en actos de espionaje, para justificar su eliminación.

Hay que destacar que algunos dirigentes de las Brigadas internacionales eran unos auténticos golfos, borrachos, pendencieros y mujeriegos, pero el Partido les perdonaba estas <<ligerezas>> en aras de su pronta integración en el Ejército Popular de la República que se iba a formar, y cuyo mando los comunistas esperaban acaparar. El mayor representante de estos golfos era Enrique Lister, cuyas borracheras eran espantosamente escandalosas, pues se echaba mano al revolver y amenazaba a quien pretendiera hacerle entrar en razón o recriminar su conducta o actitud. Eran famosos sus arrebatos en los que maltrataba de forma salvaje a su compañera.

Las Brigadas Internacionales fueron un ejército político que propiciaba el establecimiento de un Estado totalitario incompatible con cualquier sistema democrático, y jugaron también un papel importante en los asesinatos y fusilamientos de inocentes. En Guadalajara, por ejemplo, en una de las famosas sacas protagonizada por el populacho, fue una compañía de voluntarios locales del batallón Rosenberg quien acometió la labor de <<limpieza>>, es decir, de fusilamiento. Ese día se atascó el servicio de transporte de cadáveres de la Cruz Roja. No era para menos, pues hubo cerca de 400 fusilados.

El 28 de octubre de 1938, las Brigadas Internacionales abandonaron España, desfilando por Barcelona mientras eran aclamados y despedidos por la chusma enardecida. Unos volvieron a sus lugares de origen y otros se repartieron donde pudieron, pues cuando vinieron a España, los miembros de las Brigadas Internacionales venían provistos de una buena cantidad de pasaportes extranjeros falsos, facilitados por la NKVD, lo que les proporcionó documentación suficiente para entrar en otros países, como en Estados Unidos. Aquí era difícil falsificar o duplicar los nuevos pasaportes. Pocos años después, se recogió el fruto de estas actuaciones, cuando los servicios de inteligencia soviéticos, y gracias al perfeccionamiento de sus métodos de espionaje, consiguieron averiguar los secretos de la bomba atómica. Se produjeron unas 15000 bajas de brigadistas en esta aventura en España.

Tras la Segunda Guerra Mundial, se produjo la partición de Europa, y los países de la parte oriental, los países, fronterizos con la URSS, quedaron como repúblicas comunistas bajo la dirección de su nuevo amo: la URSS y el tirano Stalin. Estos países fueron gobernados por auténticos verdugos bajo la mano férrea del genocida Stalin, dando lugar después a la línea fronteriza entre la Europa comunista y el Oeste, diseñada por los dirigentes soviéticos para frenar la ideología occidental, y para frenar la fuga de ciudadanos hacia el Oeste. Esta frontera ideológica se fue haciendo física, siendo erigida desde 1949 por Hungría y luego por otros países comunistas. Este fue el llamado *Telón de Acero* que alcanzó su grado más demencial con la construcción del famoso *Muro de Berlín* el 13 de agosto de 1961. Los veteranos de las Brigadas Internacionales jugaron un papel importante ayudando al desarrollo de algunos de estos regímenes totalitarios, principalmente en temas militares y de seguridad.

Muchos brigadistas pasaron a formar parte de los nuevos cuerpos de seguridad de la URSS, tomando como modelo el NKVD. Los llamados <<españoles>> (comunistas estalinianos), ocuparon puestos de represión en la RDA (República Democrática Alemana), en la temible Stasi. Igual ocurrió en Polonia, Albania, Bulgaria y Hungría. En todos estos países satélites de Moscú, los antiguos brigadistas pusieron el rostro más terrible de la represión, por su protagonismo criminal en los aparatos represivos del Estado. Ocuparon cargos de comisarios políticos, ministros, Jefes de Estado Mayor, Jefes de Policía y demás cargos en Inteligencia Militar, Seguridad Nacional y Orden Público, es decir, los cargos clave para ejercer la represión y el asesinato sobre la población sometida al yugo comunista y a la dictadura de Stalin y de sus esbirros. También hubo bastantes brigadistas que cuando volvieron a sus países de origen, o a otros, sufrieron persecución o fueron marcados e inhabilitados para la vida social, pues eran sospechosos de comunistas o de agentes de la Komintern. En realidad, ellos marcaron su propio destino con su actuación en un conflicto al que acudieron voluntariamente, impulsados por la idea de matar <<fascistas>>, alentados por ideas comunistas y al amparo de un Gobierno que permitía toda clase de desmanes y atropellos.

Los ciudadanos de los países del llamado *telón de acero*, y que sufrieron por tanto las calamidades del régimen comunista, todavía temblaban, años después de la caída del m*uro de Berlín*, cuando oían hablar de los brigadistas. Castro, Carlos, Ortega, Lister, Medrano, García, Arellano, Márquéz, Gallo, Barceló, el Campesino, Modesto, Boss, Zaiserr, Durán, y muchos más miembros del PCE y de las Brigadas, eran nombres que causaban pavor todavía en la mente de muchas de estas personas.

Dentro de los despropósitos de la <<Memoria Histórica>> está el homenajear a esta gente, al igual que se hace con los chequistas, en un intento de implantar una nueva mentira más en sustitución de la verdad, legitimándola para la Historia y reconociendo como heroica su actuación. La realidad es que los Brigadistas causaron mucho sufrimiento en España y después en prácticamente todos los países dominados por la Unión Soviética que tuvieron la desgracia de *acoger* a esta gente. En todos estos países se han borrado los nombres de las calles con nombres de estos sujetos y de las Brigadas Internacionales, menos en España. Aquí, para escarnio de las víctimas, fue precisamente el Presidente de Gobierno José María Aznar quien comenzó en 1996 este despropósito al ofrecer la nacionalidad española a los Brigadistas Internacionales supervivientes. Después, la pestilente actuación del que fue presidente del Gobierno de España, José Luis Rodríguez Zapatero, hizo el resto, hasta encumbrar a esta horda de mercenarios a la categoría de héroes, actuación justificada después con el gran invento de la <<Ley de Memoria Histórica>>.

15. LA PERSECUCIÓN A LA IGLESIA. POLÍTICA DE EXTERMINIO Y GENOCIDIO DEL CLERO

Qué alivio sentiría el cura antes de ser destripado al saber que no lo defenestraron sus feligreses. Y también para el pobre tabernero que, acusado de fascista, lo volaron prendiéndole dinamita en la boca, al comprobar que no habían sido sus parroquianos habituales quienes encendían la mecha. Pero decían que a los curas se les mataba por higiene aunque fueran personas decentes. Asesinaron a don Ignacio y quemaron su biblioteca con todos sus muebles.

Torcuato Luca de Tena – La brújula loca

Desde 1931, la Iglesia había multiplicado los esfuerzos de acercamiento al nuevo Régimen y de entendimiento con las instituciones republicanas. A pesar de esto, la II República venía registrando un agitado anticlericalismo desde sus primeros inicios en 1931, que se manifestaba tanto en las Instituciones como en la calle. Ya en 1930 Azaña denunciaba a la Iglesia como uno de los obstáculos a barrer junto al Ejército y la Corona, identificándolos a todos ellos como lastres para conseguir la modernidad de España. Este sentimiento, acentuado hasta el crimen, lo compartían los anarquistas, los socialistas, los comunistas y también los separatistas, como demostró después Companys al desatarse en la guerra civil la feroz persecución de sacerdotes en Cataluña. Volviendo a Manuel Azaña, intelectual madrileño, imbuido por un odio feroz a la Iglesia, hay que resaltar que era un individuo que precisamente había promocionado su figura en un exaltado alegato en contra de la Compañía de Jesús.

El odio sembrado en la sociedad española contra la Iglesia, culpándola de los grandes males de la sociedad, y la política de la II República seguida contra el estamento religioso y los católicos, alcanzó su máximo grado de violencia al estallar la Guerra Civil.

La República se concentró en primer lugar en el ámbito religioso, tolerando la quema de conventos e iglesias ocurridas en mayo de 1931 los días 12 y 13. Esta explosión de violencia era fruto de un sentimiento que se forjó durante más de una generación. El plan era la eliminación constitucional de los derechos religiosos para acabar con la educación católica. Así se explica la violencia anticlerical y el asesinato de más de 8.000 religiosos y seglares vinculados con el catolicismo durante la guerra civil, pues sin esa carga de odio, difícilmente se hubiera llegado a las cotas de barbarie alcanzadas en toda España contra tantas víctimas inocentes, sin distinción de edad ni sexo. Fue una persecución religiosa sin precedentes que tenía como objetivo el exterminio de los católicos. Se produjo una enorme ola de vandalismo, de destrucción de iglesias y de toda clase de propiedades eclesiásticas, todo ello acompañado del saqueo correspondiente, por supuesto, y ante la mirada complaciente del Gobierno de la República.

La historia de la persecución religiosa no comenzó el 18 de julio de 1936, sino que había empezado mucho antes, y bajo la complicidad del Estado, el cual consentía los incendios de iglesias y saqueos de conventos impidiendo actuar a los bomberos y a las fuerzas del orden público. En días posteriores a la proclamación de la República comenzaron los disturbios y algaradas. Elementos de izquierda la emprendieron contra los monárquicos, quemando la sede de ABC (10 de mayo de 1931). El Gobierno calificó de <<comprensible>> esta acción. Saciados sus apetitos contra los monárquicos, la indignación se focalizó entonces en la Iglesia como enemigo a batir. La idea extendida entre la gente más ignorante era no solo robar a los curas y monjas sus propiedades, sino destruirlas para que no las ocupasen de nuevo más adelante. Ese 10 de mayo se produjeron las primeras víctimas mortales tras la proclamación <<pacífica>> de la República. Fueron un niño de 13 años y el portero de una finca, tras los disturbios violentos provocados por la extrema izquierda en las cercanías de la sede de ABC, donde la Guardia Civil pudo controlar las protestas organizadas por las izquierdas contra los monárquicos, que se habían reunido para la inauguración del Círculo Monárquico Independiente, y por un altavoz se oía la Marcha Real, en la calle Alcalá de Madrid. Al día siguiente se intensificó el carácter violento anticlerical y comenzaron a arder iglesias, colegios religiosos y conventos, sin que el Gobierno usara la fuerza para evitarlo. Los destrozos se extendieron a otras ciudades, resultando más de cien edificios afectados por los incendios. Estos hechos provocaron el pánico entre frailes y monjas.

La República comenzó pronto sus ataques a los derechos de la Iglesia al establecer la separación de Iglesia y Estado, el matrimonio civil, el divorcio, y la prohibición de la enseñanza, organizando un sistema de enseñanza laica, y disolviendo la Compañía de Jesús. Se prohibió la enseñanza a las órdenes religiosas, y se declararon de propiedad pública los monasterios e iglesias. Pero tuvo que imponerse la triste realidad, la enseñanza no la podía impartir un régimen de analfabetos e indigentes intelectuales republicanos. La ley afectaba a más de 350.000 alumnos. El 40% de la población era analfabeta. Esta ley no se podía aplicar, pues el Gobierno de izquierdas, derrotado en las elecciones de noviembre, no podía construir el suficiente número de escuelas primarias para sustituir las dependientes de la Iglesia. Una vez más se pone de manifiesto la ineficacia y maldad con que obraban los dirigentes de izquierdas, pues tras el <<éxito ante las masas populares>> de las medidas adoptadas, eran incapaces de actuar eficazmente, teniendo que recurrir a quien realmente era capaz de ejecutar las tareas en virtud de sus conocimientos y perseverancia en el trabajo.

Todo esto, unido al acoso continuo por parte de los medios políticos de izquierda, generó un clima de crispación y de odio hacia la Iglesia, que comenzó pronto a dar sus frutos en el sentimiento anticlerical de buena parte de los españoles. Al inicio de la República había en España más de treinta mil sacerdotes, ochenta mil monjas y frailes y miles de edificios de su propiedad esparcidos por todo el territorio nacional. Miles de religiosos serían asesinados y cientos de iglesias y edificios religiosos destruidos después.

Desde la expropiación y expulsión de los jesuitas el 23 de enero de 1932 por el decreto promulgado por el presidente de la República, Niceto Alcalá Zamora, se había exacerbado el odio a la Iglesia. En ese momento había en España 2.987 jesuitas que atendían 40 residencias, 8 universidades y centros superiores, 21 colegios de Segunda Enseñanza, 3 colegios máximos para la formación de sus miembros, 6 noviciados, 2 observatorios astronómicos, 5 casas de ejercicios espirituales, y 163 escuelas de Enseñanza Primaria o Profesional. Unos 6.800 alumnos en todo el país recibían la educación de la Compañía de Jesús. Los jesuitas que no se marchasen debían abandonar la vida religiosa y someterse a la nueva legislación, según lo ordenado por el Gobierno.

Desde la primera quema de iglesias y conventos en las jornadas inaugurales del nuevo régimen, 1931, quedó claro el objetivo de destrucción y aniquilación que llevaba en mente la chusma de izquierda que gobernaba. Al mismo día siguiente de la quema de ABC, cuando el Gobierno supo de la intención de las turbas de quemar templos, Azaña dijo que sería un caso de <<justicia permanente>>, y otros ministros decían que era <<un tributo que la Iglesia paga al pueblo soberano>>. El Gobierno permitió así los desmanes. Fue entonces cuando Azaña dijo: <<Todos los conventos de Madrid no valen la vida de un republicano>>. Gran frase, igual que cuando dijo <<España ha dejado de ser católica>>. De este modo, el mismo Gobierno contribuía a impulsar el camino que llevaría a todos al desastre. La Iglesia Católica estaba oficialmente proscrita en la España republicana. Los extranjeros, personal de Embajadas y demás organismos, presenciaban horrorizados la quema de iglesias y conventos y, sobre todo, se quedaban atónitos ante la indiferencia de la gente de la calle presenciando estos sucesos y la impavidez y nula actuación del Gobierno para hacer frente a los mismos.

En la insurrección de Asturias resurgió brutalmente el anticlericalismo. Murieron 34 religiosos, y 54 iglesias fueron gravemente dañadas, así como el Palacio Episcopal y la Cámara Santa de la Catedral, además de producirse otros cuantiosos daños patrimoniales.

En la Guerra Civil, las milicias, comités y tribunales revolucionarios, al estar armados, se hicieron rápidamente con el control de las ciudades, pueblos y aldeas de la zona republicana, en sustitución del Gobierno, imponiendo <<su Ley>> y cometiendo toda clase de desmanes y atropellos, en una escalada de terror sin precedentes hacia la Iglesia y cualquier persona relacionada con ella o que fuese de derechas. Ir a la caza de curas y monjas se convirtió en una forma de participar en la construcción social de la retaguardia republicana. Incluso se competía por cometer el mayor número de crímenes para ganar méritos ante los dirigentes del Frente Popular. En la Guerra Civil fueron asesinados cerca de 7.000 religiosos: 13 obispos, 4184 sacerdotes seculares, 2365 religiosos, 283 monjas, otros tantos seminaristas, y cerca de 70.000 seglares. Todos ellos fueron salvajemente asesinados por pertenecer a la fe católica. Estos son datos de un magnífico y detallado estudio hecho por Antonio Montero Moreno en 1961. Todas estas personas fueron después catalogadas como mártires, puesto que murieron a causa de su fe, aunque les pese a los defensores de la <<Memoria Histórica>>, que han llegado a criticar la beatificación de algunos de estos mártires. Fue la mayor matanza y persecución religiosa de la que se tenga constancia histórica.

Al comenzar la Guerra Civil, con la revolución, se desató una caza del clero en toda la zona republicana, en prácticamente todas las ciudades y localidades. Fue una persecución de una ferocidad sin precedentes. Se exterminaban comunidades enteras de religiosos, que eran pasados por las armas, sin distinción de edad, sexo o estado de salud. La mitad de los sacerdotes de las diócesis de Ciudad Real, Toledo, Málaga, Menorca, Segorbe, fueron asesinados. En Zaragoza, Madrid, Huesca, Valencia, Barbastro, Cataluña, y en tantos otros lugares, también se sucedieron los crímenes de religiosos, algunos de forma atroz. Vestir sotana era suficiente para acabar ante un piquete, en alguna tapia o cuneta, pudiendo incluso padecer tortura de la forma más sádica y salvaje antes de morir. Muchos clérigos sufrieron amputaciones y lentas agonías, ahorcamientos, quemaduras, castraciones, y toda clase de torturas.

La violencia anticlerical no consistía solamente en dar muerte a los representantes de las instituciones católicas, sino que en muchas ocasiones los asesinatos iban precedidos de toda clase de vejaciones, insultos, blasfemias, burlas de los ritos religiosos, obligando a las víctimas a insultar y maldecir a Dios, a los Santos, y a las imágenes y objetos religiosos. Se les obligaba a renegar de su fe, infligiéndoles otros diferentes tipos de tortura que podían llegar incluso a la mutilación, la cual podía afectar a cualquier miembro del cuerpo. Los sacerdotes eran tratados como cerdos en el matadero o toros en la plaza. Se torturó, se violó y asesinó vilmente y de la forma más cobarde a miles de víctimas inocentes por el mero hecho de ser católicos o mostrar algún signo de fe católica. Ser católico militante significaba un evidente peligro de muerte. El anarquista Andrés Nin (después detenido, torturado, despellejado y asesinado por la República, según órdenes de Stalin) proclamaba: <<Nosotros hemos resuelto la cuestión religiosa. Hemos suprimido los sacerdotes, las iglesias y el culto>>. Suficientemente ilustrativo para definir la mayor hecatombe sufrida por la Iglesia en su Historia.

Manuel de Irujo, del Partido Nacionalista Vasco, a pesar de ser católico decía: <<Los que queman iglesias no manifiestan con ello sentimientos antirreligiosos: No se trata más que de una demostración contra el Estado y este humo que sube hasta el cielo no es más que una suerte de invocación a Dios ante la injusticia humana>>. En este aspecto coincidía con el carácter profundamente anticlerical de la II República, a pesar de ser un ferviente católico. Pero siendo Ministro de Justicia con Negrín, presentó en mayo de 1937 ante el Consejo de Ministros, un informe en el que daba cuenta de la magnitud de la persecución religiosa que se estaba produciendo y que no causó ningún efecto en el Gobierno ni sirvió para mejorar la situación. Con este intento, que no tuvo éxito alguno, Irujo trató de restablecer la libertad de culto en público y la liberación de sacerdotes, libertades que estaban protegidas por la Constitución de 1931, y al mismo tiempo denunciaba la continuidad del sistema realmente fascista por el que se ultrajaba a diario la conciencia individual de los creyentes, incluso en la intimidad de su propio hogar, por las fuerzas oficiales del poder público. La propuesta fue rechazada por todos los grupos parlamentarios, siendo el suyo el único voto a favor.

Se reproduce literalmente el citado informe, pues reproduce fielmente lo sucedido. Merece la pena tener un conocimiento veraz de lo ocurrido, para desmentir las mentiras propagadas por los defensores de la <<Memoria Histórica>> y para honrar a estas pobres víctimas al parecer carentes de su derecho a su <<Memoria Histórica>> pero de verdad.

<<La situación de hecho de la Iglesia, a partir de julio pasado, en todo el territorio leal, excepto el vasco, es la siguiente: a) Todos los altares, imágenes y objetos de culto, salvo muy contadas excepciones, han sido destruidos, los más con vilipendio. b) Todas las iglesias se han cerrado al culto, el cual ha quedado total y absolutamente suspendido. c) Una gran parte de los templos, en Cataluña con carácter de normalidad, se incendiaron. d) Los parques y organismos oficiales recibieron campanas, cálices, custodias, candelabros y otros objetos de culto, los han fundido y aun han aprovechado para la guerra o para fines industriales sus materiales. e) En las iglesias han sido instalados depósitos de todas clases, mercados, garajes, cuadras, cuarteles, refugios y otros modos de ocupación diversos, llevando a cabo (los organismos oficiales los han ocupado) en su edificación obras de carácter permanente. f) Todos los conventos han sido desalojados y suspendida la vida religiosa en los mismos. Sus edificios, objetos de culto y bienes de todas clases fueron incendiados, saqueados, ocupados y derruidos. g) Sacerdotes y religiosos han sido detenidos, sometidos a prisión y fusilados sin formación de causa por miles, hechos que, si bien amenguados, continúan aún, no tan sólo en la población rural, donde se les ha dado caza y muerte de modo salvaje, sino en las poblaciones. Madrid y Barcelona y las restantes grandes ciudades suman por cientos los presos en sus cárceles sin otra causa conocida que su carácter de sacerdote o religioso. h) Se ha llegado a la prohibición absoluta de retención privada de imágenes y objetos de culto. La policía, que practica registros domiciliarios, buceando en el interior

de las habitaciones, de vida íntima personal o familiar, destruye con escarnio y violencia imágenes, estampas, libros religiosos y cuanto con el culto se relaciona o lo recuerda>>.

A la vista de este informe, realizado por un dirigente republicano, nada menos que el ministro de Justicia, denunciando los crímenes cometidos y consentidos por el gobierno del Frente Popular, es inconcebible que alguien con un mínimo de sentido común pueda defender la sarta de mentiras propagandísticas que engendran y propagan los defensores de la llamada Ley de <<Memoria Histórica>>. Los defensores y propagandistas de esta infame ley aprobada en 2007, gracias al también infame Zapatero, para falsear la Historia, se niegan a reconocer el genocidio cometido contra la Iglesia durante la Guerra Civil, justificando los hechos como <<casos aislados provocados por elementos descontrolados o incontrolados>>.

Todavía hoy se pueden ver en casi todos los pueblos de España, en los campanarios de las iglesias y conventos, en sus veletas, los agujeros producidos por los disparos de los <<bravos milicianos>> cuando disparaban en su afán por matar y liquidar todo aquello que estuviera relacionado con la Iglesia.

En los primeros y sangrientos meses de la Guerra Civil, diversos dirigentes de la República justificaron la violencia anticlerical desde la perspectiva política, argumentando que la Iglesia, al haberse posicionado apoyando al bando sublevado, se consideraba parte beligerante de la lucha, y por tanto, enemiga de la República. Otra prueba más de la culpabilidad y complicidad de la República en esta vorágine asesina. En esta salvaje persecución, calificada por el bando republicano como un <<acto de higiene social>>, lo primero que hacían los militantes de izquierda, milicianos y demás chusma, al llegar a un pueblo o instalarse en él, era asesinar a los sacerdotes, frailes y monjas que hubiese en el lugar. Después procedían al saqueo e incendio de conventos, iglesias e imagines, tras hacer burla de ellas. A veces, antes del incendio, desenterraban las momias de las monjas o frailes allí enterrados y, con los hábitos y demás ornamentos de culto de la sacristía, organizaban una burla macabra, carnavalesca, que por supuesto tenía menos riesgo para ellos que el de estar luchando en el frente de guerra contra sus odiados <<fascistas>>.

Por supuesto, los enemigos más encarnizados de la Iglesia católica dirigían desde Moscú la lucha contra la civilización cristiana. En la ideología marxista, la religión constituía un elemento alienante que había que destruir, como trataron de hacer en Rusia y luego en las naciones conquistadas por el Ejército Rojo de Stalin, como Polonia, Rumanía, Estonia, Letonia, Lituania, Croacia, Eslovaquia, Hungría o Bulgaria. La Iglesia católica había sido asociada a los valores y sectores más reaccionarios de la sociedad española y se había convertido en blanco de toda crítica social. Así, el anticlericalismo se convirtió en la identidad y cultura política más extendida entre la izquierda obrera y burguesa de España. Lo que le vino de perlas a los comunistas y demás grupos de ideología de izquierdas. Un enemigo común por excelencia, a exterminar. Ese era el discurso; y el primer acto de la guerra y la revolución, tanto para anarquistas como para comunistas, era quemar iglesias y fusilar a los religiosos.

La prensa de la izquierda azuzaba esta aniquilación incitando a la disolución de las órdenes religiosas, a la incautación de los bienes eclesiásticos, y al fusilamiento de obispos y cardenales. Y se estaba haciendo. Se estaban asesinando sacerdotes a centenares. Los religiosos fueron un grupo especialmente castigado por esta barbarie.

El furor comunista no se limitó a matar a obispos y millares de sacerdotes, de religiosos, de monjas, buscando de un modo particular a quienes precisamente trabajaban con mayor celo con los pobres y los obreros, sino que además, mató a un gran número de seglares de toda clase y condición, que fueron asesinados por el mero hecho de ser católicos. El simple hecho de asistir a misa o mostrar signos religiosos implicaba el riesgo de ser detenido y asesinado por el furor miliciano. Esta destrucción tan espantosa era realizada con un odio, una barbarie y una ferocidad que jamás se hubieran creído posible en nuestro siglo. Ningún individuo que tenga buen juicio, ningún hombre de Estado consciente de su responsabilidad pública, puede dejar de temblar si piensa que lo que sucedió en España puede repetirse en otras naciones civilizadas.

Tantas aberraciones tendrían después sus consecuencias. Muchos responsables de horrendos crímenes fueron atrapados, encarcelados y juzgados. Aunque la gran mayoría de las sentencias de muerte por los crímenes cometidos durante la guerra fueron conmutadas a cadena perpetua y a 30 años, siendo poco tiempo después reducidas a un mínimo de años de prisión. Muchos asesinos convictos y confesos se rehabilitaron llevando una vida normal, incluso en puestos estatales y de cierta responsabilidad. Un ejemplo es el abuelo de Pablo Iglesias, el que fue vicepresidente del Gobierno de España, (detallado en otro capítulo). Otro es el encargado de llaves del convento de los padres benedictinos en el Valle de los Caídos. Se apodaba *el matacuras* de nombre Justo Roldán Sainero. Por sus crímenes fue condenado a muerte y conmutada la pena a 30 años, y en 1945 quedó libre en virtud de un indulto de Franco, quedándose entonces, por voluntad propia, a trabajar en el Valle de los Caídos, cobrando su salario, como el resto de personal y otros penados que redimían así sus penas. Al acabar las obras, *el matacuras* fue acogido en la abadía, trabajando como portero al cargo de las llaves, despensa y demás menesteres y como conserje de la Hospedería. Reconocía haber dado muerte a sacerdotes, y estar arrepentido, prorrumpiendo a veces en profundo llanto. Otras veces hacía a los frailes gestos pasando su dedo índice de un lado a otro de su propio cuello, dando a entender que les rebanaría el pescuezo, ante lo que los frailes sonreían benévolamente. Llevaba una vida normal en la comunidad benedictina de la basílica.

En los primeros meses de la guerra, se frustraron operaciones militares por el empeño y esfuerzo de las milicias dedicadas a la represión y el asesinato en la retaguardia, en lugar de combatir en el frente. No había manera de poner orden. El caos, la anarquía y la fuerza de las armas imponían el derecho a la vida sobre los débiles e indefensos ciudadanos y sobre los miembros del clero. El asesinato de obreros, falangistas, agricultores de significada posición católica, religiosos, seglares, y otros sectores de gente inocente, asesinados por los milicianos del Frente Popular, no solo se dio en los primeros meses de la guerra, sino que siguió a lo largo de toda ella. En los diez primeros meses de la guerra se vivió en la zona controlada por el Frente Popular una auténtica devastación religiosa. Cualquier manifestación de culto estaba prohibida. Llevar una medalla, estampa, crucifijo o cualquier símbolo religioso podía constituir una condena a muerte. Casas y pisos eran objeto de registros en busca de cualquier signo religioso, con fatales consecuencias para sus habitantes en caso de producirse algún hallazgo. La sed de sangre de la chusma miliciana era insaciable. Miles de edificios religiosos fueron profanados, saqueados, incendiados y demolidos con saña.

Un ejemplo del odio hacia la Iglesia lo vemos cuando el 28 de julio los milicianos procedieron a fusilar el monumento del Sagrado Corazón de Jesús en el Cerro de los Ángeles, en Getafe, Madrid. Cinco días antes, el 23 de julio de 1936 habían asesinado allí mismo a 5 miembros de las Compañías de Obreros de San José y del Sagrado Corazón de Jesús, que se habían quedado para proteger el monumento y fueron denunciados por una familia de campesinos que les vieron rezar el rosario y bendecir la mesa. Después dinamitaron el sagrado monumento tras intentar demoler las estatuas con cinceles, martillos y cables tirados por tractores. Los propios milicianos tomaron una fotografía de su <<hazaña>> fusilando la estatua del Sagrado Corazón de Jesús. Años después, los apologetas de la <<Memoria Histórica>>, la basura de izquierdas, negará la existencia de esa foto, pero es tan real como el hecho que se produjo, pues está perfectamente documentado.

Otro ejemplo de la barbarie comunista que se repitió por toda España fue la profanación de tumbas, sacando los cadáveres y las momias de religiosos y monjas a la vía pública, haciendo burla de forma grotesca e irreverente de ellas. Cualquiera podía ser partícipe de estos actos. Hubo mujeres que, con el mono de miliciano y el fusil al hombro participaron en los incendios y saqueos de iglesias y conventos. Sacaban los ornamentos religiosos y, entre burlas propias de la chusma, realizaban actos sacrílegos y vergonzosos contra los ritos religiosos. Destrozaban las imágenes religiosas y con ellas hacían una hoguera en medio de la plaza de la localidad o en las puertas de la misma iglesia. Al mismo tiempo se mofaban de las momias de monjas y frailes desenterrados, bailando y pateando sus despojos momificados. Era la degeneración en su grado sumo. Por actos semejantes fueron juzgadas muchas personas, incluidas mujeres, al acabar la guerra.

Al margen de estos execrables actos, había un componente económico. Era el saqueo. Se expoliaron multitud de bienes eclesiásticos, como el Tesoro de la Catedral de Toledo. Muchos objetos valiosos desaparecieron en el furor de la turbamulta enfurecida, yendo a parar a los bolsillos de los desaprensivos y despreciables rateros con alpargatas y fusil. La aniquilación del estamento religioso se extendió también sobre millares de ciudadanos, seglares, cuya militancia católica y su fe se convirtieron en motivo suficiente para que las milicias los asesinaran. La guerra llevó el anticlericalismo hasta dimensiones de exterminio masivo. El cerrilismo era tal que en algunas ciudades como Valladolid, ya ganado el Alzamiento para las tropas Nacionales, los milicianos en su huida, preferían incendiar iglesias en lugar de oponer resistencia a las fuerzas de Falange o Guardia de Asalto que estaban tomando la ciudad.

Es innegable que hubo una persecución de la Iglesia, de sus miembros, y personas relacionadas con la misma, y que los responsables fueron el Gobierno del Frente Popular y sus milicias y Comités, los cuales alentaban la aniquilación de todos los católicos. La culpabilidad por tanto recae sobre el Gobierno y sobre todos los partidos que integraron el Frente Popular, pues todos, sin excepción, habían llamado públicamente al exterminio de la Iglesia en España y a la destrucción para siempre del clero. La República, el bando republicano durante la guerra, sufrió un descrédito tremendo en los países democráticos, como resultado de su violencia religiosa. Avanzada la guerra civil, y ante la presión de la opinión pública internacional, se suavizó la represión, aunque los asesinatos de sacerdotes, religiosos y laicos católicos continuaron hasta el final de la guerra. En la retirada del Ejército Popular tras la caída de Cataluña, hacia la frontera, se produjo un aumento de la violencia anticlerical, sufriendo también la población civil esta violencia.

Esta sanguinaria y feroz persecución dio en el extranjero una imagen de descrédito alarmante para la República. En cambio, el bando de Franco ganó para su causa millones de católicos y otros sectores conservadores en toda Europa y en el mundo occidental. La católica Irlanda apoyó la causa de Franco. La izquierda no logró conseguir el apoyo de la opinión pública mundial, pues la persecución religiosa se volvió en su contra.

Se puede afirmar, por tanto, que por la magnitud de la masacre y la saña con que se ejecutaron dichos crímenes, hubo un genocidio católico en España. Fue una persecución de exterminio causada por el comunismo, alentada por políticos con tendencias asesinas, y ejecutada por la hez de la sociedad española. El odio y la envidia que se había sembrado en tanta gentuza sería muy difícil de borrar durante muchos años. Jamás hubo en la Historia una persecución religiosa con tal cantidad de víctimas. Las matanzas de religiosos, la destrucción de iglesias y del arte religioso, los rituales sacrílegos y burlescos realizados en la zona republicana durante la guerra, no eran actos de vandalismo desenfrenado de <<elementos descontrolados>>, sino que tenían como objetivo fundamental la destrucción del cristianismo. Esto no hay que olvidarlo jamás, y no hay que permitir que consigan ese olvido generalizado aquellos que propagan y defienden la criminal ideología de quienes cometieron estos abominables actos.

Pero siempre hay alguien dispuesto a distorsionar la verdad, queriendo hacer ver lo blanco, negro. Hay autores que justifican o minimizan el asesinato de miles de religiosos (sacerdotes, monjas, frailes) porque no se imaginan a Cristo del lado del dinero y el poder. Es decir, que las víctimas lo fueron por haber pertenecido a este grupo. Cristo pues, debería haber estado del lado de los pobres, es decir, de los milicianos, saqueadores, chequistas, torturadores y demás asesinos que ejecutaban las matanzas, dando a entender que ser pobre y estar oprimido exige necesariamente actuar como un asesino y un verdugo. Solo les falta decir que Cristo debería haber sido chequista, para así castigar a los ricos y poderosos fascistas. Tal vez entonces no hubiesen ardido tantas iglesias ni hubieran sido masacrados tantos sacerdotes. El mundo al revés. La hipocresía convertida en ciencia.

Lo lamentable es que los defensores de la <<Memoria Histórica>>, entre tantos de sus absurdos argumentos, invocan al llamado <<comportamiento de la Iglesia>>, como causa de la criminal persecución sufrida, del ensañamiento contra los religiosos y contra todo aquello relacionado con la Iglesia. Este es un argumento infame y mezquino. Esta gente intenta justificar las matanzas de religiosos, alegando que los curas informaban o detallaban aspectos y comportamientos antirreligiosos o indecorosos de ciertas personas, por ejemplo, si no iban a misa, si bautizaban o no a los hijos, si estaban casados o no por la iglesia, con el fin de señalar a los ateos, a los anti-Dios. Con esta miserable teoría se intenta proclamar una especie de disculpa hacia el comportamiento de los asesinos, cuando fue el mismo Gobierno de la República desde el día en que nació, quien insufló en los ciudadanos el odio a la Iglesia.

Para hacerse una idea de la situación <<democrática>> que se vivía en la España de la República, es preciso reflejar el informe textual de otro diplomático que, como tantos otros, denunció la bajeza moral del Estado republicano. El embajador de Francia, Erik Labonne, protestante y favorable a la causa republicana, envió un detallado informe a su ministro de Asuntos Exteriores el 16 de febrero de 1938, referente a la Iglesia. En él atestiguaba el descrédito sufrido por el bando republicano como resultado de la violencia religiosa: << *¡Qué espectáculo!... desde hace cerca de dos años y después de afrentosas masacres en masa de miembros del clero, las iglesias siguen devastadas, vacías, abiertas a todos los vientos. Ningún cuidado, ningún culto. Nadie se atreve a aproximarse a ellas. En medio de calles bulliciosas o de parajes desiertos, los edificios religiosos parecen lugares pestíferos. Temor, desprecio o indiferencia, las miradas se desvían. Las casas de Cristo y sus heridas permanecen como símbolos permanentes de la venganza y del odio. En las calles, ningún hábito religioso, ningún servidor de la Iglesia, ni secular ni regular. Todos los conventos han sufrido la misma suerte. Monjes, hermanas, frailes, todos han desaparecido. Muchos* *murieron de muerte violenta. Muchos pudieron pasar a Francia gracias a los meritorios esfuerzos de nuestros cónsules, puerto de gracia y aspiración de refugio para tantos españoles desde los primeros días de la tormenta. Por decreto de los hombres, la religión ha dejado de existir. Toda vida religiosa se ha extinguido bajo la capa de la opresión del silencio. A todo lo largo de las declaraciones gubernamentales, ni una palabra; en la prensa, ni una línea. Sin embargo, la España republicana se dice democrática. Sus aspiraciones, sus preocupaciones políticas esenciales, la empujan hacia las naciones democráticas de Occidente. Su Gobierno desea sinceramente, así lo proclama, ganar la audiencia del mundo, hacer evolucionar a España según sus principios y siguiendo sus vías. Como ellas, se declara partidario de la libertad de pensamiento, de la libertad de conciencia, de la libertad de expresión. Hace mucho tiempo ha aceptado el ejercicio del culto protestante y del culto israelita. Pero permanece mudo hacia el catolicismo y no lo tolera en absoluto. Para él el catolicismo no merece ni la libre conciencia, ni el libre ejercicio del culto. El contraste es tan flagrante que despierta dudas sobre su sinceridad, que arrastra el descrédito sobre todas sus restantes declaraciones y hasta sobre sus verdaderos sentimientos. Sus enemigos parecen tener derecho a acusarle de duplicidad o de impotencia. Como su interés, como infinitas ventajas le llevarían con toda evidencia a volverse hacia la Iglesia, se le acusa sobre todo de impotencia. A pesar de sus denegaciones, a pesar de todas las pruebas aducidas de su independencia y de su autonomía, se le cree ligado a las fuerzas extremistas, a los ateísmos militantes, a las ideologías extranjeras. Si fuera verdaderamente libre, se dice, si su inspiración e influencias procedieran efectivamente de Inglaterra o de Francia, ¿cómo ese Gobierno no ha atemperado el rigor de sus exclusivismos, olvidando su venganza, y reniega de su ideología?>>.*

A pesar de tanto salvajismo, de tanta maldad y daño producido, hay que destacar que no se produjo ni un solo caso de apostasía por parte de las víctimas de la terrible persecución religiosa producida en España, en esta triste y desdichada época. Es un hecho, sin duda digno de admiración y una prueba de la inquebrantable fe de las desdichadas e inocentes víctimas.

16. VIOLENCIA CONTRA LAS MUJERES

> *Un grupo de mujerucas se entretenían amenazando con el puño y haciendo actos obscenos a los presos que la chusma había encerrado sin motivo alguno. La mayoría de ellos serían asesinados días después tras ser juzgados en una farsa de tribunal popular, por una banda de siniestros sujetos, compuesta por los más despreciables, delincuentes e ignorantes de la comarca.*
>
> Torcuato Luca de Tena – *La brújula loca*

Dentro de la estrategia de limpieza política y de clases sociales desplegada por los comités populares republicanos, y demás grupos de milicianos, y al margen del poder republicano que caminaba hacia el descrédito internacional a marchas forzadas, la violencia contra las mujeres alcanzó en la represión ejercida por el bando republicano extremos abominables. La violación y el asesinato de las víctimas femeninas eran moneda común. El ensañamiento era mayor cuando las víctimas eran religiosas. Estos grupos actuaban en base al poder que daba el hecho de portar armas. En su esquema ideológico del odio, figuraba como enemigo la mujer que uniera a su poder económico la religión o cualquier otro signo que la identificase con el bando Nacional, llamado fascista por ellos.

Mujeres militantes de organizaciones católicas, catequistas, falangistas, conservadoras, participantes en tareas de la Iglesia, defensoras y propagandistas de los partidos de la derecha católica o simples creyentes, eran consideradas víctimas potenciales, con motivos suficientes para ser perseguidas y castigadas por los valientes revolucionarios. En definitiva, porque representaban el orden que se quería barrer con la revolución; eran motivos más que suficientes para sufrir la <<justicia>> de los comités o Tribunales Populares.

En los primeros días de la guerra, en las zonas en las que no triunfó el golpe, se formaron comités republicanos con el fin de controlar la retaguardia. En estos comités, como ya se ha indicado, figuraban individuos de la peor ralea y condición, criminales de bajos instintos cuya única meta era la venganza personal o el gusto por el crimen en sí mismo. Estos desalmados no eran precisamente ilustres por sus virtudes. Impulsados por la envidia, el odio, la venganza y la sed de sangre, en su absurda idea de imponer la <<justicia popular>>, cometieron las mayores fechorías jamás imaginadas, y dentro de sus víctimas, un grupo importante fue el femenino, laico y religioso.

Estos comités tuvieron distintos nombres: Comité de Defensa de la República o del Frente Popular, Comité de Salud Pública, Comité de Vigilancia... pero tenían análogas características. Todos ellos iban alentados por el afán de exterminio de la <<otra clase>>. Estas pautas de exterminio las venían fraguando estos grupos, desde años atrás, alimentadas por el odio a la religión, al orden social establecido, y a los sectores que consideraban enemigos de clase. La beatería, el conservadurismo, las actividades de la mujer en organizaciones y actos religiosos, desarrolló un odio y un instinto feroz en los militantes de izquierda hacia las mujeres que desarrollaban estas actividades, por cierto, siempre a título altruista. Todo ello sirvió de argumento a los detractores del sufragio femenino en los partidos de izquierda, los cuales desarrollaron un pensamiento y un discurso antifeminista de base anticlerical. Y todo ello con más motivo al identificar a este tipo de mujeres con la clase social a la que las izquierdas odiaban. Todos estos Comités o grupos, sometieron a las poblaciones que consideraban <<desafectas>> al bando republicano, y que estaban dentro de la zona republicana bajo su control, a una violencia represiva con el pretexto de limpiar la retaguardia.

En el caos inicial, estos órganos constituidos a golpe de alpargata, fusil y mono, se arrogaron todas las funciones políticas, ejecutivas, judiciales, económicas, etc. de la vida pública, y sobre todo tenían como objetivo el control y el monopolio en el uso de la violencia pública. De modo que la eliminación física de los «enemigos de clase», además de un medio de lucha contra el fascismo, era también una estrepitosa manifestación de la llegada de un nuevo poder, con dominio sobre la vida y la muerte de cualquier oponente a la causa revolucionaria.

Dentro de estos grupos, al igual que en las famosas checas, y otras <<cárceles del pueblo>>, hubo miembros femeninos que, con el fusil al hombro y la pistola al cinto, ejercieron una feroz represión sobre víctimas del mismo sexo. En estos casos el sadismo era mayor. Muchas de estas mujeres, algunas activistas de grupos políticos, actuaron empujadas por el resentimiento y el fracaso social que en ellas les impulsaba a actuar con mayor saña y perversión, llegando incluso a prácticas de canibalismo.

En la retaguardia republicana <<fascistas, derechistas, señoritos, beatas, carcas y curas>> formaban todo un viejo orden que debía ser eliminado. La mujer identificada en cualquiera de estas categorías, ya estaba señalada en el <<viejo orden>> como elemento a liquidar. Las mujeres sufrieron también la violencia propia del régimen asesino y criminal instaurado en las checas. Un ejemplo fueron las hermanas Consuelo y Dolores Aguiar-Mella Díaz, de 18 y 23 años respectivamente, laicas uruguayas, beatificadas después por el papa Juan Pablo II el 11 de marzo de 2001. Fueron secuestradas, violadas y asesinadas por milicianos comunistas dirigidos por La Pasionaria, el 19 de septiembre de 1936. Eran hermanas del vicecónsul honorario de Uruguay (mencionadas en el capítulo <<Asaltos y asesinatos en embajadas>>). Dolores había sido detenida por los milicianos cuando cruzaba la calle para llevar leche a otras hermanas, y Consuelo lo fue a las pocas horas, al presentarse unos milicianos, con un mensaje escrito por Dolores, en el que pedía que les acompañasen la superiora de las Escolapias, María de la Encarnación de la Yglesia Varo (nacida en Cabra, Córdoba) y otra persona, para <<declarar>>. Consuelo fue con la superiora y los milicianos, y ninguna de las dos regresó jamás. Las dos hermanas y la superiora fueron salvajemente asesinadas. La esposa del vicecónsul, Valentina Serrano, declaró tiempo después en Montevideo, la forma en que las detuvieron, encontrando ella misma después los tres cadáveres, en el depósito municipal de cadáveres.

Hubo casos de violencia terribles, como el sucedido a Carmen Godoy, de Adra, que en Nochevieja fue trasladada a la albufera después de estar arrestada varios meses en su domicilio y ser golpeada con una azada, violada y enterrada viva. El motivo, haber colaborado en la reconstrucción de una iglesia incendiada en los inicios de la República.

Otro caso espantoso fue el de Piedad Suárez de Figueroa Moya, una joven condenada a morir por algunos miembros de los Comités de Defensa de la República constituidos en las poblaciones de Villamayor de Santiago (Cuenca) y Villanueva de Alcardete (Toledo), que se habían autoproclamado como la autoridad representativa de la República en esta zona. En los primeros días de la guerra, se habían formado un Comité de Defensa de la República en Villamayor de Santiago y un Comité de Milicias en Villanueva de Alcardete, cuyos miembros colaboraron en las detenciones, abusos y finalmente en los asesinatos cometidos contra la familia Suárez de Figueroa. Este Comité actuó de forma violenta, creando un estado de terror que fue utilizado por sus componentes para satisfacer venganzas políticas y personales.

Piedad fue violada y asesinada por los revolucionarios el 5 de septiembre de 1936, junto con su madre, Aureliana Moya Sierra y el farmacéutico de la población, Perpetuo Muñoz Chacón. Su delito fue pertenecer a la clase a eliminar. Aureliana y Piedad fueron detenidas y llevadas en un coche a un lugar llamado Casas de Luján, apartado de la población en la que residían (Villanueva de Alcardete). Al llegar allí, sus captores bajaron a las mujeres del coche, llevaron a Piedad a un sitio apartado y allí la sometieron a una violación en grupo en la que participaron tres de los trece componentes de los Comités. Después de violarla, le dispararon los tres y uno de ellos le mutiló un pecho. Aureliana también murió fusilada a manos de estos tres mismos hombres. Sus asesinos fueron juzgados y condenados después por el Tribunal Popular de esa provincia.

Piedad Suárez de Figueroa Moya es una de las cuarenta personas que componen la lista de <<mártires por Dios y héroes por la patria>> publicada por el Ayuntamiento de Villanueva de Alcardete (Toledo) en el diario *ABC* el 27 de julio de 1939 y que murieron en fechas comprendidas entre el 16 de agosto de 1936 y el 13 de agosto de 1937.

También fueron violadas de forma sistemática, aunque no asesinadas, las mujeres detenidas en el convento de Villamayor de Santiago, que hacía las veces de cárcel. El panfleto *Solidaridad Obrera* publicaba la <<gesta revolucionaria>> de esta forma:

<<En la cárcel se celebraban a diario comilonas y juergas, cuyo epílogo era extraer a algunas de las detenidas y transportándolas a la fuerza a un lugar más confortable establecido en la Casa del Pueblo para completar el festín utilizando las gracias de las bellas detenidas>>. Esta <<noble acción revolucionaria>>, está testimoniada por Teresa Sandoval y por Santiaga Viana, las cuales estuvieron presas un mes, durante el cual fueron violadas por sus carceleros en varias ocasiones, sufriendo además otras vejaciones acompañadas de malos tratos atroces.

Por toda la geografía de la Zona Republicana se formaron esta clase de organizaciones dedicadas a la delincuencia y al bandidaje. Hay que aclarar de nuevo, que el Gobierno de la República no hizo nada por impedirlo. Precisamente había sido el propio Gobierno quien había entregado armas al pueblo, a la chusma que formaban los partidos y sindicatos de izquierda, alentándoles incluso a ejercer su labor de limpieza contra los desafectos a la República.

Ha sido tal el interés a partir de los años ochenta de los <<revisionistas>> de la Historia, y al amparo de lo que sería después la ley de <<Memoria Histórica>>, por resucitar los odios pasados, atribuyendo una serie de violencia criminal también sobre las mujeres en el bando Nacional, que como respuesta ha surgido el afán de investigar la violencia ejercida en la zona republicana en la Guerra Civil, sobre la clase femenina. Y están saliendo muchas víctimas que, aunque ya estaban reconocidas, habían permanecido en el olvido. En esa búsqueda absurda de su <<verdad>>, como en los demás aspectos, están saliendo a la luz casos realmente estremecedores ocurridos en la retaguardia republicana, que muestran una vez más la realidad de los hechos. Han salido a la luz casos de complicidad y culpabilidad tanto en hombres como en mujeres, en ciertos crímenes que, desapercibidos hasta ahora, han sido desvelados, pues al tratar de ocultar o falsear la verdad se ha generado una necesidad de buscar realmente la verdad, y ésta a veces resulta incómoda para ciertas personas.

No había distinción de sexo para ejercer la violencia y la maldad. María Expósito Expósito, durante la dominación del Frente Popular en Jaén, y junto a otras mujerucas de mala calaña, se dedicaba a perseguir a las personas de derechas o católicas, alentando a las bandas de milicianos para que cometiesen atropellos y asesinatos. Muchas de estas mujeres sufrieron después el escarnio y el justo castigo a sus deplorables actos. En las checas también se produjeron actos criminales contra las mujeres. Por citar un ejemplo, en la checa de las Escuelas Pías, en Valencia, en una habitación de la planta baja, un grupo de mujeres detenidas por el siniestro SIM, sufrió toda clase de atropellos de tipo sexual, bajo amenazas de muerte en caso de no acceder <<voluntariamente>> a tales actos. En cualquier caso, eran sometidas, de igual manera, por la fuerza.

Otro ejemplo de este miserable comportamiento fue el sucedido en la checa del Seminario, situada en la calle Trinitarios en Valencia, y relacionada con la checa de la plaza del Temple, donde fue torturada Luisa María Frías Cañizares, que era catedrática de la Facultad de Filosofía y Letras de Valencia. Fue detenida por los milicianos en su domicilio el 24 de noviembre de 1936 y conducida a la checa del Seminario. Durante dos semanas fue brutalmente maltratada y obligada a firmar la entrega de sus ahorros. El día 5 de diciembre por la noche, los milicianos la arrastraron al Picadero de Paterna y la fusilaron. Antes de morir la torturaron salvajemente. Le arrancaron los ojos y puesto que no consiguieron su apostasía, le cortaron la lengua.

17.   CHECAS, SACAS Y MATANZAS

> *Se les daba bien pegar a mujeres y matar viejos junto a una tapia o en una cuneta. Eso sí, siempre en nombre del pueblo y de la causa común. Estaban emboscados en el llamado Comité Popular. Su misión era juzgar en una farsa dirigida por ignorantes y delincuentes, a cualquiera que fuera señalado como fascista, explotador, señorito, religioso, o cualquier otra absurda acusación por envidia, odio o revanchismo.*
>
> *Torcuato Luca de Tena – La brújula loca*

El término «Cheka» o «Checa», que significa *Comisión extraordinaria para la lucha contra la contrarrevolución y sabotaje de toda Rusia*, fue la institución soviética creada en la URSS en 1917 por el infame y miserable Felix Dzerzhinsky, jefe de la GPU, como policía política bolchevique al servicio del terror y de la represión política, y que fue institucionalizada como instrumento de terror desde el primer momento revolucionario, en todo el territorio español sometido al Frente Popular. Estos centros, antros de muerte más bien, que se instalaban en cualquier edificio, fueron conocidos como las cárceles del pueblo y tomaron como modelo a las *checas* que ya existían en la Unión Soviética. Estos antros funcionaron desde los primeros días de la guerra hasta sus compases finales, como centros de detención, interrogatorio, robo, tortura y ejecución de personas inocentes. Siempre se ha escondido la verdad sobre las atrocidades y asesinatos realizados en ellas.

Las checas eran auténticos mataderos, centros de tortura, asesinato y violación de los derechos humanos. En ellas se encerraba, torturaba y asesinaba de forma sistemática a toda persona de derechas, católica o simplemente sospechosa de ser «enemigo de clase». De paso se expoliaba a las víctimas y se saqueaban sus bienes. Durante la Guerra Civil, todos los milicianos de partidos y sindicatos de izquierda disponían de sus propias checas, sobre todo en las capitales. Este sistema se adoptó espontáneamente en España por los partidos del Frente Popular de la época. Era un aspecto más de la cultura revolucionaria que había que ir imponiendo siguiendo los dictados de la URSS. La GPU (Dirección política del Estado Soviético) fue la encargada de asesorar al Gobierno de la República para establecer en España el SIM (Servicio de Investigación Militar) y su red de checas. Tal y como dijo Lenin, uno de los mayores asesinos de la Historia, después le quitaría el título el tirano Stalin, <<un buen comunista es igualmente un buen chequista>>.

Los partidos políticos extremistas, las sindicales obreras, la FAI, la CNT, tanto en Madrid como en las demás localidades, incautaron edificios y establecieron en ellos sus centros de represión con facultades ilimitadas, y al amparo del Gobierno, para efectuar detenciones, requisas y asesinatos. Estos centros de muerte eran las <<Checas>>. Sus dirigentes y secuaces eran más aficionados a las ventajas que ofrecía la retaguardia que a los riesgos del frente de combate. Se instalaron en templos, conventos, colegios, palacios, y en cualquier edificio que se adecuara a los fines represivos de estas bandas de asesinos. Muchas checas estaban a cargo de delincuentes comunes. Rivalizaban entre sí por el botín de los saqueos y por su actuación sanguinaria. El fruto del saqueo engrosaba los fondos de cada entidad política o sindical, aunque a veces iba directamente a los bolsillos de los chequistas. En ocasiones era entregado a los organismos de incautación creados por la Hacienda pública del Frente Popular. La complacencia del Gobierno del Frente Popular respecto de la actividad criminal de las checas oficiales y no oficiales resulta indiscutible ante la realidad de los hechos, y se vio confirmada por el premio concedido a los chequistas profesionales, que a los pocos meses ingresaron en masa en la Policía del Estado.

A pesar de las pruebas abrumadoras de la participación del Gobierno de la República en las atrocidades cometidas en las checas, documentos oficiales, diarios de la época, hemerotecas y declaraciones de testigos y de víctimas, el despropósito inventado como <<Memoria Histórica>> se encargará después de desvirtuar los hechos, ocultando la realidad y tergiversando la verdad para amoldarla a sus intereses partidistas, acordes con su absurda y nefasta ideología diseñada para ignorantes. Los testimonios de los chequistas y de los participantes en las torturas y matanzas, vanagloriándose de sus hazañas en la eliminación de elementos <<fascistas>>, han quedado como pruebas irrefutables para la Historia. Los sucesos se aireaban de tal manera, que es absurdo pretender alterarlos. La prensa extranjera denunciaba estos hechos cuando tenía conocimiento de ellos.

Para hacer justicia, hay que contar lo que ocurrió en las checas republicanas durante la Guerra Civil española. La cantidad de crímenes cometidos en ellas es imposible de resumir en unas pocas líneas. Las ciudades de retaguardia fueron escenario de enormes carnicerías a manos de los Comités, como ocurrió en Málaga. A los Comités concierne especialmente la responsabilidad en las matanzas perpetradas en centros que estaban bajo su control, centros de reclusión, formales o improvisados, donde se asesinó a millares de personas durante los primeros meses de guerra. Los crímenes se ejecutaron en su mayoría sobre población reclusa interna en centros oficiales, cárceles del Estado, calabozos de Ayuntamientos, y en centenares de prisiones políticas improvisadas por el Frente Popular, como barcos, conventos, palacios o colegios. Todos estos centros dependían de las propias fuerzas políticas a través de los llamados Comités de Salud Pública y de los constituidos <Tribunales Populares>>.

En todas las checas, la mayor parte de las víctimas fueron asesinadas antes de octubre de 1936, en el primer año de la guerra. Las checas siguieron funcionando hasta el final de la guerra, disminuyendo ligeramente su número de crímenes. El gobierno de la República tuvo pleno conocimiento de la existencia y actividades de las checas desde el primer día de su nacimiento, por lo que fue cómplice culpable de los crímenes cometidos en ellas, a pesar de su intento posterior por <<controlar y suavizar>> la represión en la zona del bando republicano, actuación que en realidad fue una legalización de los crímenes perpetrados por los Comités y demás bandas de asesinos.

El funcionamiento de las checas era el mismo en todas partes. Las checas republicanas tomaron como modelo las que ya existían en la Unión Soviética. Sus componentes establecían puestos de control en calles o carreteras, registraban domicilios, ejecutaban las llamadas <<incautaciones>> o requisas de bienes ajenos, ejecutaban detenciones y actuaban dentro de las propias checas, bien en las torturas o interrogatorios, en tareas de guardia, o en los piquetes de ejecución. A veces estos grupos de bandidos adoptaban nombres como *Linces de la República*, creada por orden de la Dirección General de Seguridad, *Escuadrilla del Amanecer, Campo Libre, Los Guerrilleros de la noche*... La mayor parte de los tribunales revolucionarios tenían su propia checa, o ya había alguna instalada en el mismo lugar donde dicho tribunal ejercía su <<administración de justicia>>, por lo que era imposible distinguir entre la detención de las víctimas, su juicio y su posterior ejecución. Estos tribunales trabajaban día y noche. Sus sentencias eran firmes, inapelables, y de ejecución inmediata. De la ejecución se encargaban las cuadrillas de las checas que sacaban a los reos de sus celdas y los asesinaban.

Cada checa tenía sus celdas, más bien habitáculos donde encerraban a sus víctimas, las cuales sufrían tormento por el mero hecho de estar en esos antros del horror de muy reducidas dimensiones. Cualquier idea de crueldad imaginable se aplicaba para aumentar el grado de sufrimiento de las víctimas. Cada segundo en las checas suponía un auténtico tormento para los detenidos, los cuales al final de largos suplicios eran asesinados.

Se introdujeron métodos policiales rusos en la política interior de las checas, llegando éstas a tener un cruel refinamiento gracias a la actuación de los consejeros soviéticos. A muchos infelices, tras ser torturados y perder el conocimiento, les inyectaban un estimulante a base de cloruro de cocaína para reanimarlos. Esto les provocaba una euforia que permitía a los verdugos seguir con su terrible interrogatorio.

En España se copió al detalle el mecanismo de tortura de la Lubianka. Las torturas no eran muy refinadas, pero la brutalidad era un componente común. Había antiguos boxeadores que ejercían de torturadores. Los testigos y supervivientes relataron las torturas sufridas, consistentes en golpes, introducción de palillos en las uñas de manos y pies, aplicación de corriente en genitales, quemaduras con soplete o hierros candentes, ahogamientos en agua, mutilaciones, violaciones y vejaciones sin distinción de edad o sexo. Cualquier horror imaginable era válido. En algunas checas de Barcelona trocearon a las pobres víctimas, arrojando sus restos después a los cerdos. Este fue el caso de ensañamiento salvaje que Cesar Alcalá relata en *Las checas del terror*: <<Eusebio Cortés Puigdengolas que, acusado de católico, fue torturado, descuartizado y dado de comer a los cerdos en la checa barcelonesa de Sant Elies, una de las más terribles>>.

Todas las checas tuvieron un componente de rapiña. Es decir, los salarios de los sicarios, milicianos, jueces, y demás gentuza que <<trabajaba>> en ellas, procedían de los billetes y divisas que los milicianos requisaban en los pisos y casas de los detenidos. Las joyas, alhajas y objetos de arte, eran entregados al director general de Seguridad Manuel Muñoz, personaje siniestro y perverso de mentalidad asesina. Las soflamas incendiarias de ciertos personajillos eran incesantes llamadas al asesinato y avivaban el fondo de violencia y el deseo de desquite social presentes en muchos chequistas, que procedían en su mayoría de entre los elementos criminales y más degenerados de la sociedad, y que estaban imbuidos de un resentimiento y un odio sin precedentes hacia todo aquel que a ellos les apeteciera eliminar o a quien tuviesen ojeriza o envidia, cosa frecuente en gente fracasada. La total carencia de garantías del Gobierno republicano del Frente Popular, la bajeza del sistema que este había establecido, favoreció y propició la proliferación de checas que estaban formadas por auténticos delincuentes, los cuales usaban métodos criminales para robar y asesinar a personas inocentes.

Hay dos testigos, anarquistas, que coinciden en sus testimonios. Son José Peirats y Diego Abad de Santillán. Ambos conocieron muy de cerca la actividad de las checas, y en sus testimonios declaraban la ferocidad de las torturas y el cruel refinamiento que luego imprimieron los consejeros soviéticos. Ambos describían los métodos de tortura utilizados: brutales palizas con vergajos de caucho seguidas de duchas muy frías, simulacros de fusilamientos y otros tormentos dolorosos y sangrientos. Los consejeros rusos modernizaron estas viejas técnicas. Hicieron nuevas celdas pintadas con vivos colores y con ladrillos de canto para impedir al preso sentarse o tumbarse. El detenido tenía que estar siempre de pie, bajo una potente iluminación que le hacía enloquecer. Pegado a la pared había un banco inclinado para sentarse o tumbarse. Lógicamente era imposible hacerlo. Otras celdas eran estrechos sepulcros, de suelo desnivelado, en declive. Otras estaban a oscuras, y con un ruido metálico espantoso constantemente, que hacía vibrar el cerebro a los infelices que estaban presos en ellas, hasta hacerles enloquecer.

Las checas comenzaron como cárceles privadas de partidos y sindicatos del Frente Popular, socialistas, comunistas del PCE y del POUM, anarquistas de la CNT y de la FAI y miembros de Izquierda Republicana (partido de Azaña). Aparecieron el mismo 19 de julio por todas partes. Las milicias de los partidos, con el poder que les daba estar armados, incautaban un edificio, un palacio, un convento, un inmueble oficial, o cualquier otro, e instalaban allí su sede para ejecutar sus actividades, que consistían en la caza del enemigo, el robo o expolio de sus bienes (oro, dinero y joyas), su traslado al centro de detención, y su posterior asesinato tras múltiples torturas y vejaciones. Las primeras checas aparecieron en la toma de los cuarteles militares por las milicias armadas, apoderándose de las instalaciones militares y estableciendo allí su centro de acción sobre la base de unos comités de cuartel. La forma de actuar de estos comités era fusilar a los militares insurrectos, y después extender su actividad represiva a todos los ámbitos. Las primeras checas empezaron a funcionar en Madrid el 21 de julio en los alrededores de la Casa de Campo, bajo la protección del teniente coronel Mangada.

La actividad de las checas era conocida en toda España, apareciendo en la prensa republicana entre grandes elogios por su actividad y <<noble lucha>> contra los fascistas. Sus miembros se caracterizaban por una crueldad excesiva, y había mujeres chequistas, que cuando intervenían lo hacían con mayor crueldad que los hombres. Los revolucionarios aplicaban su propia justicia bajo la forma del exterminio del <<enemigo de clase>> al margen de los cauces legales o judiciales formales. La actividad represiva se aplicó sobre toda clase de personas. Hubo cientos de checas en Madrid, Barcelona, Valencia, Alicante y Castellón. Su nombre se refería al lugar donde estaban instaladas o al nombre del bandido que las regentaba y dirigía.

Alfonso Bullón de Mendoza, catedrático de Historia en la Universidad CEU San Pablo, director de un equipo de investigación, ha localizado y cartografiado las 345 checas madrileñas (hallando 120 que no estaban inventariadas en la *Causa General* que se hizo en la posguerra), a las que se suman 23 prisiones oficiales y 10 comisarías.

Referente a los chequistas, los había de todas clases, y sus actuaciones estaban impulsadas por los más bajos instintos de venganza, odio y resentimiento. Muchos de estos individuos se nutrían intelectualmente de los folletos y estampitas marxistas que se vendían en puestos callejeros de Madrid. Eran auténticos pasquines revolucionarios preparados para gente con poco intelecto. Los milicianos preferían quemar iglesias y asesinar gente en las checas a marchar al frente de guerra. Cuando los milicianos se retiraron de Extremadura en el verano de 1936, lo hicieron dejando tras de ellos un auténtico reguero de sangre, por ejemplo en La Haba (Badajoz).

Los chequistas, auténticos sicarios, jactanciosos y alardeando de la fuerza que les daba el hecho de llevar armas, con el típico matonismo que les caracterizaba, organizaron la fiesta de sangre y terror en Madrid y en otras ciudades. Sus buenos autos, confiscados, se detenían chirriantes en las puertas de las casas. Se producían los timbrazos, los golpes en la puerta de los pisos, y comenzaba el saqueo, los culatazos, el secuestro, la vejación más absoluta, que llevaba al infeliz detenido a la checa y a la ejecución, tras sufrir espantosos tormentos.

Cuando se estabilizaron los frentes y las retaguardias, las checas no fueron prohibidas o cerradas por el Gobierno, sino que al contrario, fueron introducidas dentro del sistema general de represión, aunque lo cierto es que fue el Gobierno quien ingresó en el sistema de checas. Puesto que el Gobierno había armado a las milicias de los partidos revolucionarios el día 19 de julio, y había licenciado a las tropas que prestaban servicio regular en España, (los revolucionarios odiaban al Ejército), tuvo que recurrir a los cuerpos de seguridad, guardia civil y de asalto para cubrir los frentes. Así se produjo en las capitales un vacío de seguridad en los servicios policiales, cuando además éstos gozaban de la desconfianza de los partidos revolucionarios. Para mantener el orden en la retaguardia, los únicos contingentes armados eran las milicias de partido, cuyas armas las había proporcionado precisamente el Gobierno. Pero la prioridad de las milicias no era mantener el orden, sino desencadenar la revolución. Las instituciones del Estado se convirtieron así en prisioneras de las milicias, las cuales no iban a renunciar alegremente al poder adquirido. El Gobierno cayó en su propia trampa, no pudiendo tomar ni una sola medida de orden público que no significara trabajar en la línea que las checas marcaran.

El director general de seguridad Manuel Muñoz, creó el 4 de agosto de 1936, el Comité Provincial de Investigación Pública, el temible y sanguinario CPIP, que tan activamente participaría después en las matanzas de Paracuellos, con el fin de organizar la seguridad en la retaguardia, y el resultado fue la institucionalización del poder de las checas, oficializando los estragos producidos por las checas de los sindicatos y partidos.

Pero la incapacidad del Gobierno para controlar la situación, incluso en el mismo Madrid, se puso escandalosamente de manifiesto con el asalto a la Cárcel Modelo, que se produjo en la noche del 22 al 23 de agosto de 1936. Un grupo de milicianos anarquistas asaltaron la cárcel y, con la muchedumbre enfurecida, comenzaron a asesinar presos. En aquel edificio estaban recluidos una serie de políticos derechistas que se creían protegidos por la confianza que les proporcionaban las instituciones penitenciarias, controladas por las autoridades republicanas. Algunos de los recluidos se habían encerrado voluntariamente para librarse de los posibles <<paseos nocturnos>>.

La situación había provocado algunas denuncias de la prensa y suscitó el interés de los dirigentes de algunas checas de la capital, que se hicieron con el control de la prisión en la tarde del 22 de agosto, con la pasividad del ministro de la Gobernación, general Sebastián Pozas, y del Director General de Seguridad, el también diputado Manuel Muñoz Martínez, que acudieron al edificio aquella tarde, al producirse los primeros incidentes. Esa misma noche, en la madrugada, se produjeron fusilamientos, siendo asesinados los diputados José María Albiñana, fundador del Partido Nacionalista Español, elegido por Burgos; Ramón Álvarez Valdés y Castañón, ex ministro de Justicia con Lerroux dos veces, representante de Oviedo; Rafael Esparza García, que era diputado por la provincia de Madrid; Manuel Rico Avello, ex ministro de Gobernación y Hacienda, que representaba a la provincia de Murcia y había presidido con extraordinaria pulcritud las elecciones de 1933; y Tomás Salort de Olives, que era diputado por Baleares. Junto a ellos murieron un buen número de personas de significación derechista, con presencia de ex ministros y ex diputados (Melquiades Álvarez y José Martínez de Velasco), militares, aristócratas y personas relacionadas con los gobiernos de centro-derecha. Julio Ruiz de Alda y Fernando Primo de Rivera, hermano de José Antonio, fueron los primeros en ser asesinados. Muchos presos fueron asesinados en los sótanos de la cárcel, y arrojados sus cadáveres en el Cementerio del Este, en la Ciudad Universitaria y en la Pradera de San Isidro. En total hubo unas 30 personas asesinadas.

La matanza de la cárcel Modelo de Madrid fue precedida por dos registros efectuados por elementos de la Dirección General de Seguridad. Y los máximos responsables de la seguridad del Estado (el ministro y el director general) permanecieron deliberadamente inactivos. El cabecilla de los asaltantes fue Enrique Puente, miembro de la *Motorizada,* que ostentaba empleo militar oficial, con grado de capitán. Este episodio fue un auténtico crimen político premeditado, por la importancia política de las víctimas y por las altas personalidades del Gobierno de la República que se vieron implicadas. Una vez más, se demuestra la responsabilidad del Gobierno en los asesinatos.

Los sucesos de la Cárcel Modelo perjudicaron notablemente la credibilidad de la legalidad republicana y conmocionaron muy especialmente a Manuel Azaña, presidente de la República. Así lo reconoció al declarar que no quería ser presidente de una República de asesinos. El suceso fue de tal magnitud, que José Giral comenzó a temer la amenaza de una intervención militar británica.

En Barcelona, la Generalidad, con Companys al frente, recurrió a las milicias anarquistas para mantener el orden. Los comités populares comenzaron a organizar la vida en los barrios. Companys creó el Comité Central de Milicias Antifascistas, con predominio de las organizaciones anarquistas. Dicho Comité se atribuyó secretamente competencias sobre las ejecuciones, consiguió amedrentar a la sociedad catalana y asesinó a millares de catalanes. Nadie en el Gobierno republicano castigó después los hechos cometidos en las checas. Cuando en las checas <<evacuaban>> o liberaban a alguien, tenían una contraseña: En el informe de la checa sobre el detenido se escribía la palabra Libertad, seguida de un punto o una "d" minúscula. Eso significaba que debía ser ejecutado. El condenado, que se creía libre en la calle, era subido a un automóvil y se lo llevaban para matarlo. Muchos presos, que sospechaban su triste destino, eran reacios a salir de la cárcel cuando les comunicaban su puesta en libertad, pues temían lo peor, ya que sabían qué clase de gentuza les daba la grata noticia de su liberación.

El Gobierno dotó a los componentes de las checas de documentación, un carné de milicias de vigilancia, y ordenó a los porteros de las fincas urbanas vigilar para que nadie robara objetos de valor o mobiliario. En realidad, los carnés de milicias ya estaban siendo repartidos por los partidos en nombre del Comité, y los porteros, por el ramo de la UGT, hacía tiempo que venían siendo utilizados para informar a las checas, de cualquier actividad, movimientos de personas, y sobre todo para dar datos precisos del nivel económico y posesión de bienes de ciertas personas, clasificadas de derechas, con detalle de sus domicilios. El Gobierno del Frente Popular disponía también de agentes de requisas. Gran parte de los bienes robados se usaron para enriquecer a los dirigentes políticos que huyeron al exilio.

La represión y depuración en las checas consistió muchas veces en simples venganzas: Delincuentes convertidos en policías, gracias a las milicias, denunciaban como fascistas o facciosos a los policías que les habían detenido tiempo atrás, por diferentes delitos. Esta represión contribuyó en gran medida al hundimiento del Estado de Derecho en la zona republicana. Cualquier método era válido para detener <<desafectos a la causa republicana y gentes

de derechas>>. En otra de sus deleznables acciones, el Gobierno republicano del Frente Popular publicó el 8 de octubre de 1936 un aviso advirtiendo que quien no se presentase en la Casa de la Moneda de la plaza de Colón, dejaría de percibir su pensión. Este aviso, que era para los muchos militares y funcionarios retirados, era una auténtica trampa. Se produjeron arrestos en masa, aumentando la población de las checas.

Al final, las checas acabaron cayendo bajo el control casi absoluto del Partido Comunista de España, es decir, de sus padrinos soviéticos, a medida que el Gobierno del Frente Popular fue entregando al comunismo los resortes de la represión en la II República, alcanzando el máximo auge al iniciar su actividad el siniestro SIM.

Otra actividad espantosa de las checas fue la organización de ejecuciones masivas de presos, las famosas sacas. Tenían los medios, la fuerza de sus armas, para confiscar automóviles, autobuses y medios de transporte, para poder desplazarse y cometer sus fechorías impunemente. Las checas fueron las protagonistas de las sacas masivas de presos en las grandes ciudades: Madrid, Barcelona, Valencia y en otras poblaciones. En Madrid este episodio fue atroz por su elevado número de víctimas. Las grandes sacas comenzaron en Madrid hacia finales de octubre de 1936. Las víctimas eran las personas detenidas y encarceladas sin amparo legal ni acusación formal, en las cárceles de Ventas, Porlier, San Antón y la Modelo. El pretexto, ya se ha indicado, era la necesidad de aniquilar a los simpatizantes del bando nacional, la llamada quinta columna, a medida que se acercaban las tropas nacionales. Entre el 7 de noviembre y el 4 de diciembre de 1936 se llevaron a cabo 33 sacas de presos de cárceles madrileñas.

En los días previos a la ofensiva del Ejército Nacional para tomar Madrid, del 28 de octubre al 7 de noviembre de 1936, y a 12 kilómetros de la capital, el CPIP aceleró su criminal operación de <<limpieza>> de las cárceles madrileñas, cometiendo numerosos asesinatos. Con sus miles de miembros en sus filas, acometió las sacas de las prisiones y procedió a la limpieza de los municipios obreros de Carabanchel Alto y Bajo. Algunos presos eran pasados por la checa de Fomento 9, para hacer la farsa del juicio antes de su ejecución. Comenzó la caótica y brutal evacuación civil de la zona, y los milicianos republicanos, con la moral por los suelos y en plena retirada, disparaban contra aquellos que se negaban a abandonar sus casas, sus hogares, en dirección a

Madrid. Mientras tanto, el Gobierno estaba ocupado en preparar su huida a Valencia. Todos estos asesinatos y matanzas no sucedieron a espaldas del Gobierno. Julio Álvarez del Vayo, ministro de Estado, rechazó en octubre de 1936 una propuesta humanitaria del secretario de Relaciones Exteriores del gobierno británico, Anthony Eden, consistente en un intercambio de presos, para evitar su masacre. Vayo mostró incluso irritación y un gran enfado ante la propuesta y gestiones extranjeras para proteger a los presos, y dejó las manos libres al CPIP para que realizase libremente su tarea de eliminación. Antes de las sacas de Paracuellos, el Gobierno no mostró ningún interés en resolver el problema de los presos de las cárceles madrileñas.

Así, se produjo la saca de 166 presos de la cárcel de Ventas, siendo asesinados en Boadilla del Monte. También el 28 de octubre hubo otra saca en Ventas protagonizada por los milicianos del Comité Provincial de Investigación Pública, los cuales se presentaron en la prisión con un documento oficial firmado por Manuel Muñoz, pero sin la autorización de la DGS, que ordenaba trasladar a los presos relacionados, al penal de Chinchilla. Cuando el director de la prisión se negó a entregar los presos, por desconfiar de los milicianos del CPIP, Galarza ordenó por teléfono la entrega de los mismos diciendo que las órdenes escritas llegarían después. 32 militares y civiles, fueron entregados a los milicianos y ejecutados por éstos en las tapias del cementerio de Aravaca. Las órdenes escritas llegaron, pero con fecha 31 de octubre de 1936, cuando ya habían sido asesinados los presos.

Los presos sacados de la cárcel de Ventas, donde se produjeron las primeras <<sacas>>, eran asesinados de manera deliberada en Aravaca, Paracuellos del Jarama, Torrejón de Ardoz, Boadilla del Monte y otras localidades del extrarradio. Así se produjeron cerca de 2.400 víctimas. En una de estas <<sacas>>, entre el 28 y el 31 de octubre fueron asesinados en Aravaca 47 presos (entre ellos Ramiro de Maeztu y Ramiro Ledesma Ramos).

Había personas que, por sentirse perseguidas o en riesgo de caer en manos de los milicianos, se encarcelaron voluntariamente, en la creencia de que las cárceles madrileñas estarían protegidas de la chusma imperante en la ciudad y eran un refugio seguro. Así lo pensó el abogado José Lagunero de la Torre, que encerró a sus cuatro hijos en la cárcel de Ventas para protegerles. El 30 de noviembre de 1936, los cuatro hermanos fueron sacados y asesinados en Paracuellos.

Entre aquella pandilla de asesinos había auténticos sicópatas, como Maximino de Frutos Llorente, enterrador de cementerio, y responsable de los asesinatos cometidos en el cementerio de Aravaca, que según las crónicas de 1939, se jactó de haber rematado a golpes de pala a 80 víctimas. Esta babosa repugnante fue responsable de los asesinatos del cementerio de Aravaca. Es triste que hoy día se hagan homenajes a gente de esta calaña, catalogándolos como <<represaliados por el franquismo>>. Este individuo fue fusilado el 17 de noviembre de 1939 en el Cementerio del Este de Madrid, en virtud de sentencia firme.

El 2 de noviembre de 1936 fueron asesinados 36 presos más (entre ellos estaban los dos hermanos de Ramón Serrano Suñer, José y Fernando). El 3 de noviembre cayeron otros 40 presos, entre ellos 28 militares. En total en Aravaca fueron asesinadas unas 423 personas. Cuando las tropas nacionales se acercaron a Aravaca, cesaron las matanzas, trasladándose a otros lugares las sacas y los asesinatos, a Rivas Vaciamadrid, Torrejón y Paracuellos. En Rivas, el 5 de noviembre fueron asesinados cien presos más, de ellos treinta y siete militares, sacados del infierno que era la cárcel de Porlier. Las sacas se efectuaban formalmente, es decir a través de órdenes oficiales de libertad o traslado que inexorablemente acababan en asesinato. A partir de este momento, la magnitud de los asesinatos fue tan enorme, y tan clara la implicación de los poderes del Estado, que el crimen adquirió una cualidad distinta.

Los hechos que más trascendieron, por la magnitud alcanzada en la escala del crimen organizado, fueron las famosas matanzas de Paracuellos del Jarama, donde acabaron asesinados y sepultados en fosas comunes los infelices arrastrados en las terribles <<sacas>> de Madrid.

Al llegar Galarza al Ministerio se mecanizó la represión. Las milicias y las checas contaban ya con listados y registros de las organizaciones políticas, religiosas y sociales identificadas con el enemigo y señaladas como enemigos de clase a exterminar. Los listados los facilitaba el propio Ministerio de Gobernación (hoy de Interior), es decir, Galarza. Las pobres víctimas identificadas como enemigos, y otros muchos más, denunciados por las checas, eran detenidos, llevados a cárceles oficiales o de partido y asesinados a un ritmo creciente. Ritmo que se intensificaba a medida que las tropas nacionales se acercaban a Madrid.

La complejidad de la organización de estas matanzas, y la rapidez con que fueron eliminadas varios miles de personas, son prueba irrefutable de que había una voluntad deliberada de exterminio, siendo además imprescindible el empleo de los medios del Estado para llevar a cabo dicho exterminio.

Convendría que los defensores de la <<Memoria Histórica>> repasasen estos hechos con el fin de sacar alguna conclusión positiva en honor de la verdad, la justicia, y sobre todo de la dignidad de las víctimas, en lugar de falsear la verdad para cambiar la Historia adecuándola a su <<bondadosa>> ideología.

La mayoría de las víctimas fueron asesinadas y sepultadas en Paracuellos, en el conocido Arroyo de San José. Considerando una cifra mínima, en Paracuellos del Jarama fueron asesinadas 4021 personas identificadas, sin contar los cadáveres exhumados en otros lugares de la provincia de Madrid. Fue la mayor matanza masiva de la guerra y la más contundente prueba de la implicación política y culpabilidad del Gobierno republicano y del Frente Popular en el asesinato de tantas personas. La Consejería de Orden Público la encabezaba Santiago Carrillo Solares, por lo que no se puede negar su responsabilidad en las matanzas. El presidente del Gobierno era en ese momento Francisco Largo Caballero, y el de la República, Manuel Azaña.

Se calcula en 5.000 o más el número de víctimas enterradas en Paracuellos, entre identificadas y sin identificar, pues tras la guerra se inhumaron en Paracuellos otras víctimas procedentes de distintos lugares de Madrid. Nunca se sabrá el número exacto de personas asesinadas y enterradas en Paracuellos, ni tampoco es posible su identificación completa. Entre las víctimas hubo 276 menores. En el capítulo dedicado a <<Complicidad del gobierno de la república en los asesinatos>> se relata el <<esfuerzo>> del gobierno republicano por evitar que se supiera en el mundo lo que realmente estaba sucediendo en España.

El principal testimonio de este espeluznante asunto es el del policía Alvaro Marasa Barasa, que había efectuado expediciones de presos a Paracuellos, fusilado el 9 de agosto de 1940 en el cementerio del Este, en Madrid, y que declaró acabada la guerra que las víctimas eran seleccionadas por el delegado de orden Publico, Serrano Poncela, con el pretexto de una orden de traslado. Por la tarde, los presos, previamente despojados de sus objetos personales, eran atados a veces de dos en dos, por los codos, y sacados de las cárceles en convoyes de autobuses escoltados por milicianos. Se usaron autobuses de dos pisos, del transporte urbano de Madrid. Al llegar al lugar de la ejecución, les hacían bajar formando largas filas. Allí esperaban cientos de milicianos, sobre todo comunistas y anarquistas traídos expresamente desde la capital a participar en aquella macabra fiesta, y que se iban relevando en los piquetes de ejecución.

El número de muertos era tan elevado que ya no había sitio en las fosas para más cadáveres. El espectáculo era horripilante. Los cadáveres de matanzas anteriores se acumulaban sobre el campo envueltos en sangre, a la vista de los que iban a ser ejecutados. Unos quinientos vecinos del pueblo fueron obligados, pistola en mano, a cavar nuevas zanjas y fosas, de unos dos metros y medio de profundidad, bajo severa amenaza de muerte si revelaban cualquier información posteriormente. Se sabe que algún vecino enloqueció acabada la guerra. El comunista Faustino Villalobos García, dirigente de Radio Comunista de Ventas, y sus secuaces, se aseguraban de que las organizaciones locales de la UGT y el PCE en Paracuellos y Torrejón de Ardoz enterrasen los cadáveres tan pronto fuera posible. Los cadáveres, amontonados, eran arrastrados a las zanjas mediante cuerdas, garfios y mulas, por los vecinos, obligados pistola en mano, a realizar esa macabra tarea, enganchando los cadáveres por la boca, como si de peces se tratase, o con un lazo al cuello, arrastrándolos hasta la fosa como si fuesen animales. Los presos del día 8 fueron llevados a Soto de Aldovea, a una finca expropiada al lado de Torrejón de Ardoz, pues ya no cabían más cadáveres en las fosas de Paracuellos, donde fueron fusilados o ametrallados al pie de una gran acequia y allí mismo sepultados. De esta acequia se exhumaron tras la guerra 414 cadáveres. Era una acequia seca abandonada, un cauce seco llamado *caz*. Y continuaron las sacas de las cárceles de San Antón, de la cárcel Modelo y de la cárcel de Porlier. En esta etapa siendo Carrillo responsable de Orden Público, se produjeron más de 2000 muertos. La cifra fue mucho mayor, pues hubo muchas víctimas que no figuraron en ninguna lista.

El soviético Kolsov seguía insistiendo al Comité Central del PCE en la necesidad de ejecutar a los presos de las cárceles en Madrid. Acto seguido Castro Delgado indicó al comisario del Quinto Regimiento, del PCE las instrucciones: <<comienza la masacre. Sin piedad: La quinta columna de que habló Mola debe ser destruida antes de que comience a moverse. No te importe

equivocarte>>. En la tarde del 6 de noviembre de 1936, Carrillo y Cazorla se habían entrevistado con Largo Caballero en el Ministerio de Guerra y después con el comité central del PCE. El plan era exterminar a la llamada quinta columna, es decir, los partidarios de las tropas nacionales ocultos. Kolsov empezó a hacer gestiones y a entrevistarse con los comisarios políticos para acelerar la evacuación de los presos, es decir, su exterminio. Por esas fechas, primeros de noviembre, el cerco de Madrid por las tropas nacionales era angustioso. El Partido Comunista controlaba ya todas las salidas y accesos a Madrid, y entonces el Gobierno del Frente Popular decidió abandonar Madrid, huyendo como ratas, e instalándose en Valencia el 6 de noviembre de 1936. Comenzaron a acelerarse las matanzas. Enrique Castro Delgado se entrevistó con Santiago Carrillo y otros gerifaltes de las Juventudes Socialistas Unificadas, entre ellos Serrano Poncela y Cazorla, dentro del Partido Comunista, para abordar la cuestión.

Mientras el Gobierno preparaba su huida a Valencia, había dejado nombrada en Madrid una Junta de Defensa integrada por todos los partidos del Frente Popular y presidida por el general Miaja. La consejería de Orden Público se encomendó a Santiago Carrillo, como consejero, Cazorla era su suplente y Serrano Poncela su lugarteniente, con el cargo de Delegado de Orden Público. Animados por los soviéticos, comunistas, socialistas y cenetistas que controlaban la Junta de Defensa de Madrid, decidieron entre todos la <<inmediata ejecución>> de todos los <<fascistas y elementos peligrosos>> que hubiera entre los presos. Y así comenzaron las matanzas de Paracuellos.

Poco después, el PCE, en su historia oficial de la guerra, elogiaba a Carrillo y a Cazorla, afirmando que ambos hicieron un buen trabajo ejecutando las órdenes de limpieza a la perfección. Otro dato más que prueba la responsabilidad de Carrillo en los execrables crímenes cometidos contra personas inocentes. Además, los comunistas presumían descaradamente de haber liquidado la quinta columna en el otoño de 1936, por lo que los miembros de ese partido que participaron en las matanzas de Paracuellos, fueron recompensados.

También son definitivos los documentos procedentes de los archivos soviéticos. Dimitrov, secretario general de la Konmintern, en una carta al ministro de guerra del tirano Stalin, de fecha 30 de julio de 1937, le comunicó que cuando los <<fascistas>> se estaban aproximando a Madrid, Carrillo, que era entonces gobernador, dio la orden de fusilar a los funcionarios. He aquí otra prueba más de la criminal responsabilidad de Carrillo.

También hubo sacas masivas de presos, con la posterior ejecución de los mismos, en Ocaña (Toledo), (un contingente de milicianos escoltados por guardias de asalto, que se llevó 152 presos y los fusiló). Es preciso relatar el caso de Ocaña, pues demuestra una vez más en manos de quien estaba el poder, y la inoperancia del criminal Gobierno del Frente Popular. En octubre de 1936 se formó en esa localidad toledana un <<improvisado tribunal>>. Cuando Toledo cayó en manos del bando Nacional, llegaron a Ocaña dos individuos huyendo de Toledo, que relataban entre gestos de horror lo sucedido al otro lado de las trincheras. Sin más comprobaciones, la reacción de los milicianos, por cierto socialistas, fue inmediata: La noche del 19 al 20 de octubre, 300 milicianos y fuerzas de la guardia exterior del reformatorio que servía de cárcel, se dirigieron a ella y exigieron al director las llaves para sacar a los allí detenidos. Ante la negativa de éste y de una parte de los funcionarios, asaltaron la cárcel y sacaron a unos 152 detenidos, a culatazos y a punta de bayoneta. Los subieron a camiones y los llevaron a las tapias del cementerio, donde los fusilaron. Sobrevivieron tres. El resto fue enterrado al día siguiente en una fosa común. Las víctimas eran 48 de Ocaña, (Toledo), unos 30 de Villarrobledo (Albacete), y el resto de otras localidades.

Similares hechos ocurrían en muchas localidades de la zona republicana, en Guadalajara, Ciudad Real, Santander, Castellón, Cartagena, Menorca, Almería, Motril, Adra, Málaga, Albacete, Alicante, un sinfín de localidades que padecieron la fiebre del exterminio del Frente Popular.

En Almería, en zona republicana toda la guerra, se alcanzó un grado de perversidad inigualable, con los famosos pozos de noventa metros de profundidad sin agua. A ellos arrojaban a las víctimas, algunos vivos, tras dispararles junto al borde. El pozo de *la Lagarta*, en Tabernas, el pozo del cortijo Cantavieja, en Tahal y otros se llenaron de víctimas inocentes. Después fueron cegados con piedras y cal viva para ocultar los crímenes. En Almería también se produjeron terribles sacas y fusilamientos de inocentes. Sacados de la cárcel del Ingenio, del buque *Astoy Mendy*, convertido en prisión, y de otras cárceles, eran llevados al matadero. En la playa de la Garrofa, eran subidos a barcas, atados con alambre, y una vez mar adentro, arrojados al mar, tras dispararles. En Berja, en el cementerio, fueron también asesinados otros cuantos párrocos.

En Vicar, en el *Barranco del Chisme* también cayeron algunos infelices, la mayoría religiosos, entre ellos los obispos de Almería y Guadix, y el torero Juan Colomina Pérez.

Hubo casos terribles, como el sucedido en Huescar, Granada, cuando una columna de 30 guardias civiles fue masacrada al intentar pasarse de Huescar a Granada. Los milicianos los fueron asesinando y abandonando sus cadáveres en los campos y cunetas, hasta que al final fueron asesinados en pequeños grupos y arrojados al barranco del Amparo, hoy llamado *Barranco de los Civilillos*. Sus familias tuvieron que mendigar en Huescar y pueblos limítrofes el resto de la guerra para poder sobrevivir. Como se puede ver, todo un compendio de crímenes y asesinatos masivos para dotar de material de estudio a los defensores de la <<Memoria Histórica>>. Es preciso decirlo una y otra vez. La verdad no se puede ocultar ni amoldar a un pensamiento determinado.

En Fuenteovejuna (Córdoba) hubo unos 50 asesinados. En Cebreros (Ávila) unos 65. En el barco prisión *Isla de Menorca*, fondeado en Castellón, 56 presos fueron asesinados. Igual ocurrió en los barcos prisión atracados en Tarragona y Mahón donde fueron asesinados 25 y 80 presos respectivamente.

El 25 de septiembre de 1936 tras un bombardeo de la aviación Nacional sobre Bilbao, una multitud de personas, milicianos incontrolados, se dirigió enfurecida por los muelles de la ría del Nervión, donde estaban fondeados los buques *Altuna Mendi* y *Cabo Quilates*, utilizados como buques prisión, instando a los guardianes a la ejecución de los presos allí encerrados. Algunas personas consiguieron subir a los barcos. Del *Altuna Mendi* fueron sacados 30 infelices, y ejecutados 28 de ellos. En el *Cabo Quilates* también corrieron la misma suerte otros infelices.

El 2 de octubre de 1936, los marineros del buque Jaime I asaltaron también los buques prisión *Altuna Mendi*, donde se toparon con la oposición de la guardia, no pudiendo acceder al barco, y el *Cabo Quilates*, donde sí consiguieron entrar y asesinar a 49 personas.

Se cometió también el asalto del buque prisión *Alfonso Pérez* en Santander el 27 de diciembre, arrojando granadas por las escotillas y tiroteando a los presos. Ejecutaron a 160 presos. La matanza fue dirigida por las autoridades: el consejero de Justicia cántabro (un anarquista como representante de la Justicia), el gobernador civil, socialista, y el jefe de policía.

Socialistas, dejando libre acción a los comités. Era una fiebre revolucionaria asesina cuyo único fin era matar y robar.

Hay muchos casos más de asaltos a cárceles. La sed de sangre se saciaba cuando las turbas asaltaban las cárceles u otros centros de detención, y asesinaban a cuantas personas podían, en represalia por los bombardeos sufridos y reveses o derrotas militares. Así ocurrió en Extremadura, en Almendralejo, en Burguillos del Cerro, en el Pontón, en Aljucén. En Guareña, en Medellín, en Puente del Guadiana, en Zamalea de la Serena, en Alia, en Talavera la Real, donde encerraron a 59 personas en la iglesia para incendiarla sin conseguirlo, pues huyeron ante la inminente llegada de los nacionales. En Cabeza de Buey, en Siruela, en Talarrubias en Castuera, en Granja de Torrehermosa, en Campillo de Llerena, en Azuaga. Son incontables las matanzas producidas por las represalias de guerra protagonizadas por la chusma y los milicianos armados. En Gijón, en Málaga, en Guipúzcoa, en Tarragona, en Cartagena, en Alicante, se produjeron asesinatos masivos. Hay infinidad de casos documentados de estas matanzas, así como de quemas de registros y archivos. Estas represalias eran auténticos crímenes de guerra y tiñeron de sangre la retaguardia republicana.

Hubo casos de auténtica celebración en la zona republicana, como sucedió con el hundimiento del crucero *Baleares*, uno de los buques insignia de la marina de Franco, en el que murieron 786 hombres. Fue hundido por los torpedos del destructor republicano *Lepanto*.

La saca de La Tallada (Gerona) fue la última, el 7 de febrero de 1939, ya en la cercanía de la derrota, donde fueron asesinados 13 presos derechistas.

En los traslados de presos en trenes ocurrieron hechos similares de asesinatos. En Ciudad Real, en Castuera (Badajoz), en Valdepeñas (Ciudad Real), y el más famoso, *el tren de la muerte* Jaén-Madrid, la primera gran matanza pública de civiles de la Guerra Civil, relatada de forma magistral por Santiago Mata en su libro *El tren de la muerte,* en el que expone los datos Históricos de este criminal suceso.

En Guadalajara, donde fracasó la sublevación militar, los milicianos se hicieron con el poder. Las fuerzas del Frente Popular detuvieron a cientos de personas <<sospechosas de mantener vínculos con la derecha>>, y entre julio y diciembre de 1936 las fueron ejecutando. El 6 de diciembre, los milicianos asaltaron la prisión, cerraron las celdas, y después, sacando de uno en uno a los infelices, los asesinaron en el patio de la prisión en una fiesta que duró ocho horas. De nuevo ninguna autoridad oficial del Frente Popular se interpuso a la matanza.

En Ibiza se cometió una de las más espantosas matanzas disfrazada de represalia de guerra sobre población civil: El 8 de agosto de 1936 las tropas milicianas de Bayo ejecutaron a 300 personas.

Hechos parecidos se produjeron en el área de Belchite, en el verano de 1937, en los pueblos de Quinto, Codo y Bujaraloz, donde las tropas republicanas fusilaron a todos los soldados nacionales capturados, y a algunos vecinos de los pueblos conquistados. En Belchite entraron en el hospital de campaña y asesinaron a varias decenas de soldados nacionales convalecientes por sus heridas.

CHECAS DE MADRID

Las autodenominadas fuerzas <<progresistas>> durante la II República española, con el respaldo directo de los aparatos del Estado, y el apoyo directo o silencioso de quienes habían sido elegidos como <<referentes morales>> de la sociedad, llevaron a cabo una represión cuyo fin era la eliminación de lo que consideraban <<enemigos de clase>>. La represión alcanzó su grado máximo cuando los comunistas, con el apoyo de la URSS comenzaron a apoderarse de los resortes del poder. La República se había convertido en un Estado totalitario.

En Madrid, la checa más terrible fue la de Bellas Artes, trasladada enseguida a la calle de Fomento, con más de mil asesinados en su historia. Madrid fue la capital con mayor número de checas, hubo más de doscientas veinticinco, aunque investigaciones posteriores apuntan al número de 345, inspiradas todas en el modelo soviético. Son datos por supuesto documentados. Es imposible detallarlas todas, así como su historial delictivo. Pero con algunos ejemplos es suficiente para mostrar el grado de perversidad alcanzado por aquella tropa de maleantes.

En la checa Serrano, 43, un hotelito requisado, los comunistas organizaban el terror, minucioso, sistemático y de exterminio. A esta checa fue conducido Joaquín Dorado y Rodríguez de Campomanes, Marqués de San Fernando, y Pedro Ceballos su cuñado, cuando Manuel Iglesias, Manuel Carreiro *El Chaparro*, Antonio Delgado *El Hornachego* y otros milicianos apodados *"El Ojo de Perdiz"*, *"El Vinagre"* y *"El Cojo de los Molletes"*, los sacaron el 7 de noviembre de 1936 del domicilio del primero, del marqués, conduciéndoles a la checa de la calle Serrano nº 43, donde debieron padecer lo suyo. No tuvieron más tiempo para sufrir, pues sus cadáveres aparecieron a la mañana siguiente en la Pradera de San Isidro.

Uno de estos sujetos, cuya biografía y hechos delictivos se pueden ampliar, con datos documentados, Manuel Iglesias, era abuelo del pintoresco individuo que fue Vicepresidente del Gobierno de España de enero de 2020 a mayo de 2021, al cual han insuflado todo el odio posible para cambiar la Historia y borrar el pasado de su abuelo, y de su padre, que fue miembro del FRAP, (grupo terrorista de España actualmente disuelto), y que participó en el asalto a un banco en Valencia en 1972, en el que resultó muerto por apuñalamiento un guardia de seguridad de 22 años, hecho ruin del que se jactaría después.

Por cierto, que hay otro pariente más del susodicho sujeto, con una actuación también espectacular durante la Guerra Civil. Se trata de Ángel Santamaría Torremocha (1906-1939), natural de Puente de Vallecas, Madrid, que fue tío abuelo del mencionado Vicepresidente, hermano de su abuela materna. Perteneció al grupo de jóvenes panaderos socialistas que, encabezados por el temido Enrique Puente, actuó en la primavera de 1936 como <<servicio de orden>> del PSOE.

Este panadero pasó a ser miembro de la sangrienta Motorizada de Prieto, pistolero del PSOE y después fue comisario político. Más tarde se unió al Batallón Pablo Iglesias. Era miembro del Sindicato de Artes Blancas de la UGT. Era un componente del grupo miliciano *Los cinco diablos rojos*. Este grupo participó en la matanza del tren de Jaén. Este grupo efectuó robos, detenciones y asesinatos, como los de la Casa de Campo perpetrados por los *Chiribis*, según declaraciones de testigos. Fue comisario político de la aviación republicana. Dentro de sus funciones como comisario político, tenía que vigilar estrechamente a los miembros del Ejército para asegurarse de que obedecieran fielmente las consignas ideológicas de la República. Su papel era el de un vil delator. Pero lo importante es que iba en la camioneta número 17 de la Guardia de Asalto que sacó a la fuerza de su domicilio a José Calvo Sotelo para asesinarle. Es un dato más. Hay testimonios y acusaciones contra él, de participación en robos y asesinatos, pero no hay pruebas. Fue fusilado en Paterna el 19 de diciembre de 1939, tras ser juzgado y condenado a muerte. Posteriormente también se le han hecho homenajes, con gran profusión de llanto y otras manifestaciones hipócritas de pena que rayan en lo grotesco.

Volviendo al asunto de las checas, un caso siniestro fue el del <<Túnel de la muerte>> en el barrio de Usera, entre octubre y noviembre de 1937. Esta operación fue organizada por los mandos comunistas de la 36 Brigada Mixta. La trampa consistía en simular una red de evacuación para las personas que deseaban pasar a la zona nacional. Muchas de ellas estaban refugiadas en las sedes diplomáticas. Los responsables de la red eran dos oficiales de la 36 Brigada, el comandante Durán y el capitán Cabrera. Dos auténticos canallas. Cabrera hacía de <<cebo>>. Sus víctimas eran familias adineradas dispuestas a pagar una gran suma por su evacuación. Los cazadores de personas hicieron ocho expediciones. Sus víctimas eran encerradas en las habitaciones de un hotel. En su sótano había una bodega con largas galerías (de ahí el nombre de túnel), donde las víctimas eran torturadas, interrogadas y asesinadas. Las joyas y el dinero arrebatados a las infelices víctimas se enviaban a la capital, donde se repartía entre los mandos de la Brigada. Tras la guerra, fueron exhumados en el túnel de Usera sesenta y siete cadáveres, maniatados. Solo se pudo identificar a treinta y seis cadáveres.

CHECA DEL CÍRCULO DE BELLAS ARTES

Fue una de las checas más temibles. La sola mención de su nombre causaba pavor entre los habitantes de Madrid.

El CPIP (Comité Provincial de Investigación Pública) fue un órgano paraestatal, creado en Madrid para la vigilancia y represión, conocido como checa de Bellas Artes, instalada en el Círculo de Bellas Artes, en la calle Alcalá 42 y trasladada antes de un mes de su creación a la calle Fomento 9. Los operarios de este antro, dirigidos por un miserable que fue atracador de bancos, Felipe Sandoval, alias *Doctor Muñiz* actuaban por su cuenta, realizando detenciones, expolios y ejecuciones a su antojo. Los sueldos de estos individuos, la checa tenía una plantilla de 400 personas, procedían del fruto de los saqueos. El CPIP fue una de las organizaciones más sanguinarias de la Guerra Civil. Su creación fue impulsada por Azaña. El CPIP obtenía ayuda del Ministerio de la Gobernación, de la Dirección General de Seguridad y, a partir del 7 de noviembre de 1936, de la Junta de Defensa de Madrid. Desde el CPIP se coordinaba, junto a la Dirección General de Seguridad, a los más de 5.000 asesinos de las MVR, Milicias de Vigilancia de Retaguardia. Aunque el CPIP fue abolido por Carrillo el 12 de noviembre de 1936, sus agentes siguieron ejerciendo un papel crucial en los asesinatos.

En esta checa, la famosa checa de Fomento, hubo más de 2000 ejecuciones. Fue la sede alternativa de la Casa del Pueblo y Comité Popular de Abastecimiento. El nombre de Fomento 9 causaba auténtico pánico y provocaba escalofríos. Era lo mismo que decir la casa de la calle Lubianka de Moscú.

María Teresa León, Rafael Alberti, Santiago Carrillo, la Pasionaria, Fernando Claudín o Margarita Nelken son algunos de los intelectuales, escritores y políticos vinculados al Partido Comunista que pasaron por el Círculo, es decir, por la checa de Fomento, desde 1938 cuando los comunistas se instalaron en el edificio. Y no pasaron por la checa precisamente para dar consejos de urbanidad y cortesía a la pandilla de desalmados que la regentaban.

CHECA DE LOS SERVICIOS ESPECIALES DEL MINISTERIO DE GUERRA

Esta checa fue famosa por su crueldad. Dependía de la segunda sección de Estado Mayor, con sede en el Palacio de Buenavista, y quedó al cargo del socialista Fernando Arias Parga y del miembro de las Juventudes de Izquierda republicana, Prudencio Sayagües, los cuales contaban para sus servicios con una cuadrilla de pistoleros, donde destacaban unos hermanos, los Colinas Quirós, afiliados al partido comunista y que eran los encargados, sin ningún tipo de control, de saquear y asesinar por su cuenta. Un sujeto depreciable, cura excomulgado, llamado Pablo Sarroca Tomás, gran amigo de Manuel Azaña, se convirtió en uno de los interrogadores más implacables y malvados de aquel lugar. Este capellán, miserable por naturaleza, cambió los hábitos por una vida de depravación lujuriosa y de borracheras y acabó su miserable existencia en el cementerio de Alcalá de Henares en 1940, fusilado tras ser condenado a muerte en consejo de guerra.

Es preciso extenderse en las actividades de la checa del Ministerio de la Guerra, pues se ensañó de una manera brutal en los fusilamientos y asesinatos de muchachos y muchachas de corta edad, los cuales aparecieron al acabar la guerra en zanjas del extrarradio de Madrid. Esta salvaje persecución contra víctimas indefensas tampoco se menciona en la <<Memoria Histórica>>. En cambio, se dedican todos los esfuerzos y medios posibles a buscar <<huesos enterrados>>, que a veces tienen que volver a tapar y dejar donde estaban, para no revelar un hecho o secreto inesperado. El cerebro no da para más a cierta gente.

El terror que implantó esta checa tuvo un enorme radio de ejecución, pues no solo actuaron los chequistas en pueblos de la provincia de Madrid, sino que ampliaron sus fechorías a pueblos de la provincia de Toledo, donde pasaron, arrasando, con total impunidad, como una ola siniestra de crimen y latrocinio. Esto hicieron en los Navalucillos, un pueblo de Toledo, donde los mencionados hermanos Colinas Quirós detuvieron a un buen número de personas inocentes y, tras robarles todos sus bienes les llevaron a la checa, desde la cual, al cabo de dos días fueron conducidos a Paracuellos del Jarama para ser asesinados, arrojados y enterrados en una de las múltiples zanjas existentes para este fin.

Cuando las tropas nacionales se acercaron a la Ciudad Universitaria, los asesinos Arias y Sayagües escaparon a Valencia, y la checa pasó al mando del miserable Manuel Salgado Moreiras, de infame memoria, pues fue el creador de la falsa embajada de Siam, y el autor de otros horrendos actos criminales.

Este indeseable y sus pistoleros anarquistas trasladaron la checa a los sótanos del Ministerio de Hacienda, a la calle Alcalá, llamándose entonces la Checa del Ejército del Centro, aumentando la plantilla con más gentuza procedente de la disuelta checa de Agapito García Atadell, y otros sujetos miserables como César Ordax Avecilla, Manuel Penche, Bernardino Alonso, Pedro Orobón y la mecanógrafa *Manolita*. En fin, toda una cohorte de asesinos miserables dedicados al saqueo, al pillaje y al crimen. El verdadero órgano rector de las actividades de esta checa era el comité regional de Defensa de la CNT, sito en calle Serrano 111, a cuyo frente estaba otro asesino, Eduardo Val.

CHECA DE LA AGRUPACION SOCIALISTA MADRILEÑA

Estaba instalada en un palacio incautado por el PSOE al Conde de Eleta en la calle de Fuencarral, 103. Tuvo un papel fundamental en la persecución religiosa y en matanzas masivas (Boadilla del Monte). La dirigía Julio de Mora Martínez, un antiguo albañil que después mandó el DEDIDE (Departamento Especial de Información del Estado) del ministro asesino Galarza.

Esta checa surgió en el departamento de la Agrupación Socialista Madrileña denominado Comisión de Información Electoral Permanente (CIEP). Este departamento poseía estudios sobre el censo electoral de Madrid, lo que le daba una excelente información y datos sobre la ideología política de los madrileños. Estas listas en manos de estos individuos eran un eficaz instrumento de muerte para ejercer mejor su labor asesina. Esta checa comenzó su actividad en julio de 1936 incautando (más bien robando) para el PSOE casi mil inmuebles.

El policía profesional Anselmo Burgos Gil se encargaba de la actividad chequista, es decir, de los secuestros, torturas y asesinatos. Este tipo fue después jefe de la escolta del embajador de la URSS. Le ayudaba en su criminal tarea el también socialista David Vazquez Baldominos. Esta checa cometió numerosos asesinatos de monjas y personas católicas. Las víctimas eran enterradas, a veces, en fosas de Boadilla del Monte. Así fueron enterradas un grupo de monjas asesinadas por estos <<defensores de la libertad>>.

CHECAS DE PARTIDO Y SINDICATO

La CNT contó con muchas en Madrid, instaladas por lo general en los Ateneos Libertarios (así se llamaban las células anarquistas del distrito). Hubo una checa de Narváez, otra de Ferraz, otra de Ventas, otra de Tetuán, otra de Atocha (la de las milicias ferroviarias del sindicato). Además de la actividad represiva propia, colaboraban también con anarquistas que trabajaban para otras checas oficiales.

CHECAS DEL PCE

El PCE tuvo checas muy significativas. La más relevante desde el punto de vista político fue la de San Bernardo, en la iglesia sita en los números 72 y 74 de esa calle de Madrid. Esta checa tenía delegaciones en otras calles, y un taller (la Fundición Pasionaria) donde se fundían los metales preciosos robados en los registros y saqueos domiciliarios. Otras checas fueron la de Lista y la de Guindalera, conocida por la crueldad de sus torturas. En estas dos actuaron dos delincuentes comunes que habían sido liberados por el Frente Popular, Jacinto Vallejo y Román de la Hoz Vesgas, alias *El Vasco*. Ambos fueron fusilados tras la guerra, el 16 de mayo de 1940 y el 26 de febrero de 1943 respectivamente, tras ser sometidos a juicio y condenados a muerte.

CHECAS DEL PSOE

El PSOE era el partido más fuerte del Frente Popular, y sus checas tuvieron un gran protagonismo en los primeros meses de la guerra. Sus dirigentes acapararon después cargos importantes en los aparatos represivos del Estado y sirvieron para explotar verdaderos negocios inmobiliarios, producto de las incautaciones y los robos. El sistema de incautaciones dio lugar a un intenso tráfico económico, viéndose algunos de estos dirigentes socialistas envueltos en casos escandalosos del chequismo. El mayor de ellos fue el caso de Agapito García Atadell. Este individuo, recién nombrado policía junto a otro centenar de elementos del PSOE, fue nombrado, por recomendación del PSOE, jefe de las Milicias Populares de Investigación. Dependían todos de la Brigada de Investigación Criminal de la policía. Se instaló esta sección, mandada por García Atadell en el Palacio de los condes de Rincón en Madrid, en la esquina de la calle Martínez de la Rosa con el Paseo de la Castellana. Lógicamente, el edificio había sido previamente confiscado, y en él instalaron estos delincuentes su famosa checa que estaba formada por cuarenta y ocho agentes nuevos. Como segundo al mando actuaba Ángel Pedrero García, y como jefes de grupo Luis Ortuño y Antonio Albiach Chira. A partir de ese momento comenzaron su carrera delictiva, consistente en detenciones, registros domiciliarios, robos, extorsiones y asesinatos, actuando siempre con violencia y sin proceso judicial alguno. La checa se financiaba con el producto de los robos efectuados. El tal Agapito se aseguraba de que la prensa, sobre todo el diario *Informaciones*, diese una gran difusión a la gran <<labor revolucionaria>> que realizaba esta pandilla de criminales.

CHECAS EN CATALUÑA

El gobierno catalán siempre estuvo dirigido por Luis Companys durante la Guerra Civil, por lo que tanto él como la propia Generalidad son responsables de lo ocurrido en las checas, ya fueran anarquistas, socialistas o comunistas quienes ejecutasen los actos de terror y demás crímenes.

En Cataluña había ocurrido algo parecido a Madrid. Las milicias, armadas por el Gobierno, se hicieron fuertes después de aplastar la sublevación militar, aunque en realidad fue la Guardia Civil, con el General Escobar a la cabeza, quien lo hizo. Las milicias armadas impusieron sus condiciones al poder legal. La Generalidad se sometió al poder y al orden miliciano, igual que en Madrid. Este Orden se estableció en el Comité Central de Milicias Antifascistas, creado el 20 de julio. En él se hallaban representados todos los partidos catalanes del Frente Popular (Esquerra Republicana, con su ala radical Estat Catalá, el sindicato socialista UGT, los partidos comunistas POUM – Heterodoxo y PSUC estalinista), y el grupo anarquista CNT/FAI que era el más poderoso tanto en significación política como en activismo revolucionario. Quedó así constituido un doble poder, uno político y otro revolucionario.

En este contexto político nacieron las checas en Cataluña, comenzando a actuar ejerciendo su reinado de terror. Las milicias del Comité, estructuradas como Patrullas de Control, situaban puestos de control en calles y carreteras, registraban domicilios, fincas, almacenes, detenían a religiosos, a católicos, a carlistas, a patronos, a comerciantes, y a cualquier sospechoso de simpatizar con la derecha, bien fuese la catalana o la española. Toda Cataluña estaba supeditada al control y dictamen de estas pandillas de forajidos, las Patrullas de Control, al igual que en Madrid de los Comités Populares.

En Barcelona capital funcionaron 23 checas anarquistas y 16 estalinistas, incluidos los barcos-prisión *Villa de Madrid* y el *Uruguay*. Las dos checas más crueles de Barcelona durante la Guerra Civil, las de Vallmajor y Zaragoza, fueron creadas en julio de 1936 y rediseñadas en 1937 para la tortura por el yugoslavo de origen austriaco Alfonso Laurencic. Este cerdo, torturador refinado y artista de la tortura, fue atrapado en febrero de 1939, juzgado y fusilado el 9 de julio de 1939 en el Campo de la Bota (Barcelona).

Las checas más famosas de Barcelona fueron las de las calles Muntaner, Sant Elies, Vallmajor, Portal de l'Angel, Pau Claris y las de la Plaza de Catalunya. Otra checa terrible fue la de Sant Elies. Apenas sobrevivió nadie que hubiera pasado por ella. A los detenidos por esta checa los llevaban a la Rabassada (carretera de Barcelona a Sant Cugat pasando por el Tibidabo) o a los cementerios de Les Corts y Moncada i Reixac, donde los fusilaban. Esta checa hizo una gran aportación a la historia del horror, al instalar un horno crematorio para deshacerse de los cadáveres. El Palau también fue convertido en checa, estaba en Montjuic, y arrojaban los cadáveres junto al cementerio del monte. Se calcula el número de muertos por este horror en Cataluña en 8350 personas. Es una cifra considerable, 3 de cada mil catalanes. La mayoría de ellos habían pasado por las checas. No era un secreto lo que estaba ocurriendo. Todo el mundo lo sabia, pues la prensa lo publicaba con grandes elogios y muestras de entusiasmo. El Times publicada el 27 de enero de 1937 la cifra de 4.000 asesinatos políticos en Barcelona durante el año anterior.

CHECAS EN VALENCIA

Fue la otra gran capital de las checas. La organización de la represión corría por cuenta de los partidos del Frente Popular prácticamente sin intervención de instancias gubernamentales. Cuando Diego Martínez Barrio llegó a Valencia, huyendo de Madrid, tras su corto mandato o gobierno de tres horas, y tratando de imponer su autoridad, como comisionado del Gobierno que era, se encontró con que nadie le hacía caso. En la ciudad imperaba la anarquía total y el caos revolucionario.

Los partidos revolucionarios habían controlado desde el 19 de julio toda la vida de la región. Se constituyeron en los llamados Comités de salud pública y se entregaron a la represión salvaje, al saqueo y al asesinato. En estas circunstancias nacieron las checas en Valencia. Tomaron su forma definitiva en noviembre de 1936, cuando el gobierno del Frente Popular, huido de Madrid, se instaló en la ciudad. Fue entonces cuando el ministro Galarza, igual que hizo en Madrid, creó el organismo para centralizar el trabajo de las checas, el DEDIDE (Departamento Especial de Información del Estado), que al año siguiente se integró en el SIM, (Servicio de Información Militar), organismo siniestro, de nueva creación. En Valencia el responsable del SIM fue Loreto Apellániz, elemento de siniestra memoria cuyo nombre causaba terror en Valencia. Este tipo era inspector de policía, había dirigido la checa del Sorní, y recibía instrucciones del NKVD, de Erno Gerö. Bajo su mandato se alcanzaron cotas inauditas en las actividades de robo, saqueo, torturas y asesinatos producidos tras las detenciones ilegales que ejecutaban los chequistas. Se calcula en unas 6.000 las personas asesinadas en las checas de Valencia.

La checa de Santa Úrsula, instalada en ese convento, junto a las torres de Quart, fue un caso relevante de terror. Dirigida por el comisario de policía Juan Cobo, esta checa acogió a un buen grupo de chequistas que llegaron a Valencia con el Gobierno de la República, huido de Madrid. En esta checa se produjo un suceso espeluznante a partir del cual fue llamada esta checa el Dachau de España. Había a principios de 1938 unos 200 antifascistas y antiestalinistas detenidos en esta checa, cuyo cementerio se estaba limpiando, estando pues las tumbas abiertas, con los esqueletos y cadáveres a la vista, y los muertos más recientes en descomposición. Los chequistas encerraron allí durante noches y noches a los detenidos más obstinados o conflictivos. Estos actos deplorables para la especie humana eran realizados por una tropa de depravados individuos que consideraban que sus actos eran aprobados por la Pasionaria.

Destacaron también las checas de Grabador Esteve, Navellos, Carniceros (llamada preventorio número 1 del SIM) y la de Escolapios de Gandía, dirigida por Roberto Espinosa, delegado del gobernador civil de Valencia. Se calcula en unas 55 las checas que existieron en Valencia.

En otro territorio, en el bajo Aragón, en Caspe (Zaragoza), operaba otra temible checa compuesta por una pandilla de desalmados, milicianos que habían acompañado a Buenaventura Durruti causando estragos por Aragón, que estaba formada por cuarenta individuos vinculados a la FAI de Cataluña. Su nombre era *La Brigada de la Muerte,* y su checa estaba en la calle Rosario número 12 de Caspe. El líder de esta banda de forajidos era Pascual Fresquet. No combatían sino que <<purificaban la retaguardia>>. Sin duda era menos peligroso asesinar inocentes desarmados que enfrentarse al enemigo en el frente de batalla. ¡Qué gran argumento para los estudiosos de la <<Memoria Histórica>>! Amadeo Barceló Gresa, en su obra *El Verano de la Tormenta,* describe los hechos: <<*No bastaba con quemar y saquear las iglesias, así que desde el Comité se comunicó la obligación de entregar todos los santos, cuadros y objetos religiosos en general, custodiados en domicilios particulares (...)*>>. Hay que mostrar un fervoroso agradecimiento a estas personas dedicadas al estudio de estos hechos y a su grabación en las páginas de la Historia para que no puedan ser falseados ni olvidados.

El tal Fresquet era atracador de bancos, un borracho habitual y persona agresiva y pendenciera que sometía a las mujeres a un trato vejatorio. No se podía esperar otra cosa de semejante individuo. Fue un auténtico desalmado. La Generalidad siempre estuvo al corriente de los actos de *la Brigada de la Muerte*. Ésta usaba un autobús con calaveras pintadas, para el traslado de sus víctimas, y los miembros de esta banda de asesinos llevaban cosidas calaveras en sus uniformes, igual que las SS alemanas. Este tipo inmundo, el tal Fresquet, huyó a Francia al acabar la guerra. Llegó a codearse con gentuza de su ralea, con las mafias marsellesas, y se hizo un nombre atracando bancos. Inexplicablemente, murió en España, en su cama en 1957, pidiendo, igual que Azaña, un confesor, para hacer las paces con Dios.

Resulta difícil explicar todas y cada una de las atrocidades que se cometieron en las checas, las torturas que se infligieron a seres inocentes, el sufrimiento que soportaron. Los terribles episodios de humillación, sufrimiento y muerte ocurridos en estos espantosos antros de horror, son motivos suficientes para hacer un esfuerzo aportando cuanto sea preciso para que no se olviden jamás estos tristes hechos.

Pero basta un dato para hacernos una idea del grado de maldad a que se llegó. El mismo Heinrich Himmler se quedó sobrecogido por la sofisticación de las checas y los métodos de torturas, cuando visitó Barcelona en 1940 y visitó la checa de Vallmajor, creada por el miserable Alfons Laurencic en el convento de las Magdalenas Agustinas. Aquí se refleja una pequeña muestra de la actividad criminal de las checas, y de los padecimientos que sufrieron los infelices que cayeron en sus garras, en aquellas fábricas de tortura y muerte. Harían falta miles de páginas para relatar lo sucedido en los cientos de checas que actuaron en la España republicana. Las checas funcionaron en Barcelona hasta el último día de la guerra en esa ciudad, el 26 de enero de 1939. Fue entonces cuando todo el mundo vio lo que realmente había en esos antros de muerte. También desde octubre de 1936 funcionaban en Barcelona los tribunales populares y los campos de trabajo forzado, ambos amparados por las instituciones. Las víctimas de estas atrocidades fueron unas 8352 en Cataluña y unas 15000 en Madrid, acreditadas con nombres y apellidos.

Esta era la democracia que existía en España, una muestra del régimen que quería imponer aquella chusma de izquierdas, alentada e impulsada por el PCE, orquestada y financiada por la URSS, por el genocida Stalin y consentida por el Gobierno de la República. Las consecuencias las sufrieron todos los españoles, cualquiera que fuese su edad o condición social.

18. ASALTOS Y ASESINATOS EN EMBAJADAS

> *Todo ello no era más que una intriga del Embajador de Rusia, Rosenberg, que quería reprimir mi lucha dentro del Cuerpo Diplomático, por una acción humanitaria, que contrarrestara los crímenes denunciados y no denunciados por las bandas anárquicas del Gobierno de la República. Su figura enjuta, su fuerte joroba, sus largos dedos huesudos, le daban un aspecto que hacía recordar a las arañas.*
>
> *Félix Schlayer – Matanzas en el Madrid republicano*

Especial atención merece el tema de las legaciones diplomáticas durante la Guerra Civil. Solo en Madrid, el número de asilados en las legaciones diplomáticas a principios de 1937 se cifra en 8444 personas. No había potencia con sede diplomática en Madrid que no estuviera al corriente de la persecución política existente, porque las embajadas y consulados estaban repletas de refugiados. Todas las sedes diplomáticas de Madrid se sentían amenazadas, pues los chequistas acudían allí a buscar a sus víctimas, ajenos a cualquier consideración sobre inmunidad diplomática. La inmunidad diplomática es un privilegio tan antiguo como el Derecho Romano, dentro de las leyes generales que rigen el orden internacional. Su violación es un delito grave que equivale a una declaración de guerra.

Los chequistas asaltaban vehículos diplomáticos e incluso las propias embajadas. No respetaban nada ni a nadie. También montaban expediciones falsas, o trampas para atrapar a los asilados. El 21 de octubre de 1936, un grupo de milicianos anarquistas capitaneados por Julián Chamizo Morera organizó una expedición trampa para expatriar a personas asiladas en las embajadas de Finlandia y Noruega; todas fueron asesinadas. El 7 de noviembre, otro grupo de milicianos anarquistas, mandado por Felipe Emilio Sandoval, asaltó el vehículo de la legación noruega donde viajaban el funcionario diplomático Werner y el médico de la Cárcel Modelo, Gabriel Rebollo Dicenta, ya mencionado; arrastraron fuera del vehículo al doctor Rebollo y lo asesinaron a tiros.

Cuando el 6 de noviembre de 1936 el Gobierno huyó a Valencia de forma vergonzosa y cobarde, al ver a las tropas Nacionales aproximarse a Madrid, dejó al Cuerpo Diplomático abandonado a su propia suerte, y a los refugiados políticos sometidos a las iras del populacho y de la chusma revolucionaria.

El 23 de noviembre, las milicias obligaron a desalojar la embajada alemana; al salir los funcionarios y los refugiados, los milicianos detuvieron a tiros el convoy y arrestaron a todos los asilados. El responsable de este acto cobarde fue el entonces subsecretario de Gobernación, Wenceslao Carrillo, padre del fatídico Santiago Carrillo. El 4 de diciembre, los milicianos asaltaron la embajada de Finlandia para secuestrar a personas acogidas al asilo diplomático. También fueron asaltadas las embajadas de Perú y Turquía.

Pero hubo un suceso que provocó un grave conflicto diplomático entre el Gobierno republicano y el Estado belga:

El día 20 de diciembre, milicianos de los Servicios Especiales del Ministerio de Guerra, checa dirigida entonces por Manuel Salgado Moreira, un despreciable individuo anarquista, asesinaron al agregado diplomático de la embajada de Bélgica en Madrid, el barón Jacques de Borchgrave, acusado de haber acogido a españoles perseguidos y a desertores de las Brigadas Internacionales. El barón salió de la embajada en su coche oficial y fue detenido por agentes de Servicios Especiales, conducido a la checa de Fernández de la Hoz, número 57 y después trasladado a la checa Serrano número 111, donde actuaba el temible Comité Regional de la CNT, que dirigía las actividades de la checa de Servicios Especiales. De allí fue llevado por la carretera de Chamartín a Alcobendas, donde le asesinaron vilmente. Después fue desvalijado. Le robaron el abrigo de cuero y el reloj de pulsera, que entregaron al Secretario del Comité Regional de Defensa, Eduardo Val. Hasta sus gemelos de oro, su botonadura de camisa, sus zapatos y calcetines le robaron aquellos miserables. Otro gran caso para la <<Memoria Histórica>> del saqueo y el pillaje. Ocho días después, el Encargado de Negocios de la Embajada de Bélgica en Madrid, Joe Berryer, encontró el cadáver del Barón Borchgrave en una fosa común en la localidad de Fuencarral, junto a otras veinte víctimas.

En oposición a este ambiente de persecución y miedo, hay que elogiar la actuación del capitán inglés Edwin Christopher Lance, conocido después como el *Pimpinela español*. Este hombre de negocios desempeñaba su actividad empresarial en Madrid, y cuando estalló la guerra, asumió la responsabilidad ante el cónsul de la embajada británica, cerrada por vacaciones, y con trescientos súbditos británicos alojados, cuya vida corría peligro, de acoger a los refugiados. Fue nombrado cónsul honorario por el Gobierno británico, y aumentó las actividades para salvar vidas, organizando una red de ayuda y protección. Distribuía víveres a quienes no se atrevían a salir de su casa, custodiaba bienes personales, joyas alhajas, dinero y documentos, en la caja de la embajada. Albergaba refugiados políticos en el hospital de la embajada haciéndolos pasar por enfermos. Evacuó de Madrid a centenares de personas. Acabó siendo detenido y torturado por las autoridades republicanas a finales de 1937. Estuvo detenido en la prisión de Segorbe, en el barco *Uruguay* y en una checa de Gerona. Fue condenado a muerte, y por una intervención a última hora del consulado británico, fue excarcelado y trasladado a Londres. El Gobierno de la República tuvo así un asesinato menos en su infame historia. La heroica actuación de este hombre, que salvó tantas vidas, permaneció en el anonimato hasta 1960. Volvió a Madrid y se le tributó un homenaje oficial.

Son algunos de los hechos más lamentables contra las legaciones extranjeras. Estos actos no se limitaron a los primeros meses de guerra, sino que se prolongaron a lo largo de ella en Madrid. Sus protagonistas fueron tanto las milicias de las checas como las fuerzas de orden público, que a esas alturas eran prácticamente lo mismo, bandas de delincuentes. Continuaban los asaltos a las embajadas, la de Perú, el 5 de mayo de 1937, siendo secuestrados, torturados y asesinados varios asilados en ella. El protagonista del asalto fue Wenceslao Carrillo otra vez. El 28 de enero de 1938 le tocó la agresión a la embajada de Turquía, asaltada por la policía republicana, que golpeó al representante de la legación y secuestró a los asilados, los cuales fueron llevados a Barcelona, los hombres al barco prisión *Villa de Madrid*, y las mujeres a la cárcel de Les Corts. Sin duda que fueron tratados como *invitados de honor* por aquella chusma tabernaria.

Los asaltos a embajadas no cesaban. El 7 de mayo de 1938, la Guardia de Asalto invadió y desvalijó la embajada de Brasil. Después corrieron la misma suerte las embajadas de Italia y Finlandia. Las embajadas de Alemania y Austria también fueron asaltadas, y sus refugiados detenidos.

Ante tanto crimen, el Gobierno de la II República siempre mantenía la actitud de achacar estos atentados y crímenes a elementos incontrolados, manifestando que estos actos serían perseguidos y castigados. Nunca se sancionó uno solo de estos delitos.

La obsesión por el crimen llegó a extremos inimaginables. Bajo la absurda creencia de que quien trata de huir es por el motivo de ser culpable, se organizó una de las trampas más siniestras de la caza de personas. Se creó la falsa embajada de Siam en un Hotel requisado por la CNT, sito en la calle Juan Bravo 12 de Madrid. Trampa ideada por un antiguo estafador, reconvertido en comandante del Ejército Popular de la República, Antonio Verardini Díez y Manuel Salgado Moreira, jefe de los Servicios Especiales del Ministerio de la Guerra. Bajo este reclamo de la falsa embajada, las personas que buscaban en ella refugio, encontraban la muerte. Muchas víctimas fueron incluso trasladadas desde las cárceles a la falsa embajada, por los propios creadores de la *embajada de Siam,* y en sus propios coches, con el pretexto de que estarían más seguros. Aristócratas, burgueses y otras personas adineradas, cayeron en la trampa de estos indeseables sujetos que les garantizaban y prometían más seguridad que en la calle. Tras la mentira y el expolio, les llegó la muerte a los confiados que caían en sus artimañas. Estos hechos están documentados en dos procedimientos de la autoridad jurisdiccional republicana de 1937 y 1938.

Cuando el general Miaja, presidente de la Junta de Defensa de Madrid, se enteró el 8 de diciembre de 1936 de esta operación, enfureció y ordenó el cierre inmediato de semejante antro de corrupción y muerte. Ese mismo día, a las 9 de la noche dos camiones llenos de milicianos anarquistas fueron a la falsa embajada y detuvieron a los más de veinte refugiados y a sus familias, llevándolos a la checa de la CNT situada en el Palacio del Duque de Tamames. Al frente de la checa estaba un individuo que se hacía llamar Comandante Tárregas. A las 12 de la noche algunos fueron <<paseados>>. Otros fueron encontrados dos días después, cosidos a balazos, en un descampado de Fuencarral. Habían sido ejecutados por *Campolibre,* el <<pelotón de la muerte>> del Comité Regional de Defensa. Era la aplicación de la <<justicia republicana>>.

19. VENGANZAS Y AJUSTES DE CUENTAS

> *Las masas armadas invadían la ciudad. Bramaban los camiones abarrotados con mujeres vestidas con monos, desgreñadas, chillonas, y obreros renegridos, con pantalones azules y alpargatas, despechugados, con guerreras de oficiales, correajes manchados de sangre y cascos. Iban vestidos con los despojos del Cuartel de la Montaña. Y entre ellos, como una visión soviética de marineros de Kronstadt, los marineros de blanco con los puños cerrados, gritando, tremolando las banderas rojas y negras de la FAI.*
>
> *Eduardo Haro Tecglen – Arde Madrid*

Toda guerra civil es escenario de venganzas privadas ejecutadas al amparo de la violencia reinante, y a veces enmascaradas bajo pretextos políticos. A consecuencia de estas venganzas personales, disfrazadas de represalia política o disimuladas entre el caudal de muertes de aquellos años, hubo innumerables víctimas. De esta forma se asesinó a antiguos patronos, comerciantes, tenderos, vecinos, personas a quien los asesinos tenían ojeriza por cualquier gestión no acorde a su gusto o por una deuda contraída tiempo atrás. También por simple envidia. Siempre que hay situaciones de desorden, de caos, de anarquía, la chusma aprovecha para satisfacer su insaciable apetito de venganza y su sed de sangre contra personas a las que les tienen envidia o simplemente para solventar situaciones que no fueron de su agrado en cierta ocasión. En esta atmósfera, los delincuentes profesionales encontraron un excelente medio para aplicar sus propias venganzas.

Es imposible saber cuántas de las 60.000 víctimas de la barbarie de las izquierdas murieron a consecuencia de venganzas personales disfrazadas de represalia política, o camufladas en la vorágine de muertes de esos años. Esta vorágine revolucionaria llevó a muchas personas a cometer los asesinatos más atroces imaginables. En Navalcarnero había grupos de milicianos que arrastraban por las calles empedradas los cuerpos sin vida de los latifundistas. En Ciempozuelos sacaron de la cárcel a un detenido de derechas, Antonio Díaz del Moral, y lo arrastraron por el fango, donde estaban las reses bravas. Después lo colgaron por las axilas descolgándolo a un chiquero, donde un toro lo corneó a placer, aplaudiendo la concurrencia la faena. Cuando los verdugos milicianos se cansaron del espectáculo, y entre burlas, un canalla de nombre Primo García, le cortó las orejas. Después arrastraron al infeliz con un coche hasta un olivar, donde lo colgaron y remataron practicando el tiro al blanco. Muchos de estos actos atroces contaban a veces con la participación de la chusma, que coreaba tan magníficas actuaciones criminales. Miles de hechos de esta naturaleza, no justificados por revolución de ninguna clase, y que no se ajustaban a ningún tipo de venganza, muestran el nivel de odio alcanzado y el ansia de matar de aquella gente simplemente por la sed de sangre existente en ciertos sectores de la sociedad. La Guerra Civil llegó incluso a enfrentar a hermanos de sangre que se empeñaron en matarse entre sí por diversos motivos o por envidia.

Hubo venganzas de guerra sin causa real que vengar. Asesinatos de prisioneros como represalia por bombardeos aéreos que no se produjeron. También se dieron las venganzas políticas con trasfondo personal. Es curioso que los milicianos asesinasen a diversos jueces que, desarrollando su trabajo, habían tenido que intervenir contra personalidades del Frente Popular.

Un ejemplo es el fiscal general de la República, Marcelino Valentín Gamazo que había llevado la acusación contra Largo Caballero por la insurrección armada de 1934. El 5 de agosto de 1936 unos milicianos asaltaron su casa en Rubielos Altos (Cuenca), le golpearon y secuestraron junto a sus 3 hijos José Antonio, Javier y Luis, de 21, 20 y 17 años. Los cuatro fueron fusilados de madrugada en Tébar (Cuenca) a pocos kilómetros de su casa.

Otro caso fue el de Ángel Aldecoa Jiménez, asesinado en Madrid el 26 de Septiembre de 1936. Este magistrado había juzgado un atentado contra Largo Caballero de forma insatisfactoria para el líder socialista, que sin duda alguna quedó más satisfecho con el asesinato de este magistrado.

Otro caso fue el del juez Salvador Alarcón Horcas, asesinado unos días antes en la Casa de Campo de Madrid. Este juez tomó declaración a Azaña por el asunto del alijo de armas del barco Turquesa, en los prolegómenos de la insurrección socialista-comunista de 1934 en Asturias y otras ciudades, llamada vulgarmente <<revolución de Asturias>> y aireada tantas veces por la propaganda izquierdista como un hecho relevante para la libertad del pueblo. En este asunto también se vio implicado Indalecio Prieto, que había sido ministro hasta hacía un mes. Este intento revolucionario se explica en el capítulo *Asturias y octubre de 1934, insurrección y barbarie*. A este juez lo señaló el periódico socialista *Claridad* como enemigo de la República. Esta <<práctica>> era frecuente, pues era la prensa del Frente Popular, y no sus líderes directamente, los que llamaban a la represión y al asesinato señalando sus objetivos. Después, los chequistas buscaban al acusado para aplicarle la llamada <<justicia revolucionaria>>. Así no quedaba ni una sola prueba de que Azaña o Largo Caballero estuvieran personalmente detrás de los asesinatos de los juristas que los procesaron, y de esta forma se cubrían las espaldas ante posibles críticas. Esta es una clara prueba de que eran las milicias parapoliciales del Frente Popular las que imponían su ley de muerte, ante la inhibición del Gobierno. La complacencia con los criminales nunca exime de responsabilidad en los hechos delictivos.

De igual forma fueron asesinados tres oficiales de la Guardia de Asalto en Madrid, a finales de septiembre de 1936. Gumersindo de la Gándara, Carlos Cordoncillo y Manuel López Benito. El motivo de la venganza se remontaba a enero de 1933, cuando el Gobierno Azaña reprimió brutalmente la insurrección anarquista de Casas Viejas (Cádiz). Sucedió como se relata a continuación.

Un grupo de campesinos afiliados a la CNT había iniciado una insurrección en Casas Viejas y por la mañana rodearon, armados con escopetas y algunas pistolas, el cuartel de la Guardia Civil, donde se encontraban tres guardias y un sargento. Se produjo un intercambio de disparos y el sargento y un guardia resultaron gravemente heridos (el primero murió al día siguiente; el segundo dos días después). Al día siguiente, a las dos de la tarde del 11 de enero de 1933, un grupo de doce guardias civiles llegaron a Casas Viejas, liberaron a los compañeros que quedaban en el cuartel y ocuparon el pueblo. Temiendo las represalias, muchos vecinos huyeron y otros se encerraron en sus casas. Tres horas después llegó un nuevo grupo de fuerzas de orden público compuesto por cuatro guardias civiles y doce guardias de asalto. Inmediatamente comenzaron a detener a los presuntos responsables del ataque al cuartel de la Guardia Civil, dos de los cuales, después de ser golpeados, acusaron a dos hijos y al yerno de Francisco Cruz Gutiérrez apodado *el Seisdedos*, un carbonero de setenta y dos años que acudía de vez en cuando a la sede del sindicato de la CNT, y que se habían refugiado en su casa, una choza de barro y piedra, junto a otros familiares.

Se inició el asalto de la choza. La muerte de un guardia de asalto encrespó la situación y el capitán Rojas dio orden de disparar con rifles y ametralladoras hacia la choza del *Seisdedos* ordenando después que la incendiaran. Un hombre y una mujer, fueron acribillados cuando salieron huyendo del fuego. Seis personas quedaron calcinadas dentro de la choza, entre ellos el *Seisdedos*, sus dos hijos, su yerno y su nuera. La única superviviente fue la nieta del *Seisdedos*, María Silva Cruz, conocida como *la Libertaria,* que logró salvar la vida al salir con un niño en brazos. Después, el capitán Rojas, al mando de las fuerzas del orden, ordenó fusilar indiscriminadamente a doce personas elegidas al azar, como represalia por lo sucedido. En total diecinueve hombres, dos mujeres y un niño murieron. Tres guardias corrieron la misma suerte. Años más tarde, la *Desmemoria Histórica* se encargó de adecuar el suceso a sus bastardos intereses de ideología.

Lo cierto es que fue un exceso, un hecho grave y hubo un escándalo posterior, pues cuatro capitanes de la Guardia de Asalto firmaron un acta en la que declaraban y sostenían que la violenta represión no fue debida a un exceso o abuso arbitrario, sino a las órdenes precisas y directas del Gobierno. Textualmente, Azaña había dicho <<tiros a la barriga>>, aunque después eludiría responsabilidades, achacando los sucesos a los manejos de los agitadores que iban sembrando por los pueblos el lema del comunismo libertario. El acta de los guardias puso ante los tribunales a Azaña y a Largo Caballero, entre otros más. Por razones técnicas, la acusación no prosperó, pero el daño político ya estaba hecho. Gumersindo de la Gándara había sido uno de aquellos capitanes, y por ese motivo fue detenido en el Madrid del Frente Popular junto a sus compañeros Carlos Cordoncillo y López Benito. Se les sometió a juicio y los tribunales los encontraros limpios de responsabilidades políticas. Entonces actuó el director general de Seguridad, el siniestro Manuel Muñoz, que los entregó al Comité Provincial de Investigación Pública, que los asesinó vilmente, como ya se ha indicado.

20. COMPLICIDAD DEL GOBIERNO DE LA REPÚBLICA EN LOS ASESINATOS

> *Pérdida eterna de libertad. Martín defendía su amor a la libertad. Las historias y cuentos que más le atraían eran aquellas en que estuviera en juego la libertad de alguien. Por eso no podía consentir que aquel niño perdiera su libertad al ser enviado contra su voluntad a un país lejano como la Rusia, cual una cabeza más de ganado de un rebaño de crías humanas. Era una injusticia y un contrasentido. Por ello decidió esconder a Perico los días que el barco Odesa estuviese en el puerto para devolverlo a Petra, su paisana en cuanto el buque extranjero zarpara con viento fresco.*
>
> *Torcuato Luca de Tena – La brújula loca*

A pesar de la propaganda posterior por parte de algunos historiadores en su afán de quitar responsabilidad al Gobierno de la República, y argumentando que las grandes matanzas fueron cosa de los llamados <<incontrolados>>, y a pesar del interés mostrado por los seguidores del despropósito de la llamada <<Ley de Memoria Histórica>>, la verdad es que el Gobierno de la República tuvo una participación activa y una responsabilidad demostrada, en las matanzas, asesinatos, sacas de presos y demás crímenes cometidos en la España del Frente Popular, pues facilitó toda clase de medios para que la chusma armada ejerciera una feroz represión, con la misma indiferencia que desde 1931 mostraba cuando las izquierdas cometían cualquier tipo de atropello, crimen o atentado.

El periodo más atroz de crímenes y represión fue desde julio de 1936 hasta mayo de 1937. En ese periodo se consumaron las grandes matanzas de religiosos, los exterminios masivos de presos, y la mayor parte de los paseos y las sacas, a la vez que se iba consolidando una estructura de terror, una organización del crimen político. Primero contra los enemigos de la República, y después también contra los propios enemigos interiores, en una purga donde la influencia y los métodos soviéticos fueron incuestionables.

El Gobierno de la República no desconocía las actividades de los chequistas de partido o de las milicias de sindicato, que practicaban los <<paseos>> en la zona de retaguardia, o de las Patrullas de Control de Barcelona, ni de los ejecutores de la consejería de Orden Público de Madrid, o de los <<servicios especiales>> del ministro Galarza. Incluso facilitaba medios, listas y documentos para ejercer el terror por medio del asesinato de personas inocentes. La caterva de gente que participaba en esta <<fiesta de sangre>> se sentía protegida por el Gobierno. Esto, unido al poder que sentía la chusma al estar armada, explica el clima de odio, afán de venganza, de rapiña y asesinato que se vivió en la España republicana.

Está con creces demostrado y documentado que fueron el Ministerio de la Gobernación y la Dirección General de Seguridad, con Galarza y con Muñoz respectivamente al frente de estos organismos, los que encomendaron a las milicias el control sobre las cárceles y los que favorecieron la actividad de las checas, tolerando sus crímenes y coordinando su actividad, proporcionando listados y direcciones para los registros, encerrando en cárceles oficiales a los detenidos por las checas, reenviando a otros para su ejecución y canalizando sus tareas a través de las MVR, Milicias de Vigilancia de Retaguardia, una especie de inspección general creada a iniciativa del Ministerio y dirigida por Federico Manzano Govantes, otro sicario del régimen republicano. Es un hecho demostrado que con la excusa del mantenimiento del orden público, el Gobierno del Frente Popular disponía de un instrumento para el exterminio de los <<enemigos de clase>>.

La obsesión por ganar la guerra a cualquier precio era tal, que incluso el citado ministro Galarza llegó a declarar con respecto a las sacas de las cárceles y matanzas posteriores a las producidas en Paracuellos, que valía la pena pagar el precio de proteger a los perpetradores de Paracuellos aún sacrificando la verdad. La mentira y la hipocresía alcanzaban su máxima expresión por boca de este individuo. Se estaba asesinando a gente inocente y el Gobierno hacía como que no sabía nada. Largo Caballero, Miaja, Carrillo, García Oliver, Giral, Martínez Barrio, eran tan cómplices como el canalla que hacía estas declaraciones. Además, la idea de la existencia de una quinta columna en la retaguardia, que plantease una amenaza militar, fue la excusa para que el Gobierno, en su conjunto, consintiera y permitiera el asesinato de tantas personas sacadas de las cárceles, para proceder a su <<traslado o evacuación>> definitiva.

Las órdenes emitidas por el Gobierno, por la Dirección General de Seguridad, por Manuel Muñoz o por cualquier otro responsable gubernamental, eran similares a esta del 6 de noviembre de 1936: <<Sírvase entregar a las milicias (cualquiera) a los detenidos referidos en relación adjunta para su traslado al Penal de San Miguel de los Reyes, o a la cárcel de... (Ponían una cualquiera) Madrid, 6 de noviembre de1936, Firmado el subdirector Vicente Girauta Linares>>. Era a las claras una orden con carta blanca de exterminio. La orden no llevaba lista de detenidos. La confeccionaban *in situ* los milicianos en la propia prisión con los ficheros en la mano. Esos ficheros los había dejado preparados el ministro Galarza el cual había huido esa misma noche a Valencia. En Tarancón (Cuenca) se detuvo para telefonear a Serrano Poncela, el segundo de Carrillo, y comprobar que se estaba efectuando la <<limpieza>>. No puede haber mayor prueba del exterminio realizado. Serrano Poncela se encargaba personalmente de dar órdenes reservadas para asesinar a los presos. Se procedió a la <<liquidación>> decretada por la Consejería de Orden Público de la Junta de Defensa, según lo acordado en reunión de Carrillo con los miembros anarquistas de la Junta de Defensa capitaneados por Amor Nuño, en la que decidieron acometer la <<limpieza de la retaguardia>>, según petición que venían haciendo insistentemente los agentes de Moscú que actuaban en España.

La Consejería de Orden Público, sucesora de la Dirección General de Seguridad, se hizo cargo de las nuevas sacas y matanzas. Aunque el plan de exterminio disponía hacer tres grupos o categorías con los presos, la citada consejería comenzó a eliminar presos sin distinción alguna. El primer grupo estaba destinado a la <<eliminación>>.

Hay un testimonio del comunista Ramón Torrecilla, miembro del consejo, que, acabada la guerra, declaró que había sido nombrado por Santiago Carrillo vocal de la Dirección General de Seguridad y cómo diariamente se reunía con Carrillo, Serrano Poncela y demás consejeros en la oficina de Carrillo. También declaró que en la Dirección General de Seguridad se llevaba un libro registro de las expediciones de presos para asesinarlos, y que según sus cálculos, fueron entre 20 y 25 las expediciones (sacas): cuatro de la cárcel Modelo, cuatro o cinco de la de San Antón, entre seis y ocho de la de Porlier, las mismas de la de Ventas. De la cárcel Modelo calculó que se sacaron unos mil quinientos presos. Una vez más queda demostrada la complicidad de Santiago Carrillo en los asesinatos. Pero la prueba definitiva de la responsabilidad personal y complicidad de Santiago Carrillo en las matanzas, son las actas de la Junta de Defensa de los días 11 al 15 de noviembre de 1936.

Por tanto, además de la culpabilidad de los soviéticos en la serie de asesinatos masivos, se manifiesta sin lugar a dudas una culpabilidad y responsabilidad de primer orden en los dirigentes del Frente Popular y del Gobierno de la República. No podrán jamás alegar ignorancia o desconocimiento de estos actos brutales, cuando precisamente fue el Gobierno quien planificó, organizó y puso los medios para ejecutar la aniquilación de todo adversario de cualquier clase, incluso de sus propias filas.

Esta complicidad del Gobierno en los actos delictivos está demostrada también por las declaraciones de Carlos de Baraibar, subsecretario de guerra por poco tiempo, que denunció tras la guerra <<que todos los resortes del poder estuvieron muy pronto en manos estalinistas, que con desaprensión ética administraban los servicios del Ejército usufructuando sus recursos, y mirando solo por los intereses del partido comunista, por el afianzamiento de su poder y el lucro de sus personas>>. Los comunistas acaparaban todos los mandos gracias a su fabulosa red de intrigas. Entre estos mandos, por supuesto estaban los de la represión, encabezados casi siempre por comunistas españoles o por socialistas de total confianza para Moscú. Y junto a ellos, el asesor técnico ruso, que era el torturador o interrogador, y casi siempre acompañado de un intérprete, que solía ser una mujer. Así formaron la red en cuyas manos el terror se extendió a las siniestras checas con unos refinamientos de crueldad espeluznantes. Este sistema criminal de represión fue posible gracias a la colaboración del Gobierno del Frente Popular, que se mostraba indiferente ante tanto crimen.

Por supuesto, que la República trataba de evitar que todas estas atrocidades se divulgaran en el extranjero, pues eso le daba una pésima imagen y una nefasta propaganda para el logro de sus fines. Pero no le fue posible ocultar los crímenes, pues todas estas atrocidades, las sacas principalmente, trascendieron al extranjero gracias a la intervención de Félix Schlayer, que puso en alerta al cuerpo diplomático, revelando los crímenes que se estaban cometiendo sobre todo en Paracuellos del Jarama. Gracias a su condición de diplomático, disfrutaba de gran libertad de movimiento, siendo testigo excepcional de la barbarie acometida por el Gobierno de la República, representado por el Frente Popular, contra todo aquel considerado como

<<enemigo de clase>>. Schlayer era Cónsul y Encargado de Negocios de Noruega en España (1936-1937), y al ver los hacinamientos en las cárceles, los paseos, y los cadáveres al borde de las carreteras, denunció la pasividad y connivencia de las autoridades de la Segunda República española con las persecuciones y los asesinatos masivos. Descubrió y denunció las matanzas en Paracuellos del Jarama, de más de 4.000 presos sacados de las cárceles de Madrid.

Schlayer realizó numerosas entrevistas con diversas autoridades republicanas, generales republicanos, miembros del Gobierno y jefes de policía, tratando de persuadirles de forma insistente para que impidieran los crímenes de tanta gente inocente. Realizó una gran labor en el cuerpo diplomático de Madrid para proteger la vida de personas perseguidas. Realizó numerosas visitas a hospitales y cárceles madrileñas para proteger la vida de los presos, e incluso a alguna de las más peligrosas y temidas checas como la de la calle Fomento 9.

Realizó labores humanitarias en el Cuerpo Diplomático. No hay que olvidar que varios miles de personas pidieron asilo en Consulados y Embajadas. Algunas no fueron respetadas por la chusma del Frente Popular. Schlayer estaba ocupándose de uno de esos presos, Ricardo de la Cierva, padre del famoso historiador, y hermano del inventor del autogiro Juan de la Cierva, que era abogado en la embajada noruega y que fue capturado y encerrado en la Cárcel Modelo cuando intentaba huir a Francia para reunirse con su esposa y sus seis hijos pequeños. A pesar de las promesas de algunos mandatarios del Gobierno del Frente Popular, hechas expresamente a Schlayer, Ricardo de la Cierva fue asesinado en Paracuellos junto a otros cientos de inocentes, el 7 de noviembre de 1936.

Con este y otros motivos, Schlayer descubrió las sacas y las matanzas masivas que se estaban produciendo en Madrid. Denunció estos hechos ante el Gobierno del Frente Popular, así como la facilidad que tenían los miembros de un partido para sacar de la prisión, por la noche, a personas con las que querían tomarse la justicia por su mano. Pero sus esfuerzos fueron en vano.

Mantuvo una entrevista con el nuevo Delegado de Orden Público de la Junta de Defensa de Madrid, Santiago Carrillo, al que transmitió las informaciones que tenía sobre el traslado de cientos de presos que en ese momento se estaban produciendo desde la cárcel Modelo y la de Porlier, con destino incierto. Tiempo después Carrillo reconoció en sus memorias esta entrevista, pero negó haber conocido tales hechos.

En junio de 1937, gracias a su condición de diplomático, Schlayer pudo salir de España y evitar ser asesinado según la orden dada por el Gobierno del Frente Popular, pues estaba amenazado de muerte.

También se produjo un hecho importante cuando vino de Ginebra un delegado de la Cruz Roja Internacional, el doctor Georges Henny, al cual se le dio una lista de 1.600 presos sacados de la cárcel Modelo con destino a la prisión de Alcalá de Henares. Pero Henny verificó que solo llegaron 300 a su destino. Los otros 1.300 habían sido asesinados en Paracuellos. El Cuerpo Diplomático protestó ante el Gobierno, y éste emitió una nota negando todo, como siempre. Galarza, para ocultar los asesinatos, mintió diciendo que los fusilamientos los habían producido familiares de las víctimas de los bombardeos franquistas. Es curioso, pues entre el 1 y el 6 de noviembre no hubo bombardeos. El Gobierno de la República fingía impotencia ante la actuación de las bandas asesinas de las organizaciones políticas, pero en el fondo aprobaba los horrores que éstas cometían, porque creía salvar su responsabilidad simulando no poder dominar a estas bandas. La realidad era que el escandaloso efecto internacional de los crímenes de Paracuellos del Jarama y Torrejón, estaban convirtiendo a la República en un régimen indeseable a los ojos de todo el mundo.

El episodio relatado a continuación es un testimonio del intento criminal del Gobierno de la República del Frente Popular por ocultar al mundo los crímenes que se estaban cometiendo en España, eliminando a la persona que iba a denunciar los hechos, junto a las pruebas acusatorias.

El doctor Georges Henny, delegado de la Cruz Roja Internacional, se disponía a partir hacia Ginebra. Llevaba entre su equipaje una maleta con documentos para mostrar y probar las matanzas de Paracuellos: mapas, fotografías, textos oficiales, documentos. Viajó en un avión habilitado por la embajada francesa, un Potez 54, con los distintivos de nacionalidad bien visibles. Con él iban las hermanas Pleytas y algunos evacuados de nacionalidad francesa, y los periodistas franceses Chateau y Delaprée. Este último era famoso por sus crónicas proclives al Frente Popular. El avión despegó el 8 de diciembre de Madrid y cuando estaba a cierta altura aparecieron dos cazas que ametrallaron al Potez 54. El avión realizó un aterrizaje de emergencia cerca de Pastrana. Henny resultó herido en una pierna. Delaprée murió días después. El equipaje y toda la documentación comprometedora quedaron totalmente destruidos. Esa noche, el ministerio de Guerra republicano, mintiendo, emitió un comunicado diciendo que el avión correo que hacía el servicio entre Madrid y Toulouse había sido criminalmente atacado por la aviación fascista. La noticia la dio de la misma manera la prensa del Frente Popular. Y la prensa internacional también divulgó esta mentira. La verdad fue relatada por las hermanas Pleytas, que iban en ese avión, y que salieron ilesas milagrosamente, en reportaje publicado el 21 de diciembre por el diario francés *Le Jour*. Los cazas que atacaron el Potez 54 eran de color verde y con banderas rojas. La munición extraída del cadáver de Delaprée, enviado al cónsul francés, era de fabricación rusa, usada por los aviones rusos Polikarpov del bando republicano. Igual sucedió con la bala extraída de la pierna de Henny. Por tanto, se descubrió que los atacantes fueron dos cazas republicanos pilotados por los asesores soviéticos Shimelkov y Zajarov, de la escuadrilla de Rechagov.

Henny llegó a Ginebra y presentó un informe sobre las matanzas de Madrid, pero sin las pruebas documentales que Félix Schlayer y él habían recopilado, pues habían sido destruidas por el Gobierno Republicano, el Gobierno de la ocultación, la mentira y el crimen.

Volviendo al asunto de las matanzas, otro gran partícipe de estas carnicerías fue el ministro de Justicia García Oliver, un individuo anarquista que había sido atracador de bancos, y que, al tener competencia sobre las prisiones, era imposible que desconociera lo que estaba sucediendo. Era otro encubridor, al igual que Galarza, de los crímenes que se estaban cometiendo. La clave la tenía Santiago Carrillo, pues sabía perfectamente las personas que estaban al corriente del exterminio que se estaba realizando. Los días 18 de noviembre y 4 de diciembre continuaron las sacas. El 10 de noviembre, Irujo, aun ministro sin cartera, denunció tener noticia de hechos lamentables ocurridos en las cárceles días pasados y que, como consecuencia de los mismos, habían sido fusilados muchos detenidos, sirviéndose de las milicias para sacarlos de las cárceles, y de órdenes de traslado firmadas por la Dirección General de Seguridad. Galarza lo ignoró y encubrió los crímenes. Carrillo tenía conocimiento de todo lo que estaba ocurriendo. Se reunió la Junta de Defensa de Madrid y se comentó la cuestión de la evacuación de los presos hacia Valencia. Carrillo se atribuyó la competencia sobre la evacuación de los presos y manifestó haber tomado todas las medidas oportunas, pero que aún no se había hecho la evacuación. Uno de los miembros comunistas de la Junta,

Isidoro Diéguez, suplente del también comunista Mije, dijo que los días 7 y 8 se habían hecho evacuaciones y propuso seguir efectuando el proceso. Carrillo se excusó diciendo que no era posible hacerlo por la actitud del cuerpo diplomático. Pero se descubrió la mentira de nuevo, pues el 18 de noviembre y el 4 de diciembre prosiguió la <<evacuación>> es decir, las sacas y consiguientemente los asesinatos.

Otra vez más vemos la implicación de Carrillo en los asesinatos masivos. Su actuación fue después elogiada por sus cómplices del Comité Comunista. También fue felicitado por Dolores Ibárruri, la Pasionaria, por realizar la labor de limpieza con tanta eficacia.

Las pruebas de convicción sobre la culpabilidad comunista son abrumadoras. Así lo indican los testimonios mostrados después en la Causa General, en las numerosas Actas de la Junta de Defensa de Madrid, y en la declaración de numerosos testigos que confirmaron la responsabilidad de Carrillo en el exterminio de los prisioneros.

Para la credibilidad internacional del Gobierno del Frente Popular, las matanzas de Paracuellos fueron un golpe tremendo. Para la posteridad, estos crímenes acercan el terror *rojo* español a los procedimientos empleados por los comunistas antes y después de 1936, en otros lugares de Europa. No olvidemos que durante 1936 y 1937, Stalin, el tirano comunista, estaba llevando a cabo una de sus famosas <<purgas>>, aniquilando a sus adversarios y disidentes, y enviando poblaciones enteras a los <<campos de trabajo>> del Gulag, al infierno ruso.

21. LA POLÍTICA REVOLUCIONARIA COMO PRETEXTO PARA EL ROBO Y EL SAQUEO

> *Una compañía de morteros había convertido la iglesia parroquial en una cuadra. Por sus anchas puertas salían y entraban los mulos. Había mugre, risas, pitos, banderitas de papel, retratos de Stalin. Unas fulanitas tiraban al blanco sobre las efigies de Alfonso XIII, el cardenal Gomá el general Sanjurjo y la Virgen del Pilar.*
>
> Torcuato Luca de Tena – La brújula loca

Los partidos de izquierda se identificaron con el «pueblo», quedando los elementos afines a los partidos conservadores marginados del sistema político y expuestos a la violencia de unas organizaciones que contaron muchas veces con la pasividad de las autoridades republicanas, como ya se ha indicado.

En los primeros meses de la guerra, y vinculados a decisiones políticas, aparecieron los procesos de colectivización o incautación de bienes particulares. La guerra era un magnífico pretexto dentro de esa política estrictamente revolucionaria, para actuar impunemente. La forma de actuar era implacable: los Comités armados penetraban en las propiedades, apropiándose de ellas, matando o no a los propietarios legales, según les apeteciera, y declaraban dichas fincas colectivizadas o nacionalizadas. Igual daba que fueran fincas de grandes o pequeños propietarios. Hay que tener en cuenta que había un precedente que animaba a la comisión de estos delitos: la reforma agraria de 1936. Esta fue la <<legalización>> de las ocupaciones de fincas, latrocinios más bien, acometidas por los sindicatos desde el mes de marzo anterior. La guerra aceleró de forma exponencial el proceso de ocupaciones. Y ya de paso se eliminaba al señorito, propietario o cualquier otra posible víctima que fuera digna de ser expoliado y después asesinado, sobre todo por ser <<enemigo del pueblo>>.

Se robaban cosechas, ganado, se expoliaba la finca entera. Igual sucedió con los talleres y fábricas, llevándolas a la ruina más absoluta y a la quiebra en poco tiempo. La colectivización en España, suponía que el control de la producción pasaba a los obreros, los cuales se repartían los beneficios. La nacionalización era protagonizada también por los obreros, pero el control de la propiedad pasaba al Estado. Los anarquistas de la CNT usaban la colectivización y los socialistas de la UGT, la nacionalización. En cualquier caso, estas prácticas estaban condenadas al fracaso, pues era imposible que una pandilla de analfabetos zarrapastrosos llevara a buen término la dirección de una fábrica o industria.

En contra de la propaganda que siempre han hecho las izquierdas, y tal y como ha demostrado la historia en otras ocasiones, hay que entender el proceso revolucionario en España como una auténtica desbandada cuyos protagonistas tenían como fin el robo y la apropiación de la mayor parte de los bienes ajenos, no siendo ésta por tanto la mejor forma de obtener la <<justicia social>> de la que tanto alardeaban los partícipes de estas orgías de rapiña y pillaje. Así, en nombre de la supuesta prioridad política de las incautaciones, fueron desvalijadas millares de cajas de seguridad privada en los bancos. Los ejecutores de estos actos eran carabineros de la policía oficial y fuerzas paraoficiales según reflejan las memorias de los bancos, es decir los milicianos, los cuales disponían de los bienes según su propia voluntad y para lucro propio.

Las milicias saquearon edificios religiosos, domicilios privados, palacios, comercios, almacenes. Se desató un instinto de rapacidad egoísta, guarnecido con la irritante petulancia que mostraban ciertos individuos al creerse en posesión de mejores luces, mejor maestría o méritos desconocidos hasta ahora. Los genios salían por fin a la luz. Qué gran descubrimiento. Las patrullas, más bien cuadrillas, que abrían un piso (muchas veces según información de los porteros), se llevaban todo lo que podían. Eran de la misma calaña que los secuestradores de empresas o los autores de la incautación de teatros y cines o los usurpadores de funciones del Estado. En ocasiones exigían dinero a sus víctimas, las cuales entregaban su patrimonio de oro, joyas y dinero, siendo después sacados de sus casas y asesinados.

Los milicianos denunciaban a sus víctimas para justificar la expoliación. Robaban a alguien y después lo denunciaban como fascista para así justificar el latrocinio. De este modo, los asaltados se convertían en víctimas de su inmoral acusador. Y para colmo el Gobierno publicó un decreto el 28 de agosto de 1936 por el que los <<presuntos culpables>> podían ser juzgados en rebeldía, es decir, ausentes, por lo que podían perder sus bienes sin la menor posibilidad de defensa ante esta tropa de malhechores.

Tras el 18 de julio, por la situación revolucionaria, se produjo un tráfico ilegal de bienes en todo el país jamás imaginable. Comenzaron a venderse las propiedades robadas o confiscadas, llegando a tal extremo esta deleznable actividad, que el Gobierno publicó un Decreto el 14 de agosto de 1936 prohibiendo cualquier transmisión de bienes que no estuviera autorizada expresamente. Entonces el PSOE normalizó la situación organizando en nombre propio, y para su lucro personal, la explotación de los inmuebles incautados. Es decir, hizo como la madre abadesa del Decamerón, al acaparar para ella sola al jardinero <<mudo>>. El Diputado del PSOE Enrique de Francisco encargó a Julio de Mora la gestión de esta <<agencia inmobiliaria>>, lo que da una idea del alcance del latrocinio realizado con las incautaciones. Estos individuos eran los mismos delincuentes de la checa de la Agrupación Socialista de Madrid. Los socialistas no regalaron los pisos a los inquilinos, sino que les cobraron directamente el alquiler, en lugar de hacerlo los propietarios. Fue una forma de financiar el partido, es decir las checas. El partido se financiaba también de la caja de Manuel Muñoz, el director general de Seguridad. Los haberes que se pagaban a los jueces, agentes y milicianos de la checa de Fomento salían del dinero obtenido en los registros domiciliarios, es decir en el saqueo y expoliación de víctimas. El dinero sobrante así como joyas, alhajas y valores, era entregado directamente a Muñoz, el cual tenía dos colaboradores, los militantes de Izquierda Republicana Leopoldo Carrillo Gómez y Virgilio Escamez como tesorero de la checa.

Cuando se disolvió el Comité Provincial de Investigación Pública, en noviembre de 1936, y todos huyeron como ratas a Valencia, la checa entregó al Ministerio 472 cajas de alhajas y dos de oro y plata, producto del saqueo. No estaban los relojes de oro de la colección del Marqués de Retortillo, saqueados de la caja de seguridad del Banco de España, donde se guardaban, y que fueron repartidos entre los miembros de la *Escuadrilla del Amanecer*.

Del mismo modo actuaban los *Linces de la república*, brigada compuesta por agentes de policía y milicianos elevados a la condición de tales. Era una auténtica banda de malhechores. Esta unidad la mandaba el oficial de la Guardia de Asalto Juan Tomás Estelrich. Según declaración posterior de Felipe Marcos García Redondo, cabo de Asalto, las alhajas, joyas y objetos de mayor valor obtenidos en los registros e incautaciones tenían que ser llevados al despacho del director general de Seguridad Manuel Muñoz, y entregados a éste en persona.

Buena parte de los bienes expoliados, privados y públicos, se quedaron en los bolsillos de los milicianos o de sus partidos, aunque la mayor parte de esa riqueza fue entregada al Gobierno o a la autoridad que lo representaba. Un ejemplo es el expolio del palacio episcopal de Vich, donde los milicianos de Gerona se incautaron de joyas por valor de 16 millones de pesetas de la época, que fueron entregadas al Comité. Igual suerte corrió el tesoro de la catedral de Toledo, expoliado y confiscado por orden verbal del entonces presidente de Gobierno José Giral, y que contenía entre otros objetos de valor decenas de joyas litúrgicas y obras de arte, entre ellas el famoso manto de las cincuenta mil perlas. Todo ello fue a parar a las manos del gran Gobierno de la República.

Todos estos bienes y riquezas, producto de latrocinios efectuados de forma oficial, iban a la llamada Caja de Reparaciones, creada en septiembre de 1936 por decreto de Negrín, y dirigida por Amaro del Rosal. Este fue el organismo dependiente del ministerio de Hacienda, adonde irían a parar joyas, oro, plata, valores, obras de arte y cualquier objeto valioso fruto de las incautaciones, requisas, robos y expropiaciones cometidas contra todo aquel individuo sospechoso de haber alentado el golpe del 18 de julio. Se daba carta blanca para el latrocinio y el asalto a mano armada. La justificación política de estos robos era bien distinta: cargar los daños de la guerra sobre los que habían tenido participación directa o indirecta en el movimiento rebelde del 18 de julio, presentando así el expolio como una sanción a los traidores. Era una patraña más con el fin de validar los expolios ilegales efectuados a víctimas inocentes.

Como tantas cajas de seguridad de bancos, la de Niceto Alcalá Zamora fue también saqueada. Sus bienes, guardados en una caja de seguridad del Credit Lyonnnais en Madrid, fueron desvalijados. Se sospecha que fue orden directa de Azaña. Fueron robados objetos antiguos, objetos de arte, ropas, unas mantillas y sus diarios. No había límite para el latrocinio. Alcalá Zamora siempre sospechó que los diarios fueron a manos de Santiago Carrillo. Ya en julio de 1936, habían sido desvalijadas las alhajas de la esposa e hija de Don Niceto, depositadas en una caja de seguridad del Banco Hispano Americano, y por orden del Gobierno Giral.

Hubo multitud de casos de saqueos de Cajas de seguridad. Uno de ellos fue el de la familia Chico Montes, asesinada el 26 de setiembre de 1936 para seguidamente desvalijar la caja número 1055 que la familia tenía alquilada en el banco Hispano Americano. La familia había sido fusilada para camuflar el robo como si se tratase de un lío político.

Las autoridades gubernamentales republicanas coordinaron buena parte de los saqueos, robos y pillajes que se produjeron, llegando a acaparar un enorme tesoro en bienes robados, que iban a la Caja General de Reparaciones. Después al castillo de Figueras, y lo que no fue robado por los milicianos, fue embarcado en maletas en el yate Vita rumbo a México.

Era imposible distinguir entre la incautación oficial y el simple robo. La propiedad privada y la vida no tenían valor. Proliferaron los casos de corrupción, como el tráfico de materiales de la valija diplomática que Giral denunció ante Azaña en verano de 1937, con todos los objetos expuestos en un pasillo del Ministerio, como si de un bazar se tratase.

Hubo multitud de casos de rapiña, protagonizados por personas que en otras circunstancias tal vez no hubieran caído tan bajo. Pero lo cierto es que la guerra, el afán de venganza y rapiña despertó la ambición y los más bajos instintos sobre todo en personas que ostentaban algún cargo político, que se aprovecharon de la manera más deleznable de las penosas circunstancias por las que pasaba el pueblo español. Un ejemplo fue el alcalde de Gijón, Avelino González Mallada que metió en su maleta barras de oro que escondió en la carbonera del barco *Toñín*, siendo cazado el barco después por el buque del bando Nacional *Almirante Cervera*.

Hubo casos de saqueo escandalosos, como el del comunista Domingo Hungría, que se llevó del tesoro acumulado en el castillo de Figueras dos camiones cargados de oro y joyas. O el caso del también comunista Villasantes, que se llevó del mismo sitio otro camión cargado con maletas llenas de joyas. Un comandante del Batallón Especial de Lister también arrambló con otros cuatro camiones. ¿Qué ocurrió con estos cargamentos y con las divisas generadas por su venta a la URSS? Al final, los mismos personajes de la República se acusaban unos a otros de los latrocinios ejecutados.

No hay que olvidar que la invocación revolucionaria era un pretexto para el asesinato y el robo. La situación política general, las medidas del gobierno, y su pasividad ante hechos delictivos, hicieron extraordinariamente precario el concepto de propiedad, legitimando su violación. Así se fue legitimando el robo, el saqueo y el crimen con tal de tener contentas a las masas. El Gobierno no quería enfrentarse a aquellos que lo mantenían en el poder.

22. EL SAQUEO DEL BANCO DE ESPAÑA

> *Había una gran tómbola antifascista con pañuelos de lino con la efigie de Stalin para las señoras, y para los caballeros "El manifiesto de Lenin", los secretos de Afrodita, la vida íntima de las monjas de clausura y los discursos completos de Margarita Nelken, todo en un solo tomo. En un puesto patriótico se vendían por tres perras hoces y martillos para las solapas, que parecían de plata.*
>
> Torcuato Luca de Tena – La brújula loca

Especial atención merece este capítulo dedicado al robo y expolio más vergonzoso de la Historia, cometido por un Gobierno que se decía democrático y que trabajaba para el pueblo. ¿Por qué algunos autores pasan por alto el expolio del Banco de España? Se refieren a las enormes reservas del Banco de España, al mismo tiempo que lamentan la nula ayuda a la causa republicana por parte de los países democráticos. Pero nada dicen del atraco que perpetró la URSS al llevarse dichas reservas de oro, plata y demás bienes valiosos, con el beneplácito del Gobierno del Frente Popular.

Las reservas de oro del Banco de España eran de unos 700.000 kilos. Su valor a fecha de 2010, se ha estimado en unos 12.000 millones de euros en lingotes y otros 20.000 millones más en el resto de objetos amonedados. España ocupaba el cuarto puesto mundial en reservas de oro.

Hay que destacar que además del oro del Banco de España, salieron del país ingentes cantidades de bienes expoliados a personas particulares, obras de arte, joyas, colecciones numismáticas de incalculable valor, y otros tesoros saqueados de las cajas de alquiler de los Bancos, que nunca volvieron a España y cuyo valor es imposible de precisar. Todo ello ocurrió bajo las órdenes emitidas por Negrín bajo decretos, que nunca llegaron a las Cortes.

Muy importante es otra medida del entonces Ministro de Hacienda Juan Negrín, auténtico vasallo al servicio de Moscú, encaminada a legalizar el robo y el saqueo. Fue la requisa generalizada de bienes privados y la creación de un cuerpo adecuado para ejercer dicha requisa, o dicho de otro modo, el latrocinio, bajo la autoridad exclusiva del propio ministro. Este fue el cuerpo de Carabineros. Negrín lo convirtió en una especie de ejército privado, bien equipado, con medios, y al que pronto llamaron de forma burlesca *los cien mil hijos de Negrín*. Al frente colocó a Francisco Méndez Aspe, que fue después ministro de Hacienda cuando Negrín dirigió el Gobierno, con Largo Caballero ya apartado del poder.

La cobertura legal del latrocinio comenzó cuando Negrín empezó a emitir sucesivos decretos, el primero el de 3 de octubre de 1936 que ordenaba a toda persona individual o colectiva, entregar al Banco de España todos los metales preciosos, oro, plata, divisas y valores extranjeros que poseyeran, con la amenaza de considerar contrabando los bienes no entregados en el plazo de 7 días. El Gobierno se comprometía a compensar a los particulares garantizando la integridad de sus propiedades. ¡Qué gran burla! Un mes después, carabineros y milicianos descerrajaban las cajas de seguridad y el Gobierno, que no había sacado todavía el oro del Banco de España, se apoderó de todas las propiedades, incluidos los ahorros guardados por los ciudadanos más humildes en los Montes de Piedad. A partir del verano de 1938 hubo nuevas medidas en el mismo sentido. El robo no tenía fin. La sed de expolio era insaciable.

El 10 de octubre de 1936, con otro decreto, Negrín establecía la creación de un juzgado especial para la persecución de todo aquel que incumpliera la orden, y facultaba a dicho juzgado para abrir las cajas de alquiler o cualquier otro lugar donde pudieran existir metales preciosos, joyas, valores extranjeros o divisas.

Por otro decreto del 4 de enero de 1937, se ordenó a los Bancos que la cantidad recogida por los dos decretos anteriores fuese entregada al Banco de España. Y por fin el 6 de agosto se recordaba, por otro decreto, la prohibición de exportar toda clase de metales preciosos en lingotes, pasta, moneda u objetos de cualquier clase. El pillaje del gobierno del Frente Popular quedaba de esta forma legitimado y documentado como prueba de su miserable actuación, que jamás nadie podrá negar.

El dinero así <<recaudado>> por el Gobierno de la República, con la excusa de la economía de guerra, entró directamente en el campo del delito. Negrín comenzó a organizar el expolio nacional, situando grandes cifras de dinero a nombre de distinguidos republicanos en cuentas abiertas en bancos extranjeros y acumulando un considerable tesoro en distintos puntos. En marzo de 1939, pocos días antes del final de la guerra, gran parte de los bienes incautados por la república embarcaron en Francia camino de México a bordo del yate Vita (explicado en capítulo aparte).

De esta manera se forjó el latrocinio socialista del patrimonio nacional. Después vendría la huida al extranjero de los dirigentes, con el máximo botín posible, abandonando a los españoles tanto en España como en el exilio, a su triste destino.

El oro enviado a Moscú, sirvió para la compra de armas, municiones y equipamientos, por cierto, a precio de oro, así como víveres, material sanitario y materias primas, según el pacto que Largo Caballero había hecho con Moscú, de pagar con el oro del Banco de España. Para esas compras había oficinas en Checoslovaquia, Estados Unidos, México, Gran Bretaña y Francia,

Walter Krivitsky, jefe del servicio secreto soviético para Europa occidental, era el encargado de efectuar las compras, según lo acordado en una reunión de tres emisarios del Frente Popular con Stalin, el genocida. Por cierto, Krivitsky huyó a los Estados Unidos en 1937, publicando allí un libro que denunciaba los tejemanejes de Stalin. Murió asesinado por la NKVD en un hotel de Washington.

Largo Caballero y Prieto eran miembros del Gobierno republicano, el Gobierno que perpetró el mayor robo de la historia de España: el oro del Banco de España, enviado a Moscú, y del que nunca más se supo. Este expolio vergonzoso protagonizado por el Gobierno de la República es otro de los hechos que la <<Memoria Histórica>> pasa por alto. Lo consideran como quien regala unos cromos a un amigo. Por suerte, están los documentos y las Hemerotecas para que no se pueda falsear la verdad. Repasando la Historia comprobamos el oscuro pasado y la criminal ideología de los partidos como el PSOE, el PCE, sus dirigentes y la chusma o turbamulta borreguil que les seguía y coreaba.

Los únicos que estuvieron desde el principio al tanto de la operación del saqueo del Banco de España, y por tanto responsables de este expolio fueron, Juan Negrín (ministro de Hacienda)), Indalecio Prieto (ministro de Marina y Aire) y Largo Caballero (presidente de Gobierno). Luis Araquistain (embajador de Francia) también estuvo al tanto del asunto. Meses después

Negrín sustituyó a Largo Caballero como presidente del Gobierno hasta el final de la guerra, con el claro apoyo de la URSS. Pero era Largo Caballero el que mandaba cuando se sacó el oro de España, es decir, era el propio PSOE.

Con este salvaje robo, el PSOE, dificultó la reconstrucción de España a los posibles ganadores de la Guerra Civil, y arrastró a millones de españoles a la ruina, condenándolos al hambre.

Y así es como se desarrolló la historia de semejante expolio:

El Ministro de Hacienda, el doctor Juan Negrín, de infausta memoria, ejecutó el expolio del oro vía Cartagena, con destino a la URSS. Ello legitimado con el decreto del 13 de septiembre de 1936 firmado por el presidente de la República Manuel Azaña, a quien no se le informó de cuándo se aplicaría el decreto, ni tampoco el destino del tesoro, concediéndole a Negrín potestad para disponer a su arbitrio de las reservas de oro.

Se reproduce el texto íntegro del Decreto por su importancia:

<<Por su excelencia el presidente de la República, y con fecha 13 del actual, ha sido firmado el siguiente decreto reservado: La anormalidad que en el país ha producido la sublevación militar aconseja al Gobierno adoptar aquellas medidas precautorias que considere necesarias para mejor salvaguardar las reservas metálicas del Banco de España, base del ahorro público. La índole misma de la medida y la razón de su adopción exigen que este acuerdo permanezca reservado. Fundado en tales consideraciones, de acuerdo con el Consejo de Ministros, y a propuesta del de Hacienda, vengo en disponer, con carácter reservado, lo siguiente:

Art. 1 Se autoriza al Ministro de Hacienda para que en el momento que lo considere oportuno ordene el transporte, con las mayores garantías, al lugar que estime de más seguridad, de las existencias que en oro, plata y billetes hubiera en aquel momento en el establecimiento central del Banco de España.

Art. 2 El Gobierno dará cuenta en su día a las Cortes de este Decreto. Madrid, 13 de septiembre de1936>>.

De esta forma el latrocinio quedó legitimado, listo para llevarlo a cabo: Largo Caballero, Juan Negrín e Indalecio Prieto fueron los artífices del mayor desfalco de la historia, y para colmo, en beneficio de un régimen comunista.

Semejante latrocinio por parte del Gobierno de la República fue de una gravedad tremenda. Desde el punto de vista legal, el Banco de España S.A. no era propiedad del Estado (lo fue en 1962), sino una sociedad bancaria privada con accionistas, que almacenaba y custodiaba las reservas de oro españolas en sus cámaras acorazadas de la Plaza de Cibeles, junto a miles de cajas de seguridad contratadas por particulares para mantener seguros sus ahorros y pertenencias más preciadas. No se contó para nada con los accionistas en la fuga del oro. Nadie más del Gobierno conocía la operación, ni siquiera el presidente de la República. El valor de la peseta quedaba sin respaldo real, material, (el oro), con el consiguiente desplome si la operación llegase a conocimiento público. Y lo más importante era que el Estado Español jamás volvería a ver ni una sola onza del oro expoliado. Los beneficios se fueron repartiendo entre la URSS, el Partico Comunista Francés y algunos prohombres de los Gobiernos de la República. Conclusión, un desfalco institucional cometido desde el Estado contra toda la ciudadanía española.

A los dos meses de empezada la guerra, en la madrugada del 14 de septiembre de 1936 comenzó el saqueo. Entraron en el Banco de España unidades de carabineros, milicianos socialistas y anarquistas y, acompañando a estas milicias 50 a 60 trabajadores metalúrgicos y cerrajeros, así como un grupo de empleados de banca del Sindicato de Madrid, cuyo presidente era nada menos que Amaro del Rosal, futuro director de la Caja General de Reparaciones, organismo creado para la recepción de los robos y expolios que efectuaban las patrullas de control y demás delincuentes armados en domicilios particulares, según se ha explicado.

Volviendo a la sede del Banco de España, los individuos mencionados iban todos enviados por el Ministerio de Hacienda, por supuesto armados. De acuerdo con los comités de UGT y CNT en el mismo banco, procedieron a efectuar el expolio. Dirigía la operación del robo Francisco Méndez Aspe, director General del Tesoro entonces, y futuro ministro de Hacienda en el gobierno de Negrín.

El cajero principal, al ver que la reserva de oro iba a ser evacuada, se suicidó en su despacho con su pistola. No quiso firmar ningún documento a pesar de las coacciones recibidas por los asaltantes.

Obtenidas las llaves, se abrieron las cajas y cámaras donde se custodiaban las reservas, y durante cuatro días los agentes del Gobierno estuvieron sacando todo el oro allí depositado, más de 625.000 kilos, colocándolo en cajas de madera, de las usadas para munición. Se llenaron unas diez mil cajas de oro y plata, que fueron cargadas en treinta y cinco camiones. Al salir del Banco de España, a pocas calles, los camiones se detuvieron y fueron engalanados con banderas rojas que indicaban transporte de explosivos, al mismo tiempo que se cambiaban los chóferes por otros que, lógicamente, pensaban que transportaban explosivos y munición. La caravana siguió su camino con su preciada carga, hasta la Estación del Mediodía o Estación del Sur. Allí se cargaron las cajas en vagones de mercancías e iniciaron su viaje por tren a Cartagena, donde se depositaron en los polvorines de La Algameca, en una base naval bien custodiada. El traslado por vía férrea hasta Cartagena fue protegido por la *Brigada Motorizada* del PSOE y por Valentín González el Campesino, hasta su embarque. El día 22 de octubre de 1936 se presentó en Cartagena Francisco Méndez Aspe, jefe del Tesoro y hombre de confianza de Negrín, que ordenó la extracción nocturna de la mayoría de las cajas de oro, con un peso aproximado de setenta y cinco kilos cada una, las cuales fueron transportadas en camiones y cargadas en los buques. Se cargaron 7.800 cajas en los buques *Kim, Nevá, Kursk y Volgolés*, operación que duró tres noches, efectuada y vigilada por los tanquistas rusos de Orlov, dirigidos por el comunista Valentín Lasarte *el miliciano*, de la Brigada de tanques soviéticos estacionada en Archena. El traslado a los barcos se hizo con una caravana de más de veinte camiones. Orlov había contado 7.900 cajas y Méndez Aspe 7.800 cajas, así que la anotación final fue por 7.800. No se sabe si fue un error, pero lo cierto es que Méndez Aspe salió huyendo como una cucaracha, por cierto, muy nervioso, no por el presunto bombardeo alemán que alegó se podía producir, sino porque tal vez había escamoteado 100 cajas repletas de oro.

El 25 de octubre los cuatro barcos se hicieron a la mar rumbo a Odessa, puerto soviético del Mar Negro. Jamás volvió el oro a España. Alexander Orlov, en complot con Negrín, había organizado y ejecutado el envío del oro siguiendo las órdenes estrictas de Stalin de no firmar ningún recibo.

A Francia fueron a parar 2.000 cajas, siendo gestionado su contenido por el Partido Comunista Francés. El diario comunista *Ce Soir* se sostenía con fondos suministrados por Negrín. No se sabe el paradero de las 200 cajas restantes, aunque lo más probable es que quedasen a disposición de los líderes del Frente Popular para su uso y disfrute.

Por cierto, Negrín facilitó documentación falsa a Orlov, para que no tuviera problemas en el traslado del oro de los polvorines de la Algameca a los barcos anclados en Cartagena. Orlov temía que si algún grupo anarquista o cualquier otra partida de milicianos interceptaba a sus hombres, tanquistas rusos que no hablaban español, cargando el oro español en camiones, los matarían en el acto. Con pasaporte falso podría largarles la historia de que el oro viajaba a los Estados Unidos de América por razones de seguridad, para su custodia, por lo que Negrín le extendió credenciales de un hombre llamado Blackstone, convirtiéndolo así en un representante del Banco de América. Este hecho está documentado. Así lo declaró Orlov en su posterior informe al Subcomité del Senado de los Estados Unidos.

Se decidió no comunicar nada al presidente de la República, Azaña, el cual se hallaba entonces en un estado espiritual verdaderamente lamentable. Solo lo sabían Largo Caballero, Juan Negrín e Indalecio Prieto. La terna de políticos perversos.

No solamente el oro del Banco de España fue objeto del saqueo. Se procedió después, de modo sistemático, en multitud de lugares, a la confiscación del dinero, divisas, valores y otros efectos, propiedad de particulares, que había en depósito, en paquetes lacrados y en cajas de seguridad y de alquiler en la Banca privada. También en la noche del 6 de noviembre de 1936 con Francisco Méndez Aspe a la cabeza, se reventaron las cajas de seguridad y de alquiler del Banco de España, manifestando al Jefe de las cajas de seguridad de alquiler y depósitos de dicho Banco seguir las órdenes del Ministro de Hacienda de <<proceder a la apertura de las cajas con toda urgencia>>.

A los pocos días del saqueo del oro del Banco de España, actuaron los mismos delincuentes, y con métodos parecidos a los usados con el oro, descerrajaron las cajas de depósitos privados y la emprendieron con la plata del Banco de España, que fue vendida después a EE.UU. y a Francia por unos 20 millones de dólares.

Estos actos eran ejecutados por grupos de Carabineros que penetraban en los locales de la Banca Privada y tras reventar cajas y depósitos, se apoderaban del contenido.

Negrin jamás rindió cuentas sobre la gestión del oro. De hecho, perdió su control en el momento en que fue embarcado rumbo a Rusia. Largo Caballero le criticó duramente con estas palabras: <<*Desgraciado país, que se ve gobernado por quienes carecen de toda clase de escrúpulos (...) con una política insensata y criminal han llevado al pueblo español al desastre más grande que conoce la Historia de España. Todo el odio y el deseo de imponer castigo ejemplar para los responsables de tan gran derrota serán poco»*. Muy acertadas las palabras, pero no olvidemos que Largo Caballero fue uno de los inductores de la Guerra Civil.

Al llegar el oro a Odesa, los funcionarios rusos del Grosbank, junto a los cuatro claveros empleados del Banco de España que acompañaron al oro, tardaron varios meses en contarlo y pesarlo. El tesoro no se componía solo de lingotes, sino que contenía una enorme cantidad de oro amonedado y colecciones numismáticas de incalculable valor. Se abrieron 15.571 sacos que contenían 16 clases distintas de monedas de oro: libras esterlinas (el 70%), pesetas españolas, luises y francos franceses, marcos alemanes, francos belgas, liras italianas, escudos portugueses, rublos rusos, coronas austriacas, florines holandeses, francos suizos, pesos mexicanos, pesos argentinos, pesos chilenos, y una extraordinaria cantidad de dólares estadounidenses. Nunca se supo si los rusos fundieron todo en lingotes para borrar pistas, o si apartaron las monedas para venderlas después en el mercado internacional, dado su alto valor numismático.

Una vez contado el tesoro, el 5 de febrero de 1937, el embajador español y los responsables soviéticos G. F. Grinkó, comisario de Hacienda, y N. N. Krestinsky, su adjunto para asuntos exteriores, firmaron el acta de recepción definitiva del depósito de oro español, un documento en francés y en ruso en el que las autoridades soviéticas no asumían ninguna responsabilidad por el destino de este oro. Fenomenal para Stalin.

Los cuatro empleados del Banco de España, claveros, que habían acompañado el envío, no regresaron. Moscú no quería que se divulgara el expolio cometido. Puesto que sus familias se inquietaban por desconocer su paradero, y para calmar su intranquilidad, se las embarcó también a Rusia. Allí quedaron todos confinados. Al acabar la Guerra Civil, Moscú no consintió el regreso a España de estos cuatro empleados, por si hablaban más de la cuenta, y para evitarlo los desperdigó por el mundo, a Buenos Aires, Estocolmo, Washington y México. Los altos funcionarios rusos que intervinieron en la recepción y el recuento del oro fueron víctimas de <<desaparición forzada>>. Cesaron en sus puestos, pasaron a prisión y todos fueron ejecutados. Digno del genocida Stalin, que de esta forma estaba borrando cualquier posible testimonio que permitiera acreditar la procedencia del dinero y del oro, y así blindar en el futuro cualquier exigencia para su restitución a las autoridades españolas.

La alegría de Stalin al recibir el oro se reflejó celebrando un banquete con miembros del Buró político, en el que dijo: «Los españoles no verán su oro nunca más, como tampoco ven sus propias orejas>>.

Después del <<traslado>> del oro del Banco de España, se realizaron a la URSS otros envíos menores, en barcos también, cuya carga de metales preciosos, joyas y otros objetos de valor, procedían de los saqueos e incautaciones que habían ido a parar a la Caja General de Reparaciones, por lo que es imposible calcular el expolio que sufrió España a manos de la URSS durante la Guerra Civil.

Stalin mostró una furia tremenda al acabar la guerra de España y haber sido derrotado el comunismo en España. Este asesino, haciendo gala de su despotismo y poder tiránico, ejerció una feroz represión contra muchos generales, mandos y comisarios políticos que regresaron a la URSS, tras haber perdido la guerra de España. Jamás perdonó el hecho de haber fracasado en la implantación del comunismo en España. Una de sus criminales costumbres era <<liquidar regularmente>> a los jefes de sus servicios de seguridad, es decir, a los mismos perros que le servían.

Años después, la URSS, en uno de aquellos alardes propagandísticos para contentar a las mentes ignorantes, atribuía el aumento de las existencias de oro al desarrollo de la explotación de sus propios yacimientos de oro. Era el oro de España, del que la URSS no devolvió jamás ni un solo gramo. Este expolio condenó a España a tener que partir de cero en la reconstrucción de su economía, del sector financiero y del propio Banco de España.

Acabando el año 1956, murió Juan Negrín en París, y seguramente acuciado por su escasa conciencia, había encargado a su hijo Rómulo la entrega al Estado español del expediente llamado *Dossier Negrín*, para <<facilitar el ejercicio de las acciones que el Estado español pudiera efectuar para la devolución del citado oro a España>>. Entre estos papeles privados se rescató finalmente un recibo oficial por el oro depositado en la Unión Soviética. Estos documentos se encuentran en el Archivo Histórico del Banco de España. Son una prueba del robo cometido por Moscú, por si alguien tiene alguna duda.

23. POBLACIÓN

> *A un caserío llegó un hombre armado, un pintoresco individuo de mono, alpargatas y boina, cargado de cartucheras, pulsera y cinturón de vainas, granadas de mano, dos pistolas, fusil y machete. Vamos, que todo un arsenal. Le acompañaba una pandilla de delincuentes.*
>
> *Torcuato Luca de Tena – La brújula loca*

La gran mayoría de españoles de 1936 no tenía la menor gana de liarse a tiros. Cuando estalló la guerra, y tras la consolidación de los frentes de batalla, el Gobierno Republicano tuvo que hacer continuos esfuerzos de coacción para conseguir reclutar las tropas. Hubo casi dos millones de españoles que consiguieron no incorporarse jamás a filas, a pesar de las reclutas forzosas y las amenazas constantemente ejercidas sobre la población. Cualquier subterfugio o triquiñuela era utilizada para evitar ir a dejarse la vida en el frente de batalla.

Cierto es que al principio hubo una cierta euforia por la revolución, sin pensar que la revolución consiste siempre en la rápida llegada de la miseria, de la escasez de comida, del hambre. Sin embargo, los cánticos, el jolgorio, los carteles y letreros estaban por todas partes, sustituyendo los estómagos vacíos.

Por todas partes, sobre todo en las ciudades de la zona republicana, había gente que se mudaba de casa o la abandonaba, a causa de los bombardeos, o por estar en la línea de fuego, o por el miedo y la inseguridad que la guerra provocaba. Buscaban un hogar entre los miles de casas abandonadas. Llevaban sus enseres como podían. Los niños abandonados buscaban a sus padres. Los hospitales estaban llenos. En Madrid la gente se refugiaba en las estaciones del Metro, abarrotadas, y en otros refugios, para pasar la noche y sobre todo cuando sonaban las alarmas de bombardeo. El miedo impulsaba a esta gente a pasar las horas apretujados a la espera de un nuevo día.

Las bajas producidas entre la población civil, por efecto de los combates, de enfermedades, hambre o desplazamientos fueron cuantiosas y difíciles de contabilizar. Cuando hay represión o procesos de terror político acompañando a la guerra, es aun más difícil evaluar esas bajas. Nadie lleva una lista de ejecutados, a menos que haya un juicio formal. Pero teniendo en cuenta que toda garantía legal desapareció, gran parte de las víctimas murieron sin figurar en ningún registro, por desgracia.

La población de retaguardia vivía bajo la constante amenaza de la llegada de grupos armados de milicianos, que en realidad eran bandoleros, los cuales imponían su ley, provocando el terror, incendiando, saqueando, usando siempre la palabra <<requisa>> como excusa a sus miserables robos, y que decidían sobre la vida y la muerte de las personas que habitaban en dicha población, ciudad o aldea. A su llegada, lo primero que hacían era asesinar a los que creían de <<derechas>>, terratenientes, propietarios ricos, cura, boticario, notario, médico, secretario, o cualquier persona ilustre de la localidad… y después incendiar la iglesia o convento que hubiese en dicha localidad. Mientras, otros miembros de estas partidas de milicianos o bandidos, se dedicaban al saqueo y al pillaje. Cualquiera que se opusiera o no mostrara complacencia con estos actos criminales, sabía el riesgo que corría de ser tratado de fascista, y por tanto de ser fusilado.

Hubo poblaciones que sufrieron más que otras, por estar situadas en la zona o frente de guerra. Los pasos de tropas, material y convoyes de guerra siempre acarreaban desgracias para la población civil, que tenía que soportar los caprichos de los dirigentes de dichas tropas. La amenaza de la confiscación, la requisa, el saqueo, siempre estaba presente. En muchos pueblos de Andalucía y del Norte, cuando las tropas republicanas huían ante el avance del Ejército Nacional, procedían a fusilar a los presos en su poder y a incendiar pueblos enteros, aldeas y cuanto encontraban a su paso.

Según avanzaba la guerra, conforme pasaban los meses, la población civil estaba más hambrienta, llegando al borde de la inanición en los últimos meses de guerra. Por ese y otros motivos, la población estaba deseando el final de la guerra. Así finalizarían las penurias, el hambre, la miseria, los bombardeos nocturnos, y los familiares retornarían de los frentes. En la zona republicana el hambre era generalizada y la gente estaba harta de la terrible dieta de las 500 calorías diarias y de las <<lentejas de Negrín>>, las <<píldoras de Negrín>. El estraperlo aseguraba un sustento a quien podía trapichear. El resto de la población estaba a merced del racionamiento, el cual no paliaba el hambre que se podía ver en los rostros demacrados y el andar inseguro de la gente a causa de la desnutrición. La falta de combustible para calefacciones y los cortes de electricidad frecuentes por bombardeos, aumentaban el frío y la humedad del invierno. En las ciudades salir a la calle era cada vez más peligroso. Nunca se sabía qué podía ocurrir, con quién se podía tropezar. El Gobierno trataba de reclutar a jóvenes casi adolescentes, y también a los casi viejos para luchar. Por todas partes había policía y patrullas. Había quien se alistaba por no pasar hambre, o por simple ideología, y algunos, cada vez más, que no querían saber nada del asunto, se escondían en casas y refugios o huían al monte.

La población generalmente, que veía el derrotero de la guerra, ayudaba a los prófugos y desertores. Pero lo cierto era que los idealistas y los que eran obligados iban al frente, y los más sinvergüenzas se quedaban atrás para hacer <<la revolución>>. Idealistas había de todas clases, pues para los ignorantes, los dirigentes republicanos eran gente bondadosa que se dedicaba a proporcionar la felicidad al <<pueblo>>. El sentimiento entre la población era que el futuro de la República iba hacia una dictadura, con Negrín y los comunistas como jefes de la misma.

La población de retaguardia, ajena a su participación en los actos de guerra, también sufría actos de represalia, como ocurrió con el bombardeo de Almería. En mayo de 1937, unos bombarderos rusos, Tupolev SB-2, *Katiuska*, pilotados por soviéticos, atacaron por error al acorazado de bolsillo alemán *Deutschland* (que incumplía la normativa del Comité de No Intervención de permanecer a un mínimo de diez millas de la costa española) matando a 31 marineros alemanes e hiriendo a otros 83. Hitler ordenó, en represalia, cañonear desde el mar la ciudad de Almería. Y así se hizo. El 31 de mayo de 1937, una flota compuesta por el acorazado alemán *Admiral Scheer* y cuatro destructores, bombardeó la ciudad andaluza, dejando un saldo de 19 muertos y numerosos edificios destruidos.

Con respecto a los bombardeos sobre población civil, hay que mencionar que cuando comenzaron los primeros bombardeos de Madrid por el bando nacional, el bando republicano ya había efectuado bombardeos al menos en 20 ciudades que estaban en manos de los nacionales. El bombardeo de Guernika fue publicitado por la izquierda como una atrocidad planificada, exagerando la cifra de víctimas. Pero no se dice que la Armada republicana y su fuerza aérea habían bombardeado de forma indiscriminada desde los primeros días de la guerra, a muchas ciudades. Prueba de ello es que el periódico de Manuel Azaña *Política,* fanfarroneaba de la destrucción que habían causado en esas zonas, <<inundadas de fuego y hierro>>. Buena frase para la <<Memoria Histórica>>.

Hubo poblaciones que sufrieron las iras de los comunistas al tratar éstos de hacerse con todo el poder. Así ocurrió en Aragón, tras la disolución del Consejo de Aragón, después de mayo de 1937, en que se comenzó la caza de los anarquistas. Enrique Lister, que ya había hecho ejecuciones de anarquistas y ataques a colectivistas en Castilla, eliminó por la fuerza a las colectividades. Fueron detenidos cientos de anarquistas y sustituidos en los Ayuntamientos por comunistas. Hubo centenares de hombres asesinados. Mientras tanto, el Campesino, más cruel todavía que Lister, hizo lo propio en Castilla, asesinando centenares de campesinos e incendiando pueblos enteros, hasta que la CNT reaccionó y puso fin a los excesos de esta expedición.

En cuanto a la situación económica de la población, era de auténtica pobreza. Como consecuencia del saqueo del oro del Banco de España, y al quedar la moneda sin respaldo alguno, se produjo la devaluación total de la peseta en la zona republicana. El Gobierno Republicano tuvo la magnífica idea de financiar la guerra imprimiendo dinero, por lo que emitió cantidades enormes de billetes sin ninguna cobertura o respaldo, solución de tontos, lo que provocó la subida de precios en un 1500 por cien al incrementar el papel circulante. Este proceso discurrió paralelo a la proliferación de dinero local que hubo que ir erradicando gradualmente. Además de la inflación mencionada, se produjo el nulo valor de la peseta de la República. El comercio interno y externo quedó prácticamente suprimido. Nadie aceptaba los billetes depreciados. Circulaban una especie de vales o monedas en círculos de cartón y papel. La credibilidad financiera de la República en el extranjero quedó como su dignidad, por los suelos.

En Euzkadi, Santander y Asturias acuñaron cada uno su propia moneda. No existía un único poder, ni económico ni militar.

Desde mediados de 1938 hasta el fin de la guerra, la zona republicana subsistía mediante el trueque, el reparto gratuito de alimentos racionados y con las transacciones económicas prácticamente paralizadas para la gran mayoría, que no disponía de divisas, a excepción, claro está, de los extranjeros y la élite gubernamental que sí disponían de divisas.

Y para colmo, en la huida o desbandada del Ejército republicano hacia la frontera, tras la caída de Cataluña, acabando ya la guerra, las poblaciones por las que pasaban las caravanas y los restos del ejército derrotado, sufrieron las penalidades propias del paso de tal cantidad de gente. Había grupos armados que saqueaban e incendiaban todo lo que encontraban a su paso, sacando a la pobre gente, a punta de bayoneta, poniéndola al frente de aquella triste caravana de miseria humana con rumbo a la frontera francesa.

Un sector especialmente perjudicado por el disparate de la guerra fue el de los niños, y en especial los que el Gobierno de la República envió en barcos al extranjero, para salvarlos de los bombardeos y de los horrores de la guerra. Muchos padres, engañados con este pretexto, jamás volvieron a ver a sus hijos. La mayoría de los niños, que eran de edades desde los 3 a los 14 años, provenía del País Vasco, Asturias y Cantabria, zonas que quedaron aisladas del resto de la República por el avance de las tropas Nacionales. En esta actuación <<humanitaria>> hubo un importante componente político por parte de los grupos sectarios afines a la URSS. El Gobierno del Frente Popular organizó <<envíos>> de menores de edad a países que eran afines a la ideología de la causa republicana, para librarlos de los horrores y calamidades de la guerra. Este era el mensaje que se transmitía.

Las expediciones salieron desde los puertos de Valencia, Barcelona, Bilbao (Santurce), Gijón (El Musel), en barcos mercantes donde se hacinaban los niños en las bodegas. Les acompañaban algunos adultos como personal educativo y auxiliar.

En la URSS, la llegada de los niños a Leningrado fue celebrada como una fiesta, con un trasfondo propagandístico que demostraba el apoyo soviético a la causa republicana y exaltaba su lucha contra el fascismo en España. Los niños se repartieron en diferentes centros, *Casas de Niños* o *Casas de Acogida para Niños Españoles*. En ellas recibieron después una educación acorde con la ideología comunista soviética, que los miraba como la futura élite política socialista española que surgiría tras la victoria de la Guerra Civil. Y siempre bajo la atenta mirada de Moscú. El disidente iba directamente a prisión, al Gulag, o al paredón. Un ejemplo de esta represión se muestra en lo sucedido al doctor Juan Bote García, que había acompañado a los niños como educador. Fue internado en el campo de concentración de Karagandá por rehusar educar a los niños según el sistema educativo soviético. Por pedir <<menos marxismo y

más matemáticas>> dio con sus huesos en el Gulag. Los maestros españoles fueron en su mayoría detenidos y encarcelados en la Lubianka, y los demás enviados a trabajar en las fábricas. Una joven maestra fue torturada durante veinte meses antes de ser fusilada. Las colonias comenzaron a ser dirigidas por los soviéticos. La suerte de los niños no era nada halagüeña. Muchos enfermaron de tuberculosis, otros murieron, los adolescentes fueron a los Urales, a Siberia Central donde formaron bandas de delincuentes donde reinaba la prostitución en las chicas. Hubo suicidios. Lo cierto es que la suerte de los niños cambió tras la derrota de los republicanos. Era la realidad del paraíso comunista.

Muchos niños mayores se alistaron en el Ejército Rojo soviético. El componente ideológico en su decisión era luchar contra el fascismo en Rusia, igual que lo hacían sus padres en España.

Hubo unos 37.500 menores de edad enviados al extranjero. En 1949 ya habían vuelto unos 20.000 y muchos tuvieron dificultades para adaptarse en la sociedad española.

Francia acogió unos 20.000. Bélgica unos 5.000. Gran Bretaña unos 4.000. La URSS unos 3.000. Suiza unos 800, México 455, Dinamarca 100.

El regreso de los niños a España se complicó con el estallido de la II Guerra Mundial y la entrada de la URSS en la misma. Las colonias infantiles donde los niños habían sido trasladados comenzaron a sufrir los rigores de la guerra. La invasión nazi de la URSS (Operación Barbarroja), que afectó a zonas donde había niños españoles alojados, provocó mayor dureza en sus condiciones de vida y posteriormente también, en un país en guerra, que no les permitía la salida del país. Los niños que sobrevivieron en la URSS, lo hicieron sobrellevando unas duras condiciones de vida, instalados en humildes casas de campesinos y trabajando el campo para asegurarse un sustento. Los niños de Kaluga estuvieron sometidos a la suprema autoridad de Juan Modesto y de Enrique Líster, los cuales, habiendo sido incapaces de ganar la guerra, desfogaban ahora su ira contra aquellos indisciplinados niños inocentes que fueron arrastrados de forma rastrera a la Unión Soviética, aleccionándolos en las doctrinas comunistas. El recuerdo que retenían los niños acerca del comportamiento de esta gente, del PCE, y en particular de *la Pasionaria*, era en muchas ocasiones negativo.

Al acabar la II Guerra Mundial, muchos de estos niños refugiados acabaron integrándose en la sociedad soviética y llegaron a ser profesionales cualificados, pero hubo también numerosos casos de inadaptación al país soviético.

Muchos de estos niños, unos 17.200, al desarrollar su nueva vida en esos países, se quedaron en ellos para siempre. Rusia y México se negaron a repatriar a los niños acogidos. De México solo volvieron 61 niños. Los niños de la URSS regresaron a España a partir de 1956, y no todos. Algunos marcharon a Cuba en los años sesenta.

24. LOS MILITARES

> *Era un auténtico desbarajuste. Unos soldados a caballo abrían paso a una batería de montaña que salía hacia el frente en dirección a Vizcaya. Una mula se salió de la formación, y a uno de los muleros, que demostró ser más bestia que lo que agarraba del ronzal, se le fue la mano en el palo al golpear al bicho, el cual arremetió contra el público con cañón y todo, atropellando lo que tenía delante hasta que la pieza volcó aplastando a la mula e hiriendo a más de doce personas.*
>
> Torcuato Luca de Tena – *La brújula loca*

La inmensa mayoría de los militares profesionales que sirvieron en el Ejército Popular de la República nunca creyó en la posible victoria republicana, ni posiblemente la desearon. Eran abiertamente anticomunistas. Se sintieron incómodos en su servicio, buscaron destinos cómodos burocráticos y de retaguardia, estuvieron sometidos siempre a la desconfianza política permanente y pretendieron la protección de partidos y organizaciones del Frente Popular, sin que ello supusiera adscripción ideológica. Había un claro predominio comunista en la médula de los diferentes ejércitos que componían el sistema militar republicano, sobre todo en la zona Centro-Sur. Había carencias de armamento, carencias logísticas y de capacitación en los mandos intermedios, demostrando una ineptitud tremenda.

Este Ejército tenía una frágil moral, una ausencia de entrenamiento, y una pésima dirección de su Estado Mayor. Esto se ponía de manifiesto en todas las campañas militares que ejercían. Para los comunistas, las unidades militares que no estuvieran gobernadas por ellos, tenían un valor simbólico. Esto pasaba en el Primer Cuerpo de Ejército, bajo las órdenes del Teniente coronel Barceló, que había sido un vivero de cuadros y mandos del Ejército Popular, y que a la altura de enero de 1939 la huella comunista había disminuido considerablemente en calidad y cantidad. Predominaban soldados de reemplazo, inexpertos en el combate, con escasa cultura política e indiferencia ante la naturaleza de la guerra.

El trabajo político del partido comunista, había perdido intensidad, pues dentro del mismo proliferaban actitudes acomodaticias, tareas inacabadas y dificultades teóricas para abordar los discursos de la guerra nacional. Esto, junto a los rumores de una pronta liquidación de la guerra desde finales de 1938, daba como resultado una moral derrotista.

Los comunistas, como siempre justificando sus criminales actos, pronto sacaron a colación el tema de la guerra nacional en defensa de la República democrática, hollada por las potencias fascistas. La idea de Nación les importaba poco. El partido Comunista se convirtió en una especie de amarre de seguridad, llegando a él jefes y oficiales como militantes circunstanciales sin evolución ideológica necesariamente. El partido comunista utilizó ese interés entre los profesionales como un instrumento de control del Ejército Popular, completado a escala inferior por la labor de los comisarios políticos. Pero la armonía entre Negrín y la cúpula militar, así como entre ésta y el partido comunista, empezó a cuartearse con las primeras derrotas de 1938, sobre todo tras la derrota de Teruel, la crisis de 1938 y la salida de Indalecio Prieto del Ministerio de Defensa.

Un ejemplo del desorden que imperaba, lo manifiesta el general Manuel Matallana Gómez en marzo de 1939 que contemplaba con disgusto el predominio comunista. Este general sirvió en el bando republicano sin convicción ideológica, como la mayoría de los militares profesionales. Era diplomado de Estado Mayor. Con la mente bien amueblada, con sólida formación, capaz de plantear desarrollos lógicos a la hora del análisis. Algo inusual en el ambiente militar de la época.

Estaba inquieto y disgustado por la permisividad y falta de autoridad del Gobierno en lo tocante al orden público. Todos sabían lo que ocurría. La fuerza de las armas ante el ciudadano indefenso tachado de desafecto, opositor o contrario a cualquier doctrina que se quisiera imponer, llevaba al saqueo, la tortura y la muerte. Se refleja la situación de España en 1936, en lo que decía este general en una carta a su compañero de armas el comandante Antonio Villamil Magdalena, en ese mismo año.

<<Cada vez me encuentro más alejado de la política por estar convencido de que ella es la ruina de España. Esto está francamente mal. En los pueblos son las guardias rojas las que mandan y disponen, siendo los comunistas y los socialistas los amos de los pueblos hasta el punto de que en la

mayoría de ellos la gente no puede salir desde que se pone el sol, porque esas guardias rojas cachean y apalean a los que les da la gana y con la más completa impunidad… Formaciones y desfiles de milicias socialistas uniformadas e instruidas por todos los pueblos y esta capital (Badajoz) viéndoseles hacer instrucción y despliegues ante todo el mundo y sin que se les ponga cortapisa de ningún género. Tal es la situación que nos gozamos por este país, sin saber lo que va a pasar al día siguiente y esperando ya de una vez que explote esto en el sentido que sea, pues así no es posible vivir. A Madrid voy con alguna frecuencia y allí tampoco el panorama es muy bueno, con chispazos militares como los de Alcalá y Toledo, y un malestar en el ambiente formidable>>. Como se puede ver, la situación reflejada era tristemente la realidad de lo que ocurría en la España de la zona republicana.

Este general, Matallana, inició su carrera militar en la zona republicana por pura inercia, por el principio de obediencia debida. Como la mayoría de los militares se vieron forzados, fueron negligentes o pasivos, tratando infructuosamente de pasarse a la zona nacional. Fue Jefe del Estado Mayor del Ejército de Centro. Después fue con el general Miaja a Valencia, en calidad de Jefe de Estado Mayor del Grupo de Ejércitos. Y en enero de 1939 ascendió a Jefe del Grupo. Fue nombrado Jefe de Estado Mayor el 3 de marzo de 1939. El 7 de marzo de 1939 se puso al frente de las tropas que combatieron en Madrid a los comunistas, cuando el golpe de Segismundo Casado. Se opuso a la decisión de Negrín de prolongar la guerra. Este general facilitaba el pase y fugas a la España Nacional, de militares perseguidos. En la ofensiva final del Ejército Nacional, el 29 de marzo, emitió las disposiciones por las que ordenaba la rendición del Ejército Republicano. Esto facilitó el avance de las tropas nacionales y el final de la guerra.

En el conjunto de las fuerzas de tierra, mar y aire, algo más de la mitad de los oficiales del Ejército que quedaron en zona republicana, fueron represaliados. El PSOE tuvo una gran responsabilidad por la permanente campaña que hizo contra los militares desde el mismo nacimiento de la República, llegando incluso al lenguaje tabernario y barriobajero, cosa inconcebible en un partido representado por el Gobierno. Para los socialistas, el Ejército era una casta odiosa. La represión sobre el estamento militar fue un objetivo primordial del Frente Popular. Con la excusa de ser <<enemigo del pueblo>>, hubo un gran número de militares asesinados, como le sucedió a casi toda la oficialidad de la Marina. Los oficiales fueron asesinados en los propios barcos por la tropa marinera, lo que provocó la prácticamente nula efectividad de la flota, pues aquellos ignorantes marineros y demás tropa no era capaz de dirigir y gobernar los buques.

Hubo militares fieles a su juramento de lealtad a la República, pero también los hubo que al ver el estado de anarquía, desórdenes y crímenes continuos que asolaban España, decidieron unirse a la sublevación del 18 de julio contra el Gobierno de la República. Además, había un ambiente enrarecido en el Ejército, por los sucesos de Asturias y la posterior depuración hecha por el Gobierno entre los militares que participaron en los sucesos.

Los partidos políticos de izquierda, a través de la UMRA, tenían como objetivo la depuración política del Ejército y su sustitución por un <<pueblo en armas>>. El Ejército había sido señalado como enemigo de la República, y había que eliminarlo o depurarlo. De ello se encargarían los partidos políticos de izquierda, que ya se habían asignado la tarea de la depuración política.

En el Ejército Republicano, los mandos militares no se ponían en base a los conocimientos técnicos. La lucha de los partidos políticos era tan intensa y la insensatez de sus dirigentes tan grande que les llevaba a disputarse los puestos militares con una pasión formidable. Todos querían tomar posiciones para después de la guerra, para así eliminar a los de tendencia contraria. Tal era su confianza en la victoria. Pero estaban equivocados. No tenían en cuenta cualidades ni aptitudes. En su insensatez evidente no comprendían que para hacer la guerra se necesitan mandos y no caciques, y en su odio a los profesionales, los eliminaban casi matemáticamente. Muchos militares profesionales sentían repulsa hacia la política de guerra del gobierno de Negrín, hacia los consejeros y asesores rusos, y sobre todo hacia el partido comunista. Negrín estaba entregando los mandos a los comunistas. Los mandos militares se otorgaban, y los ascensos igual, en base a la afinidad y fervor político.

Hay una anécdota interesante. El coronel Adolfo Prada Vaquero, Jefe del Ejército del centro, de la República, protegió durante la guerra a varios civiles. Entre ellos el cervecero Alfredo Mahou, consiguiéndole documentación para abandonar la España republicana a principios de 1937.

Así pues, la guerra terminó tras el golpe y la derrota de los comunistas en la pequeña guerra civil madrileña, tras el golpe de Casado y la rendición a las tropas nacionales. No hay que olvidar que Negrín planeaba un golpe de estado, con el apoyo de los comunistas, para hacerse con todo el poder, libre de opositores, y de esta forma entregar España a la Unión Soviética. Existía un deseo generalizado de terminar la lucha cuanto antes, y se aceptaba que la continuación de la guerra se debía únicamente al deseo de un Gobierno que cumplía el mandato impuesto por la Unión Soviética.

En el último mes de la guerra, con el golpe de Casado contra los comunistas, y el enfrentamiento con ellos para derrotarlos, que costó más de 2.000 muertos, se intentaba acceder a una rendición ante Franco en las mejores condiciones posibles. La España republicana había quedado inerme, cansada. La sublevación de Casado había provocado un desgarro interno sin remedio alguno. La hipótesis de cualquier forma de resistencia era algo ilusorio, tanto por las pérdidas de hombres y material como por la enorme desmoralización que cundió en todas partes, tanto en el estamento militar como en la población civil. Unidades enteras abandonaban las armas y huían con la intención de ponerse a salvo y dejar atrás aquella horrible pesadilla.

Los comunistas estaban desbancados, neutralizados, derrotados desde el 12 de marzo de 1939. Se sucedieron las detenciones y destituciones de mandos comunistas o sospechosos de pasividad o derrotismo en todas las unidades militares.

Los comunistas comenzaron a preparar su huida al exilio, con la lógica provisión de fondos fruto del saqueo, para montar su estructura en el exilio y comenzar la resistencia. Así lo hicieron Santiago Carrillo y la Pasionaria, que como tantos otros se pusieron a salvo en la Unión Soviética cobijados por el régimen asesino de Stalin, Irene Falcón, dama de honor de la Pasionaria, su amigo Monzón, Hidalgo de Cisneros, Togliatti, los jefazos militares comunistas Lister y Modesto, y algunos dirigentes comunistas como Uribe, Checa, Delicado, Soliva o Delage. Togliatti y Fernández Checa se quedaron en España, siendo detenidos poco después. Aquellos que tenían que dar ejemplo y apoyar a los vencidos, huyeron como ratas, dejando abandonados a su suerte a sus seguidores y a muchos infelices más.

25. MILITARIZACIÓN. EL EJÉRCITO POPULAR DE LA REPÚBLICA Y SOVIETIZACIÓN DEL GOBIERNO. LA REPÚBLICA, SÚBDITA SUMISA DE LA URSS

No podían ganar la guerra. Tenían el oro, las zonas industriales, pero no tenían mandos ni disciplina. En su lugar tenían políticos.

Torcuato Luca de Tena – La brújula loca

En el otoño de 1936, Largo Caballero se dio cuenta de que, o controlaba la revolución, o se perdía la guerra. La solución era la disciplina militar. El Frente Popular pensó que el Alzamiento era un simple golpe militar, pero se convirtió en un movimiento que arraigó en media España. La rebelión fue mucho más amplia de lo que se esperaba. Los cuadros del ejército y las fuerzas del orden público no estaban tan controlados por el Gobierno del Frente Popular como para neutralizar cualquier rebelión. Pensaban que la superioridad de la zona controlada por el Frente Popular, en materia industrial, financiera, demográfica y material, condenaría a la rebelión a morir en pocos meses. La verdad era distinta. La misma zona republicana se colapsaba por el caos revolucionario. Pensaron que el pueblo en armas luchando por sus derechos aplastaría la sublevación de los militares, casta reaccionaria y fascista según ellos. Pero la realidad fue que el pueblo en armas, como decían, se manifestó pronto como un ejército inútil y desharrapado, técnica e intelectualmente. La realidad era que <<pueblo>> había en ambas zonas en las que quedó dividida España, por mucho que la asquerosa propaganda frentepopulista no lo reconociera; y el <<pueblo>> del bando rebelde estaba mejor organizado, combatiendo con mayor eficacia. Sobre todo porque tenía un mando único.

De modo que Largo Caballero vio rápidamente las medidas a tomar: militarización de las milicias, integrando todas las columnas milicianas y demás grupos armados en el nuevo Ejército Popular de la República, integrando todas las fuerzas revolucionarias en el Gobierno y siguiendo la represión, pero organizándola con instituciones como los tribunales populares, los jurados de guardia, campos de trabajo, y milicias de vigilancia de retaguardia. El problema estaba en que las milicias del pueblo se habían convertido rápidamente en pandillas de desalmados que pretendían encontrar una justificación de la delincuencia en la pasión política y revolucionaria. Los abusos en la represión, los crímenes en la retaguardia, los saqueos de propiedades privadas y los asesinatos y venganzas dentro de la propia zona republicana, se habían convertido en algo demasiado frecuente. Dentro de la atmósfera de las milicias y en ese caldo de cultivo idóneo, se había desarrollado una especie de tipo humano realmente indeseable. No era el sujeto más comprometido con la revolución, sino el más violento, el de menos escrúpulos y adornado de una brutalidad elemental. Podemos imaginar su nivel intelectual y su propia capacidad de raciocinio. No era el frente de guerra el lugar preferido de estos sujetos. En Valencia, los pueblos armados montaban grandes guardias, entorpecían el tránsito, se daban la gran vida, comiendo paellas, pero los hombres con fusil no se iban al frente que estaba a 300 kilómetros.

En Toledo, durante el asedio de El Alcázar, había entre cuatro y cinco mil anarquistas, acompañados de varios cientos de mujerucas traídas de los burdeles de Madrid, dándose la gran vida. En Málaga, las milicias anarquistas que tomaban la ciudad, se dedicaban a la represión más que a la guerra. Ni siquiera el asesor soviético Kremen pudo cambiar la situación y disciplinar a la ciudad. Cuando el Ejército Nacional inició la ofensiva en febrero de 1937, el predominio político pasó de los anarquistas a los comunistas, al diputado Cayetano Bolívar, que fue nombrado comisario general. Al acercarse las tropas nacionales en enero de 1937, las milicias huyeron a toda prisa hacia Almería, creando inmediatamente problemas de orden público en la ciudad. Incluso el Gobernador de la plaza, el socialista Gabriel Moron dio sus quejas al Ministerio de la Guerra manifestando estar dispuesto a <<meter en cintura a esa gentuza que viene llena de miedo a sembrar el pavor en el pueblo>>. Esta era la clase de <<luchadores por la libertad>> que tenía la República. En Barcelona, el panorama era idéntico. No se podía seguir así mucho tiempo más.

La rivalidad entre los grupos políticos, que pugnaban por conseguir más poder en las milicias, más hombres y armas, degeneró en conflictos graves entre las fuerzas del Frente Popular, sin importarles las necesidades reales del frente. En el plano económico, la situación era de colapso por la actividad sindical, con devastadores efectos en la logística de la retaguardia. Las minas de carbón de Utrillas, en Teruel, bajo control anarquista, prácticamente no extraían material. La presión sindical tenía entorpecido extraordinariamente el abastecimiento de Madrid, por ferrocarril y carretera. Largo Caballero encarceló al comité de transportes, porque con 16.000 chóferes a sueldo, no se conseguía normalizar el abastecimiento. Era un continuo disparate, y la situación no mejoraba.

Este intento de militarización de las milicias, de llevarlas a la disciplina militar, lo intentó Giral el 28 de agosto de 1936 con un decreto que ordenaba la disolución de las milicias de los partidos y su integración en el Ejército regular, pero no se cumplió, a pesar de cobrar 10 pesetas diarias los soldados de la II República (los legionarios de Franco cobraban 3,25 y los demás soldados nacionales 1,25). La realidad era que en la zona republicana, y también, aunque en otra medida, en la zona nacional, una amplia mayoría del pueblo no deseaba batirse, y trataban de eludir ir al frente. Junto a esta mayoría había una minoría especialmente comprometida por razones sociales y políticas que sí deseaba la guerra. Para esta minoría beligerante, la autoridad natural no era el Estado republicano y su ejército, sino los partidos revolucionarios y sus milicias, que eran quienes habían montado las primeras columnas: El quinto Regimiento comunista, la columna de hierro anarquista, la columna fantasma socialista, y otras.

A partir del 20 de octubre empezaron a surtir efecto las medidas adoptadas por Largo Caballero. Los batallones de milicianos dejaron de depender de sus partidos de origen, pasando a depender de una Comandancia General de Milicias. Hacia la primavera de 1937 se consiguió la militarización casi plena de los milicianos en el seno del llamado Ejército Popular de la República. Los partidos renunciaron al control directo sobre sus contingentes armados, creando muchas dificultades.

En Madrid, Miaja, con el respaldo comunista consiguió en diciembre de 1936 suprimir las milicias y militarizarlas, aunque no del todo.

En Asturias se decretó la movilización general de las milicias en febrero de 1937, en vísperas de la gran ofensiva sobre Oviedo, donde el general Aranda se había hecho fuerte. Oviedo resistió, la ofensiva fracasó y el ejército republicano del norte se deshizo en Cantonalismos bajo los <<gobiernitos>> locales de Asturias, Santander y Vizcaya.

En Aragón los milicianos anarquistas aceptaron mal la militarización. Temían que los eliminaran. Tras fuertes discusiones, en marzo de 1937, varios centenares de milicianos del sector de Gelsa decidieron abandonar el frente, llevándose las armas y dirigiéndose a la retaguardia. Aparecieron después por Barcelona, durante los <<hechos de mayo>>. Los comunistas también crearon problemas en este asunto. Todos estos hechos muestran la incapacidad militar, la indisciplina y la falta de un mando único en el ejército de la zona republicana, acuciada por el descontrol y la anarquía provocada por dirigentes prácticamente analfabetos que rozaban la incapacidad intelectual.

El objetivo militar de Largo Caballero era garantizar que las unidades militares estuvieran en manos competentes, cerrando a los comunistas el control de los grados superiores del ejército. Por ello, limitó a comandante el grado máximo de ascenso para los jefes de milicias. En el terreno político su objetivo era integrar a todas las fuerzas de izquierda en el Gobierno, incluso a las que se habían opuesto siempre a colaborar con las instituciones republicanas, como la CNT. Los comunistas estaban en el Gobierno desde septiembre. La CNT, los anarquistas, entraron en el Gobierno ante el rechazo de Azaña, a causa de la violencia que les caracterizaba y por haber sido factor de inestabilidad de la República desde 1931. El 4 de noviembre de 1936 entraron en el Gobierno cuatro ministros anarquistas: García Oliver en Justicia, Federica Montseny en Sanidad, Juan Peiró en Industria y Juan López en Comercio. Así, todo el impulso revolucionario del Frente Popular quedaba integrado en el gabinete ministerial, según el proyecto político de Largo Caballero.

Entre tanto, Largo Caballero introdujo el 15 de octubre de 1936 otra medida de carácter sovietizante orientada a controlar políticamente al Ejército republicano y reducir la influencia de los partidos en la dirección de las operaciones. Se trataba de la creación del Comisariado General de Guerra, es decir, los temibles comisarios políticos de la República, con la misión expresa de ejercer un control de índole político-social sobre los soldados, milicianos y demás fuerzas armadas al servicio de la República y también de lograr una coordinación entre los mandos militares y las masas combatientes. Largo Caballero eligió para el cargo de comisario general a su íntimo colaborador Julio Álvarez del Vayo que, junto a Araquistáin tanto contribuyeron a la deriva bolchevique del PSOE en los años treinta.

Álvarez del Vayo dio la subcomisaria de Organización al líder del PCE Antonio Mije, y la secretaría general al ugetista Felipe Pretel, también orientado hacia el comunismo. Así quedó de manifiesto el control comunista sobre el

Comisariado General, pues el principal agente de Stalin, Mijail Koltsov, participaba en las reuniones, aunque figurase como un corresponsal de guerra. Está claro que la estrategia comunista era defender las instituciones republicanas para, desde dentro de ellas, hacerse con el control del Estado. Los comunistas controlaron políticamente al Ejército a través de los comisarios políticos. El Partido Comunista afrontó esta nueva etapa sin moverse un milímetro del plan de la Komintern. La presencia soviética comenzó pronto a hacerse visible en la España republicana, permaneciendo hasta el final de la guerra. De hecho, después se vio como a los pocos días de la formación del Gobierno presidido por Juan Negrín, Orlov actuaba ya como si España fuese un país satélite de la URSS.

Fue entonces cuando Prieto, Ministro de Defensa que había servido a los comunistas como palanca para desbancar a Largo Caballero, viendo las claras intenciones del PCE, concibió y creó como autoprotección, entre otros motivos, el Servicio de Información Militar, el SIM, siniestro órgano mixto de contraespionaje y policía militar, creado el 6 de agosto de 1937. Santiago Garcés, un panadero, llegó a mandar este organismo. Según él, Prieto creó el SIM <<para contar con una policía propia, pues las que existían estaban en manos de los comunistas>>. La verdad es que los líderes republicanos, lo primero que hacían era rodearse de una cierta guardia de corps: Muñoz se protegió con la checa de Fomento, Galarza hizo lo propio con la Compañía de Milicias de Vigilancia de Retaguardia, Negrin remodeló a su antojo el cuerpo de Carabineros. Por desgracia para muchos infelices, se vio después que el SIM era mucho más que una policía personal de Prieto.

Los comunistas rusos ejercieron gran influencia en el SIM. Era la agencia de inteligencia y seguridad de la República, la tutela política soviética.

El SIM tenía como finalidad formal perseguir el derrotismo y acentuar la disciplina del Ejército Popular de la República, marcando de cerca a las propias fuerzas tanto en el frente como en la retaguardia, se tratase de población civil o militar, encargándose de la represión contra los elementos <<desafectos>> o que mostrasen derrotismo y desaliento en las propias líneas. Se encargaba también del espionaje, cumpliendo la doble cualidad de policía política y servicio de espionaje militar, propio del régimen soviético. Prieto dejó que fuese Orlov quien redactase el decreto de creación del SIM. No podía haber mayor muestra de servilismo al tiránico y asesino régimen soviético. Prieto se reservó personalmente el nombramiento de los agentes. El propio Orlov relató la forma en que Prieto rechazó sus insistentes peticiones para permitirle organizar un servicio de inteligencia militar. Incluso le dijo claramente que su resistencia era injusta con las tropas españolas y con los soldados, pilotos, tanquistas y artilleros rusos, que estaban luchando y muriendo en España. ¿Por qué?, ¿Qué temía Prieto? Le contestó a Orlov que, con el aparato de inteligencia en sus manos llegaría el día en que lo arrestaría a él y a otros miembros del Gobierno, instalando a los comunistas españoles en el poder. Esta forma de actuar de Prieto era porque temía a los comunistas rusos. Le veía las orejas al lobo. Orlov le permitiría poder designar a un hombre suyo para dirigir la inteligencia militar, mientras que él facilitaría los asesores rusos. Así quedó el acuerdo.

De esta forma, el SIM heredó todas las funciones del DEDIDE de Galarza, así como parte de su estructura, las checas de la cárcel de San Lorenzo (Madrid) y el Campo de Trabajo número 1 de Cuenca. En Barcelona, el SIM controló desde ese momento, entre otras, las checas de la calle Zaragoza, la del Seminario Conciliar, la del Portal del Ángel, la del Hotel Colón y la famosa de la calle Vallmajor, además del campo de trabajo de Lérida.

El primer director del SIM fue el militante socialista Ángel Díaz Baza, de la órbita de Negrín. Los siguientes fueron Prudencio Sayagües, Manuel Uribarri Barrutell, Santiago Garcés Arroyo y en la zona centro (Madrid) Gustavo Duran. Este individuo enroló inmediatamente a 400 agentes, todos comunistas, sin consultar a Prieto, que montó en cólera, pues se había reservado personalmente el nombramiento de los agentes. La situación creó un fuerte conflicto con el PCE y con Orlov y todo el Estado Mayor de la Komintern en España, pues fue Orlov quien había dado garantías a Prieto de que él designaría libremente a su gente. Prieto destituyó a Durán y colocó en la jefatura de la Zona Centro al viejo militante socialista, Ángel Pedrero, el cual cambió a todos los agentes comunistas nombrados por Durán por otros de carácter socialista. Ángel Pedrero conocía el asunto del bandidaje a la perfección. Era de la misma calaña que Agapito García Atadell. Había sido el segundo de él en su checa, participando en sus robos y asesinatos, pero no en la fallida fuga de Atadell y compañía. Al menos se libró de correr la misma suerte, de momento, pues fue fusilado después, el 4 de marzo de 1940.

Prieto fue derribado también, y el poder del SIM, aunque con Garcés, socialista, pasó a ser de Moscú hasta la retirada de la URSS de la guerra. Siempre hubo un mecanismo de cooperación entre el SIM y los servicios soviéticos en España.

El SIM era un servicio de doble aplicación, militar y civil. Configuró una organización muy bien burocratizada, que permitió al Gobierno de la República integrar las funciones de policía política con las de contraespionaje. Era el modelo de la NKVD. En Madrid había 1200 agentes. Aparte había informadores y delatores, <<los invisibles>>, que en la zona Centro llegaron a 4000. Nada escapaba al control de esta siniestra gentuza.

Los métodos del SIM tenían como antecedente los servicios secretos rusos. La *Ojrana*, al servicio de los Zares, como parte del Ministerio del Interior (MVD), reconvertida por los bolcheviques en la *Tscheka*, en la GPU en 1920 y después en la NKVD. Ramón Mercader asesinó a Trotski, con un piolet, en 1940 por orden del NKVD Soviética. De la extinta NKVD surgió la temible KGB, con 175.000 miembros.

El SIM censuraba la correspondencia de la población, tanto militar como civil. Tenía departamentos específicos para la <<recuperación de desertores>>, para la vigilancia de las industrias de guerra, un gabinete topográfico, un servicio de aviación, una oficina estadística… todo un aparato burocratizado cuyo fin era el control absoluto de la población, de sus personas y de sus mentes. El método normal de funcionamiento era simple: un informador delataba al sospechoso, el cual era detenido y conducido por los agentes oficiales, al tribunal correspondiente. El motivo podía ser desde un simple comentario sobre la marcha de la guerra, propagación de noticias falsas, hasta la crítica a un miembro del Gobierno. En el plano militar, los motivos eran las deserciones, la indisciplina, o la manifestación de derrotismo. En definitiva, el objetivo del SIM era mantener la disciplina por medio de la coacción y el terror.

Hubo casos en que se llegó a castigar por una deserción a la familia entera del desertor. El derrotismo era severamente castigado. El celo represivo alcanzó niveles criminales, como se puede ver en algunos de los sucesos relatados a continuación. Fusilamiento de 46 soldados republicanos de la Brigada Mixta 84 por sus propios mandos en el frente de Teruel, en enero de 1938. En la retaguardia, en Madrid, una ciudadana llamada Concepción Edreira

Ferreiro fue detenida, condenada y a punto de ser fusilada bajo la acusación de derrotismo. El motivo: decir de broma que <<Azaña y Negrín están enamorados>>. Un mes después, el director del Banco de España en Madrid, Ramón Martínez Arrambirri, fue condenado a muerte por haber dicho ante el embajador checoslovaco que <<no sabía adonde habían ido a parar los contenidos de las cajas de alquiler asaltadas y desvalijadas>>.

En ese momento la capital de las checas ya no era Madrid, sino Barcelona, bajo control comunista desde los hechos de mayo. El terror aumentó cuando Julián Grimau estuvo en la cúspide de la Brigada de Investigación Criminal. Esta presión aumentó más cuando el 31 de octubre de 1937 Barcelona se convirtió en capital de la República, <<democrática>>, habría que añadir... y el SIM, aplicando su red represiva, implantó en Barcelona una atmósfera irrespirable de miedo y desconfianza.

Se descubrió el ruin caso de corrupción conocido como <<el caso Barriobero>>. Eduardo Barriobero era un abogado del Frente Popular que en 1936 se hizo cargo de la <<Oficina Jurídica>> del Gobierno catalán. Desde su puesto en Cataluña, y tras dictar numerosas condenas a muerte, organizó una red en la Audiencia, que vendía a precio de oro libertades y sentencias, y decretaba multas y sanciones.

Uno de los deleznables objetivos del SIM era la persecución del <<sospechoso o disidente>>. Sus <<servicios>> en el secuestro y tortura de civiles le valieron al SIM una fama siniestra. Tanto, que el ministro Irujo, al dimitir, denunció públicamente sus abusos. La estructura del SIM cubría desde la vigilancia y la persecución hasta la ejecución o el encarcelamiento, pasando por los trámites de la investigación policial y el juicio en el Tribunal popular. Toda esta farsa para secuestrar, torturar, robar y asesinar a personas inocentes, actividades todas ellas amparadas por el Estado, a través de su Ministerio de Gobernación, Dirección General de Seguridad y sus unidades especiales de policía, bajo cualquier denominación de Brigada, Brigadilla, Patrulla, Unidad, Comité, o cualquier otro título similar, que formalizaban los sistemas de checas y concedían carácter oficial a los chequistas como policías. Cómplices necesarios eran el Ministerio de Justicia y el de Defensa, siempre bajo la supervisión y los mandatos de Moscú. Todo ello fue configurando un esquema institucional del terror, pues éste era el principal objetivo del SIM, el control del poder por el terror. Es la base de la táctica comunista para la implantación de su poder.

En los frentes, las represalias fueron también feroces, desembocando a veces estas en el auténtico crimen de guerra. En 1937 sucedió la brutal matanza organizada por el jefe comunista Valentín González, el Campesino, que hizo fusilar a 400 prisioneros –soldados marroquíes del ejército enemigo– en venganza por un revés de las Brigadas Internacionales. El 12 de octubre de1937, en Leciñena (Zaragoza), los republicanos en retirada asesinaron a catorce detenidos derechistas en el calabozo del Ayuntamiento.

En Castellón se produjo otro hecho sangriento: las tropas nacionales llegaron al mar, en Vinaroz, dividiendo en dos la zona republicana o del Frente Popular. Castellón, sospechosa de simpatizar con los nacionales, quedaba expuesta a la ira de las derrotadas brigadas mixtas republicanas. El 13 de junio de 1938, víspera de la entrada de las tropas nacionales, tropas republicanas que se retiraban hacia Cataluña arrojaron granadas sobre los refugios de la población civil y fusilaron a 250 vecinos en las tapias de la Casa de Beneficencia. Los republicanos se marchaban y la población salió a la calle para festejar la llegada de los nacionales. Pero éstos tardaban en aparecer, y los que vinieron fueron los republicanos que entraban de nuevo, cometiendo otra matanza. El Ejército Popular de la República, que debería haberse llamado pandilla de bandidos, se marchó al día siguiente dejando un espantoso reguero de víctimas en represalia por la derrota republicana, fruto de su ineptitud.

Aunque la derrota era ya segura, no cesaban las represalias. Tarradellas contó a Azaña el fusilamiento de 58 personas, a los pocos días de hablar Azaña de paz, piedad y perdón. Unos días después, Azaña recibió a dos emisarios ingleses que le reprocharon las ejecuciones y las represalias. Las protestas internacionales seguían cayendo sobre el régimen republicano. Para entonces ya se había instalado el segundo Gobierno Negrín. Pero lo importante es que la URSS preparaba su retirada de España.

Stalin ejecutó una terrible y sangrienta purga en mandos, militares y comisarios políticos, por la derrota sufrida en España. El miedo que inspiraba Stalin en sus famosas purgas era merecido. Era un miedo que hacía temblar a cualquiera ante el más mínimo fracaso en la ejecución de las órdenes impartidas por Moscú. De hecho, de los 218 marinos y aviadores no comunistas que fueron voluntarios a Rusia, desde la zona republicana, en 1938, para recibir entrenamiento como pilotos de avión en Kirovabad, sobrevivieron solamente seis. Los demás fueron enviados a trabajar a las fábricas, y después detenidos, torturados, ejecutados en la Lubianka unos, y el resto arrojados a los campos de concentración hasta su muerte.

Teniendo en cuenta que, en la Europa de 1936, cuando la izquierda decía <<organizar>> quería decir <<sovietizar>>, se explica el proceder del Gobierno del Frente Popular al emprender ciertas medidas. Largo Caballero fijó la nueva simbología del Ejército de la República. Consistía en saludo con el puño en alto y estrella roja de cinco puntas como distintivo general. Así se fue extendiendo por toda España la mitología y simbología soviética. Aparecieron por todas partes el símbolo de la hoz y el martillo y grandes retratos de Stalin, uno de ellos encajado en el arco central de la puerta de Alcalá, en Madrid, que se mantuvo en ese sitio durante toda la guerra. La gente decía <<viva Rusia>>, <<viva Stalin>> y <<viva Lenin>>. Nadie se atrevía a decir <<viva España>>, pues podía significar una muerte segura. Incluso había quien vociferaba al grito de <<muera España>>. Toda esta parafernalia iba acompañada de una propaganda de estrenos en cines, el Capitol de Madrid uno de ellos, con gran despliegue oficial, de películas propias de la propaganda comunista soviética, asistiendo el Gobierno en pleno al gran acontecimiento del estreno de películas como *Los marinos de Kronstadt, El acorazado Potemkin, Octubre, La huelga* y otras, todas sobre la revolución rusa y los <<heroicos>> actos del <<valeroso>> pueblo soviético. Así, se fueron proyectando todos los grandes títulos del cine soviético en innumerables sesiones ante los obnubilados soldados republicanos, los cuales soportaban en la misma sesión, la charla de un asesor o comisario político ruso, con un intérprete, explicando el sentido y los valores de cada historia. El adoctrinamiento borreguil no podía ser mayor. Uno de esos intérpretes fue el escritor Ilya Ehrenburg. Lógicamente, el comisario político de turno vigilaba que todo se ejecutara según los mandatos disciplinarios soviéticos en aras de la construcción del paraíso comunista. Se controlaban los aplausos y los signos de asentimiento y entusiasmo. Nadie se exponía a que se dudase de su fervor revolucionario o su falta de entusiasmo, por supuesto.

Donde más hondo caló la sovietización fue en la propaganda. El Gobierno la estimuló deliberadamente, con la convicción de que reforzaría la moral de las tropas, siendo sus principales protagonistas, precisamente, los asesores soviéticos.

La pendiente revolucionaria de Largo Caballero, y sus medidas tan radicales, fue tan pronunciada, que la URSS tuvo que intervenir para pedir moderación, enviando la cúpula del Kremlin, Stalin, Molotov y Voroshilov, el 28 de diciembre, una extensa y <<amable>> carta a Largo Caballero pidiéndole suavizar la revolución, reforzar las instituciones parlamentarias y proteger los intereses de los campesinos y la pequeña burguesía. Este comportamiento se debía a que el caos de la revolución estaba empezando a ser visto por la población de la zona republicana como un despotismo inaguantable. Los numerosos agentes soviéticos presentes en España lo transmitían así a Moscú. Por otra parte, la deriva bolchevizante del Frente Popular, unida al escándalo de las matanzas de Madrid, sobre todo, estaba persuadiendo a la opinión internacional de que la España del Frente Popular no era un régimen democrático, sino más bien una <<república comunista>> (según palabras de Stalin). Ello ejercía un pernicioso efecto en la neutralidad de terceras potencias en el conflicto español y sobre la propia posición soviética, pues podría verse acusada de fomentar un Estado satélite en España, cosa que no interesaba a los países cercanos a España, ni a Gran Bretaña. Está claro que Stalin no quería delatar todavía sus intenciones. El zorro no quería asomar las orejas todavía. Deseaba que España no apareciera ante los ojos de la opinión internacional como una <<república comunista>>.

Esta era la realidad que se vivía en la España republicana. El Parlamento había desaparecido en la práctica; el Gobierno actuaba de forma completamente autócrata, en los sitios donde podía imponerse a los comités. Los campesinos, contra toda la propaganda oficial, se estaban viendo perjudicados en gran medida por la política revolucionaria. Es decir, los que realmente podrían desear una revolución radical, jornaleros de los latifundios andaluces y extremeños, habían quedado mayoritariamente en zona nacional tras los primeros meses de la guerra, y los que quedaron en zona republicana eran, principalmente, pequeños propietarios y labradores de explotaciones familiares, que vivieron las colectivizaciones como un simple expolio (el mismo Ilya Ehrenburg lo confirmó), y que sufrían continuamente los robos y saqueos protagonizados por las bandas y milicias republicanas.

La pequeña burguesía urbana, comerciantes, profesionales, artesanos, trabajadores independientes, profesionales de despacho y oficinas, se sentía perseguida y aterrorizada. Los socios <<moderados>> del Frente Popular habían sido excluidos del poder real. Las potencias extranjeras empezaban a sentirse amenazadas. Esta era la verdadera cara de la España republicana a finales de 1936. La política sovietizante se dejaba sentir en el terreno del orden público, en la represión y en el asesinato.

La URSS había enviado un número considerable de elementos para implantar su doctrina, comisarios, agentes, asesores militares y de orden público, militares, así como especialistas en el manejo y mantenimiento de tanques, aviones y maquinaria de guerra. Por supuesto, los personajes más importantes se alojaban en los mejores sitios que encontraban. En Vallvidrera, los consejeros rusos se alojaban en un hotel en el declive del Tibidabo, desde el que se veía el mar y la ciudad. Por supuesto, la mayoría de las personas con un cargo importante en España, ya fueran militares, generales, pilotos o consejeros, eran agentes de la NKVD.

La URSS se sentía fuerte en España. Llegó a pedir a Largo Caballero, a través de su embajador Marcel Rosenberg, el cese del Subsecretario de Guerra, general Asensio. Se dice que Largo, indignado echó al embajador de su despacho con malos modos. A partir de ese momento, los comunistas comenzaron su ofensiva contra él. A esta carta de Stalin, Largo Caballero contestó con medidas no especialmente moderadas, que hicieron más asfixiante la atmósfera de represión: liberalización moderada del uso de las cuentas corrientes privadas, que estaban sometidas a fuertes restricciones, instrucciones para proteger a ciudadanos extranjeros frente a los desmanes de los chequistas, gobernabilidad de todos los Ayuntamientos exclusivamente por miembros del Frente Popular, implantación de insignias rojas para comisarios políticos, la amnistía general, mediante decreto, para todos los presos comunes por cualquier delito, exceptuando a aquellos a los que el Frente Popular calificó como responsables por reprimir la revolución de Asturias, y la ampliación de las competencias de los Tribunales especiales.

Uno de los efectos de la influencia soviética en España fue la creación de los campos de trabajo, que en realidad eran campos de concentración y que desde 1936 estaban funcionando bajo la gestión del Ministerio de Justicia. A ellos fueron a parar los condenados por los Tribunales Especiales Populares, por ser desafectos al Régimen Republicano o por cualquier otro absurdo pretexto. Además de la libertad, mucha gente perdió los bienes, la dignidad, y la propia vida.

La URSS creó en 1931, bajo las órdenes del genocida Stalin, un complejo minero y más de 160 campos de trabajos forzados en Kolyma. El encargado de los campos fue Berzín. Las condiciones de vida en estos centros de muerte eran espantosas. Sobrevivir un día más era una hazaña y casi un milagro. El propio Berzín probó después la <<vida saludable>> de los campos de trabajo.

Berzín cayó en desgracia ante Stalin cuando dio su apoyo a la carta de Stachewsky denunciando la conducta arbitraria y despótica en España por parte de Orlov y la NKVD (policía política soviética), lo que atraía las antipatías del gobierno y del pueblo español. Por este motivo, y otros, en los últimos meses de guerra, la gente estaba harta de guerra, hambre y miserias, y prefería caer en manos de Franco antes que de Stalin, en caso de producirse una victoria republicana.

Berzín fue destituido en 1937 y reclamado por Moscú. Desapareció como tantos miles en las famosas purgas de Stalin. Después se supo que fue ejecutado en julio de 1938. La creación de estos centros de exterminio, los campos de trabajo, fue uno de los fenómenos más señalados de la barbarie de los regímenes comunistas. Años después Hitler copió el sistema, pues los campos de concentración del régimen nazi eran similares a los creados por la Unión Soviética.

Con la inspiración de estos campos de trabajo soviéticos, se crearon los campos de trabajo republicanos. Fueron creados bajo la fraseología tiránica que evocaba a la del Gulag, y concebidos como centros de reeducación. Los prisioneros realizaban toda clase de obras públicas. Se creó un cuerpo de Vigilantes de Campos de Trabajo, que estaba integrado por miembros avalados de la UGT y la CNT, y partidos del Frente Popular.

Ya en 1933, con la Ley de <<vagos y maleantes>> conocida como <<la gandula>>, con la cual la República podía encarcelar a cualquiera, comenzó el internamiento en campos de trabajo de ciertas personas, con la excusa de aplicar medidas nacionales de seguridad. En 1934 se planificó la construcción de 3 campos, (en Burgos, Alcalá de Henares y Puerto de Santa María), y otro en Guinea Ecuatorial, en la isla de Annobón.

El primer campo de trabajo en la guerra se abrió en Totana (Murcia) en abril de 1937. Por él pasaron unos 2000 presos. El campo de Albatera

(Alicante), inaugurado por Irujo con gran bombo el 24 de octubre de 1937, fue el más célebre (después de la guerra, siguió abierto, pero con presos republicanos, en manos de los nacionales). En Alicante también estaban los campos de Orihuela, San Juan y Calpe. En Almería, el de Venta de Araoz. En Granada, el de Turón. En Teruel, el de Valmuel. En Gerona, el de Rosas. Eran controlados por el Ministerio de Justicia, que los dejaba en manos de los representantes de los partidos de izquierda. Así se explica el inhumano trato recibido por los presos, a los que mataban de hambre, y les obligaban a hacer trabajos forzados, a palos y pedradas, siendo muchos de ellos fusilados. El Gobierno conocía perfectamente el funcionamiento y los métodos usados en estos campos de prisioneros, que eran más bien campos de exterminio. Hubo además otros seis campos en Cataluña controlados por el siniestro SIM.

El campo de Turón (Granada) fue uno de los más temibles. En éste, sólo la intervención de la Cruz Roja internacional pudo frenar las ejecuciones metódicas de los infelices presos allí internados. La violencia formaba parte del proyecto inicial de este campo: su fin era exterminar a todos los elementos de la sociedad almeriense que habían contribuido a conformar una Quinta Columna en la retaguardia. Al parecer este campo, trasladado después a Murtas, no se menciona nunca. Es otro despiste de la <<Memoria Histórica>>.

La prensa del Frente Popular los presentó como modelos de una <<manera humanitaria de entender la guerra civil>>. La realidad era bien distinta. El de Totana era de carácter <<suave>>. Los catalanes gozaban de una crueldad extraordinaria, recibiendo en sus campos a los presos que habían pasado previamente por las checas de Barcelona. Las condiciones de trabajo eran brutales. El abandono material de los reclusos era total. No se les dejaba contactar con sus familias, ni con personas de su entorno o su localidad. Se les obligaba a efectuar trabajos forzados en condiciones infrahumanas en lo relativo al alojamiento, comida e higiene, por no hablar de la pérdida del respeto a la propia vida, pues hubo muchos presos ejecutados aprovechando los desplazamientos del campo al lugar de trabajo y en el regreso.

Un informe de la Dirección General de Prisiones del Frente Popular decía que el estado de los reclusos era tan miserable, por falta de alimentación y de vestuario, que todos morirían si no se ponía remedio, cosa que nunca se hizo. En algunos campos se registró una media de dos muertos diarios por hambre y frio. Había represalias crueles. La fuga de un preso se castigaba fusilando a los cinco anteriores y posteriores al fugado en la lista general del campo. Otras veces la fuga se castigaba fusilando, previo interrogatorio y tortura, a los reclusos que suponían más próximos al fugado. Los testimonios más duros de los campos de trabajo republicano conciernen al área catalana y a los últimos meses de la guerra, cuando el colapso económico de la zona republicana azotó muy seriamente a la retaguardia. Por tanto, puede imaginarse su efecto sobre la población reclusa cuya manutención no formaba parte de las prioridades del Gobierno. Todo ello convertía la vida de los reclusos en un infierno.

Este es otro de los aspectos miserables de la Ley de <<Memoria Histórica>>, pues se demoniza la existencia de los campos de prisioneros de Franco al acabar la guerra, existencia normal al acabar un conflicto semejante, comparándolos casi con los campos de exterminio nazis. En cambio los campos republicanos eran una especie de <<sitios de recreo muy humanitarios>>, como si se tratase de campamentos juveniles.

Otro efecto de la influencia soviética en el terreno represivo fue la reorganización de la policía. Según el testimonio de Krivitsky, el Gobierno del Frente Popular reestructuró las funciones policiales de la mano de la NKVD. La policía secreta soviética orientó al mismo tiempo a los comunistas españoles y extranjeros, a los criptocomunistas del PSOE y a los republicanos, configurando una policía política cada vez más centralizada que fue rápidamente controlada por los comunistas. Sobre esta realidad se formó el DEDIDE para oficializar las formas de terror surgidas al calor de la revolución y la guerra. Su primer jefe fue Francisco Ordóñez, de las Juventudes Socialistas, vinculado a los elementos de *La Motorizada* de Prieto, considerado muy afín a la línea bolchevique e implicado en el asesinato de Calvo Sotelo. La convicción de estos cabecillas era: <<Todo ciudadano católico o de derechas, es un enemigo que debe ser aniquilado. La lucha en el frente contra el fascismo y el exterminio de la población civil en la retaguardia son la misma cosa>>.

Esta paranoia fue en aumento a medida que la guerra se iba decantando a favor del lado nacional. Esta es la delirante convicción que llevó a las matanzas masivas de noviembre de 1936 en Madrid, y fue la misma que impulsó al DEDIDE a ocupar checas en Valencia y otros lugares, y destinarlas a la tortura y exterminio de <<fascistas>>.

Una vez más, se desvelaba el odio que rezumaba la criminal ideología comunista impartida por Moscú, y que en la España republicana alcanzó cotas de horror delirante en aras de alcanzar el objetivo marcado: la eliminación del disidente y el establecimiento de un país satélite de la URSS. Los métodos utilizados para conseguirlo no tenían límites. Dentro de la férrea disciplina que Stalin pretendía imponer a la izquierda mundial, la Guerra Civil española dio la oportunidad de purgar elementos heterodoxos, no sólo anarquistas y poumistas. Se procedió a la persecución, encarcelamiento, tortura y casi siempre asesinato de cualquier elemento sospechoso de expresar algún desviacionismo de la línea estaliniana. Las Brigadas Internacionales fueron un magnífico campo de pruebas para ello, como ya se ha visto.

El celo represivo del aparato soviético y su extensión española, el PCE, se ejerció también contra anarquistas, poumistas, y al final, socialistas. Poco después de los hechos de mayo, aparecieron en el cementerio de Sardanyola doce cadáveres de las Juventudes Libertarias, horriblemente mutilados, con los ojos fuera y las lenguas cortadas. Habían sido abandonados en el cementerio por una ambulancia. Como en otros muchos crímenes, no se instruyó sumario, como tampoco se hacía cuando se trataba de monjas o curas o simpatizantes de la derecha.

Diego Abad de Santillán lo reflejó después en su libro *Por qué perdimos la guerra*: <<Las torturas, los asesinatos, las cárceles clandestinas, la ferocidad con las víctimas culpables o inocentes estaban a la orden del día. Cuesta trabajo creer lo ocurrido en las checas comunistas. En el hotel Colón de Barcelona, en el casal de Carlos Marx, se perpetraban crímenes que no tienen precedentes. El Ayuntamiento de Castelldefels tuvo que protestar por la serie de cadáveres que dejaba en la carretera todas las noches la checa del castillo. Había días que se encontraban 16 hombres asesinados, todos ellos antifascistas>>. En el mismo libro cuenta otro episodio escalofriante, el de Turón, relatado en el capítulo *Brigadas Internacionales*.

La política de Moscú se fue imponiendo, y apartando o eliminando a las fuerzas componentes del Frente Popular, con la presión brutal del PCE al que usaba como ariete. Se asesinaba en el frente a militantes socialistas por negarse a aceptar mandos comunistas. Se eliminaba a los elementos disconformes, que después figuraban en los partes como culpables de haber intentado pasarse a las filas enemigas. Negrín tenía que someterse a Moscú, pues no tenía otra opción si quería sostener y seguir la guerra. Los comunistas emprendieron una feroz campaña contra Indalecio Prieto, acusándolo de derrotista, y lo desbancaron del ministerio de Defensa. El 5 de abril de 1938 se formó el segundo gabinete Negrín. Lo más importante de este hecho es que el propio Negrín se hizo con el control personal de la cartera de Defensa, lo que incluía también al SIM. En las carteras clave de la represión, es decir, Gobernación y Justicia, Negrín puso a dos socialistas prosoviéticos: Paulino Gómez y Ramón González Peña. En el Ministerio de Estado (Exteriores), puso a Álvarez del Vayo, hombre de Moscú. Los comunistas ocuparon las carteras de Agricultura y Trabajo, para seguir ejerciendo su asquerosa política de captación entre la clase trabajadora. Entró un anarquista y se mantuvo a varios republicanos como Méndez Aspe, en Hacienda, hombre de absoluta confianza de Negrín, y pieza clave en sus <<enjuagues financieros>>. Con este Gobierno, Negrín afrontó el final de la guerra. Enseguida llegó la derrota, la huida con el máximo botín posible abandonando a su suerte a los españoles derrotados, y el exilio. Los dirigentes republicanos ya habían hecho sus provisiones de fondos en bancos extranjeros para poder vivir holgadamente.

El 26 de enero de 1938 las tropas de Franco entraron en Barcelona siendo acogidas con gran júbilo por la población. Suponía el final de la situación de hambre, miseria y muerte provocada por la guerra, y sobre todo, por el Frente Popular. La población ansiaba que acabase la guerra de una vez. Se prefería caer en manos de Franco, antes que seguir con Negrín y su absurda campaña de resistencia a ultranza, justificada con sus famosos <<13 puntos de Negrín>>.

La República hizo su última iniciativa militar en la batalla del Ebro. En realidad, era un desesperado intento de resistir prolongando la guerra, con la vista puesta en el conflicto europeo, cada vez más próximo e inevitable. Ya se ha comentado, con la esperanza de que Francia e Inglaterra apoyasen a la República. Pero no sucedió así. En julio de 1938, mientras la República afrontaba su última ofensiva, Stalin decidió abandonar gradualmente España, retirando las Brigadas Internacionales en Septiembre de 1938. En Múnich, las potencias europeas firmaron un pacto que aparentemente servía para pacificar Europa, pero que, en realidad era el preludio de la mayor guerra de todos los tiempos. Para las potencias europeas, España era un engorro y una sangría sin sentido. El poder del PCE empezaba a descomponerse y ya en los últimos días de la guerra no quedaba ni un solo líder comunista en España. José Díaz y

Dolores Ibárruri estaban ya en Moscú, a salvo. Carrillo en París, y prácticamente todos los demás líderes habían tomado caminos semejantes. Eso sí, asegurándose el bienestar económico, fruto de las rapiñas, para vivir con holgura en el extranjero, en el <<exilio>>.

Pero la mano soviética se hacía sentir todavía en las filas republicanas sobre cualquiera que osara disentir de la línea estalinista, o simplemente del tipo de disciplina impuesta por los comisarios políticos del PCE.

Hay un testimonio de un comisario de la 61 Brigada durante la guerra. Se llamaba Francisco García Lavid, alias Lacroix. Fue trotskista, pasó al PSOE en 1933, y escribió desde el frente del Ebro: <<los fusilamientos de compañeros nuestros aumentan sin cesar, hasta el extremo de que ya se han dado múltiples casos de negativa a ir al frente por parte de jefes y oficiales socialistas y anarquistas, que no quieren ser asesinados por la espalda, siendo luego acusados de traidores y cobardes>>. Hay que mencionar que los comisarios políticos iban detrás de las tropas disparando por la espalda a todo aquel que mostrase signo de debilidad en el ataque. Propio de las prácticas estalinistas. Francisco García Lavid murió en 1939. Fue reconocido por oficiales de la división Lister, comunista, durante la última retirada de las tropas republicanas en Cataluña. Los comunistas lo habían detenido y lo ahorcaron a escasos kilómetros de la frontera francesa.

Pero todavía Negrín siguió realizando actos criminales, pues ordenó al SIM, a finales de 1938, hacerse cargo de las cárceles más importantes de Barcelona, la Modelo y Sant Elies (Preventorio 2). Más de mil presos, derechistas o católicos, fueron conducidos por agentes de las checas al Santuario del Collel, en Gerona; el Gobierno del Frente Popular quería llevarlos a Francia, para usarlos como moneda de cambio. El SIM dejó en Barcelona a algunos detenidos del POUM, para que los encontrasen allí las tropas de Franco. Los chequistas, en su precipitada huida, dejaban intactas las instalaciones de las checas. Los corresponsales de guerra que seguían a las tropas nacionales, pudieron fotografiar con detalle estos terribles centros de tortura y mostrarlos al mundo entero como testimonio de lo que había sucedido dentro de sus muros.

Pero a pesar de que Barcelona cayó el 26 de enero de 1939, cuatro días después, los restos del Ejército republicano ejecutaron un fusilamiento masivo de los presos del Collel, con el resultado de 48 muertos. Es el célebre episodio en el que el líder falangista Rafael Sánchez Mazas, fusilado, pero vivo, consiguió huir al bosque escapando de los soldados que le perseguían con perros. Los asesinatos siguieron. El 7 de febrero de 1939, cuando las tropas republicanas ya habían evacuado Barcelona en dirección al Pirineo, un destacamento comunista ametralló en Ponts de Molins a los prisioneros que llevaba consigo: 43 muertos. Entre ellos el obispo de Teruel Anselmo Polanco y el coronel Rey d´Harcourt. Se libró el capitán Fernando Llorens que salvó la vida saltando del tren en marcha que les conducía al lugar de ejecución. En Gerona, en los mismos días, esta tropa fusiló a 23 médicos y enfermeros del Hospital Militar de Bañolas y a 13 presos derechistas en La Tallada. Hubo crímenes hasta el último momento. La sed de sangre, el odio y la rabia seguían impulsando a aquellas hordas de bandidos, a seguir matando.

Con el hundimiento del frente catalán se produjo el desplome definitivo de la República del Frente Popular. El Partido Comunista controlaba el Ejército y el Gobierno, y ya solo le quedaba organizar la retirada. Estallaron las querellas dentro del Frente Popular a principios de 1939, comenzando la revancha de quienes habían sido sojuzgados por la hegemonía comunista.

A principios de marzo, (ver capítulo *La demora de la derrota, El golpe de Casado*) los socialistas moderados de Besteiro, anulados hasta entonces por el ala bolchevique y el ejército republicano, encabezados por el coronel Segismundo Casado, promovieron en Madrid un Consejo Nacional de Defensa, es decir, protagonizaron un golpe de estado contra lo que quedaba del Gobierno de la República, para efectuar la rendición ante las tropas nacionales y finalizar de una vez la guerra. Este Consejo de Defensa creado en Madrid, quedó integrado por todas las fuerzas del Frente Popular más la CNT, con exclusión, violenta, de los comunistas y nacionalistas vascos y catalanes. El 6 de marzo huyeron Negrín, jefe de Gobierno, y los principales líderes del PCE, y en Madrid, las tropas del coronel Casado y las milicias de la CNT, iniciaron los combates contra los comunistas. Era una guerra civil dentro de la Guerra Civil. Los comunistas intentaron un último ataque al Ministerio de la Guerra el 9 de marzo, pero fueron rechazados. Los casadistas y los anarquistas sometieron las posiciones comunistas en los barrios de la capital. Era una auténtica batalla urbana que provocó varios miles de muertos. El Consejo Nacional de Defensa ordenó fusilar a dos significados comunistas: El coronel Barceló y el comisario Francisco Conesa.

El 14 de marzo, la Agrupación Socialista de Madrid expulsó formalmente a Negrín y a Álvarez del Vayo, denunciados como marionetas títeres del PCE. El Consejo de Defensa utilizó esta destrucción de los comunistas como baza de negociación con Franco, sin resultados. Franco exigía la rendición incondicional. En los últimos días de la guerra, todavía hubo asesinatos en el caos de la retirada de Cartagena. Era el final. La guerra civil de España terminó el 1 de abril de 1939 con la victoria del bando Nacional.

Es necesaria la extensión de este capítulo, pues hay tantos aspectos que necesitan ser expuestos para comprender la acción de la URSS en la Guerra Civil de España, que sería imposible hacerlo en unas pocas páginas. Muchos hechos se han conocido tras la apertura de los archivos secretos de la KGB y tras el <<cambio>> producido por la desintegración de la URSS tras la caída del muro de Berlín, en 1989.

26. AYUDA DE LA URSS

> *Aquellos hombres decían que estaban luchando y muriendo por la libertad y por el bien de todos. ¿Dónde? Ninguno de ellos había pisado el frente en trece meses. En cambio eran unos expertos en asaltar caseríos y desvalijar a aquella pobre gente de sus enseres, despensas y demás pertenencias.*
>
> *Torcuato Luca de Tena – La brújula loca*

Al estallar la Guerra Civil, y en el momento en que la URSS comenzó a dirigir la vida en la España Republicana, el Gobierno de la República emprendió una agitada carrera para conseguir armamento, de más de treinta y seis países distintos, con la intención de pagarlo con el oro trasladado a Moscú, además de con los bienes, joyas y demás objetos de valor producto del saqueo, el robo y el pillaje. Surgieron estafadores hasta de debajo de las piedras. Pero a los dirigentes republicanos no les importaba, con tal de llevarse para su bolsillo una suculenta comisión monetaria.

La II Internacional había recogido para la República grandes cantidades de dinero en los primeros días de la guerra gracias a la campaña: <<Salvar la democracia en España es salvar la democracia en el mundo>>.

Comenzó la ayuda de la URSS con el nombre de *Operación X*, según las órdenes de Stalin. El envío de armas, munición, tanques, aviones, y demás equipamientos, constituyó una de las mayores estafas de la Historia, tanto en el material, como en el precio.

Al apropiarse de las reservas de oro del Banco de España, las cuartas mundiales, con unas 630 toneladas de oro además de grandes cantidades de joyas, monedas de oro antiguas y unas colecciones de objetos de oro valiosísimas, la URSS justificó dicho acto como pago por los envíos de material realizados a la República. Y todavía hay autores que así lo mantienen. Para colmo, cuando el oro del Banco de España llegó a Moscú, la URSS reclamó al Gobierno republicano, a Negrín, 51 millones de dólares de deuda acumulada por los envíos de armas realizados, y por los gastos de transporte del oro desde Cartagena a Rusia.

La URSS proporcionó material bélico a España, a menudo obsoleto, a un precio realmente de estafa, desorbitado, y escandalosamente alto. Los rusos aplicaban el cambio que les parecía a la cotización del oro, y siempre con una ganancia elevada. Incrementaban los precios del material enviado en más de un 40 por ciento. El sistema soviético usaba un complejo sistema de tipos de cambios para transacciones internacionales, por lo que la estafa al Gobierno de la República estaba garantizada. Se pagaron cantidades enormes a intermediarios, comisionistas, portuarios, ministros y otros individuos. Fue una continua estafa. Los compradores, tipos incautos guiados tan solo por su lucro personal, no tenían los más mínimos conocimientos en materia armamentística ni de munición, por lo que no sabían realmente lo que estaban comprando, ni su eficacia en el campo de batalla.

El material de guerra que envió la URSS a la República en la Guerra Civil, era en su mayoría inservible, viejas piezas de museo con apenas munición para un día. Era un armamento inservible con más de diez calibres distintos y más de doce modelos diferentes. Eran armas con complejos sistemas que no servían para nada. Algunas armas tenían más de setenta años de antigüedad. Se recibieron armas de pésima calidad, antiguallas, chatarra y hasta en algunos envíos llegaban cajas de cascotes, como si de una burla se tratase.

Todo esto, unido a que la República tuvo que comprar armas en sitios distintos, es decir, donde le facilitaran la compra, provocó que en el bando republicano hubiese 49 tipos distintos de fusiles de repetición, 41 tipos distintos de armas automáticas, y unos 60 tipos distintos de piezas de artillería. Se puede imaginar el caos a la hora de repartir la munición.

Muchas piezas de artillería tuvieron que ser abandonadas nada más llegar, al carecer de los elementos de transporte de las mismas, como son ruedas y armones, y no poderlas retirar a tiempo, por lo que caían en manos del Ejército Nacional, al cual le venían de perlas. A los republicanos también, pues no tenían ni idea de cómo manejar esas piezas, y así, abandonándolas se liberaban del esfuerzo que suponía efectuar su transporte. La artillería de campaña era de tracción hipomóvil y cada pieza requería para su transporte de un armón y un carro de municiones, con el correspondiente retrotren, y sus carros arrastrados por animales. Los republicanos eran incapaces de manejar con soltura tan <<complicada>> estructura, por lo que arrumbaron los carruajes de la artillería española y salvo unas pocas piezas de montaña, motorizaron todas sus baterías.

Los suministros militares se enviaban sobre todo en barcos republicanos por el Mediterráneo y por el sur de Francia. Pero no todo el material enviado por la URSS era de baja calidad. Los tanques rusos enviados, y los aviones eran eficaces y gozaron de buena fama.

Además de grandes cantidades de municiones y pertrechos militares de todo tipo, víveres y otros enseres, la ayuda de la URSS consistió también en el envío de personal tanto para combate como para mantenimiento y asesoramiento en el manejo del material enviado. Los soviéticos reconocieron la cifra de unas 3.000 personas enviadas a España. No vino un solo soldado raso de infantería. En su mayoría eran técnicos o especialistas en distintas áreas relacionadas con la guerra, pues los soldados del bando republicano no sabían manejar ciertas armas o piezas artilleras, y mucho menos tripular tanques o pilotar aviones. Era algo que escapaba a su alcance. En los primeros meses de guerra, la República pagó altos salarios a pilotos extranjeros mercenarios, pues no tenía pilotos bien preparados.

La academia de Ciencias de la URSS respaldó y publicó tiempo después las cifras que a continuación se indican en la ayuda prestada por la URSS a la España republicana, por lo que deben ajustarse a la realidad, aunque podría existir alguna variación, habida cuenta de la tendencia que tienen los regímenes comunistas a la ocultación de la verdad. En los combates participaron unos 2.100 soviéticos. Sin la ayuda de la URSS, Franco podría haber ganado la guerra en 1936.

Se enviaron a España 2.064 hombres, distribuidos: 772 pilotos, 351 tanquistas, 222 instructores, consejeros y mandos, 77 oficiales de marina, 100 artilleros, 130 ingenieros y especialistas de aviación, 156 operadores de radio y señales, 52 de varias especialidades, y 204 intérpretes.

En cuanto al armamento, se enviaron 362 tanques, 120 carros blindados, 1.555 piezas de artillería, 340 lanzagranadas, 500.000 fusiles, 15.113 ametralladoras, 500.000 granadas, 865 millones de cartuchos, 1.500 toneladas de pólvora, 110.000 bombas aéreas, 4 lanchas torpederas y además una cantidad no determinada de camiones, estaciones de radio, reflectores, petróleo, torpedos, mercancías, trigo y ropas. Aviones se enviaron unos 800, los

Polikarpov I-15, llamados *chatos* (fue el primer caza monoplano que contó con un tren de aterrizaje retráctil), y los Polikarpov I-16, llamados *moscas*, y por los nacionales *ratas*, el bombardero rápido Tupolev SB-2, *Katiuska*, y el avión de ataque Polikarpov R-Z *Natacha*. Hay que añadir 300 más que fueron fabricados en España total o parcialmente.

Por supuesto, hay que añadir un buen número de comisarios políticos y personal de la red de seguridad e inteligencia de la NKVD y oficiales de alto rango. Toda esta gente cobraba su nómina, por supuesto. La URSS no hacía nada a título altruista ni solidario, como pregonaba al principio de la guerra. De hecho, cobró demasiado bien la ayuda prestada a la República. Además del oro del Banco de España, se cobró unos 100 millones de dólares en importaciones de España. Y puesto que, según la URSS, todavía se le debían 50 millones de dólares, la URSS se quedó con nueve buques, de los que el Gobierno de la República iba enviando para cargar material de guerra, pues según llegaban los buques a la URSS, esta retenía uno de cada tres barcos, y permitía regresar a dos.

La incautación de estos buques representa uno de los mayores actos de piratería de la Historia. La excusa era cualquier <<error>> en el papeleo o en los permisos de entrada y salida de los puertos. La URSS usó después estos barcos, cambiándoles los nombres, para sus fines comerciales o militares. Los tripulantes fueron secuestrados y retenidos en campos de trabajo o de concentración durante años, junto a pilotos, desertores de la División Azul, divisionarios capturados en la Segunda Guerra Mundial, y otros infelices caídos en desgracia ante el déspota Stalin.

Algunos volvieron a España antes de acabar la Guerra Civil, y otros lo hicieron 17 años después. La Pasionaria se oponía a dejarles salir de la URSS. El 2 de abril de 1954, atracó en el puerto de Barcelona el buque griego *Semíramis*. A bordo iban 286 españoles que regresaban a su patria tras sufrir el infierno de Rusia. Era la primera repatriación, y nadie hizo distinción alguna entre republicanos y miembros de la División Azul, que también regresaban a España, escapando por fin del infierno ruso, de los gulag, de la tortura y de la muerte por maltratos e inanición. Este había sido el trato de Stalin a un Gobierno <<amigo>>, protegido por comunistas.

El Almirante Nikolái Guerásimovich Kuznetsov fue enviado por Stalin para asesorar a la Marina de Guerra de la República española, a la que acabó dirigiendo. Formó parte esencial del plan de la URSS de ayuda a la República española denominado como *Operación X* y considerado como máximo secreto. Los marinos republicanos habían asesinado a unos 500 oficiales en los primeros días de la guerra y eran incapaces de manejar y gobernar los buques, ante la ausencia de oficiales competentes. En la flota reinaba la indisciplina y la desunión. Hasta el más incapaz tenía ansias de mando.

En general, el coste para la URSS de la ayuda a la República fue mínimo, pues el oro del Banco de España superaba el coste de las armas y demás material enviado durante dieciocho meses. Nunca se hizo una auditoría o control sobre estos pagos y negocios. Lo cierto es que Stalin estaba decidido a que la política de ayuda a la República le fuera rentable.

Los numerosos pedidos agotaron las reservas rápidamente y para comienzos de 1938 el oro había <<desaparecido>>, se había esfumado, el que fue a Rusia y el que fue a Francia. A partir de entonces el Gobierno soviético concedió a la República española varios créditos para poder seguir costeando los envíos. El primero en marzo de 1938, al poco de agotarse los recursos auríferos, por un valor de 70 millones de dólares, y después le concedió otro de 85 millones más.

Una buena parte de los soviéticos que participaron en la guerra de España acabaron fusilados tras su vuelta a la URSS, acusados por Stalin de cobardes o de haber errado la política comunista. Stalin ejerció después, en sus famosas purgas, una feroz represión también sobre antiguos voluntarios y brigadistas de la guerra de España. Es característica propia del comunismo acabar devorando y eliminando a sus propios hijos.

Hay quien pretende reescribir la Guerra Civil poniendo como una de las causas de la derrota del bando republicano, la escasez e ineficacia de las armas, debido a la estafa continua que sufrió el Gobierno republicano en casi todas sus compras en el extranjero. Pero lo cierto, lo que no hay que olvidar, es que la ayuda de la URSS a la República, aparte de una gran estafa, fue una más de las acciones en el intento de implantar la dictadura comunista en España y lo único que se consiguió con esa ayuda fue alargar la guerra.

No se puede reavivar las cenizas del odio y del rencor justificando la derrota de esta forma, ni de ninguna otra. La Guerra Civil fue terrible para todos los españoles, una vergüenza nacional, y no se debe cambiar para la posteridad nada de lo que ocurrió, sea bueno o malo. Es la única forma de no cometer los mismos errores. Al final, siempre es la población, las personas, ancianos, mujeres, niños, y los jóvenes que mueren en el frente de batalla, quienes sufren las consecuencias de los desastres causados por los políticos miserables y jactanciosos. Esta es la lección que no se debe olvidar nunca: la guerra la perdieron todos los españoles.

27. LA DIMISIÓN DE AZAÑA

> *A fines de agosto, mientras tomaba el fresco asomado a la ventana, sonaron en el cementerio tres descargas. Después silencio. Me parecía ver la escena como si el cementerio se hubiese iluminado. De allí a poco se oyó un gemido. El gemido se repitió, creció hasta ser un alarido intermitente, desgarrador. Nadie respondía. << ¡Vamos a buscarle, quizá se salve!>>, les dije a unos empleados del hospital. Rehusaron por más que porfié, me lo prohibieron; ¡Quién se mezcla en tales asuntos!, todo lo más enviar un recado a la Alcaldía. Se envió el recado. Pasó el tiempo. ¡Tac, tac! Dos tiros en el cementerio y dejó de oírse el gemido Lo que sucede no cabe en los conceptos de la razón política*
>
> *Manuel Azaña – La velada en Benicarló*

Cuando Francia abrió sus fronteras al paso de civiles y militares, previa entrega de las armas a los gendarmes franceses, en enero y febrero de 1939, Azaña, su familia y sus colaboradores se dirigieron allí. Desde Francia, Azaña envió la carta de dimisión al presidente de las Cortes el 27 de febrero de 1939.

La forma más ilustrativa de relatar este hecho es reproducir dicha carta en la que el presidente de la República, Manuel Azaña, presentaba su dimisión y retiraba la confianza al Gobierno, de modo que éste quedaba de hecho cesado en sus funciones.

Dimisión de Azaña de la Presidencia de la República. Comunicación dirigida al presidente de las Cortes de la República el 27 de febrero de 1939:

Carta de Manuel Azaña:

<<Excelentísimo señor: Desde que el general jefe del Estado Mayor Central, director responsable de las operaciones militares, me hizo saber que la

guerra estaba perdida para la República, sin remedio alguno, y antes de que, a consecuencia de la derrota, el Gobierno aconsejara y organizara mi salida de España, he cumplido el deber de recomendar y proponer al Gobierno, en la persona de su jefe, el inmediato ajuste de una paz en condiciones humanitarias, para ahorrar a los defensores del régimen y al país entero nuevos y estériles sacrificios [...]. El reconocimiento de un gobierno legal en Burgos por parte de las potencias, singularmente Francia e Inglaterra, me priva de la representación jurídica internacional necesaria para hacerme oír de los Gobiernos extranjeros, con la autoridad oficial de mi cargo, lo que es no solamente un dictado de mi conciencia de español, sino el anhelo profundo de la inmensa mayoría de nuestro pueblo. Desaparecido el aparato político del Estado: Parlamento, representaciones superiores de los partidos, etcétera, carezco, dentro y fuera de España, de los órganos de consejo y de acción indispensables para la función presidencial de encauzar la actividad de gobierno en la forma que las circunstancias exigen con imperio. En condiciones tales, me es imposible conservar, ni siquiera nominalmente, ese cargo a que no renuncié el mismo día en que salí de España, porque esperaba ver aprovechado este lapso de tiempo en bien de la paz. Pongo, pues, en manos de V.E., como Presidente de las Cortes, mi dimisión de Presidente de la República, a fin de que vuestra excelencia se digne darle la tramitación que sea procedente>>.

Mal Gobierno había en la República, pero a partir de este momento no quedaba prácticamente ninguna entidad gubernativa en pie. Las tropas del bando nacional iban avanzando, conquistando territorio, desplazando o arrestando a los soldados republicanos, y al mismo tiempo trazando las líneas de la nueva España, que en nada se iba a parecer a la España del caos republicano.

28. LA DEMORA DE LA DERROTA. EL GOLPE DE CASADO

Habían matado al bueno del maestro que a tantos ignorantes había enseñado a lo largo de los años desborricando mozos y enseñando a leer. Igual que al cura de San Vicente del Val, que daba todo a los pobres.

Torcuato Luca de Tena – La brújula loca

El 5 de marzo de 1939, el coronel Casado, como jefe de la guarnición de Madrid, lideró un golpe de Estado contra el Gobierno de la República que presidía Juan Negrín. Fueron los socialistas moderados de Besteiro, el ejército republicano, encabezado por Segismundo Casado, y el anarquista Cipriano Mera, quienes promovieron en Madrid un Consejo Nacional de Defensa ejecutando el golpe de Estado contra el Gobierno de la República.

Ese día, Casado y Besteiro se dirigieron a los oyentes de Unión Radio, desde los sótanos del ministerio de Hacienda, para comunicar la destitución de Juan Negrín y su Gobierno. Por la noche, habló Besteiro y dirigiéndose a sus <<conciudadanos españoles>>, denunció las falsedades sobre la realidad de la República y que el Gobierno de Negrín no tenía autoridad, siendo el poder militar el único legítimo.

La declaración del estado de guerra en enero de 1939, había transferido a la autoridad militar un conjunto de funciones que la convertía, de hecho y de derecho en la única autoridad legítima de la zona republicana. Así, el ejército era el único depositario del poder legítimo. Muy importante es que Besteiro añadía también la ilegitimidad de ejercicio del Gobierno, al estar sometido a órdenes extrañas, o sea, al servicio de Moscú.

Esta acción controlada en el territorio de la República, solo encontró la resistencia del partido comunista encabezado por Negrín, negándose a aceptar la sublevación de Casado. El 6 de marzo de 1939 huyó Negrín junto a los líderes y caciques del PCE, comenzando la guerra civil dentro de la ya existente guerra civil. Los comunistas se opusieron con las armas y se libraron combates durante seis días que produjeron unas dos mil bajas, según unos, y cinco mil según otros. La población contemplaba con espanto como los republicanos luchaban y se mataban entre si, a tiro limpio, tras haber asesinado a sus prisioneros. La neutralización, represión y desconcierto táctico del partido comunista, evitó la resistencia a escala general. Tras estas batallas urbanas en Madrid entre casadistas y anarquistas contra los comunistas, fueron fusilados, el coronel Barceló y el comisario Francisco Conesa, ambos comunistas, por orden del Consejo Nacional de Defensa.

El golpe desencadenó una secuencia de acontecimientos que culminó con la ocupación de Madrid por el Ejército Nacional, y la derrota y sometimiento de las fuerzas republicanas a las tropas del general Franco. Segismundo Casado sostuvo que su golpe del 4 de marzo de 1939 pretendía salvar a España del comunismo. Lógicamente, Casado actuó con la complicidad del cuartel general de Burgos, del bando Nacional, el cual, a través de su servicio de espionaje de la quinta columna tejió la red de apoyos necesarios para el éxito de la empresa acometida. Cuando se produjo la sublevación casadista, la respuesta fue más contundente en Madrid. En otros lugares, localidades de la Mancha o Extremadura, la réplica comunista se dio con menor intensidad y fue rápidamente sofocada.

Así pues, la Guerra Civil acabó de la misma forma que empezó, con un golpe de Estado o sublevación militar. Lo que no quiere decir que fuera provocada por dicha sublevación. Ahora se trataba de una sublevación militar, con apoyatura política, que rechazaba la legitimidad del Gobierno de Negrín en términos constitucionales y se justificaba a través de un discurso anticomunista. El presidente de la República, Azaña, había dimitido el 27 de febrero anterior y se había retirado la confianza al Gobierno, por lo que éste quedaba, de hecho, cesado en sus funciones. Se ponía de manifiesto la imposibilidad de seguir el curso constitucional que exigía la convocatoria de elecciones en un plazo de 8 días. Y no era posible que el Parlamento se reuniera. Así que el Gobierno carecía de la doble asistencia prevista en la Constitución. La dimisión presidencial dejaba al Gobierno falto de su asistencia fundamental, y en situación de precariedad.

Puesto que la política de guerra negrinista era resistir, se formó en torno a Negrín un marco político de procedencias ideológicas diversas que incluía al partido comunista como fuerza predominante, a un sector del partido socialista, a algunas personalidades republicanas, y algunos miembros del movimiento libertario.

A finales de 1938, había en los dirigentes republicanos dos mundos contrapuestos, dos fuerzas opuestas: el partido de la resistencia, referido a Negrín y su política de guerra, y el partido de la paz, en alusión a quienes daban la guerra por perdida y buscaban la forma de acabarla de la forma más honrosa para la población y para los combatientes, sobre todo. La política de Juan Negrín de resistencia hasta el fin, no tenía alternativa política viable. Negrín y su gabinete de títeres en manos de los comunistas y al servicio de Moscú, querían seguir hasta donde fuera preciso y a cualquier precio, con la esperanza de enlazar el conflicto español con el previsible conflicto que se avecinaba, a juzgar por los acontecimientos que ocurrían en Europa.

Los que querían la paz de una vez por todas y acabar con el hambre, la miseria, la muerte y los sufrimientos de la guerra, eran los anticomunistas que preferían la paz con Franco a una República comunista esclavizada por Rusia. En su afán por conseguir la paz, impulsaban un discurso bañado en un fuerte anticomunismo. Era la misma terminología que empleaba Franco en el bando enemigo. Además, la intransigencia de Franco a una paz negociada, pues exigía rendición incondicional, explica, en parte, pero no justifica, la política de resistencia de Juan Negrín. Aunque no había soluciones intermedias entre la rendición sin condiciones y la resistencia a ultranza.

La mayoría de la población en la zona republicana estaba exhausta y desmoralizada ante la secuencia de derrotas. Indalecio Prieto, ese gran culpable de la Guerra Civil española, sabía de antemano que la guerra estaba perdida. Había dejado de creer en la victoria republicana desde la derrota de Teruel.

En la España republicana había cada vez más disidencias políticas, precariedad alimentaria en la retaguardia, (se pasaba hambre) y dificultades de aprovisionamiento para el Ejército Popular. La población civil estaba harta de guerra. Además, había una delicada, más bien crítica posición de la República a nivel internacional, pues se había creado una pésima reputación por los asesinatos masivos y la violencia descontrolada que se ejercía en la zona republicana.

Hubo una confrontación permanente por la hegemonía política entre las organizaciones y partidos del Frente Popular y por la cadena de derrotas que desgastaron las políticas de guerra y a sus protagonistas.

Los castigos que infligía el enemigo, la atmósfera enrarecida, por los límites físicos y geográficos, y las acumuladas pérdidas humanas y militares, habían abonado el caldo de cultivo idóneo para la asimilación ideológica de la derrota. Franco gestionó hábilmente la descomposición final de la España republicana.

Juan Negrín clausuró la etapa del caos revolucionario de los primeros tiempos desde julio de 1936, sustituyéndola por una acción de gobierno que subordinara todos los esfuerzos a la consecución de la victoria. Y no escatimó medios, sometiéndose a los dictados de la Unión Soviética comunista. Prieto y Negrín trataban de recomponer el Frente Popular, y para ello diseñaban constantemente un discurso justificativo de la guerra, capaz de calar en la ciudadanía republicana, basado en la guerra nacional contra el invasor nazi-fascista. En cambio, su actuación y servil sometimiento a la Unión Soviética de Stalin y al control de los comisarios políticos y dirigentes comunistas destacados en España, no les parecía mal, pues el sostén militar de la República era la URSS.

El reordenamiento del Frente Popular llevaba como fin el predominio del partido comunista. El Gobierno se basaba en dos pilares, el PSOE y el PCE, y por supuesto, el equilibrio entre ambos partidos era inestable por naturaleza.

El partido comunista conquistó mayores parcelas de poder, manteniendo siempre el discurso de la victoria militar más allá de la lógica. En sus discursos repetía siempre los mismos conceptos: disciplina, organización, defensa de la República democrática y concentración de esfuerzos para la victoria. Los comunistas acumularon poder en el Ejército, en la Administración del Estado, en la propaganda, en la producción de ideología y en el campesinado. La penetración comunista en las filas del Ejército fue tremenda, por supuesto con los cuadros de mando, asesores, comisarios políticos, y demás personal, siempre bajo las instrucciones de Stalin, actuando como buenos esbirros y al mismo tiempo siervos sumisos.

Todo aquel que podía, buscaba como ventaja personal una cercanía al cada vez más influyente partido comunista. Es decir, gente temerosa de la revolución anarcosindicalista, republicanos convencidos, cuadros medios militares y políticos de otros partidos, y la cúpula militar profesional. Se incrementaba la militancia comunista y también la anticomunista, pues la implantación de comisarios políticos y asesores militares despertó recelos. Esta gente enviada por Moscú eran figuras de escasa importancia desde el punto de vista militar, pero su importancia era decisiva como instrumento político. Esta actuación de Moscú en la Guerra Civil, el excesivo protagonismo de los comunistas, hizo a las democracias occidentales dar la espalda a la República.

La rebelión de Casado le sirvió al PCE de forma especial para no figurar ante la Historia como el protagonista de la capitulación y derrota en la guerra de España. Los comunistas se habían salvado de la responsabilidad histórica de la catástrofe gracias a los casadistas, a los que tachó de traidores. El fracaso del Partido Comunista y del macabro plan de Stalin de implantar un país satélite títere de la URSS, podía ser de, esta forma, achacable a todos, menos al propio Partido Comunista. La aventura de Stalin se había acabado en España.

29.   LA REUNIÓN CON EL BANDO DE FRANCO

> *Los borregos lo único que necesitan es un pastor que conduzca el rebaño a golpe de honda y garrota, y los cuadros militares son los únicos que pueden ahormar al pueblo en la disciplina y fusilar a los agitadores y demagogos que lo soliviantan.*
>
> Gregorio Gallego – Asalto a la ciudad

El 23 de marzo de 1939, en el aeródromo de Gamonal (Burgos) se reunieron los enviados por el coronel Segismundo Casado (Tenientes Coroneles Garijo y Ortega), que iban acompañados por tres agentes del SIPM madrileño, con los coroneles de Estado Mayor del bando nacional, Luis González (o Gonzalo) Victoria y José Ungría Jiménez, a los que acompañaban dos comandantes. Los miembros del bando nacional eran muy próximos a Franco. Casado quería un mínimo de garantías y condiciones benevolentes para gran parte de los mandos republicanos. Pero no podía exigir gran cosa. No estaba en condiciones de hacerlo. Presidió la reunión el coronel de Estado Mayor Luis Gonzalo Victoria, que enseguida dejó claro que allí no se iba para negociar nada, sino a obedecer las órdenes del Cuartel General del Generalísimo, que consistían en la rendición incondicional. Puso sobre la mesa el documento que contenía <<las normas para la entrega del ejército rojo y la ocupación total del territorio>>, que eran la entrega de la aviación en un plazo de 48 horas y del resto del ejército dos días después. Franco dejaba clara su postura, y así lo indicaba en sus órdenes. La actuación de la justicia franquista castigaría los delitos de sangre, pero no el simple servicio a la República. No se facilitaría la salida masiva de responsables, salvo para Segismundo Casado y los miembros del Consejo de Defensa.

No había más alternativa para el ejército republicano, ya prácticamente derrotado y sumido en la incertidumbre que provocaría la inevitable e inminente derrota.

Además, cundía el desánimo entre la población, que estaba harta de guerra y de pasar calamidades. A finales de 1938 había manifestaciones de mujeres en Madrid, donde se pasaba auténtica hambre, pidiendo leche y alimentos para sus hijos. Aparecieron panfletos en los que decían <<si no nos

dais de comer, rendirse>>. Se reflejaba el hambre en las caras demacradas de la gente. A última hora se respiraba un sentimiento anticomunista pues mucha gente pensaba que la guerra se prolongaba por culpa de ellos, y no se equivocaban. Por todo ello, el asunto de la rendición, de su forma y condiciones, era lo que menos importaba a la población. No era así para aquellos que tuvieran algo que temer por haber tenido ciertos cargos políticos o por haber realizado ciertos actos, o haber tenido un comportamiento criminal, durante los años de guerra.

30. CARTAGENA

> *Llegamos a Elda con las primeras sombras de la noche. Y a bocajarro recibo la noticia de que en los fuertes de Cartagena ondea la bandera franquista. Busco a Negrín y Negrín no está. Busco a Pasionaria y me dicen que se halla de visita en Los Llanos, aeródromo de Albacete. Pregunto por Uribe y me dicen que Uribe está buscando a Negrín. Inquiero por Togliatti o Stepanov y me dicen que andan por Murcia. Al fin, tras de mucho indagar, encuentro al subsecretario de Guerra, coronel Cordón, que estaba dado a todos los diablos por la sublevación de la Base Naval de Cartagena y la <<huida>> de la Escuadra, a la que suponíamos también en rebeldía, pero que no se decidía a actuar sin órdenes de Negrín.*
>
> Jesús Hernández – Yo fui un ministro de Stalin

En la sublevación de la madrugada del 5 de marzo de 1939 en Cartagena confluyeron las fuerzas quintacolumnistas y antinegrinistas. Se levantaron los regimientos de artillería y de infantería naval. Ese mismo día la sublevación se inclinó a favor de los partidarios de Franco.

La flota, por orden del Capitán de Corbeta Buiza, jefe de la flota republicana, soltó amarras el día 5 de marzo de 1939 abandonando el puerto de Cartagena, sin rumbo fijo. Las opciones eran regresar a puerto y restablecer el orden republicano o continuar el avance y arribar a algún otro puerto extranjero. Rápidamente, la flota puso rumbo al norte de África. El Gobierno de Francia le negó el atraque en Oran y Argel. La noche del 7 de marzo, la flota amarró en el puerto de Bizerta, Túnez, con el beneplácito de las autoridades francesas. Cartagena quedó pues en manos de los simpatizantes de Burgos y la flota lista para ser entregada a Franco, cosa que ocurrió el 30 de marzo de 1939. El estado de algunos barcos era lamentable.

Consecuencias de la huida de la flota fue la pérdida de un instrumento de resistencia como una baza esencial para una hipotética negociación con Franco, y sobre todo, la pérdida del único medio disponible para organizar una evacuación. La huida habría que buscarla por otros cauces, otros medios que no serían exitosos para todos los que buscaban desesperadamente salir de España, pues algunos no lo consiguieron.

Según las condiciones impuestas por Franco, la aviación debía entregarse el día 25 de marzo, y dos días más tarde el resto del ejército.

31.   LAS RATAS ABANDONAN EL BARCO. LA HUIDA

> *En Santander, socialistas y anarquistas andaban a tiros. Las masas de fugitivos hambrientos inundaban las calles y hacían justicia por su cuenta, a los que antes fueron sus jefes.*
>
> *Torcuato Luca de Tena – La brújula loca*

El Gobierno republicano había definido oficialmente la Guerra Civil como una guerra de <<independencia>>. Como otra de sus tantas mentiras, emplearon el discurso de que los militares habían sido manipulados por las castas feudales, por los magnates de dinero y la plutocracia, subordinados a los intereses de potencias extranjeras. Lo cierto es que los derroteros de la República llevaban a una política suicida, sin patriotismo, encaminada a hacer realidad los designios de la Unión Soviética prolongando una guerra que jamás se ganaría. Este vil servilismo de la República ante Moscú y Stalin, había tratado de implantar un régimen comunista en España para manejarlo a su antojo y así convertir a España en un país satélite de Moscú, bajo las ideas y el doctrinario comunista, siguiendo sus propios y miserables intereses. En el bando nacional la guerra se subordinó a los intereses alemanes e italianos, y en la zona republicana a los de Moscú.

Azaña condujo su gobierno y sus reformas provocando sentimientos revanchistas en todos los sectores, sobre todo en el militar. Azaña era un tipo inteligente y con capacidad creadora, pero fracasó porque lo que le sobraba de soberbia y odio le faltó de tacto y valor. Fue también promotor principal y responsable de la Guerra Civil junto a Largo Caballero e Indalecio Prieto.

Todas estas circunstancias, los hechos ocurridos desde el nacimiento de la República, y para colmo el estallido de la guerra, hicieron que los dirigentes, los responsables de esta catástrofe, buscaran afanosamente la manera de ponerse a salvo junto a sus familias. La única manera era saliendo de España, hacia el exilio, en barco o mejor en avión, en la esperanza de que los países democráticos los acogieran como se merecían, aunque hubiesen fracasado en su lucha por la <<libertad del pueblo>>. Cualquier salida era preferible a caer en manos del Ejército de Franco que, seguramente exigiría cuentas y aplicaría la Justicia Militar a quien hubiera cometido crímenes y otros actos reprochables y de desgobierno.

Tras el golpe de Casado, los soviéticos vieron que cualquier resistencia militar era inútil y que la situación era insostenible. Viendo la inevitable derrota que se avecinaba, Negrín, los consejeros soviéticos y los máximos líderes del PCE, huyeron precipitadamente de España. Los pastores comunistas dejaban a su rebaño a merced del enemigo.

Se produjo una huida precipitada hacia la frontera con Francia. Los dirigentes y mandos militares republicanos arrastraban consigo todo aquello de valor que pudieran llevar, dinero, divisas, joyas, obras de arte y otros bienes particulares robados. El Gobierno, con su botín, iba hacia la frontera con una turbamulta de miles de soldados desmoralizados que de forma caótica buscaban la salvación fuera de España.

En el castillo de Figueras, donde Negrín reunió a las Cortes, o lo que quedaba de ellas, en su última sesión en España, y vigilado el castillo por una compañía de carabineros, se guardaba en los sótanos un tesoro incalculable. El miedo, la precipitación de la huida, dejó el tesoro abandonado hasta que Enrique Castro, Jefe del Quinto Regimiento comunista, avisó a Modesto, que por cierto ya era general, y éste envió camiones que fueron cargados precipitadamente cuanto dio tiempo y según la carga que admitían dichos vehículos. Ya se habían marchado a Francia Manuel Azaña y los presidentes de Euzkadi y Cataluña.

En Elda, instalaron los comunistas un lugar de descanso, en una buena residencia campestre donde estaban de hoteleros Rafael Alberti y su esposa María Teresa León. Como domésticas tenían a varias jovencitas preciosas y demasiado ligeras de ropa, muy serviciales y amables. En sus buenas habitaciones, descansaban los altos dirigentes comunistas.

Alrededor de Elda había varios aeródromos, cercanos a los puertos de Cartagena y Alicante. El presidente Negrín había instalado su residencia en un viejo palacio, al que llamó por unas horas <<la posición Yuste>>, para seguir jugando a la guerra y disfrutar de las opíparas comidas regadas con buen champán que le servían sus acólitos.

En la mañana del día 6 de marzo, Negrín visitó a los responsables comunistas en la <<posición Dakar>>, también cerca de Elda. Les estrechó la mano a todos los comunistas, y a primera hora de la tarde, el Gobierno salía definitivamente de España. Negrín y Del Vayo se fueron. Poco después saldrían en un *Dragón* hacia África, la Pasionaria llamada *la reina roja*, su azafata Irene Falcón, los comunistas también tienen servidumbre, y el matrimonio Alberti. Fue una fuga, una huida vergonzosa. Sabían que había un alto riesgo de una guerra civil en el bando republicano, pues había sectores que pedían la rendición tras el hartazgo de casi tres años de guerra. Por supuesto, no se iban con las manos vacías.

A las tres de la madrugada del 7 de marzo tres aviones despegaron del aeródromo de Monóvar (Alicante). Dos se dirigieron a Toulouse y el tercero, con menor radio de acción, a Argelia. A bordo iban los dirigentes comunistas, los caciques del Comité Central del Partido. Delicado ya había repartido dinero entre Modesto, Lister, Tagueña, Molero, Climent, Hidalgo de Cisneros, Delage y otros jefes y comisarios, libras esterlinas, francos y dólares, para <<asegurar el futuro>>. Uribe y otros <<héroes>> comunistas, Díaz, Codovila, Mije, Antón, Carrillo, Comorera, huyeron también en avión hacia Francia. Se sabe que portaban maletas con un peso considerable, conteniendo bienes producto del saqueo y el pillaje. Instantes después fueron detenidos Checa, Togliatti y Claudín, líderes comunistas. Un taxista que transportó al aeródromo a ciertos dirigentes comunistas, encontró al día siguiente en el maletero de su vehículo una maleta, olvidada, con un considerable peso, acorde con la cantidad de oro y joyas que contenía.

Cipriano Mera también pudo huir, como otros cabecillas días después, el 28 de marzo.

El 26 de marzo Miaja salió para Valencia para no volver a Madrid. Era otra huida más. La inquietud y el temor poblaron el Madrid republicano, y en consecuencia se inició el éxodo hacia los puertos del Mediterráneo en busca de los barcos salvadores. Los dirigentes habían huido y dejado a los combatientes y a la población a merced del ejército vencedor. Habían tratado de gestionar la llegada de barcos extranjeros para exiliar a militantes y soldados. Pero de los barcos que Gran Bretaña enviaría, según pensaban los republicanos, no llegó ninguno a puertos del Mediterráneo español. El Gobierno británico no quería hacer nada que incomodase o enfadase al general Franco, por lo que no se entrometió en la huida al exilio de combatientes, políticos militares ni demás personas vinculadas a la República. La única opción que quedaba era los puertos de Gandía y Alicante. Hacia Alicante se produjo un éxodo masivo de gente que buscaba desesperadamente la huida al exilio, o donde fuera con tal de evitar caer en manos de las tropas de Franco. Era una auténtica marabunta. Había gente de todo tipo. Muchos temían represalias y el justo peso de la Ley por las tropelías cometidas. En el puerto de Alicante reinaba un barullo de gente esperando los barcos de la salvación, que nunca llegaron. Hubo quien, en la desesperación ante lo inevitable, se suicidó. Habían sido engañados, abandonados a su suerte, cosa propia de los comunistas, abandonar o exterminar a su gente cuando surgen los problemas. Para ellos la guerra había terminado con la llegada de las tropas de Franco.

La única evacuación organizada y amparada por Gran Bretaña fue la del coronel Casado, sus íntimos partidarios y miembros de la Junta de Defensa, y se hizo por el puerto de Gandía en un buque de guerra inglés.

Los mismos políticos y demás dirigentes que exigían de forma miserable a los españoles resistir hasta la última bala, se preparaban un exilio dorado con el inmenso patrimonio robado tanto al Estado como a los ciudadanos. Por el contrario, ninguno de los generales franquistas requisaba dinero o joyas para el caso de necesitar exiliarse en caso de que perdieran la guerra.

32. LA DESBANDADA A FRANCIA TRAS LA DERROTA

> *Los mandamases que pudieron huyeron como ratas en los barcos que estaban amarrados en el puerto. Su objetivo era ponerse a salvo llevando consigo el máximo botín posible que les permitiera vivir holgadamente en el extranjero.*
>
> Torcuato Luca de Tena – *La brújula loca*

La derrota del Frente Popular supone la pérdida de poder y también el destierro para los líderes republicanos, los mandos militares del Ejército Popular, los cuadros políticos de los partidos y sindicatos de izquierda y de otros dirigentes y responsables de matanzas y actos criminales. Muchos de ellos fueron después a la cárcel o al pelotón de fusilamiento. Otros escaparon hacia el exilio, quedando impunes sus crímenes, y arrastrando con ellos un sustancioso botín producto del robo y del saqueo. Todos trataban de salvarse huyendo a cualquier país extranjero, a cualquier lugar del mundo, que les permitiese estar lejos de la justicia que se avecinaba por parte de los vencedores. La fiesta había terminado, había que poner tierra de por medio con una rapidez galopante, para escapar de las represalias que sin duda se iban a producir.

Tras la caída de Barcelona y viendo la derrota cerca, cundió el pánico y se produjo un éxodo hacia la frontera con Francia, buscando la salvación. Los mandamases preparaban las maletas mientras exhortaban a la población a una resistencia heroica, metiendo el miedo en el cuerpo a la gente por las consecuencias sangrientas en caso de una victoria del bando Nacional.

En su huida, las partidas de milicianos y lo que quedaba del Ejército republicano, arrastraban a punta de fusil a los campesinos y habitantes de poblaciones y aldeas por las que pasaban. Tras incendiar las aldeas y casas, arrastraban a la pobre gente hacia las carreteras por donde se producía la fuga, delante de las tropas. El que se negaba a abandonar su aldea, su casa, su hogar, era fusilado. Previamente saqueaban la casa y mataban a los pocos animales que quedaban, incendiando después la casucha.

Estas interminables procesiones de gente, en vanguardia del ejército derrotado y humillado, interesaba a lo que quedaba de la República, pues de esta forma se daba a la prensa extranjera la impresión del pánico que producía a la población la llegada de los nacionales, al mismo tiempo que se incrementaba el desorden y el caos para así facilitar la propia huida de los mismos soldados mezclados en el tropel de gente. Mucha de esta pobre gente que había sido engañada u obligada a huir a Francia, volvió después a España.

Aquella muchedumbre harapienta, sedienta, que soportaba el frio y las penalidades de tan trágico viaje, después de tres años de penalidades, caminaba por la carretera como un rebaño, mientras los dirigentes, políticos y otros burócratas iban en vehículos, y hasta en ambulancias que les permitía llevar el fruto de sus rapiñas y algunos enseres para hacer más cómodo el viaje y las pernoctas al aire libre. Algunos vehículos, en su afán de llegar antes a la frontera, pitaban para apartar al gentío de la carretera.

Entraban en Francia hombres, soldados, arrojando las armas en un montón informe, algunos ya las habían abandonado por el camino. Se veían mandos y comisarios que se arrancaban las insignias y galones, ancianos, mujeres, niños, carros tirados por animales y por personas, en los que se había cargado los restos de los hogares arrancados de su raíz, de su origen. Arrastraban sus harapos, sus pocos enseres, acompañados de su cansancio, pena y miedo, mucho miedo. Los generales y otros mandos se vestían de paisano, para pasar desapercibidos. Muchos cruzaban la frontera a pie ante el temor de que los pasos fronterizos a Francia fuesen cerrados antes de su llegada.

Los oficiales franceses dirigían miradas de desprecio a esta tropa de vencidos y desharrapados. Los soldados senegaleses los custodiaron después en los campos instalados en las orillas de las playas francesas, al aire libre, sin ningún tipo de refugio, encerrados en cercados, de la misma forma que se encierra al ganado.

Los huidos eran principalmente miembros del Ejército republicano y también, milicianos, chequistas, sindicalistas y otra gente que, debido a sus crímenes y actos delictivos cometidos durante la guerra, temían la peor de las represalias por parte de los vencedores. Muchos otros huían por la incertidumbre que les causaba la llegada del Ejército vencedor, con los cambios que lógicamente supondría en la vida cotidiana, tras casi tres años de guerra.

Hubo un buen número de huidos, principalmente dirigentes comunistas, que se refugiaron en la Unión Soviética. Algunos vivieron bien, como la Pasionaria y Carrillo, pero otros no tuvieron la misma suerte. Stalin ejerció una represión feroz contra dirigentes y militares republicanos, comisarios políticos y generales, por haber perdido la guerra de España. El único país que derrotó al comunismo en la propia tierra, esa fue la gran verdad que jamás asumieron los comunistas. Este hecho, sin duda tuvo que acrecentar la furia del tirano Stalin, que ejecutaba purgas hasta en el propio partido, contra sus más fieles colaboradores y siervos. Su sed de sangre no tenía límites.

En esta huida se produjeron también matanzas de presos, hombres y mujeres. Los chequistas republicanos los habían sacado de las cárceles y de las checas, los subían a camiones, avanzaban por la misma carretera hacia la frontera, y donde les parecía, los bajaban, emplazaban una o dos ametralladoras, y los liquidaban. La vida de estos infelices, el vivir un día o dos más, dependía del estado de ánimo de los asesinos que los transportaban. Hubo presos que en el ametrallamiento pudieron escapar corriendo por el campo, si se trataba de una zona boscosa.

Estos chequistas que habían vaciado las checas de presos, para matarlos en su huida hacia Francia, llevaban como es lógico un sustancioso botín, joyas, objetos de oro, billetes españoles y francos franceses. ¿Cómo es posible que esta gente, que tenía sus familias, igual que sus víctimas, cometieran semejantes atrocidades?

El Consejo Soberano de Asturias, con Belarmino Tomás a la cabeza, y el Jefe del Ejército, coronel Prada, huyeron en avión, acabando así la resistencia republicana en el Norte. Incluso habían pensado en destruir las minas y la industria siderometalúrgica siguiendo la política de tierra quemada. Con su victoria militar en el Norte, Franco consiguió debilitar la confianza de importantes sectores de la población en la victoria de los republicanos, que ya veían la guerra perdida, al mismo tiempo que aumentó su crédito en el exterior.

Hubo muchos combatientes republicanos que entregaron a sus propios correligionarios achacándoles robos y crímenes, para congraciarse con los vencedores, ganar su favor, y de esta forma salvar la vida, incorporándose al nuevo régimen que nació tras la victoria del bando Nacional.

Después, con el estallido de la II Guerra Mundial, y la invasión de Francia por el Ejército de Hitler, muchos republicanos huidos fueron capturados por la Gestapo, y entregados al gobierno de Franco. Algunos tuvieron que responder por sus crímenes y actos delictivos.

33. EL YATE VITA

> *Sois funestos a la humanidad porque la engañáis miserablemente; trocáis las cosas de un modo asqueroso y repugnante, no practicando vosotros lo que aconsejáis que hagan los demás. Todas las virtudes que os atribuís, son precisamente las que no poseéis ni practicáis.*
>
> *Socialismo agrícola, leyenda popular, segunda parte de Manolín – Esteban Beltrán*

En marzo de 1939 se embarcaba en Francia, en el yate Vita y rumbo a México, gran parte de los bienes incautados por la República. Era un auténtico tesoro que formaba parte del expolio organizado por Negrín. El pretexto del viaje con su valiosa carga era asegurarse una buena provisión dineraria para costear el mantenimiento de los exiliados españoles, del propio Gobierno y de sus dirigentes y funcionarios. Cataluña ya había sido derrotada, en Madrid reinaba el caos, y los cabecillas habían comenzado a poner pies en polvorosa.

Por cierto, los países <<humanitarios>> que acogieron a exiliados republicanos, lo hicieron poniendo, algunos de ellos, condiciones en algunos casos de elevado coste económico. Entre ellos estaban México, Chile, Santo Domingo y República Argentina. Francia también sacó su parte, pues en ella se habían quedado gran parte de los bienes que el yate Vita iba a transportar a México.

El yate Vita llevaba a bordo depósitos del Banco de España, cajas de oro en barras, oro amonedado, plata en barras, objetos de arte, objetos históricos de la catedral de Tortosa, el Tesoro Mayor y Relicario Mayor de Santa Cinta, bienes artísticos de la catedral de Toledo (como el manto de las cincuenta mil perlas), colecciones numismáticas de incalculable valor, pinturas, alhajas de los Montes de Piedad. Y hasta objetos de culto que pertenecieron al papa Luna, Benedicto XIII. Todo era producto del saqueo y el robo. La mayor parte de la carga consistía en 120 maletas, compradas en París por unos empleados socialistas del Banco de España. Es imposible calcular el valor del contenido de las mismas. Había un informe que detallaba el contenido de 110 bultos. Pero no se especificaban los objetos depositados en cajas, y que componía la mayor parte del cargamento.

Amaro del Rosal, miembro de las Juventudes Socialistas Unificadas y de la ejecutiva de la UGT, fue director de la Caja de Reparaciones durante el Gobierno Negrín. A ese <<organismo>> iba a parar el fruto de las incautaciones oficiales (latrocinios legitimados). Este individuo había sido el encargado de embarcar el oro español hacia Moscú. En 1948 ingresó en el PCE, y en su testimonio muchos años después, sostenía que el tesoro del Vita fue gestionado sin ninguna transparencia, y por supuesto, mantenía que Prieto se apropió de él, engañando a Negrín y a lo que quedaba de la República. Negrín hizo gestiones para recuperarlo, pero Prieto no le hizo ni caso. Es más, le contestó diciéndole que nada tenía que ver ya con él.

Las colecciones de monedas de valor incalculable, las cajas de los relojes, y los objetos religiosos, fueron transformadas en lingotes de oro o plata. Hay documentos que así lo demuestran. Un funcionario del Banco de México elaboró un informe con los envíos del oro, su peso y su valor, que el JARE (Junta de Auxilio a los Republicanos Españoles) envió en piezas al Banco de México para su fundición y conversión a lingotes. Por cierto, parte de este oro se reenvió a los Estados Unidos, a cierto destinatario aun desconocido.

El Vita, que había zarpado del puerto francés de Le Havre, el 28 de febrero de 1939, tenía que ser recibido en México por personas de confianza de Negrín, pero Prieto se adelantó y se las ingenió para controlar y acaparar su valiosa carga, engañando a Negrín. La custodia del cargamento se había encomendado a Enrique Puente, exjefe de *La Motorizada* de Prieto, exlíder de las Juventudes Socialistas y cabeza del asalto criminal a la Cárcel Modelo de Madrid. Todo un personaje con un historial delictivo de categoría. Cuando el barco llegó al puerto caribeño de Saint Thomas, Enrique Puente telegrafió a Hacienda preguntando a quien debía entregar la carga. El Gobierno no respondió. Días después el barco llegó a su destino y entonces Enrique Puente telefoneó a Prieto, que ya estaba a salvo en México. Prieto, al que le vino de sorpresa el envío, supo inmediatamente qué hacer con tan preciada carga.

Parte de ese dinero, que era un auténtico tesoro, fue a las organizaciones encargadas de velar por el bienestar y seguridad de los jefes del Frente Popular en el exilio: el SERE (Servicio de Evacuación de Refugiados Españoles) controlado por Negrín y los comunistas, y el JARE (Junta de

Auxilio a los Republicanos Españoles), dirigida por Prieto. Entre estos dos organismos hubo discrepancias por el control de los fondos económicos. Nadie ignoraba de donde había salido ese dinero.

Pero siempre sale la parte noble de algunas personas, para contrarrestar la avaricia y maldad de otras. Niceto Alcalá Zamora devolvió el cheque de 10.000 francos enviado por el SERE, por proceder de administradores de tesoros revolucionarios. Todas las actuaciones monetarias de esta tropa estuvieron al margen de la ley. Azaña, en vísperas del final de la guerra, se negó a firmar un decreto para enajenar a una sociedad anónima, creada por Negrín, todos los bienes muebles e inmuebles del Estado Español en el extranjero. Alegaba Azaña la repugnancia por aparecer al final como un saqueador de los bienes de la nación. Llegaba tarde el arrepentimiento, igual que en su lecho de muerte en Montauban en 1940, pidiendo confesión, el gran ateo, el gran artífice del intento de eliminación de la Religión Católica en España y del exterminio de sus miembros.

Negrín, cuya sed de expolio y enriquecimiento era insaciable, al igual que su voraz apetito, enriqueció las cuentas privadas de personas identificadas con la República, y las suyas propias, por supuesto, llegando a tener una cuenta en el Eurobank de París con un saldo de 360 millones de francos y otra en el Banco Ruso de París con 900 millones de Francos. En cualquier caso, Negrín tenía ya el futuro económico asegurado. Acabando 1939 había en la *Banque Commerciale de L'Europe du Nord,* unos 1.896 millones de francos a nombre de colegas, familiares y agentes del presidente Juan Negrín. Este cicatero personaje no pensaba en los 500.000 refugiados españoles que se hacinaban en campos de concentración al sur de Francia, al aire libre, en las playas, y custodiados por soldados senegaleses. Muchos exiliados se enriquecieron, mientras miles de españoles vivían soportando la pobreza y la miseria de los campos de concentración.

Lo cierto es que mientras Negrín se daba la buena vida en un lujoso piso de París por el que pagaba un alquiler mensual de 3.200 francos, un obrero ganaba de salario medio unos 48 francos. Para rematar la operación, Prieto envió el yate Vita a la Habana, donde permaneció en puerto, hasta que lo vendió a Estados Unidos por 40.000 dólares. El final del saqueo.

34. EL FINAL

> *Desde más allá de las montañas todo está sembrado de hombres con las cabezas rotas, con las tripas al aire. Cada uno tiene su familia, sus amigos, y esa sangre traerá más sangre, ¿Está bien morir a los veinticinco años como un perro, abandonado de toda esta gentuza? El odio seguirá en los corazones y se transmitirá de padres a hijos.*
>
> Ramón J. Sender- Imán

Tras la caída de Cataluña, la Guerra Civil continuó unos dos meses más, gracias a la obsesión de los comunistas del PCE y de Negrín, su mejor aliado, en su absurda idea de resistir aun sabiendo que la derrota era inevitable. A esta caterva no le importaba el sufrimiento y el cansancio de la población.

La madrugada del 26 de marzo de 1939, Franco ordenó la última ofensiva de la guerra tras haber enviado un radiograma a Casado instándole a sacar bandera blanca en Madrid, aprovechando la breve pausa que se haría para enviar rehenes con igual bandera. Fue llamada la <<ofensiva de la victoria>>. El golpe de Casado había provocado la huida precipitada de los consejeros rusos, de los líderes del PCE, y de Juan Negrín, así como de otros dirigentes políticos y mandos militares. El frente de guerra, las defensas republicanas se derrumbaban solas con el avance de las tropas Nacionales. El final no podía ser otro. La desunión y la ineptitud de los dirigentes republicanos fue el principal factor de la derrota de la República, mientras que en el bando Nacional uno de los motivos de la victoria de Franco fue el establecimiento de un mando único y una acertada política económica.

Tal era el cansancio de la población por las estrecheces y penurias de casi tres años de guerra, que en los pueblos y ciudades salían a las calles miles de personas, con el agotamiento visible en sus rostros, a recibir a las tropas de Franco, pues sabían que su llegada significaba el fin de la guerra, el comienzo de la paz, y el restablecimiento de la vida normal con sus familias. La gente volvía a sus casas, a sus pisos, a sus propiedades y haciendas, a sus quehaceres diarios y a tantas otras actividades que la guerra cortó. Muchas de estas propiedades habían sido saqueadas, destrozadas e incendiadas y había que comenzar el trabajo de reconstrucción.

La guerra acabó el 1 de abril de 1939 con la declaración del famoso <<último parte de guerra>> firmado por Franco, anunciando el fin de la misma. El fracaso del experimento republicano, la Segunda República, y la Guerra Civil, consecuencia de este experimento, provocaron la configuración de un Estado gobernado por Franco durante 37 años, hasta su muerte, el 20 de noviembre de 1975, sin partidos ni organizaciones políticas, y por supuesto sin comunistas ni otros parásitos semejantes. Era el precio de la paz, pero que a la larga compensaría por los desastres de la guerra.

El país quedó devastado por la guerra, con tremendas heridas que tardarían muchos años en cerrarse. Una gran parte del terreno cultivable estaba inservible. Quedaron enormes áreas devastadas, multitud de poblaciones en ruinas. En los sótanos del Banco de España solo había telarañas. Había que reconstruir multitud de edificios, infraestructuras, áreas arrasadas, y sobre todo una sociedad que fuera capaz de vivir sin discordias civiles. Y todo ello en medio del aislamiento económico internacional sometido a España hasta bastantes años después. Este periodo de paz tuvo sus frutos gracias al esfuerzo y sacrificio de tanta gente que, a pesar de las privaciones y dificultades, trabajó duro para conseguir el progreso de España y alcanzar el mayor crecimiento económico en los últimos 150 años de su historia, olvidando el trágico suceso que supuso la Guerra Civil y las secuelas lógicas de semejante barbaridad.

En 1975 España ocupaba el puesto décimo en la lista de países con mayor PIB, según datos de la ONU y del Banco Mundial. Esto no quiere decir que la dictadura sea el mejor régimen político. Simplemente sucedió así, y con esa visión hay que admitir esa etapa, con sus virtudes y sus defectos.

Este crecimiento económico ha sido una realidad que ha incomodado siempre a las izquierdas. El periodo de 1959 a 1975 fue conocido como <<el milagro económico español>>. Ello fue posible porque el régimen tuvo claros los conceptos básicos para desarrollar la economía: liberalización de mercados, y protección de la vida y la propiedad de sus ciudadanos. Es decir, que coma quien trabaje, parásitos, fuera. Y por supuesto, delincuentes, absténgase.

35. EL MAQUIS. LA RESISTENCIA

> *Los fascistas echan la culpa a los marxistas, los marxistas culpan a los fascistas. Cada uno de ellos provoca al otro. Cada uno echa las culpas de la violencia al otro. Y en medio está el pueblo. No hay nada tan destructivo como una esperanza que no se cumple.*
>
> Morris West - La salamandra

Al acabar la Guerra Civil, y una vez que la República fue abandonada por la URSS a su suerte, el PCE trató de involucrar a otras naciones, en la espera de enlazar la guerra civil española con el conflicto que se avecinaba en Europa. El PCE pretendía seguir la lucha, y ya empezada la II Guerra Mundial buscaba apoyos extranjeros para realizar la invasión de España, con el fin de reanudar la Guerra Civil y restablecer la República. Soldados republicanos, desertores, políticos, y otros que huyeron por distintos motivos, conformaron una mezcolanza, una tropa que, unidos por su ideología comunista, llevaban en mente la idea de luchar contra el nuevo régimen de Franco. Esta lucha se intensificó a partir de 1944 con los ejércitos alemanes en retirada, ante el avance de los aliados.

Todo este conjunto de movimientos guerrilleros fue el llamado *maquis*. En estos grupos había republicanos, socialistas, anarquistas y comunistas, es decir, de todas las especies que habían luchado por la <<libertad y la democracia>> en España. El *maquis* fue una banda terrorista, controlada a partir de 1944 por el Partido Comunista de España, sobre la que la izquierda ha forjado una leyenda romántica que presenta a estos criminales como luchadores por la libertad. Aquella especie de gentuza, tenía la vana ilusión de que, acabada la II Guerra Mundial, las potencias aliadas, los demócratas, les ayudarían en la lucha para derribar el nuevo régimen de Franco. Habían huido a los montes, a las sierras, negándose a una rendición incondicional. Muchos lo hicieron por ser objeto de denuncias, por actos cometidos en la guerra, por ser llamados a quintas por el bando vencedor, o con el fin de unirse a familiares que ya habían huido. Y también pensando en que la Justicia no dejaría impunes sus actos, pues muchos tenían las manos manchadas de sangre, por sus actos y comportamiento durante la guerra, sobre todo si eran dirigentes de partidos y grupos milicianos, o si tenían alguna relevancia política.

Surgieron así los grupos de resistencia del maquis republicano, organizados en Agrupaciones Territoriales. Algunos lugares donde se escondieron los guerrilleros fueron los montes de Toledo, las sierras aledañas de Ciudad Real y Extremadura, las montañas de León, y así en casi todas las sierras españolas, en Galicia, Asturias, Santander, Aragón, el Pirineo aragonés, Levante, Centro y Andalucía. El Ejército y la Guardia Civil fueron los encargados de acabar con estos grupos de bandidos, que siguieron provocando dolor y muerte todavía en algunas regiones de España, bastantes años después de acabada la Guerra Civil.

Esta gente se refugiaba en montes, bosques, cuevas, y en cualquier sitio despoblado, con posibilidades de acercamiento a poblaciones para efectuar sus delitos, crímenes y saqueos, y al mismo tiempo que fueran lugares de fácil huida, sobre todo hacia los Pirineos, con la frontera francesa. El auge de estos grupos fue de 1945 a 1950. Estos grupos de resistencia armada tuvieron en Andalucía uno de los focos de mayor actividad, produciendo numerosas bajas a los miembros de la Guardia Civil, en esa región.

La <<resistencia>> como se llamaba a estos grupos guerrilleros llamados maquis, consistía en impulsar las actividades terroristas. Sus actuaciones consistían en asaltos y asesinatos en aldeas y zonas despobladas, asesinando al cura o a algún guardia civil, como acto de represalia hacia algún delator, o como acto de advertencia a la población, o por simple venganza. Ejecutaban secuestros, robos, atracos, torturas, asesinatos y venganzas, fruto de las secuelas de la Guerra Civil. Los guerrilleros del maquis bajaban de sus escondrijos en las sierras, a los pueblos y aldeas, donde imponían el terror. Sus acciones respondían a la necesidad de buscar alimentos, y también muchas veces como respuesta y venganza a los daños originados por el bando vencedor a sus familiares.

Se les aplicó el nombre de *huidos*, después *guerrilleros antifranquistas* y finalmente pasaron a la historia con el término *los maquis*. Eran auténticos bandidos, terroristas, bandoleros comunistas que querían implantar el comunismo en España, y que cometieron en la posguerra, entre 1939 y 1952, el asesinato de 1.260 personas. De ellas, 953 eran civiles, 257 guardias civiles, 27 eran miembros del Ejército, y 23 eran de la Policía Armada.

Realizaron 834 secuestros, asesinando a la mitad de los secuestrados, ejecutaron 538 sabotajes, algunos sanguinarios, y cometieron 5.963 atracos, con víctimas mortales en 103 de ellos. La mayoría de las víctimas de estos grupos terroristas eran civiles, lo que indica que la intención de estos asesinos era sembrar el pánico entre la población. La sed de sangre de estos malhechores no tenía límites. Todas sus acciones estaban camufladas bajo el lema de <<lucha contra el régimen franquista>>.

Uno de los famosos atentados fue el descarrilamiento en febrero de 1946 del tren que unía Guamer con Mora la Nueva. En un puente sobre el barranco de Ull de Asma, cortaron un raíl ocasionando un accidente donde murieron 40 personas y hubo más de 100 heridos, en su mayoría mujeres y niños. Ejecutaron asesinatos de campesinos, algunos atados a árboles, incluso con sus hijos, asesinatos de menores, y campesinos que se negaban a darles la cosecha, dinero o cualquier otra pertenencia. Lanzaban granadas contra poblaciones. Eran acciones que figuraban entre los actos cometidos en su lucha por la <<defensa de la libertad>>.

Las pobres víctimas, que lo único que hacían era trabajar, y llevar una vida decente, se veían extorsionadas y amenazadas por estas bandas de forajidos, al igual que años después lo harían las bandas asesinas GRAPO, FRAP, TERRA LLIURE y, cómo no, ETA, cuyos crímenes tratan de lavar y blanquear, al igual que quieren hacer con los cometidos por el bando republicano, situando a los verdugos como si fuesen las verdaderas víctimas. Todo un historial digno de recordar a los defensores de la <<Memoria Histórica>> que se empecinan en su afán de falsear la verdad al emplazar a estos miserables como héroes de la lucha antifranquista.

En Lago de Carrucedo, un pueblo de León, un grupo de guerrilleros ejecutó, en julio de 1939 a ocho vecinos previamente señalados por familiares de los huidos. El jefe de este grupo guerrillero, Silvestre López Moral, fue capturado en Portugal, y fusilado en Asturias en mayo de 1941.

En Gúdar (Teruel), el sanguinario guerrillero Florenci Guillen, alias *El Pinchol,* y su pandilla de criminales, asesinaron al exalcalde, a un labrador y a su hijo de 15 años, en 1946. Y no contentos, un año después volvieron al pueblo, lo asaltaron y asesinaron a sangre fría a ocho vecinos, entre ellos tres niños de corta edad.

En Losa del Obispo (Valencia), una población que tenía unos 600 habitantes, irrumpió el 26 de enero de 1947 la banda de Florián García Grande y Francisco Corredor, alias *Pepito el Gafas,* compuesta por unos 30 bandoleros del maquis, que arrasó el pueblo lanzando granadas contra los locales comerciales, con el resultado de doce muertos. Después asesinaron al comandante del puesto de la Guardia Civil y a su esposa, dejando malherida a la hija de estos, que tenía 16 años. El hijo menor tuvo que presenciar el asesinato de su madre, y otros actos atroces, durante las cuatro horas que duró la ocupación del pueblo. Estos <<héroes de la libertad>> habían registrado casa por casa para llevarse cuanto les fuera de utilidad, dejando tras de sí un rastro de sangre, dolor y muerte.

En Domeño (Valencia), otra pandilla de maquis asesinó al juez de paz y a tres de sus hijos, mientras trabajaban en el campo, en labores agrícolas.

En Varea de la Dehesa (Cuenca), Francisco Lucio y su hijo de 17 años fueron atados a un árbol, y con ellos hicieron prácticas de tiro estos delincuentes, causándoles lógicamente la muerte tras recibir más de 30 impactos de bala.

Grupos como el de Eugenio Sánchez Diéguez, operaban en Ciudad Real y Albacete. Sus componentes acabaron condenados, y su dirigente fusilado.

En las sierras manchegas y extremeñas, fue detenida y juzgada la plana mayor del Partido Comunista.

En escaramuzas con la Guardia Civil murieron muchos guerrilleros, y también Guardias Civiles. A veces el cadáver del guerrillero permanecía unos días en el lugar donde había sido abatido, a la vista de los curiosos.

Santiago Carrillo organizó en 1944 la invasión pirenaica por el valle de Arán, con unos 4.500 milicianos o maquis, que resultó un rotundo fracaso. Lógicamente, él no fue de los que entraron por la frontera con el fusil en la mano. Penetraron en España por Francia, y fueron derrotados por la Guardia Civil y el Ejército. En la retirada, algunos pasaron a Francia. El resto se escondió en los montes.

El Estado español luchó y combatió al maquis, en todo el territorio nacional, donde fuese preciso, hasta su total eliminación. Lo combatieron el

Ejército y la Guardia Civil, siendo ésta el sector que tuvo mayor participación en esta difícil tarea, y el cuerpo que más víctimas tuvo que soportar, a manos de los bandidos guerrilleros.

Los maquis desaparecieron entre 1949 y 1952, por la falta de apoyo del PCE y por la actuación de los miembros de la Guardia Civil, que los fue eliminando o encarcelando. Quedó alguno suelto, abandonado a su suerte incluso por los suyos, pues en la mente de estos sujetos no cabía entregarse y volver a integrarse en la sociedad. El mundo de esta gente, su vida, era mantenerse ocultos ante una sociedad que no permitía fechorías como el bandidaje y el terrorismo.

En los 1.826 enfrentamientos entre los maquis y las fuerzas de seguridad, murieron 12 miembros del Cuerpo General de Policía, 11 de la Policía Armada, 27 del Ejército y 260 de la Guardia Civil. También murieron 2.173 *maquis* y fueron detenidos 3.387. Fueron intervenidas más de 7.000 armas y casi 8.000 artefactos explosivos. El *maquis* asesinó también a unos 953 civiles. En 103 atracos causaron víctimas mortales.

El último guerrillero del maquis abatido por la Guardia Civil fue José Castro Veiga, alias *El Piloto*, el 10 de marzo de 1965 cerca de la presa de Belesar, pantano creado en 1963 en el rio Miño, cerca de Chantada, Galicia. La Guardia civil de Chantada (Lugo) le conminó a rendirse y entregarse, y al responder a tiros, lo abatieron.

Este tipo había sido capturado en Madrid al acabar la guerra, y condenado por el nuevo régimen de Franco, a 30 años. Fue indultado a los cuatro años de condena cumplidos, en 1943, (otro ejemplo de la <<salvaje represión del régimen de Franco>>), y marchó a Galicia, para integrarse en la lucha armada del maquis. Pertenecía al PCE. Dos días antes había atracado a una familia de O Saviñao (Lugo), robándole quince mil pesetas; y lo mejor es que a las víctimas les dijo que lo hacía <<en concepto de multa que le imponía el Gobierno de la República>>. Valiente caradura. Según periódicos de la época, tenía a su cargo más de veinte asesinatos, entre ellos los de algunos curas, prendiéndole fuego a uno de ellos. La izquierda gallega quiso hacerle un homenaje veinte años después, invitando a los líderes comunistas Gerardo Iglesias, Enrique Lister, Ignacio Gallego, y Santiago Carrillo, el personaje de las matanzas de Paracuellos y otras. Ninguno acudió a semejante evento propio de mentes abyectas y repugnantes.

Igualmente famosos eran Juanín y Bedoya, dos de los últimos *Guerrilleros* famosos por sus crímenes, a pesar del interés mostrado por ciertos sectores al definirlos como míticos héroes en la lucha antifranquista. Ambos murieron, por separado en un enfrentamiento con la Guardia Civil y las fuerzas del orden público.

Por cierto, en algunos sitios han homenajeado con una placa a estos asesinos. A los Guardias Civiles muertos, como el teniente Francisco de Fuentes, asesinado a quemarropa por el maquis anarcosindicalista Francisco Sabater LLopart, alias *Quico* en enero de 1960 con un subfusil del calibre 45, en Palol de Revardit (Gerona), no les han puesto ninguna placa. Debe ser cosa del Olvido Histórico. En cambio, se ha puesto después una placa en San Celoní en homenaje a este bandido, Sabater LLopart, con el título de <<Guerrillero antifranquista>>. De nuevo la bastardía moral de los defensores de la <<Memoria Histórica>> actuando para engatusar a los ignorantes. Para esta gentuza no importa la dignidad de las víctimas. Víctima como tantas, que fue la hija de este Teniente de la Guardia Civil que perdió la vida en el cumplimiento de su deber, a manos de un asesino declarado que, al mismo tiempo, dejó a una niña de corta edad sin su padre, lo que le cambió la vida para siempre.

Resumiendo, es interminable la lista de componentes de estas bandas, que no asimilaron que la guerra había acabado, y eligieron seguir en la senda del bandidaje y la clandestinidad, procurando causar el mayor daño posible, y culpando a la sociedad de sus males, por supuesto. El relato de sus fechorías daría para muchas horas de lectura. Es imposible relatar todo lo sucedido, todas las tropelías cometidas por esta gente. Lo importante es desvelar la verdad de lo que fue este movimiento terrorista y el daño que causó a poblaciones y a mucha gente indefensa. Y así hay que decirlo, a pesar de que todos los libros, artículos y relatos sobre este tema, giren sobre lo mismo, y sus autores se esfuercen en situar al *maquis* como un grupo digno de elogio, siendo sus miembros enaltecidos y protegidos por los defensores de la <<Memoria Histórica>> y catalogados como héroes. Otra gran mentira propia de las izquierdas, en estos tiempos en que decir la verdad parece políticamente incorrecto.

Pero no hay que olvidar que el *maquis* fue una banda terrorista, controlada a partir de 1944 por el Partido Comunista de España. En su absurda corriente progresista, la izquierda, y la <<Memoria Histórica>> se han encargado de forjar una leyenda que presenta a estos criminales como luchadores por la libertad. Es una rotunda mentira. Las guerrillas terroristas del *maquis* seguían luchando para instaurar el comunismo en España. Esta ideología, ya se sabe, ha establecido las mayores tiranías de la humanidad, la represión más abyecta y los más y espeluznantes crímenes jamás cometidos en la historia de la humanidad. Está documentado, que el comunismo ha causado unos 105 millones de muertos en todo el mundo. Su abyecta y criminal ideología ha sido condenada por el Parlamento Europeo, aunque algunos políticos de poco pelo, entendiendo por pelo seso, no lo quieran asumir.

Esta era la realidad del *maquis*, de su resistencia absurda contra un régimen y contra un país en el que ya por fin se vivía en paz, con una población que no quería ni oír hablar de la maldita guerra. Todavía bastantes años después del desastre, unos pocos delincuentes se empeñaban en destruir la convivencia pacífica de los españoles, repitiendo los mismos actos sanguinarios y bárbaros que llevaron a este país a la catástrofe años atrás. Como miembros del PCE, que estaban en el exilio, y siendo consecuentes con sus ideas, lo que deberían haber hecho estos energúmenos es marcharse a la URSS, a su <<paraíso comunista>> y dejar en paz al resto de españoles.

36. CAUSA GENERAL. ILEGITIMACIÓN DEL FRENTE POPULAR. JUSTICIA Y REPRESIÓN DEL BANDO NACIONAL

> *Los tibetanos que han estudiado las verdaderas enseñanzas de Buda nunca ruegan por misericordia o por favores, sino solo para recibir justicia del Hombre.*
>
> Lobsang Rampa – *El tercer ojo*

Al acabar la Guerra Civil, el bando vencedor, el Nacional, llamado después régimen franquista, promulgó la llamada <<Causa General Instruida por el Ministerio Fiscal sobre la dominación roja en España>>, por decreto del 26 de abril de 1940, y con el fin de instruir «los hechos delictivos cometidos en todo el territorio nacional durante la dominación roja». Su antecedente fue la Ley de Responsabilidades Políticas, firmada por Franco el 9 de febrero de 1939, <<reconociendo la necesidad de reconstrucción espiritual y material de la patria, buscando liquidar las culpas contraídas por quienes contribuyeron a forjar la subversión>>. Se promulgó también la orden sobre depuración de funcionarios, firmada al día siguiente, 10 de febrero de 1939. Ambas normas aparecieron en el Boletín Oficial del Gobierno de Burgos el 13 de febrero de ese año, y estuvieron en vigor hasta el 13 de abril de 1945.

Al mismo tiempo se creó un Tribunal nacional de responsabilidades políticas. La ley retrotraía las responsabilidades políticas hasta el 1 de octubre de 1934, es decir, hasta la revolución que decantó definitivamente a las izquierdas hacia la línea violenta. Era un instrumento para responder políticamente, a la amnistía dictada en 1937 por el Frente Popular, que liberó a la gentuza que formaba la población carcelaria y dejó en la cárcel exclusivamente a los supuestos responsables de la represión de 1934. Según el texto de la Ley de Responsabilidades Políticas, incurrieron en responsabilidad colectiva los partidos y grupos del Frente Popular, sus aliados y las organizaciones separatistas; se mencionaba expresamente a veinticinco partidos y grupos, además de todas las *logias*. Las sanciones previstas no eran de muerte, sino económicas y, en algunos casos, de presidio. Sobre el papel, era posible distinguir entre responsabilidad política y penal; en la práctica, en muchos casos no se podía hacer tal distinción.

La depuración de responsabilidades por delitos cometidos sobre la población civil durante la guerra, supuso un escenario en el que se podría hablar de <<Justicia>> en el sentido estricto de la palabra, si no fuera porque, a la vez que, por delitos comunes, se vieron también ciertos comportamientos políticos sin culpa criminal. Muchas personas sufrieron el justo castigo por los crímenes y desmanes cometidos en virtud del poder que les había proporcionado el hecho de portar armas para cometer toda clase de delitos y abusos. Pero junto a los criminales, cayeron también muchos inocentes, como consecuencia inevitable de la vorágine de la guerra, que por la actuación criminal de tantos y tantos indeseables, hizo a veces muy difícil distinguir el delito de la simple fatalidad, o de las simples circunstancias adversas del momento para algunas personas. Pero en ningún momento se impuso el afán de exterminio, cosa que sí ocurrió en la España del Frente Popular, a pesar de que el ejército Nacional, en la guerra, al tomar una población, identificara a los elementos del Frente Popular, y los pasara por las armas. En la mayoría de los casos, los ejecutados eran culpables de haber cometido crímenes y delitos de sangre.

La investigación se llevó a cabo de manera sistemática y detallada en toda España, en todos los pueblos y ciudades, bajo la responsabilidad del fiscal jefe de la Causa General, figura establecida en 1943, y duró prácticamente hasta 1960.

En Madrid, en la inmediata posguerra, se escondieron numerosas personas que habían formado parte de checas y brigadas ejecutoras de asesinatos y otros actos criminales. Muchas fueron capturadas y fusiladas. Aunque es cierto que no todas fueron culpables de los hechos por los que se les acusó, sí lo fueron por otros actos que habían cometido.

La Causa General, fue abierta por decreto de 1940, con <<la honrosa y delicada misión de fijar, mediante un proceso informativo fiel y veraz, -para conocimiento de los Poderes Públicos y en interés de la Historia-, el sentido, alcance y manifestaciones más destacadas de la actividad criminal de las fuerzas subversivas que en 1936 atentaron abiertamente contra la existencia y los valores esenciales de la Patria, salvada en último extremo, y providencialmente, por el Movimiento Liberador>>.

Los Consejos de Guerra comenzaron a actuar muy poco después de abril de 1939 en los juzgados de las Salesas, en Madrid. La mayor parte de los detenidos en otras provincias fue trasladada a la capital de España. Cada provincia aportó su propio informe al proceso. Según José Manuel de Ezpeleta, se incoaron 176.000 sumarios entre 1939 y finales de 1948, siempre en Madrid, cifra en la que coincide el padre José Francisco Guijarro. Según Ezpeleta, <<solo en el Cementerio del Este se fusiló a no más de 3000. Se calcula que, por lo general, fueron ejecutados jefes de checas y de comités o personas con altas responsabilidades políticas, y otras enjuiciadas por delitos de sangre, quedando finalmente conmutada la pena de muerte por cadena perpetua en muchos casos, incluso para los que tenían delitos de sangre. Ya entonces existió el perdón por parte de miles de familiares de víctimas, que renunciaron a identificar a los inculpados cuando fueron requeridos para ello>>. La cifra real de los <<no menos de 3000>> en el Cementerio del Este, fue de 2663 ejecutados.

En total hubo unos 500.100 consejos de guerra; esto no significa que hubiera medio millón de encausados, pues en numerosos casos, un mismo acusado fue sometido a varios consejos de guerra. El número de ejecutados es distinto. Martín Rubio cifraba la represión de posguerra en un mínimo de 23.000 y un máximo de 30.000 víctimas. La diferencia de unas 7000 víctimas se debe a la imposibilidad de saber, en muchos casos, si esas víctimas cayeron antes o después del final de la guerra, y si fueron asesinadas o si murieron durante la retirada o en otras circunstancias.

En conjunto, la cifra más creíble de la represión nacional ronda las 72.000 víctimas desde 1936. Es una cifra muy elevada que subraya la principal culpa del régimen de Franco en esos primeros años: haber prolongado la mecánica represiva de la guerra hasta varios años después de haber concluido ésta, atribuyendo responsabilidades criminales a los comportamientos políticos en innumerables casos, incluso contra el testimonio de testigos procedentes del propio campo nacional. Un ejemplo es el del anarquista Juan Peiró, cuya inocencia se demostró, pero fue fusilado por haber sido ministro de la República. Es cierto que en las represalias posteriores a la guerra hubo víctimas inocentes que por circunstancias, rencores, envidias, simples denuncias o la obediencia debida, dieron con sus huesos en la cárcel un tiempo, en el mejor de los casos. Otros no tuvieron tanta suerte. Pero lo cierto es que se hizo lo posible por castigar a quien realizó crímenes y otros actos deleznables, cometidos sobre todo en la euforia de los primeros meses de guerra. ¿Cómo se puede olvidar el sufrimiento provocado por los verdugos? ¿De qué manera se puede ser indulgente con los vencidos cuando estos han sido precisamente los verdugos y torturadores?

La Causa General buscaba la aplicación de la Justicia especialmente en los delitos de sangre. Del mundo libertario procedían muchos de los que se mancharon las manos de sangre.

Martín Rubio ha examinado un aspecto importante de la represión franquista: la política de redención de penas por el trabajo, los indultos y la conmutación de penas graves por otras menos graves, así como la extensión de la libertad condicional. En 1939, acabada la guerra, había 270.719 presos, en su mayoría prisioneros de guerra y políticos, muchos de ellos en campos de concentración. Cinco años después, en 1943, el número se había reducido a sólo 74.095. En 1946 se contaba un total de 36.370 presos, de los cuales sólo la mitad eran presos políticos.

El bando sublevado en julio de 1936 se preocupó muy pronto por dotar de estructura jurídica a la represión. En el bando republicano se impuso la justicia revolucionaria, es decir, el caos, la anarquía. En el bando nacional se impuso la justicia militar. La primera medida en este sentido fue la creación de la Auditoría de Guerra del Ejército de Ocupación el 1 de noviembre de 1936, para juzgar hechos considerados como crímenes de guerra. Hubo represión, también feroz en ocasiones, en Málaga, y en otras poblaciones, pero no era el exterminio del adversario ni el ensañamiento con las víctimas su fin primordial.

Para fundamentar la legitimidad de la rebelión, el Gobierno de Burgos, bajo la presidencia de Franco, resolvió el 22 de noviembre de 1938 crear una comisión de notables (exministros de la Monarquía y de la República, juristas, intelectuales, etc.) para estudiar la ilegitimidad del Gobierno del Frente Popular el 18 de julio de 1936. El resultado de ese trabajo fue el *Dictamen de la Comisión sobre la ilegitimidad de los poderes actuantes el 18 de julio de 1936*, que se publicó en Madrid en 1939. El dictamen, evidentemente, corroboraba el carácter ilegítimo del Gobierno del Frente Popular: <<Los órganos y las personas que en 18 de julio de 1936 detentaban el poder adolecían de tales vicios de ilegitimidad en sus títulos y en el ejercicio del mismo que, al alzarse contra ellos el Ejército y el pueblo, no realizaron ningún acto de rebelión contra la Autoridad ni contra la Ley>>. Este era el texto oficial. Lo más importante era que los fundamentos de hecho del Dictamen incorporaban juicios procedentes del propio campo republicano, y entre ellos, de manera muy destacada, el del expresidente Niceto

Alcalá Zamora. Este ya había publicado en 1937 en el *Journal de Geneve*, en Suiza, un alegato contra la legitimidad del Gobierno del Frente Popular. Hay que destacar que este juicio no era una simple justificación de unos militares golpistas, sino que respondía a una convicción profunda de muchos españoles, incluso antes de las caóticas y fraudulentas elecciones de febrero de 1936. Salvador de Madariaga, que no era un militar golpista lo dijo: <<Con la rebelión de 1934, la izquierda perdió hasta la sombra de autoridad moral para condenar la rebelión de 1936>>.

Es decir, el régimen republicano se encontraba en quiebra antes de producirse la rebelión militar, porque, como demostraba el <<escandaloso crimen de Estado, en que culminó tanta vileza, con el asesinato del Jefe de la oposición, señor Calvo Sotelo, ordenado y planeado desde los despachos de un ministerio>>, la República había perdido la legitimidad de ejercicio al no haber sido capaz de mantener la autoridad.

El colapso internacional de la República, ha sido objeto de estudio por parte de Pio Moa y Stanley George Payne, desentrañando con mucho detalle las circunstancias en que se produjo.

Los principales argumentos de ilegitimidad que afectaban al Gobierno del Frente Popular de la República se indican a continuación.

Principalmente, la violenta distorsión de los resultados electorales cuando, a su paso por la comisión de actas de las Cortes, los votos se tradujeron en escaños: los testimonios sobre el <<pucherazo>> promovido por el Frente Popular son tantos y tan relevantes, que objetivamente es imposible discutir que las Cortes surgidas de aquel episodio eran ilegítimas. Sobre este punto es imprescindible volver al testimonio del presidente de la República, Alcalá Zamora, en el *Journal de Geneve*, publicado muchas veces, pero sistemáticamente ignorado. Lo explicaba así don Niceto en 1937, y merece la pena leerlo con detenimiento, pues es un fiel reflejo de lo sucedido:

<<A pesar de los refuerzos sindicalistas, el Frente Popular obtenía solamente un poco más, muy poco de 200 actas, en un Parlamento de 473 diputados. Resultó la minoría más importante, pero la mayoría absoluta se le escapaba. Pero logró conquistarla consumiendo dos etapas a toda velocidad, violando todos los escrúpulos de legalidad y conciencia.

Primera etapa: Desde la noche del 16 de febrero, el Frente Popular, sin esperar el fin del recuento del escrutinio y la proclamación de los resultados, que debería haber tenido lugar ante las Juntas Provinciales del Censo el jueves 20, invadió las calles desencadenando la ofensiva del desorden, reclamando el Poder por medio de la violencia. La chusma ya estaba en la calle. Crisis: algunos Gobernadores Civiles dimitieron. A instigación de dirigentes irresponsables, la muchedumbre se apoderó de los documentos electorales, siendo falsificados los resultados en muchas localidades

Segunda etapa: Conquistada la mayoría de este modo, fue fácil hacerla aplastante. Reforzada con una extraña alianza con los reaccionarios vascos, el Frente Popular eligió la Comisión de validez de las actas parlamentarias. Dicha Comisión procedió de una manera arbitraria. Se anularon todas las actas de ciertas provincias donde la oposición resultó victoriosa; se proclamó diputados a candidatos amigos vencidos. Se expulsó de las Cortes a varios diputados de las minorías. No se trataba solamente de una ciega pasión sectaria, hacer en la Cámara una convención, aplastar a la oposición y sujetar al grupo menos exaltado del Frente Popular. Así, desde el momento en que la mayoría de izquierdas pudiera prescindir de él, este grupo sería el juguete de todas las locuras>>.

Como se ve, Don Niceto Alcalá Zamora explicaba perfectamente la situación y el <<pucherazo>> propio del gansterismo más vil y despreciable, cometido por el Frente Popular.

El Frente Popular distorsionó las actas de diputado sin tener legitimidad alguna. El comunista Martínez Cartón reclamaba que se aplicara la ley con un sentido menos de latín y más de ruso, pues ese era el lenguaje de las <<masas populares>>. ¿Ese era el <<lenguaje de las masas>>, las doctrinas del genocida Stalin que protagonizó las mayores matanzas de la Historia?, ¿El personaje que liquidó a un montón de inocentes en las purgas terribles de 1936 a 1938, y que provocó la muerte por hambre de seis millones de campesinos al expropiarles todo, hasta las semillas?, ¿El asesino que mandaba fusilar por robar unas espigas?, ¿Cómo es posible que las <<masas populares>> obedecieran a un lenguaje más <<ruso>>? ¿Es que había una fiebre general de ignorancia e imbecilidad en España? Todo ello constituía un completo desatino y un atropello al concepto más elemental del Derecho. Por desgracia, por la actuación de individuos como este, con esas declaraciones llenas de odio, la población iba camino de la perdición, del enfrentamiento provocado por el comportamiento propio de las masas borreguiles, de rebaño.

En otro orden de cosas, el Dictamen de los nacionales resolvía que la represión en el campo republicano fue, de manera predominante, resultado del <<procedimiento jurídicamente inconstitucional y moralmente incalificable, del armamento del pueblo, creación de Tribunales Populares y proclamación de la anarquía revolucionaria, hechos equivalentes a *patentes de corso*, otorgadas por la convalidación de los miles de asesinatos cometidos, cuya responsabilidad recae plenamente sobre los que los instigaron, consintieron y dejaron sin castigo>>.

La represión en el bando nacional fue, de manera predominante, <<el resultado de una exigencia de responsabilidades por comportamientos durante el período de control revolucionario de los que se derivaban consecuencias penales>>. Esa exigencia de responsabilidades quedó materializada en los legajos de la Causa General.

Dada la intensa propaganda que rodea a este episodio, y la forma en que se ha utilizado y exagerado buscando el beneficio político, hay que hacer la siguiente observación: la represión de posguerra fue dura, brutal, pero en ningún caso se puede hablar de genocidio, como hacen Paul Preston u otros allegados a la historiografía. El modelo que triunfó en España en 1939 era contrarrevolucionario. El régimen de Franco persiguió con toda claridad descabezar la izquierda española y desarticular sus cuadros y organizaciones, pero no exterminar a todo español identificado con el Frente Popular. Como muy bien dice Pio Moa, siendo duramente criticado, << la inmensa mayoría de quienes lucharon a favor del Frente Popular (más de 1.500.000 hombres), de quienes lo votaron en las elecciones (4.600.000) o vivieron en su Zona (14 millones) ni fueron fusilados ni se exiliaron; se reintegraron pronto en la sociedad y rehicieron sus vidas, dentro de las penurias que en aquellos años afectaron a todos los españoles. Esto es tan obvio que resulta increíble leer a estas alturas semejantes diatribas, quizás pensadas para <<envenenar>>, en expresión de Besteiro, a jóvenes que no vivieron la guerra ni el franquismo>>.

La Causa General es un expediente de depuración masiva que además aporta una interpretación de los hechos del terror rojo en la España del Frente popular. En cuanto a la pregunta de si la Causa General tiene razón en su valoración de los hechos, hay que recordar el discurso de la Causa General:

-En julio de 1936 la dictadura comunista era una amenaza inminente:

Efectivamente. Así era. Desde enero de 1934 y después, desde las elecciones de 1936, las izquierdas estaban desplegando una estrategia revolucionaria, alimentada por socialistas, comunistas, y anarquistas, es decir, los partidos y sindicatos a los que el Gobierno debía su mayoría. El Gobierno pensaba que podría dominar la situación. Con el asesinato de Calvo Sotelo, a manos de un comando policial gubernamental, se deshizo esta absurda idea. En este sentido, la insurrección puede interpretarse como un acto de legítima defensa.

-El terror fue ejecutado por <<agentes oficiales>> del Gobierno, al margen de las instituciones de Orden Público.

Las matanzas de julio, agosto y septiembre de 1936 fueron perpetradas por miembros (agentes) de los partidos del Gobierno, o fuerzas del Frente Popular, que para ello habían sido dotados de medios y poder suficientes. Por tanto, los ejecutores fueron <<oficiales>>. Las milicias y las checas estaban integradas y dirigidas por los partidos del Frente Popular, y el Gobierno convirtió en policías a los agentes de las checas. No eran agentes <<oficiales>>, pero fueron rápidamente <<oficializados>> por el Gobierno republicano.

-El Gobierno armó a las turbas;

Es un hecho probado e incuestionable. Fue una de las primeras medidas del Gobierno Giral tras el alzamiento militar. El Gobierno armó a las <<turbas>>, o sea, la chusma, la escoria de la sociedad, incluidos delincuentes y otros acólitos. Los socialistas y comunistas lo estaban reclamando con urgencia, como hemos visto. Así se inició el terror en la zona republicana. Aquel que tenía armas ejercía el poder sobre la vida de otras personas, y sobre sus bienes.

-El Frente Popular dio autoridad y armas a numerosos delincuentes comunes.

Es cierto. Es un hecho incuestionable. Tras el reparto de armas, fueron abiertos los centros penitenciarios, ante la pasividad de las autoridades formales. Un gran número de presos comunes pasó a las fuerzas milicianas. Muchos de estos delincuentes, la hez de la sociedad, ejecutaron crímenes y actos horribles, ejerciendo de policías políticos en las checas. Cuando el Gobierno oficializó el sistema de checas y a sus agentes, esos delincuentes se convirtieron en agentes con autoridad formal. Hubo por tanto cesión de <<autoridad y armas>>. Tales delincuentes eran en su mayoría, anarquistas condenados por el código penal. Es decir, queda demostrado que el Frente Popular utilizó a delincuentes y asesinos para ejercer los actos criminales que sembraron el terror en la España republicana, y que le hacían el juego para implantar su asquerosa ideología comunista.

-Hubo asesinatos en masa acompañados de ensañamiento, tortura y robo.

También es incuestionable que hubo asesinatos en masa y que en muchos de ellos se ejerció un ensañamiento y una tortura sin límites, así como también hubo innumerables delitos de robo, con o sin asesinato de las víctimas. Está también demostrado. Si estos hechos fueron producto del descontrol inherente a unas condiciones de legalidad precaria, o si fue tolerado por el Gobierno del Frente Popular o estimulado o decidido en instancias gubernamentales, la responsabilidad política recae en ambos casos en el Gobierno del Frente Popular. Es decir, si los hechos se produjeron en recintos o por agentes formalmente vinculados a la autoridad formal, la responsabilidad del Gobierno del Frente Popular es incuestionable, y eso concierne a las checas, centros de detención y posteriores sacas de presos. Si los hechos criminales se produjeron en la represión llamada <<incontrolada>>, la responsabilidad directa corresponde, en la mayoría de los casos, a los comités revolucionarios y subsidiariamente, al Gobierno que armó a sus milicias.

Es importante consignar esta reflexión anterior, pues algunos historiadores pretenden justificar los crímenes, saqueos, robos, torturas, y el estado de caos y anarquía reinante en la zona republicana, a los por ellos llamados <<incontrolados>>. El Gobierno del Frente Popular tuvo una participación, y por tanto una responsabilidad plena en los crímenes y demás atrocidades cometidas en la España de la zona republicana.

-Se persigue a muerte la religión.

Pocos cargos hay en los que la responsabilidad directa del Frente Popular sea tan evidente. Son abrumadoras las pruebas que permiten hacer esta afirmación: el número de religiosos asesinados es tan alto, la cifra de iglesias arrasadas, incendiadas o profanadas es tan elevada, que no se puede negar que el Frente Popular tenía como objetivo el exterminio de la Iglesia y la aniquilación de todos sus miembros.

Desde el mismo 14 de abril de 1931 la Iglesia había sido señalada directamente como enemiga de la República. Todos los partidos que luego constituyeron el Frente Popular, sin excepción, habían llamado públicamente a desarticular la influencia de la Iglesia en España. No se puede negar la responsabilidad del Frente Popular en la creación de una atmósfera de intensa hostilidad hacia la Iglesia. Por eso, nadie puede extrañarse de que las masas de esos partidos y sindicatos perpetraran después una gigantesca matanza cuando se vieron con las armas en sus manos, lo que les permitió saciar su sed de destrucción, venganza y muerte.

-La propiedad se socializa o expolia.

La Causa General concede gran importancia al asunto de los atentados contra la propiedad: bajo el Gobierno del Frente Popular, la propiedad fue socializada, o mejor dicho, expoliada. Se evidencia el carácter comunista del Frente Popular. Aunque la propiedad no fue socializada con carácter general por los Gobiernos de la II República durante la Guerra Civil, fueron incontables las propiedades, agrarias, comerciales o industriales, que fueron colectivizadas o nacionalizadas por los comités de los partidos revolucionarios. Fueron innumerables los inmuebles expropiados por la fuerza y gestionados por las milicias del Frente Popular. Se hizo una expropiación, legal o ilegal, de bienes depositados en establecimientos bancarios, con carácter general. Es decir, los comités revolucionarios se lanzaban a una política de incautaciones y expropiaciones, bajo la inspiración directa de los partidos y sindicatos de izquierda, y el Gobierno republicano adoptaba medidas de retención de propiedades y apertura de cajas de seguridad. Ambos hechos coincidieron en el tiempo, creando durante meses una situación de completa indefensión de los ciudadanos y de anulación de su derecho a la propiedad. Después, el Gobierno convalidó y ratificó muchas de esas incautaciones, aunque también protegió mejor la propiedad privada, entre otras cosas, por consejo de Stalin en la ya famosa carta que éste envió a la España republicana en guerra.

-Los militares son asesinados aunque no hayan participado en el Alzamiento.

Es un hecho demostrado que numerosos militares que no participaron en el alzamiento contra la República fueron asesinados por las milicias del Frente Popular. Y con saña, como hicieron con los generales López Ochoa y Capaz. Los asesinatos de militares sospechosos de insuficiente fidelidad a la causa del Frente Popular se prolongaron hasta bien avanzada la guerra. Hay casos constatados de exterminio masivo de militares, de matanzas de guardias civiles y de oficiales de la Armada. Es el mismo esquema interpretativo que en el caso de la Iglesia. La carga, la ejecución, recaía especialmente sobre los partidos de izquierdas. El Ejército fue señalado como enemigo de la República y tanto los socialistas como los comunistas, y por supuesto, los anarquistas, aspiraban a sustituirlo por el <<pueblo en armas>>. Por tanto, los culpables fueron de la misma manera el Gobierno de la República, y sus partidos o socios de izquierda, los cuales tenían la tarea de efectuar la depuración política guiada por la UMRA.

-La vida de quienes habitaban en la zona del Frente Popular estaba <<a merced del capricho de las checas o de cualquier miliciano>>.

Totalmente cierto. Hay cientos de testimonios relatados por la pobre gente que sufría los abusos y otros desmanes producidos por las pandillas de maleantes que, deambulando por la zona, llegaban a una aldea o pequeña población y tras saquear y robar lo que podían, se marchaban dejando casi siempre algún <<desafecto o enemigo del pueblo>> asesinado, haciendo gala de la aplicación de la <<justicia revolucionaria>> y de su exacerbado amor hacia la lucha por <<la libertad del pueblo>>. La vida no tenía valor alguno en la España del Frente Popular. Los establecimientos de detención, tortura y condena denominados checas, adquirieron poder suficiente como para decidir sobre la vida y la muerte de los ciudadanos. Este poder llevaba implícita la complicidad del Gobierno del Frente Popular, por acción u omisión. La vida de las personas se había convertido en algo muy frágil, estando a merced de quien tuviera poder para segarla, de lo que se deduce necesariamente la impotencia e ineficacia perseverante de las autoridades del Estado, para garantizar los derechos elementales de los ciudadanos. Nadie estaba a salvo; cualquier ciudadano era sospechoso, y por supuesto, todos eran potenciales víctimas.

La responsabilidad gubernamental es completa, pues el Gobierno, no disolvió las checas cuando pudo hacerlo, sino que pretendió guiar u orientar su actividad, entregando el control del orden público al Comité de Investigación Pública en Madrid, oficializando así su red parapolicial. De haber actuado de otra forma el Gobierno, de haber corregido esta situación, la vida de los ciudadanos no hubiera quedado <<a merced del capricho de las checas o de cualquier miliciano>>, y no se hubieran producido las terribles matanzas que alcanzaron pasmosas dimensiones. Por tanto, de nuevo queda demostrada la culpa y responsabilidad del Gobierno del Frente Popular.

-La clase media fue la que aportó <<mayor tributo de sangre>>.

Dentro de las directrices o ideología de los partidos que integraban el Frente Popular, estaba el odio de clase, el <<enemigo de clase>>. Es decir, cualquier persona que disfrutase de una posición social mínimamente holgada podía ser objeto de este odio, y por tanto estar sometido al terror que causaban los milicianos, de la misma manera que los religiosos y militares, que figuraban como enemigos <<naturales>> en su orden ideológico, y los grandes propietarios o industriales, a los que reprochaban la culpa de la explotación de personas, según su absurda ideología revolucionaria. La represión ejecutada por el Frente Popular, se cebó especialmente en la clase media.

Salvador de Madariaga hablaba acerca de los abusos de los milicianos sobre la pequeña burguesía madrileña. El mismo Stalin recomendó a Largo Caballero (ya lo hemos visto), entonces jefe de Gobierno, que protegiera a la burguesía urbana y garantizara la libertad de comercio. La gran paradoja es que las listas de los crímenes perpetrados estaban llenas de pequeños comerciantes, profesionales y labradores de pequeña propiedad. Y la mayoría de los líderes republicanos procedía de esas mismas <<clases medias>>. ¿Qué sentido tenía? ¿Quién incitó al odio y quien empujó a las masas contra las clases medias? La respuesta es clara: los partidos y sindicatos de izquierda del Frente Popular, que desbordaron al Gobierno de la República. Esos grupos fueron los ejecutores de una auténtica <<revolución de clase>> desde el primer día de la guerra, tal y como la venían promoviendo desde muchos meses atrás. El Gobierno no hizo nada para impedirlo. Las medidas posteriores de los Gobiernos de Negrín, bajo mandato soviético, nada pudieron hacer para arreglar la situación o paliar sus efectos.

-El Partido Comunista fue el <<verdadero árbitro>> de la política del Frente Popular.

Esta es una imputación directa de culpa. El partido Comunista es el mayor culpable del terror causado, de las matanzas, torturas, crímenes, robos y penalidades que sufrió la población civil. Su responsabilidad en la violencia y el terror vividos en la zona republicana está fuera de toda duda. Así lo dicen los socialistas, los anarquistas, republicanos moderados y los testigos extranjeros, algunos del cuerpo diplomático. La contribución económica, militar y de personal de Moscú, permitió al Partido Comunista tener un papel predominante y una influencia decisiva en la formación de milicias armadas, en la ejecución material de los crímenes desde los puestos de mando de la Seguridad del Estado, en las checas, en los <<tribunales populares>>, y en la represión que se abatió sobre los anarquistas y el POUM, dentro del propio Frente Popular. Por tanto, la responsabilidad del Partido Comunista en el terror institucionalizado es plena, pues los comunistas dispusieron de control e influencia sobre los principales órganos represivos de la España del Frente Popular.

Por lo que se muestra en los hechos ocurridos, verificados y contrastados, se deduce claramente que la valoración de la Causa General era acertada. Hay hechos irrefutables que lo demuestran. La actitud de las fuerzas del Frente Popular y de la mayor parte de sus militantes fue, además de delictiva, criminal, por lo que la Causa General era el instrumento para aclarar los actos cometidos y tratar de reparar los daños infligidos a las víctimas, mediante el castigo que en cada caso la Justicia decretase, a todo aquel que se hubiese comportado como un canalla, como un asesino o como una alimaña con sus semejantes.

37.   EL DESENGAÑO

> *Si te salvas busca a quien tenga la culpa y sacúdele. La vida ya ves tú lo que es. Solo vale la pena cuando hay un poco de justicia encima de toda esta mierda.*
>
> *Ramón J. Sender - Imán*

Como en todas las doctrinas, y sobre todo en las preparadas para las masas, para el rebaño, como es la ideología comunista, en la que unos pocos viven bien a costa de la sangre de muchos inocentes y del trabajo ajeno, hubo casos de personajes que se sintieron totalmente engañados. Entre los más destacados desengañados de la ideología comunista, figura Enrique Castro Delgado.

Es importante citar este personaje, para ver la forma de actuar de la chusma que compuso el Frente Popular y se lanzó después a la calle, a la caza y asesinato de gente inocente. Este individuo participó en el asalto al Cuartel de la Montaña, donde se había atrincherado el general Fanjul el 19 de julio de 1936 con el objetivo de tomar Madrid, con 2000 soldados, unos 500 monárquicos, y algunos grupos falangistas. Enrique Castro se puso al mando de la Milicia Antifascista Obrera y Campesina (MAOC) de Cuatro Caminos. Sus milicianos rodearon el cuartel, que fue bombardeado durante 5 horas. (Las MAOC eran organizaciones paramilitares compuestas por toda clase de bandidos y delincuentes). Obreros de la UGT, anarcosindicalistas, mineros asturianos y Guardias de Asalto mantuvieron a raya a los militares sublevados, evitando así la extensión del Alzamiento. La Guardia Civil se unió a los atacantes. Cuando el día 20 los sublevados dejaron de oponer resistencia y cedió la puerta del cuartel, los asaltantes entraron por fin al edificio, iniciándose la matanza, asesinando a la mayoría de los allí atrincherados. Enrique Castro fue uno de los primeros en entrar al recinto del Cuartel de la Montaña.

En declaraciones al periódico *Milicia Popular*, Año I nº 4, Castro retrata de manera cruel el momento de la matanza de la cárcel Modelo en Madrid aquel 20 de julio de 1936: <<Matar... Matar... seguir matando hasta que el cansancio impida matar más. Después... Después... construir el socialismo>>.

Enrique Castro participó en la creación del Quinto regimiento que defendió Madrid. El Quinto Regimiento reclutó a un gran número de personas ajenas al comunismo. Al terminar la Guerra Civil huyó a París y, ayudado por los servicios secretos soviéticos, se trasladó a Moscú junto a otros destacados comunistas. Nunca se adaptó a su nueva vida en Moscú. Decía: <<Nos han engañado con su propaganda y su paraíso. Este es el peor infierno que haya existido jamás>>.

En 1945 se exilió a México en la más absoluta pobreza económica y moral. Publicó dos libros atacando duramente al comunismo; regresó a España y falleció en 1964.

Entre la población cundió también el descontento y el desengaño sufrido tras casi tres años de guerra. Solo se había conseguido sufrimiento, miseria, hambre y muerte. El hambre fue sobre todo el factor más decisivo para este desengaño. La población vio a los comunistas como culpables en su mayor parte, de los males que sufrieron durante la guerra, desengañándose de sus teorías y consignas absurdas. Es cierto que una parte de la población se vio obligada a ponerse al lado de la República, con el comportamiento que ello exigía, con vista a la protección de su propia vida, la de sus familiares y sus propios bienes. Pero hubo una parte fundamental de acalorados seguidores que, tras ver la actuación de los dirigentes del Frente Popular y sus secuaces durante la guerra, pronto se fueron desengañando de las bondades del paraíso republicano. Sobre todo, cuando más próxima estaba la derrota y se iban agravando los problemas diarios para subsistir.

Otro desengañado del criminal régimen de Stalin fue Jesús Hernández Tomás, uno de los fundadores del PCE. Fue expulsado del PCE y purgado de la historia oficial del PCE, tras criticar duramente a Stalin y a la URSS por su actuación en la Guerra Civil española. Esta crítica la hizo en 1953 en su libro *Yo fui un ministro de Stalin* En este libro desentraña y revela <<la ingente mentira que encerraba la tan aireada solidaridad soviética al pueblo español durante la guerra de 1936-1939>>. La impresionante ayuda en armas a la República, la forma en que actuaban los agentes de Moscú, perfectamente instruidos en la práctica de la conspiración y del crimen, la forma de castigar con el pistoletazo en la nuca o con el confinamiento perpetuo en las gélidas estepas de Siberia, cualquier error o disidencia, las denunciaba perfectamente, igual que Castro, en este libro. Lamentaba profundamente haber sido un fiel vasallo disciplinado y obediente de la política de Moscú y del verdugo Stalin, que para los comunistas era un jefe y un Dios.

También fue Valentín González, el Campesino, otro desengañado de esta miseria moral que era el régimen comunista soviético bajo el férreo mandato de Stalin. A pesar de haber ingresado, tras la Guerra Civil española, en la Academia Militar Frunze de Moscú, intentó huir a Irán, siendo devuelto a la URSS por el servicio de contraespionaje, e internado en el campo de trabajo de Vorkutá, en el Gulag que tan apetecible les parecía a los comunistas, pero para otras personas. Tras su paso por varios campos de trabajo, consiguió escapar por la frontera de Irán, exiliándose en Francia, donde comenzó sus críticas al comunismo y a Stalin, arrepintiéndose de su pasado comunista. Cuando escapó del paraíso comunista ruso, pesaba 39 kilos y anduvo un año para decirle al mundo la realidad de la dictadura comunista. En su libro *Yo escogí la esclavitud* relata la repugnancia que le produjo su ingreso a la fuerza en la Academia Militar Frunze y el infierno sufrido desde su exilio en 1939, al acabar la Guerra Civil española, hasta su estancia y huida de los campos de muerte del Gulag.

38. DIRIGENTES Y CIERTOS PERSONAJES

> *Un hombre no puede ser al mismo tiempo amante de un pueblo y buen administrador. El motivo predominante es sobrevivir. Pisotear al débil, seducir al fuerte, coger lo que se necesita, y si es posible eludir el pago, tanto mejor.*
>
> Morris West - *La segunda victoria*

La Guerra Civil española fue un desdichado acontecimiento en el que concurrieron muchas circunstancias. No hubo nadie en España que escapase a sus efectos. Hubo personas que, por su implicación o circunstancias tuvieron un papel especial o fundamental, con más o menos responsabilidad en los hechos acaecidos. A todos los españoles les tocó vivir una mala época. Hubo quien actuó con honradez y honestidad, impulsado por sus creencias o ideales, que podían ser tan legítimos como otros. Pero lo que no es admisible es la actuación y el comportamiento irresponsable, delictivo y criminal que mostraron tantas y tantas personas impulsadas por no se sabe qué motivos de odio y de intransigencia hacia ciertos sectores de la sociedad, que les llevaron a cometer tantos y execrables crímenes. Después, como es lógico, vino la rendición de cuentas, la aplicación de la justicia para quien tuviese las manos manchadas de sangre. Nadie con sentido común puede extrañarse de ello, aunque desdichadamente, como ocurre en estas catástrofes, siempre cae alguna víctima inocente que por avatares del destino y circunstancias adversas es arrastrada junto a otros malhechores, sufriendo también las consecuencias de la represión posterior a la guerra.

Es curioso observar cómo siempre tratan de dar ejemplo aquellos que más tienen que callar y cuyos actos son los más infames. El general Miaja, tan ensalzado por la defensa de Madrid, tenía una preocupación mientras se derrumbaban los frentes de guerra: se estaban agotando sus reservas de champán. Negrín cuyos opíparos banquetes y cenas pantagruélicas quedaron inscritos en el libro de la glotonería para siempre. La buena vida que se daban ciertos dirigentes republicanos, en el hotel Gaylord, en Madrid, y en otros sitios, y también algunos <<intelectuales>> de la República en Paris y en ciertos hotelitos requisados. Hay multitud de casos similares que causan vergüenza y cuya actuación fue un constante insulto a la pobre gente que estaba pasando calamidades en la zona republicana.

Se incluyen algunos personajes que tuvieron que ver poco o mucho en esta triste historia, con sus buenos o deplorables actos, en unos o en otros, para que sirvan de recuerdo y punto de reflexión sobre la capacidad que tiene el ser humano de hacer el mal a sus semejantes, sin pararse a pensar que, de vez en cuando, se puede hacer también el bien. Cada cual que saque sus propias conclusiones.

En el recuerdo a las víctimas, tan olvidadas cuando y a quien conviene, por la dignidad de su memoria y sobre todo, por la esperanza de que jamás se pueda repetir una catástrofe como fue la Guerra Civil española, se muestran estos personajes, con sus buenas o malas actuaciones, pero que están al alcance y lectura de cualquiera que quiera interesarse sobre lo sucedido en aquella miserable época en que los políticos deberían haber sido encerrados y la llave arrojada al mar. ¿De verdad España necesitaba esa clase de políticos?

En un principio, la idea era clasificar a estos personajes en los distintos apartados que los definen por sus actos. Por supuesto que faltan muchos. Pero es mejor que cada cual los encasille en el apartado que crea conveniente, sin menosprecio, sin vilipendio, sin rencor, en el lugar que cada uno merezca estar en virtud de sus actos, haciendo así justicia a la verdad de los hechos, y sobre todo, una vez más, a la memoria y dignidad de las víctimas. Algunos quedaran marcados en la vergüenza y el oprobio para las generaciones venideras, a pesar de que haya quien intente ocultarlo.

En esta clasificación hay responsables políticos, responsables directos de matanzas, chequistas, asesinos, ladrones, bandidos, delincuentes, desaprensivos, personajes indignos, anarquistas, socialistas, comunistas y otros especímenes difíciles de catalogar. También hay algunos honestos y honrados, pues también los hubo, y merecen un especial homenaje por su humano comportamiento en tiempos y situaciones tan difíciles como las que les tocó vivir.

MANUEL AZAÑA

Fue ministro de Guerra, jefe de Gobierno, y al final presidente de la II República española. Era un individuo pusilánime y cobarde por naturaleza, que temía por su seguridad física. Demostró su cobardía en numerosas ocasiones, por ejemplo, cuando fue detenido el Comité Revolucionario en 1931, y se escondió durante meses, mientras compañeros suyos eran detenidos y encarcelados.

Era un escritor sin lectores, aficionado a la política y fracasado en su literatura, que desempeñó un papel destacado en unos años que constituyeron por sí mismos un fracaso monumental. El fracaso de todo un país. Era el hombre del desaliento que cayó en una degeneración mental espantosa en pocos años. Su vida constituyó un auténtico fracaso. Siempre atribuyó la culpa de todos los males y fracasos a alguien. Por supuesto, él nunca tenía la culpa de los errores cometidos.

Este hombre marcado por el fracaso no dudaba en tomar represalias, como hizo contra los guardias que cumplieron sus órdenes directas en los sucesos de Casas Viejas en 1932, órdenes que consistían en reprimir la insurrección con <<tiros a la barriga>>, cuando después dichos guardias declararon la verdad sobre las órdenes recibidas.

Tras las matanzas de la Cárcel Modelo en Madrid en agosto de 1936, declaró: <<No quiero ser presidente de una República de asesinos>>. Pero la realidad es que fue él quien trajo a España el Frente Popular, cuyo programa político era un compendio de atropellos, como se vio después en los muchos crímenes y actos delictivos cometidos.

Fue uno de los máximos responsables de la Guerra Civil española. No encontró la forma de evitar la guerra, ni de ganarla. En diciembre de 1938, a dos meses de exiliarse anotó en su diario que <<asistió a un concierto en el Liceo>>, mientras la población moría de hambre y en el frente de guerra. Se dedicaba a ir al teatro y a los conciertos para olvidar que ya tenía perdida la guerra.

Uno de sus actos más execrables fue impulsar la organización más sanguinaria de toda la Guerra Civil, que fue la checa de Bellas Artes. Desde el CPIP se coordinaba, junto a la Dirección General de Seguridad, a los 5.000 criminales de la MVR (Milicias de Vigilancia de Retaguardia), cuyo fin era la aniquilación del <<enemigo de clase o del pueblo>>. El CPIP era el Comité Provincial de Investigación Pública, órgano paraestatal creado para ejercer la vigilancia y represión, que actuó en Madrid en los primeros meses de la Guerra

Civil, conocido como la checa de Bellas Artes y después como la Checa de Fomento.

Los últimos años de Azaña son un ejemplo de la disolución moral de un político y un régimen. De nada sirvió el 18 de julio de 1938, viendo la guerra irremediablemente perdida, y al borde del abismo, su famoso discurso de las tres *pes*, exhortando a la <<Paz, Piedad y Perdón>>, aludiendo a la lección que deben darnos los muertos a causa del odio y la intolerancia y exhortando a las generaciones venideras a no caer en los mismos errores. Mientras pensó que podía ganar la guerra no habló jamás de piedad ni de perdón, mucho menos de paz.

El reconocimiento de sus errores llegó demasiado tarde, al igual que su arrepentimiento a su agnosticismo, dos años después en Montauban, en su lecho de muerte. Por cierto, que la <<Memoria Histórica>> olvida el final de este discurso, donde Azaña esperaba que la Guerra Civil sirviera de lección a los españoles, tan dados a utilizar la contienda como arma arrojadiza. No en vano, Azaña definía al pueblo español como <<poco culto y cainita>>.

Su odio a la Iglesia le llevó a afirmar haber preferido que se quemaran todas las iglesias de España a que se derramara la sangre de un solo republicano. Gran personaje, que al final de la guerra llegó a declarar tener un odio profundo al separatismo catalán, a pesar de haber sido culpable por su tolerancia e ineptitud en el problema catalán, pues había sido partidario de permitir la independencia y dejar en paz a los catalanes con sus asuntos.

Uno de sus muchos errores fue la <<depuración>> del Ejército, licenciando a ocho mil oficiales para retirarse con el sueldo íntegro. En esta acción actuó también impulsado por un odio feroz contra la clase militar, a la que detestaba a rabiar. El odio era uno de sus atributos intelectuales.

JUAN NEGRÍN

Pertenecía a una familia canaria de desahogada posición económica y católica; había estudiado medicina en Alemania, que más tarde convalidó en España, abandonando la investigación para dedicarse a la política. Fue uno de los mayores responsables de la catástrofe que asoló a España, es decir, la Guerra Civil. Fue un fiel súbdito de la miserable política comunista de Moscú.

Negrín fue el principal responsable del mayor expolio cometido contra el tesoro español al vaciar los fondos del Banco de España, las cajas de seguridad de los bancos, del Monte de Piedad, de la Caja General de Reparaciones y del Museo Arqueológico Nacional. Por tanto responsable del saqueo de los bienes Nacionales, a pesar de que trató de justificar el expolio, alegando la excusa de poner el oro a buen recaudo en la Unión Soviética y que parte de él serviría para pagar los suministros de guerra. Fue por tanto uno de los mayores saqueadores de la Historia. Forzó innecesariamente la resistencia en la guerra, aumentando el sufrimiento del pueblo español, en virtud de su sometimiento a Stalin y a sus políticas dictatoriales. Tras el fin de la guerra era el personaje más odiado en España.

Huyó de España con un cuantioso botín de guerra, el 6 de marzo de 1939, hacia Toulouse, Francia, en un avión Douglas DC-2 que despegó del aeródromo de Monóvar (Alicante). Desde Francia intentó proseguir la guerra. Allí se volcó en la gestión del SERE (Servicio Especial de Refugiados Españoles), gran tapadera para el manejo de capitales expoliados. Pasó después a Gran Bretaña donde encarnó la autoridad del Gobierno de la República en el exilio, intentando también proseguir la guerra implicando a Gran Bretaña, sin éxito alguno. En 1945, en México, Negrín dimitió y le sustituyó Diego Martínez Barrio. Tras la guerra, sus bienes fueron expropiados, no así el piso que compró en París a nombre de su esposa. Murió en París en 1956. Sus apetitos, bacanales los banquetes durante la Guerra Civil, y la dilapidación, le hicieron famoso entre sus acólitos. Era amigo de la buena vida, le gustaba vestir ropa de calidad; codiciaba la buena mesa y disponer de amplios recursos económicos. Su glotonería era tal que se provocaba el vómito para consumir inmensas cantidades de refinados manjares. Fue protagonista principal del episodio del yate Vita, en el que se embarcó un fabuloso tesoro, botín de guerra, rumbo a México. Negrín fue engañado por Indalecio Prieto, auténtico truhan, que se apropió del cargamento al llegar el yate a su destino.

Negrín fue expulsado del PSOE, ya en el exilio, donde su gobierno no fue reconocido, y vuelto a ser admitido, *post mortem*, durante el gobierno del infame Zapatero.

En 1981, Adolfo Suárez, a instancias no del PSOE, acordó indemnizar a los hijos del doctor Negrín con unos terrenos en Canarias que el franquismo le había requisado tras la guerra por su infame y mezquina actuación. Hubo gente inocente que perdió más y no se le indemnizó. En 1995, efectivamente, el Estado les pagó a los hijos de Negrín 287 millones de pesetas. En 2007, el PSOE del también infame y nefasto presidente del Gobierno de España Rodríguez Zapatero, le devolvió el carnet de militante *post mortem* a Juan Negrín. El expolio seguía efectuándose también *post mortem*.

INDALECIO PRIETO

Fue uno de los grandes culpables del estallido de la guerra civil. Venía preparándola desde antes de 1934. Su temperamento agresivo, chulesco y prepotente quedó demostrado cuando el 4 de julio de 1934, en una sesión parlamentaria, en una sesión tumultuosa en las Cortes, Indalecio Prieto desenfundó su pistola y apuntó al diputado de derechas Jaime Oriol de la Puerta. Prieto era el diputado del PSOE que se paseaba por el congreso de los diputados mostrando su pistola. Se jactaba de ir armado. Al igual que a Negrín, se le puede adjudicar el calificativo de gánster, por sus escandalosas manipulaciones.

Intervino en los sucesos revolucionarios de Asturias, y pudo huir a Francia al fracasar la insurrección, para evitar ser arrestado.

El desembarco de armas en Asturias fue otro de los episodios relacionados con la preparación de la revolución de octubre de 1934. El vapor *Turquesa*, fue fletado por el PSOE para armar a sus militantes del norte de España. Se planeaba un <<día rojo>>, operación liderada por Indalecio Prieto, ministro de la República por el PSOE hasta hacía un mes. Se descargaron 329 cajas, en total dieciocho toneladas de armas, municiones y explosivos. El mismo Indalecio Prieto lo contó así en la prensa argentina tiempo después, cuando estaba disfrutando a pierna suelta del botín del yate *Vita*:

<<Cuando llegamos a la orilla del Nalón, cerca del puente por el que lo cruza la carretera, habían sido ya cargados varios camiones que, a máxima velocidad, iban hacia hórreos y trojes, donde quedarían escondidos fusiles y cartuchos. Aún quedaban muchas cajas sin transportar, cuando uno de los centinelas, descendiendo presuroso, avisó: ¡Viene la Guardia Civil!, oí descorrerse el cerrojo de no sé cuántas pistolas. Mi autoridad se impuso a quienes querían resistir. No vale la pena –les expliqué- verter sangre por salvar esta mercancía que, en cualquier forma, se perderá irremisiblemente, porque el

tiroteo atraerá a más fuerzas, impidiendo mover las cajas de aquí. Retírense ustedes. Nos quedamos solos el bilbaíno, el portugués y yo. Los tres saliendo a la carretera, seguimos con lentitud cuesta arriba. Frente a nosotros, cada vez más cerca, sonaban recios pasos. Pero la noche, muy cerrada, no nos consentía ver a nadie. ¡Alto!, gritó una voz, ¡Alto está!, respondí yo. Entonces vi como dos hombres que venían en pareja se separaban, quedando uno tras otro, y como se echaban sendos fusiles a la cara apuntándonos con ellos: ¡Arriba las manos!, gritó la voz imperativa de antes. Levantamos los brazos y continuamos inmóviles. El hombre de vanguardia avanzó hacia nosotros sin bajar el arma. ¿Quiénes son ustedes?, preguntó. Soy el diputado Indalecio Prieto, contesté. ¿Indalecio Prieto, el ex ministro?, volvió a interrogar. Si señor; el mismo, afirmé. Mi interrogador, bajando el fusil, se acercó para reconocerme. No se trataba de una pareja de guardias civiles, sino de carabineros, y entre estos gozaba yo de mucho afecto. Apenas hacía dos años que el general Sanjurjo, siendo Director de dicho Instituto de resguardo, me había hecho entrega de una magnífica placa expresiva de toda la corporación por los beneficios que les dispensé desde el Ministerio de Hacienda, y mucho tiempo antes, allá por 1919, siendo yo diputado, recibí un voluminoso álbum con las firmas de los once mil soldados y clases de dicho Cuerpo, agradeciéndome que en el Congreso les hubieran conseguido un aumento de sueldo. Las cantoneras y la dedicatoria de aquel álbum, todas de oro, las arranqué de sus tapas en México para fundirlas en una plancha conmemorativa del homenaje al sabio naturalista Ignacio Bolívar. El cabo, pues cabo era el jefe de pareja, me tendió cariñosamente su diestra, mientras exclamaba: ¡Qué sorpresa encontrarle y que alegría saludarle! A seguida del saludo vino una pregunta inevitable: ¿Pero qué hace usted por ahí a estas horas? Hube de improvisar una historia: Estamos entre hombres cabales, le dije, y no procede hablar con remilgos. Estos dos amigos y yo vamos de excursión con tres muchachas, y como yo, por mi significación política, estimé escandaloso llegar los seis en cuadrilla al hotel de Avilés, donde debemos pernoctar, acordamos que el automóvil con las mujeres fuese por delante, y que luego de dejarlas en la villa retrocediera, a fin de recogernos a nosotros que, mientras tanto, paseamos para estirar las piernas. El cabo a su vez explicó: Pues nosotros nos encontrábamos en nuestro cuartel, cuando un vecino ha venido a avisarnos de que ahí se estaba haciendo un alijo, y vamos a ver qué hay de cierto en la referencia. El cabo nos estrechó la mano a los tres viandantes y siguió con su subordinado carretera abajo>>.

Este testimonio es una prueba de su culpabilidad en el asunto de las armas del vapor *Turquesa*.

En su famoso discurso del 1 de mayo de 1936, en Cuenca, Prieto ya vaticinaba el levantamiento militar, mostrando su intención de ir a las armas. Era el anuncio de la guerra civil.

Negrín le nombró ministro de Defensa como premio a su traición a Largo Caballero. Después, como la ideología de Prieto era contraria a la de la mayor parte de su partido, se produjo su salida del Ministerio de Defensa, según declaró años después: El presidente Juan Negrín lo expulsó el 5 de abril de 1938 del Gobierno, <<por negarse a obedecer mandatos de Moscú>>. Después, Prieto arrebató a Juan Negrín el tesoro del yate *Vita* cuando este llegó al puerto de *Veracruz* con su enorme botín. Se detalla en el capítulo *El yate Vita*.

En 1942, en el exilio en México, y viviendo a cuerpo de rey con el botín del yate *Vita* mangado a Negrín, y a todos los españoles, reconoció su culpabilidad en la insurrección de 1934 de Asturias. Sus palabras fueron: <<Me declaro culpable ante mi conciencia, ante el Partido Socialista y ante España entera, de mi participación en aquel movimiento revolucionario. Lo declaro como culpa, como pecado, no como gloria>>.

LARGO CABALLERO

Fue uno de los socialistas más siniestros de la historia asesina y delictiva del PSOE. Fue uno de los máximos culpables de llevar a España a la guerra civil, por su postura, fanática, malvada, reaccionaria, bolchevique, y llena de odio, que le impulsó a arrojarse en los brazos del comunismo más perverso.

En 1917 ya había sido detenido por los sucesos de la Huelga General Revolucionaria. Era llamado el Lenin español. Un tipo oportunista y pendenciero, culpable del estallido de la Guerra Civil, según confesó, arrepentido momentos antes de morir.

Tras la derrota sufrida por la izquierda en las elecciones de noviembre de 1933, amenazó con la guerra civil si se daba lugar a que gobernasen las derechas, que eran las que habían ganado los comicios.

El 5 de octubre de 1934, el PSOE encabezó un golpe de Estado muy violento (provocó la llamada revolución de Asturias). Los golpistas asesinaron a más de 300 personas entre religiosos, militares y fuerzas del orden. Largo Caballero había sido el principal instigador de este golpe, pero no fue el único. En esta ocasión también fue detenido. Lo triste es que salió después en libertad.

Estaba a la cabeza del PSOE y seguía estrictamente el plan soviético de constituir un gran partido único del proletariado para implantar la dictadura del proletariado. Sus provocaciones, arengas y llamadas a la guerra civil, le hicieron uno de los máximos responsables de semejante catástrofe, pues ya en la campaña electoral de Febrero de 1936 anunciaba la revolución, y amenazaba con ir a la guerra civil si ganaban las derechas.

Otra de sus acciones fue el envío de un equipo a Tánger para tratar de levantar una sublevación en lo que creía retaguardia de la España de Franco. El intento le resultó inútil.

Cuando sucedieron las matanzas de Paracuellos del Jarama, era presidente del Gobierno del Frente Popular. Lo fue desde el 4 de septiembre de 1936 a mayo de 1937, fecha en que fue desplazado por los comunistas según las órdenes dictadas por Moscú.

Se exilió en Francia al acabar la guerra. Allí le sorprendió la ocupación alemana. Fue arrestado por los alemanes e internado en el campo de concentración de Sachsenhausen-Oranienburg, donde pasó la mayor parte de la II Guerra Mundial. Fue liberado al final de la misma por el Ejército Rojo y murió en el exilio en París. Sus restos fueron trasladados a Madrid en 1978. En 1985, bajo gobierno socialista, por supuesto, se le erigió un monumento en Madrid, frente a los Nuevos Ministerios, frente a la estatua ecuestre de Franco. En 2005, otro gobierno socialista retiró la estatua de Franco.

Todavía hay quien sigue homenajeando a este individuo exaltado que hizo todo lo posible por conseguir la destrucción de España, provocando la guerra civil, y cuya actuación y paso por la vida de los españoles no provocó más que dolor, sufrimiento y muerte.

He aquí sus declaraciones el 16 de julio de 1936 en su periódico *Claridad*: <<La lógica histórica aconseja soluciones más drásticas. Si el estado de alarma no puede someter a las derechas, venga cuanto antes, la dictadura del

Frente Popular. Dictadura por dictadura, la de izquierdas. ¿No quiere el Gobierno? Pues sustitúyale por un Gobierno dictatorial de izquierdas... ¿No quiere la paz civil? Pues sea la guerra civil a fondo. Todo menos el retorno de las derechas>>.

Es impresionante. ¿Realmente se precisaba de soluciones más drásticas que el asesinato de Calvo Sotelo? ¿Por qué no haber empezado a liquidar puntualmente a todo opositor o <<enemigo de clase>>?

DIEGO MARTÍNEZ BARRIO

Fue un antiguo linotipista. Tuvo una infancia dura. En las elecciones de febrero de 1936 fue elegido diputado por Madrid de Unión Republicana, partido fundado por él. Fue nombrado presidente de las Cortes, ejerciendo de forma interina como presidente de la República entre el 7 de abril y el 10 de mayo de 1936, con motivo de la destitución de Alcalá Zamora.

La noche del 18 al 19 de julio de 1936, dimitió Santiago Casares Quiroga, y Azaña le propuso (encargó) formar gobierno para intentar detener la sublevación de los militares, negociando un gobierno de conciliación con Mola como ministro, pero fracasó. Su gobierno duró tres horas, siendo sustituido por José Giral. Fue uno de los más íntimos consejeros de Azaña durante la Guerra Civil, presidiendo varias veces las Cortes de la República en guerra. Se exilió a Francia y después a México, donde fue nombrado presidente de la República en el exilio.

SANTIAGO CASARES QUIROGA

Masón que se inició en la logia Hispanoamericana nº 379 de Madrid del Gran Oriente Español, pasando después a otras logias masónicas, hasta que lo dieron de baja en mayo de 1933 por no <<cumplir sus deberes>>.

Nefasto y odioso político de Izquierda Republicana. Consintió desmanes, atropellos y la apertura de las cárceles, poniendo en libertad a multitud de asesinos, delincuentes y a los responsables de los sucesos de Asturias ocurridos en octubre de 1934, en virtud del decreto ley aprobado el 21 de febrero de 1936, a instancias de Azaña, en el que se concedía amnistía general para todos los presos políticos y delincuentes que había en las cárceles (más de 30.000 en total). Había unos 3.000 presos por los sucesos de Asturias de 1934, hechos que provocaron más de 2.000 muertos y cuantiosos daños en los incendios de iglesias y templos que se produjeron.

En mayo de 1936 Azaña accedió a la Presidencia de la República, y le nombró presidente del Consejo de Ministros y ministro de la Guerra. Fue muy desacreditado ante los republicanos. Organizó el referéndum sobre el Estatuto de Autonomía de Galicia, aprobado el 28 de junio de 1936 pero no aplicado, por el estallido de la Guerra Civil.

El 16 de junio, en sesión de las Cortes, le sentaron muy mal las palabras pronunciadas por Calvo Sotelo denunciando el estado de anarquía existente y la inoperancia del gobierno del Frente Popular, exigiendo al mismo que tomara medidas al respecto. Casares Quiroga reprendió y advirtió duramente a Calvo Sotelo. No era la primera vez que le amenazaba. Apenas un mes más tarde, Calvo Sotelo fue asesinado.

Siendo presidente de las Cortes, en sesión del 1 de julio de 1936, tuvo otro serio enfrentamiento con Calvo Sotelo, y ordenó retirar del diario de sesiones las palabras de amenaza de muerte proferidas por Ángel Galarza contra Calvo Sotelo. Aunque es cierto que dimitió la noche del 18 al 19 de julio de 1936 por ser incapaz de hacer frente a la sublevación militar y por oponerse a la entrega de armas al pueblo, según le propuso Azaña. Fue sustituido por Diego Martínez Barrio, al frente de un Gobierno que no llegó a tomar posesión y por José Giral definitivamente. Durante la Guerra Civil no ocupó ya ningún cargo público.

Tras la caída de Cataluña, huyó a Francia con Azaña y Martínez Barrio. No volvió a España, pues fue juzgado y condenado en rebeldía por el Tribunal Especial de La Represión de la Masonería y del Comunismo, a la pena de 30 años de reclusión mayor con sus accesorias, el 11 de septiembre de 1941. Murió en París en 1950.

ENRIQUE PUENTE ABUIN

Activista revolucionario del PSOE. Dirigente de la Juventud Socialista Madrileña. El 14 de septiembre de 1934 cerró el mitin de las Juventudes socialistas y comunistas donde, entre desfiles de milicianos uniformados, se proclamó que no quedaba otro camino más que el de la violencia. Fue uno de los fundadores y jefe de la *Motorizada* socialista, la escolta de Prieto. El general

Castelló lo nombró capitán del Ejército republicano en julio de 1936, junto a Federico Angulo Vázquez. Dirigió a las milicias en la matanza de la Cárcel Modelo de Madrid. Ocupó un papel protagonista en lo acontecido para que el yate Vita, cargado con el tesoro republicano, pasara de las manos de Negrín a las de Indalecio Prieto.

JOSÉ GIRAL

Este farmacéutico y químico de profesión apodado *El Boticario*, se convirtió en presidente del Consejo de Ministros al estallar la Guerra Civil. Fue presidente del Gobierno entre julio y septiembre de 1936. Al producirse la rebelión militar del 18 de julio se apresuró a realizar gestiones en el extranjero para conseguir ayuda militar. En su afán por no defraudar al pueblo, autorizó la entrega de armas a la chusma y demás miembros de partidos, sindicatos y organizaciones sindicales, contribuyendo a que la rebelión militar fracasara en numerosos sitios. Esto provocó un grave problema de orden público a las autoridades republicanas, transformando la situación en una guerra civil.

Al ver el aparato del Estado deshecho, incapaz de imponer su autoridad sobre las masas revolucionarias, viendo a toda la chusma carcelaria puesta en libertad, y ante la impotencia de hacer frente a las fuerzas sublevadas, presentó su dimisión como presidente del Gobierno, el 4 de septiembre de 1936, siendo sustituido por Francisco Largo Caballero.

Estuvo presente en la última reunión de las Cortes republicanas celebradas en el Castillo de Figueras el 1 de febrero de 1939. El 5 de febrero de 1939 cruzó la frontera francesa junto a Azaña y Diego Martínez Barrio. Después se exilió en México, donde fue nombrado, acabada la II Guerra Mundial, presidente del Gobierno de la República española en el exilio.

LUIS ARAQUISTÁIN QUEVEDO

Fue uno de los más fieles seguidores de Largo Caballero y promotor de la bolchevización del PSOE. Durante la guerra cambió gradualmente de posiciones y ya en el exilio fue un furibundo crítico del comunismo. Es curioso, pues en agosto de 1936, cuando las matanzas y los asesinatos indiscriminados eran noticia cada día, cuando aparecían cadáveres a diario en la pradera de San Isidro, en las puertas del cementerio, en las cunetas y en otros muchos lugares de Madrid, el entonces socialista Araquistaín escribía a su esposa Trudi: <<Las cosas no pueden ir mejor dentro de la desorganización militar que creó la sedición de los rebeldes. En suma, que la victoria es indudable, aunque todavía pasará algún tiempo en barrer de todo el país a los sediciosos. La limpia va a ser tremenda. Lo está siendo ya. No va a quedar un fascista ni para un remedio, sobre todo los más significados. No hay quien contenga a la gente>>. Es decir, justificaba la represión incontrolada que se llevaba a cabo en la retaguardia y se lamentaba de que se tardase algún tiempo en eliminar a todos los <<sediciosos>> del país. Por lo visto pensaba no dejar a uno con vida.

Su carácter era intensamente revolucionario. Era partidario del marxismo y de la dictadura del proletariado. Fue impulsor del periódico socialista *Claridad*.

Fue diputado de las Cortes republicanas por la circunscripción electoral de Vizcaya (capital) entre 1931 y 1933, y por la circunscripción de Madrid (capital) entre 1936 y 1939.

En septiembre de 1936 fue nombrado embajador en Francia, por el Gobierno de Francisco Largo Caballero y se encargó de la compra de armas para abastecer al Ejército Popular de la República durante la guerra, hasta mayo de 1937, vendiendo por todo el mundo la imagen de la República atacada en sus libertades por la sublevación <<fascista>>.

Tras la guerra pudo escapar y exiliarse a Gran Bretaña y a Suiza. Murió en Ginebra en 1959.

MANUEL IRUJO

Fue ministro de Justicia. Este nacionalista vasco inauguró el campo de concentración republicano de Albatera (Alicante) el 24 de octubre de 1937. Tras instruir sumario a Fernando Valentí, chequista criminal de la calle Serrano, y no ser castigado este individuo, el Ministro Irujo, indignado, dimitió tras intentar <<limpiar>> los órganos represivos del Estado y no conseguirlo.

Irujo intentó restablecer el culto católico, tras denunciar <<el asesinato de miles de religiosos y clérigos tras terribles torturas, por el mero hecho de serlo, la prohibición y persecución del culto católico, la destrucción de todos los altares y objetos de culto con un tremendo daño al patrimonio histórico

artístico, el incendio de la mayor parte de los templos y muchos otros desmanes>>.

SEGUNDO SERRANO PONCELA

Aquí tenemos otro tipo digno de ser, por su calaña, y lo fue, el segundo de Santiago Carrillo. Ingresó en el Partido Comunista en noviembre de 1936. Fue periodista de *Claridad,* el periódico de Largo Caballero. También fue especialista en el arte del saqueo y el robo. Fue acusado de ladrón por Santiago Carrillo. En su domicilio aparecieron numerosos objetos de las víctimas de los asesinatos. La lista de sus crímenes es interminable, pues firmaba las órdenes de las salidas y extracciones o expediciones de presos de las cárceles de Madrid, que después eran asesinados en Paracuellos del Jarama. Cesó como delegado de Orden Público el 27 de noviembre, tras el escándalo internacional suscitado por estas matanzas, que el gobierno del Frente Popular no pudo ocultar a la prensa y opinión internacional. Tras la guerra huyó de España, exiliándose en la República Dominicana, Puerto Rico y Venezuela, donde murió en 1976.

JOSÉ CAZORLA MAURE

Fue el suplente de Carrillo. Fue miembro de la Junta de Defensa de Madrid y estuvo al frente de la Consejería de Orden Público desde diciembre de 1936. Fue gobernador civil de Albacete y después de Guadalajara, entre 1938 y 1939. Jugó un papel importante en la represión del POUM. No pudo escapar de Madrid, pues fue capturado en el verano de 1939 en Madrid, cuando intentaba reorganizar el PCE en la clandestinidad. Juzgado y condenado a muerte, fue fusilado el 8 de abril de 1940.

ISIDORO DIÉGUEZ DUEÑAS

Miembro comunista de la Junta de Defensa de Madrid. Fue capturado por las autoridades portuguesas junto a otros seis comunistas y entregados todos al Gobierno de Franco. Los siete fueron juzgados en Consejo de guerra, condenados a muerte, por sus crímenes, y fusilados el 21 de enero de 1942 en las inmediaciones del Cementerio del Este de Madrid.

CARLOS DE BARAIBAR

Fue uno de los propietarios, fundadores y directores de *Claridad,* periódico del PSOE, es decir, de Largo Caballero. En febrero de 1937, Largo Caballero presidente del Gobierno, le encomendó la misión de organizar una sublevación de las cabilas marroquíes en el Protectorado Español de Marruecos, contra Franco, cosa que no tuvo éxito.

Acusó a los comunistas de haber buscado el lucro de sus personas. Ocupó el cargo de Subsecretario de Guerra y denunció, tras la guerra, que <<todos los resortes del poder estuvieron muy pronto en manos estalinistas, que con desaprensión ética administraban los servicios del Ejército, atentos al partido, su poder y su lucro. Los comunistas acaparaban todos los mandos. En estos mandos estaban por supuesto los órganos ejecutivos de represión, encabezados por comunistas españoles o socialistas de confianza de Moscú>>. Junto a ellos siempre aparecían tras las matanzas el asesor técnico ruso, el torturador e interrogador y una intérprete (mujer). Los nombres de esta caterva de asesinos aparecieron después en la Causa General. Se exilió en Chile y en 1941 abandonó su militancia en el PSOE.

JULIO ÁLVAREZ DEL VAYO

Fue consejero e íntimo colaborador de Largo Caballero. Quedó seducido por la URSS de Stalin desde los años veinte y era partidario de la línea bolchevique. Durante la Guerra Civil trabajó abiertamente para Moscú.

Durante la guerra fue ministro de Estado (Asuntos Exteriores) dos veces. No moderó jamás sus posiciones tras la guerra. Este gran patriota socialista saludaba a los asistentes en los mítines de la plaza de toros de Madrid, con el puño en alto en nombre del proletariado de la URSS. Fue uno de los hombres que, junto a Araquistáin, más contribuyó a la deriva <<bolchevique>> del PSOE en los años treinta.

Durante la guerra, como representante español en la Sociedad de Naciones en Ginebra, denunció en la asamblea la ayuda prestada por Italia y Alemania al bando nacional. Pero nada dijo de la ayuda de la URSS al bando republicano, ni de las sacas de las cárceles y los crímenes que se cometían en las famosas checas. Acabada la guerra se exilió. Sus restos descansan en el cementerio de Saint-Georges en Ginebra (Suiza).

Por cierto, a Franco urgía sacarlo del Valle de los Caídos, y a este socialista no, pues el Estado Español ha pagado 1500 euros para que sus restos no sean arrojados al osario común, al haberse acabado la concesión de su sepultura. ¿No es una absurda venganza? No tiene sentido este afán de dignificar a aquellos que llevaron a los españoles a una guerra civil con la excusa de luchar por defender los valores de la España <<democrática>> de la II República, cuando ni había valores, ni la República era democrática.

En enero de 1974 fue elegido primer presidente del grupo terrorista FRAP. En este grupo terrorista estuvo también el padre de Pablo Iglesias, el que fue uno de los Vicepresidentes del Gobierno de España, aunque a él le cueste admitirlo, pero los hechos ahí están.

SANTIAGO CARRILLO

He aquí un individuo al que no le importaba la guerra civil que se avecinaba, pues en sus discursos decía que la inevitable guerra civil crearía un nuevo y poderoso ejército revolucionario. Fue encarcelado por su participación en la revolución de 1934 y puesto en libertad tras la <<victoria>> del Frente Popular en las elecciones del 16 de febrero de 1936.

Con 21 años, en noviembre de 1936, estaba al mando de las Juventudes Socialistas Unificadas, y era Consejero de Orden Público de la Junta de Defensa de Madrid. Bajo su mandato, y con su conocimiento, se cometieron numerosas sacas y asesinatos de presos, las famosas matanzas de Paracuellos, auténticas carnicerías, en las que fueron asesinados unos 5400 inocentes (algunas fuentes indican cerca de 8.000) por el hecho de ser católicos, que eran trasladados en autobuses de dos pisos, atados de dos en dos con alambre, y ametrallados al pie de las fosas, siendo después sepultados, algunos todavía vivos. Fue responsable de estas matanzas y de otros crímenes. Su responsabilidad ha quedado suficientemente demostrada, según documentos y testimonios de testigos, víctimas, corresponsales y diplomáticos extranjeros y gracias también a la extensa hemeroteca de la época. Murió en 2012 sin reconocer jamás sus crímenes. Una de las pruebas acusatorias de su criminal actuación son las actas de la reunión que mantuvo con la CNT y la FAI el 8 de noviembre de 1936, descubiertas por el escritor Jorge Martínez Reverte. En ellas se ve la forma en que Carrillo abogaba por la eliminación de los no combatientes, en base al potencial que tenían para hacer daño, y por la implantación del terror en los medios sociales y políticos en los que podría apoyarse la llamada *quinta columna*. Era una llamada al exterminio de los presos, que finalmente acabaron masacrados en Paracuellos.

Estando al frente de la Consejería de Orden Público, sucesora de la Dirección General de Seguridad, se hizo cargo de las extracciones de las cárceles (sacas y matanzas masivas), por presión soviética. En dicha Consejería se llevaba un libro registro de expediciones de presos para asesinarlos, por lo que está totalmente documentada y demostrada su responsabilidad en las matanzas de Paracuellos del Jarama.

También se prueba su responsabilidad en los citados crímenes, en las actas de la Junta de Defensa de los días 11 al 15 de noviembre de 1936, publicadas en 1984 por Julio Aróstegui y Jesús A. Martínez, *La Junta de Defensa de Madrid*, lo que constituye una prueba definitiva y concluyente de la responsabilidad de Carrillo en los crímenes. Al final de la guerra salió por la frontera catalana hacia Francia, viviendo en el exilio en distintos países. Volvió a la URSS, donde años atrás, en sus viajes al paraíso comunista, disfrutaba engullendo grandes cantidades de caviar junto a los prebostes comunistas. Los socialistas le llamaban <<el más asqueroso Judas de la historia política de España>>.

ANGEL GALARZA GAGO

Fue ministro de Gobernación socialista, nombrado por Largo Caballero para controlar la represión mediante instituciones como los <<tribunales especiales>> o las <<milicias de vigilancia de retaguardia>>, para así garantizar el control del Gobierno en la misma represión. Su carácter era vengativo. Desde 1931 se había señalado proclive a la violencia y tremendamente hostil a la Iglesia. Ocupó la Dirección General de Seguridad en 1931, poco tiempo, y se convirtió en fiscal general de la República, actuando furiosamente en la querella contra el banquero Juan March, que resultó un fracaso para el Gobierno republicano. Ingresó en el PSOE en 1933. El 1 de julio de 1936 amenazó de muerte a José Calvo Sotelo en las Cortes, con estas palabras: <<Pensando en su Señoría encuentro justificado todo, incluso el atentado que le prive de la vida>>, palabras que se retiraron del diario de sesiones por orden de Casares Quiroga. Diez días más tarde, la Pasionaria también amenazó de muerte a Calvo Sotelo. Las palabras también fueron retiradas del diario de sesiones. Al parecer, el presidente de las Cortes, con el espíritu socialista característico, prefería no dejar constancia de tales hechos. Al mes del asesinato de Calvo Sotelo, declaró que sentía no haber participado en la ejecución.

Este individuo estaba en Zamora, su provincia, el 18 de julio de 1936 y no encabezó resistencia al alzamiento militar, sino que huyó a Portugal. Luego contó una mentira sobre su participación en el desvío del avión del general Sanjurjo a un aeródromo de baja calidad, donde se estrelló el avión y murió el general. En septiembre de 1936 llegó al Ministerio de Gobernación de la mano de Largo Caballero. Fue el creador del DEDIDE, dirigido por Julio de Mora y Ángel Pedrero. En mayo de 1937 cayó en desgracia por presión del PCE, bajo la acusación de trotskista. Bajo su mandato se mecanizó y se intensificó la represión de una manera salvaje.

Una de sus víctimas fue Adriana Lerroux, hermana del líder republicano Alejandro Lerroux, que había salido de España al comenzar la Guerra Civil. Galarza dio orden de detenerla junto a otras señoras.

Alejandro Lerroux, que había salido de España al comenzar la Guerra Civil, lo relata en sus memorias refiriéndose a Galarza como <<la vergüenza de hombre que era ministro de Gobernación cuando el Gobierno del Frente Popular se refugió en Valencia. Ese miserable llamado Galarza ordenó llevar a mi hermana a prisión>>. Alejandro Lerroux contaba así la suerte de su hermana: <<El Gobierno del Frente Popular se había refugiado en Valencia. En él figuraba como ministro de la Gobernación esa vergüenza de hombre que se llama Ángel Galarza. Ese miserable dio orden para que fuesen reducidas a prisión señoras emparentadas con personalidades no afectas a la situación. Entre ellas figuraba mi hermana. Padecía una afección a los ojos y estaba sometida a tratamiento. Solicitó que su médico especialista fuese autorizado para asistir dentro de la cárcel y personalmente Galarza negó la autorización. Mi hermana se ha quedado incurablemente ciega>>.

Durante su gestión al frente del Ministerio de Gobernación se hizo con una reputación siniestra. Para los nacionales terminó siendo un auténtico criminal y para los republicanos, un incompetente que pretendió usar el sistema de checas en beneficio propio. Y así fue. Se sirvió de los crímenes para sus propios fines. El Gobierno lo puso al frente del Ministerio para mantener la represión bajo el control del propio Gobierno.

También fue responsable de las matanzas de Paracuellos del Jarama y de otras muchas ejecutadas por orden suya directa. (Caso Luis Calamita Ruy-Wamba, asesinado por Rueda, por orden de Galarza). Durante el mandato de este individuo causaba auténtico pavor oír hablar de la Dirección General de Seguridad. Los infelices que pasaban por ella sabían que no saldrían vivos. Pudo escapar tras la guerra. Murió en Francia en 1966. Fue otro personaje que escapó de la Justicia.

MELCHOR RODRIGUEZ

Conocido por el apodo *El ángel rojo*. Fue nombrado director provincial de Prisiones por el ministro de Justicia anarquista García Oliver, cuando la CNT entró en el Gobierno del Frente Popular. Los escandalosos crímenes cometidos en las sacas de presos le impulsaron a aplicar estrictamente la ley, consiguiendo que disminuyeran las matanzas. Pero esta noble acción no la veían bien los comunistas, los cuales le obligaron a dimitir entre amenazas. En diciembre de 1936 volvió a imponer su autoridad, salvando miles de vidas, aunque no pudo evitar el asesinato de otros muchos miles de presos. El 20 de abril de 1937 denunció en la prensa los crímenes de las checas comunistas asegurando estar dispuesto a demostrar documentalmente la política criminal seguida desde la consejería de Orden Público por Carrillo y Cazorla, política de asesinatos masivos, que estaba deshonrando a la República. En concreto, la limpieza de noviembre decretada por Moscú. Otra prueba más de la responsabilidad de Carrillo.

Tras la derrota del Frente Popular fue juzgado y condenado a treinta años de prisión, pero por la cantidad de testimonios favorables de presos a los que había salvado, cumplió sólo un año y medio de prisión. Vivió el resto de su vida en España como agente de seguros, siendo agasajado a frecuencia por los franquistas.

JESUS GALÍNDEZ

Militante del Partido Nacionalista Vasco, colaborador del ministro de Justicia Irujo, que lo nombró letrado asesor de la Dirección General de Prisiones. Se ocupó en dar protección a religiosos vascos que vivían en Madrid. Reprochó la política de exterminio seguida por Carrillo y Cazorla desde la Consejería de Orden Público, con estas palabras: <<Para mí la limpieza de

noviembre es el borrón más grave de la defensa de Madrid, por ser dirigida por las autoridades encargadas del orden público... Carrillo daba órdenes de libertad que significaban contraseñas convenidas para sacar a determinados presos y matarlos>>. Su testimonio constituye una prueba más de la culpabilidad de Carrillo en las matanzas de Paracuellos.

En febrero de 1939 cruzó la frontera francesa, rumbo al exilio. Residió en Estados Unidos y la República Dominicana, colaborando con la CIA por orden del PNV.

En 1956 fue raptado en Nueva York y enviado a la fuerza, en avión, a la República Dominicana, donde fue asesinado por orden del dictador Trujillo.

MANUEL MUÑOZ

Fue responsable de Seguridad del Gobierno del Frente Popular, pues ocupó el cargo de director general de Seguridad. Fue uno de los grandes responsables de las matanzas y el terror en Madrid. Fue un militar masón retirado por la ley de Azaña. En 1936, tras las elecciones, desempeñó el cargo de gobernador civil de Cádiz. Llegó a la Dirección General de Seguridad pocos días después de la sublevación militar y comenzó a organizar la represión creando el Comité Provincial de Investigación Pública, el temible CPIP, conocido como la Checa de Fomento.

Convocó a los partidos del Frente Popular para establecer un Comité para contrarrestar tantos desmanes y asesinatos que los afiliados a las organizaciones políticas y sindicales estaban cometiendo en la calle, con el fin de que toda represión pasara a los Tribunales de Justicia. Cuando en esa reunión se animaba a pegar cuatro tiros a los elementos fascistas y peligrosos, Muñoz sonreía complaciente. En definitiva, les autorizaba para efectuar detenciones, pero recabando la colaboración de los policías y guardias de la comisaría correspondiente. Era la legalización de la represión y los crímenes. Lo que en realidad ocurrió es que Muñoz oficializó los estragos causados por las checas de partido o sindicato.

Las checas siguieron actuando por su propia iniciativa. Muñoz no desautorizó a ninguna de ellas. Todas seguían ejerciendo su criminal actividad en nombre del Comité. El Gobierno decidió delegar la misión de custodiar el orden público en los propios partidos del Frente Popular. El zorro a cuidar el gallinero.

Este individuo, junto al ministro Pozas y Enrique Puente, asistieron a la matanza de la cárcel Modelo de Madrid, tras haber desalojado Puente de la misma a los funcionarios de la prisión, y quedar esta, bajo control de los milicianos hasta el 16 de noviembre. Muñoz fue uno de los máximos responsables en esta matanza. Tras la guerra, trató de exculparse declarando que las órdenes de entrega de presos de la Cárcel Modelo las firmó por temor a los milicianos de la Nelken. Estos documentos fueron pieza fundamental para certificar su responsabilidad y la de otros personajes en las matanzas producidas.

Tras la guerra pasó a Francia, donde fue detenido por la Gestapo el 14 de octubre de 1940, y entregado al régimen de Vichy, que lo juzgó y extraditó a España. Fue juzgado por un Consejo de Guerra, condenado a muerte y fusilado el 1 de diciembre de 1942 en el Cementerio del Este de Madrid.

GENERAL SEBASTIAN POZAS

Fue nombrado ministro de Gobernación el 19 de julio de 1936 por el gobierno de José Giral, procediendo entonces a la distribución de armas a la población civil. Dio instrucciones directas a Manuel Muñoz para nombrar agentes provisionales de policía. Accedió a que los partidos del Frente Popular creasen un comité mixto, integrado por los propios partidos, para asegurar la represión y el orden público, en contacto con la Dirección General de Seguridad. Oficializó el sistema de checas. Otro zorro a cuidar el gallinero.

Cambió el nombre de la Guardia Civil, que fusionada con la Guardia de Asalto, pasó a llamarse Guardia Nacional Republicana, por Decreto del 29 de agosto de 1936.

Se afilió al Partido Comunista de España, y realizó la liquidación del sistema anarquista que se implantó en Aragón desde julio de 1936, disolviendo el Consejo de Aragón. Al final de la Guerra Civil se exilió a Francia y después a México.

DOLORES IBÁRRURI

Líder del Partido Comunista, era llamada *la Pasionaria*. Su catadura moral se muestra en una de sus famosas frases: <<No cabe más solución que la de que una mitad de España extermine a la otra mitad>>. Con el revólver al cinto, no dudaba en ejecutar al primer infeliz catalogado como fascista que se cruzase en su camino. Otra de sus frases famosas era <<más vale condenar a cien inocentes que absolver a un solo culpable>>. ¿Culpable de qué?, ¿De no pensar como ellos?, ¿Qué concepto de lo que es la culpabilidad tenía esta gentuza? En sus soflamas incendiarias publicadas en *Mundo Obrero*, abogaba por el aplastamiento y exterminio de la llamada quinta columna de Madrid.

En una sesión de las Cortes en julio de 1936, al parecer amenazó de muerte a Calvo Sotelo, siendo borradas sus palabras del diario de sesiones. Pudo escapar a la URSS y llegó a vivir en una dacha con el matrimonio Ceaucescu, en Rumanía. Como tantos otros de su estilo, vivió hasta el final de sus días de la política, y con la obsesión de la guerra perdida.

LUIS COMPANYS

Presidente de La Generalidad catalana. Fue líder de Esquerra Republicana, indultado por el Frente Popular, pues estaba en prisión por los sucesos de Asturias y Cataluña en 1934. Fue responsable de multitud de crímenes durante la Guerra Civil española. Instaló en Cataluña un sistema revolucionario al aceptar que junto a su administración gobernara un Comité Central de Milicias Antifascistas de Cataluña, lideradas por elementos de la CNT. Este <<organismo>> administrativo y militar de represión, creado por Companys el 21 de julio de 1936, controlaba las operaciones de represión y asesinatos, y difundió el terror en toda Cataluña, pues cualquiera podía ser una posible víctima de esta caterva de asesinos.

Cedió muchas competencias a estos grupos, dotándoles de medios y documentos que les permitió llegar a movilizar a 40.000 hombres, cuya mayoría se dedicó al saqueo, al robo y al asesinato, acudiendo pocos de ellos al frente de batalla. En Cataluña había cientos de Patrullas de Control, que controlaban las calles y la movilidad, todo ello permitido por Companys. Repartió más de 20.000 armas a sus acólitos, por supuesto pagado con dinero público, que podían ser usadas contra quien juzgasen <<enemigo o no simpatizante>>

Hay pruebas que demuestran el asesinato de unos ocho mil catalanes inocentes durante su gobierno, aunque su responsabilidad, en el sumario instruido contra él, se extendía al asesinato de unos 25.000 catalanes. Fue responsable de la campaña de terror que se llevó a cabo, de las ejecuciones, torturas y purgas en toda Cataluña. Existe un listado de 4.513 catalanes asesinados durante el mandato de este sádico separatista, que firmaba tantas penas de muerte que acabó usando un sello para no cansarse la mano. Durante su mandato, fueron asesinados 1.536 sacerdotes en Cataluña, el 30 por cien del clero catalán. En junio de 1936, preguntado por un periódico francés sobre una posible restauración del culto católico en Cataluña, manifestó << ¡Oh, ese problema no se nos plantea siquiera, porque todas las iglesias han sido destruidas!>>. Durante su gobierno fueron asesinados 47 periodistas. La lista también es consultable.

No hay que olvidar que en Cataluña había seis campos de concentración, construidos durante su mandato, por los que pasaron unos 7.000 presos <<políticos>>. Companys firmó más de 200 órdenes de <<traslado>> de presos. Decretó sus 28 puntos referentes a la represión y ejecución de desafectos, con su famosa frase al final de cada punto o decreto: <<*buscar fusilables*>>. Realizó varios viajes en 1938 a Francia, llevando consigo valijas con joyas y efectivo para asegurarse el exilio. Y por supuesto, estaba al tanto de las represalias contra religiosos y el famoso episodio de los hermanos maristas, que sufrieron en Cataluña una feroz persecución y saqueo, y que tuvo como consecuencia el asesinato de varios miles de religiosos y católicos.

Este era el individuo que fue cazado por la Gestapo en Francia en 1940, entregado a Franco, juzgado y fusilado el 15 de octubre de 1940 en el foso de Santa Eulalia del castillo de Montjuic. ¡Qué gran personaje!

Y por si alguien tiene alguna duda de la catadura moral de este individuo, sería muy recomendable que leyera su discurso del 6 de octubre de 1934 en el que proclamó el Estado Catalán, instando a los ciudadanos a << levantarse en armas contra el gobierno monarquizante y fascista de Lerroux. Españoles, todos a las armas>>. Sus palabras eran toda una incitación a la guerra civil.

JULIÁN ZUGAZAGOITIA

Era miembro del PSOE. En los días previos a la revuelta de Asturias de 1934, llamaba a la revolución desde *El Socialista*. Tras los sucesos, fue detenido y condenado a prisión. Salió elegido diputado en febrero de 1936, siendo liberado como el resto de presos.

Fue nombrado ministro de Gobernación en el Gobierno Negrín, de mayo de 1937 a abril de 1938. Durante sus 11 meses de mandato se dedicó a hacer intercambios de presos políticos. Durante la guerra contribuyó al trato humano de los prisioneros de guerra, y facilitó también a muchos personajes papeles y salvoconductos para pasar a la zona sublevada (Rafael Sánchez Mazas, Raimundo Fernández Cuesta, Wenceslao Fernández Flores). Siguiendo las órdenes de Prieto, tomó algunas decisiones actuando de forma que se ganó la enemistad de muchos socialistas, sobre todo de Largo Caballero y Besteiro. En agosto de 1936, tras la matanza de la Cárcel Modelo, criticó duramente estos hechos desde el periódico *El socialista*, lo que le causó también enemigos. Muchos de sus camaradas le habían criticado de <<blando>>, pues fue él quien confeccionó las octavillas arrojadas al Cuartel de la Montaña, garantizando un juicio justo a quienes se rindiesen.

En los últimos meses de guerra huyó junto a otros miembros del Gobierno y del Parlamento hasta Figueras, pasando a Francia al ver que la guerra estaba definitivamente perdida. Se trasladó a París y criticó duramente a los republicanos allí establecidos, pues no querían saber nada de ayudar a los suyos.

Fue detenido por la Gestapo en París el 27 de julio de 1940, tras la ocupación nazi. Le confiscaron sus papeles, lo encarcelaron y después fue enviado a España con otros líderes de izquierda. Ya en Madrid, fue juzgado en Consejo de Guerra, declarado culpable y sentenciado a muerte, sentencia que se cumplió el 9 de noviembre de 1940 al ser fusilado en las tapias del cementerio de la Almudena de Madrid, junto a Francisco Cruz Salido y otros doce presos republicanos más.

AMARO DEL ROSAL

Era miembro de las Juventudes Socialistas Unificadas. Fue director de la Caja de Reparaciones durante el Gobierno Negrín; a esa caja iba a parar el fruto de las incautaciones oficiales, es decir, el producto de los latrocinios y demás expolios. Fue el encargado directo de embarcar el oro del Banco de España a Moscú. A comienzos de 1939 abandonó España, rumbo al exilio. Fue expulsado del PSOE en 1946, y en 1948 ingresó en el PCE.

Años después reveló el contenido del tesoro del yate Vita y mantuvo que Prieto se apropió del tesoro, engañando a Negrín.

EDUARDO BARRIOBERO

Era un abogado del Frente Popular que en 1936 se hizo cargo de la <<Oficina Jurídica>> del gobierno catalán, desde donde organizó tribunales populares y justicia revolucionaria. En 1937 fue propuesto para fiscal general de la República, cargo revocado por Indalecio Prieto. Protagonizó un caso ruin de corrupción. Desde su puesto en Cataluña, y tras dictar numerosas condenas a muerte, Barriobero organizó una red que vendía a precio de oro libertades y sentencias. Este tipo estaba protegido en su oficina por cincuenta milicianos. En el escándalo estaban también implicados altos cargos del Gobierno de Cataluña, por lo que el fiscal no se querelló contra él en esta vergonzosa trama de corrupción institucional a la sombra de la represión y el crimen. Otra historia de asesinatos que la <<Memoria Histórica>> no relata, intentando incluso <<rehabilitar>> la memoria de este individuo.

Fue acusado por el Gobierno de la República de apropiarse de ocho millones de pesetas durante su mandato en esta Oficina Jurídica. Fue absuelto, pero pasó el resto de la guerra en prisión, donde enfermó, pasando después a un hospital penal. Cuando llegaron las tropas de Franco, no pudo huir por estar enfermo. Los nacionales le juzgaron sobre la base del sumario incoado por los republicanos, siendo condenado a muerte y fusilado el 14 de febrero de 1939.

JUAN GARCÍA OLIVER

Anarquista español que junto a Buenaventura Durruti fundó el grupo *los Solidarios* al cual se le atribuyeron varios asesinatos, incluyendo el intento de asesinato de Alfonso XIII. Cuando se proclamó la República, en 1931, el anarquismo estaba inclinado a la estrategia revolucionaria y terrorista, y García Oliver proclamó que <<la República es una entidad burguesa que debe ser

superada por el comunismo libertario>>. Este asaltador abogaba también por la <<gimnasia revolucionaria>>, que ya se sabe en qué consistía.

Su concepto de solidaridad se extendía al robo y el atraco de bancos y otros establecimientos a mano armada. Refiriéndose a los paseos decía: <<lo de los paseos era la justicia administrada directamente por el país, por el pueblo, en ausencia absoluta de los órganos de la Justicia tradicional, que había fracasado>>. Esta era la catadura moral de este individuo, anarquista catalán, que fue ministro de Justicia de la República de España en noviembre de 1936, y que había dedicado su carrera política a derribar el Estado. Su sueño era hacer una enorme pira con todos los registros dependientes del Ministerio de Justicia cosa que no llevó a cabo. Ordenó la cancelación de todos los antecedentes penales cometidos antes del 15 de julio de 1936. En los sucesos de mayo de 1937 en Barcelona consiguió que los anarcosindicalistas depusiesen las armas, dando por terminada aquella guerra civil dentro de la guerra civil. Acabada la guerra, pudo salir de España y exiliarse a Francia, Suecia, Venezuela y México, donde murió.

FRANCISCO MÉNDEZ ASPE

Era miembro de izquierda republicana. Ya se ha visto su actuación en el saqueo del Banco de España, siendo director general del Tesoro. Estaba al frente de la unidad de carabineros conocida como los *cien mil hijos de Negrín*, listos para efectuar el expolio de los bienes de los españoles, cosa que llevó a efecto dirigiendo la operación de incautación, más bien latrocinio legitimado, del oro y demás bienes monetarios depositados en el Banco de España.

Casi tres años después, siendo ministro de Hacienda, y mano derecha de Negrín, protagonizaba un acto de rapiña digno de los más expertos peristas y maleantes. En los castillos de Figueras, Perelada y en la mina de la Vajol, se había acumulado un inmenso tesoro fruto del saqueo y demás expolios. Ante la llegada de las tropas de Franco, urgía huir y sacar el tesoro a Francia, por lo que este ministro, junto a otros individuos trabajaban contra reloj desguazando relojes, apartando las tapas de oro y plata, reventando joyas y otros objetos de oro, y metiéndolo todo en cajas y maletas. Méndez Aspe dirigía con grandes voces y aspavientos, y en estado histérico, el trabajo. Lo demás ya se sabe, maletas para la Pasionaria y José Díaz, ambos del PCE, algunas otras que se pierden, y el grueso del tesoro, del botín de guerra, al Yate Vita, después de pasar por Francia. Este hecho fue relatado años después por el dirigente comunista José María Rancaño, en un informe para su partido.

En su exilio, como ministro de Hacienda, gestionó, sin control de nadie, los fondos procedentes del saqueo de parte de los bienes privados depositados en el Banco de España, así como en las cajas de alquiler, depósitos de la banca privada y parte del patrimonio robado al Ministerio de Cultura. Azaña lo calificó de morfinómano e incapaz.

JULIO DE MORA

Fue un antiguo albañil, que después mandó el Departamento Especial de Información del ministro Galarza, el temible DEDIDE, órgano estatal para la represión y el asesinato.

Este tipo fue el encargado por el diputado del PSOE Enrique de Francisco, para la gestión de casi mil pisos que los socialistas habían expropiado en Madrid. En su pluriempleo, también dirigía la checa socialista de la Agrupación Socialista de Madrid, instalada en el palacio incautado al conde de Eleta en la calle Fuencarral 103. Dio órdenes en agosto de 1936 para abrir fosas en el pueblo de Boadilla del Monte, para los enterramientos masivos de los infelices asesinados en las sacas y matanzas de Madrid, pues esta checa, que dirigía este individuo, fue la checa socialista por antonomasia, la checa del PSOE, jugando un papel fundamental en la persecución religiosa y en matanzas masivas de católicos. Esta es una prueba del conocimiento que tenía el PSOE de los crímenes que se estaban cometiendo.

ÁNGEL SAMBLANCAT Y SALANOVA

Fue abogado y diputado del Partido Republicano Federal. Fue cofundador en julio de 1936 del Comité Superior de Justicia de Cataluña y nombrado Jefe de la Oficina Jurídica por el Gobierno de la Generalidad. (Sustituido poco después por Eduardo Barriobero). Actuó en el Tribunal de Casación de Cataluña de 1936 a 1939, como brazo de la justicia revolucionaria. Capitaneó el grupo de milicianos anarquistas que en 1936 entró en el Palacio de Justicia, saqueándolo y arrojando por la ventana expedientes y crucifijos. Este individuo pudo escapar exiliándose en México, donde murió en 1963.

LEOPOLDO CARRILLO GÓMEZ

Fue miembro del Comité Provincial por Izquierda Republicana, y Miembro de la checa de Fomento. Cooperaba con Manuel Muñoz en la administración de los bienes robados. Tuvo un episodio que demuestra el poder y la mentalidad represiva y asesina de Galarza. En Mayo de 1937, la policía comunista detuvo a Leopoldo Carrillo en Madrid, por haber <<paseado>>, es decir, secuestrado y asesinado, a Bernardo Chelvi, un ciudadano cualquiera. Enseguida sus amigotes representantes de partidos y sindicatos en la Junta Provincial de Seguridad (que ironía de palabra), avalaron a Leopoldo Carrillo, el cual salió libre a los tres días. Los compinches del acusado, no quedaron contentos solamente con la liberación, e indignados escribieron una carta con un contenido comprometedor, a Galarza, el cual la reenvió al director general de Seguridad. La carta fue un escandaloso ejemplo de indiscreción, y fue después un documento fundamental en la Causa General, para demostrar la implicación de las Autoridades republicanas en los asesinatos cometidos. En dicha carta se revelaba la importancia de la misión encomendada (el exterminio del adversario) por el Gobierno, a los miembros de los Comités. Se revela que las checas ejecutaron <<paseos>> fuera de la ley, que lo hicieron a requerimiento del Gobierno (Dirección General de Seguridad), y que los Comités estaban convencidos de estar actuando bajo órdenes directas del propio Gobierno, el cual daba seguridades en este sentido. Se revelaba que todos los partidos estaban al corriente de las ejecuciones y que el Gobierno y los Comités habían pactado en febrero de 1937 inmunidad plena para los ejecutores (asesinos o verdugos). Y sobre todo, se revelaba que en mayo de 1937 la situación ya no la controlaba Galarza.

Esta es otra prueba más de la política de exterminio del Frente Popular y de su responsabilidad en los crímenes. Algo que jamás podrán cambiar los partidarios de la <<Memoria Histórica>>.

VIRGILIO ESCAMEZ MANCEBO

Fue tesorero de la checa de Fomento, en la que también formó parte del Tribunal popular como juez. Cooperaba con Manuel Muñoz, director general de Seguridad, en la administración de los bienes robados. Despachaba diariamente con él, al cual hacía entrega de los mejores y más valiosos objetos, ya fueran joyas, monedas, alhajas, objetos de arte o cualquier otro, todos ellos producto de los saqueos realizados por los miembros de la checa de Fomento, en los domicilios de sus pobres víctimas. Fue capturado en Alicante, juzgado y fusilado en abril de 1940.

ANASTASIO DE GRACIA

Este albañil llegó a ser ministro socialista de Industria y Comercio, con Largo Caballero. Se retrataba con los asesinos de la banda de Agapito García Atadell, orgulloso de sus logros. Al terminar la guerra se exilió a Francia, acabando en México.

SÁNCHEZ PLAZA

Era el Jefe de la Guardia de Asalto, teniente coronel vinculado a la UMRA. Encubrió el asesinato de Calvo Sotelo (dijo que la sangre hallada en la furgoneta donde se asesinó al líder de la derecha procedía de la hemorragia nasal de un guardia).

AURELIO FERNÁNDEZ

Era un militante anarquista que fue pistolero con Durruti, Ascaso y García Oliver, el trío de anarquistas atracadores de bancos, participando también en esas actividades propias de semejantes individuos. El 1 de septiembre de 1923 participó en el atraco al Banco de España en Gijón. En julio de 1926 participó en el intento fallido de atentado contra Alfonso XIII en París.

Dirigía la Comisión de Investigación de Barcelona, la cual recibía denuncias y procedía a la investigación, detención e interrogatorio de los sospechosos, ordenando después su ejecución. Era miembro del Comité Central de Milicias Antifascistas de Cataluña. Desde su cargo, supervisaba las acciones cometidas por las temibles <<patrullas de control>> que provocaron el terror en toda Barcelona. Pudo exiliarse junto a García Oliver a Francia y después a México.

ENRIQUE CASTRO DELGADO

Fue el responsable de la represión en Madrid durante los primeros meses de la guerra. Fue primer comandante jefe del 5º Regimiento de Milicias Populares. Fue subcomisario general de Guerra. Participó en la matanza de la Cárcel Modelo con una furia escalofriante. En marzo de 1939 se exilió a Moscú, y después a México. Allí, desengañado por el comunismo, escribió sus dos libros en los que confesó sus crímenes durante la República y la Guerra Civil, *Mi fe se perdió en Moscú* y *Hombres made in Moscú*.

En 1963 regresó a España, con permiso de Franco, y trabajó bajo las órdenes de Manuel Fraga Iribarne, en la Oficina de Enlace de su Ministerio y colaborando con el diario católico *Ya*.

JULIO MANGADA ROSENÖRN

Era masón y republicano. Participó en la conspiración que llevó al golpe republicano en Jaca en 1930. Era miembro de la UMRA (Unión Militar Republicana Antifascista). El 15 de julio de 1936, en el entierro del teniente Castillo, instructor de milicias socialistas asesinado por elementos de derechas, pronunció una inflamada arenga que ya era una auténtica declaración de guerra civil. Desde el 19 de julio se puso al frente de las milicias socialistas con cuartel general en la Casa de Campo, y con checa adjunta, por supuesto. Fue gobernador de Albacete hasta el fin de la guerra, huyendo entonces al exilio, al norte de África y después a México, donde murió.

FRANCISCO MONZON MARTIN

Fue un comisario comunista protegido por la Pasionaria. En el pleno del Comité Central del PCE en marzo de 1937, elogiaba la gran labor de limpieza en la retaguardia efectuada por los nuevos militantes, Carrillo, Serrano y Cazorla cuando ocupaban sus puestos. Carrillo fue cesado de su cargo el 24 de diciembre de 1936, junto con Serrano Poncela, y sustituido por Cazorla. En 1940 fue juzgado y fusilado, en Zaragoza.

FERNANDO CONDÉS ROMERO

Estuvo preso por los sucesos de 1934, siendo liberado y restituido a su cargo tras las elecciones de febrero de 1936. Formó una brigada de civiles guardaespaldas, chulescos, arrogantes y matones, parecidos a mercenarios, para dar escolta a Indalecio Prieto y a Margarita Nelken. Esta cuadrilla gansteril y mafiosa se llamó *La Motorizada,* y contaba con la participación de otros dos elementos despreciables, Luis Cuenca Estevas y Aniceto Castro Piñeiro. Usaban motos Harley Davidson americanas, un auténtico lujo para la época. Por supuesto estos tipos llevaban armas cortas, y en las motos armas largas, como si fuesen cuatreros del oeste. Esta banda perpetró varios asesinatos; la izquierda la utilizaba para asesinar a rivales políticos. Condés participó en el asalto y posterior matanza del cuartel de la Montaña, en Madrid. Era miembro del PSOE, capitán de la Guardia Civil e instructor de las milicias socialistas, y protagonizó un episodio vergonzoso: encabezó el grupo de agentes del Gobierno y personal civil que sacó de su domicilio a Calvo Sotelo para asesinarle. Murió diez días después combatiendo en el Alto de los Leones, en la sierra de Guadarrama.

SANTIAGO GARCÉS ARROYO

Este panadero era miembro del PSOE, y uno de los viejos escoltas de Prieto en *La Motorizada*. Participó en el asesinato de Calvo Sotelo, junto a otros individuos, también miembros de las milicias socialistas. Fue jefe del siniestro SIM, tras Manuel Uribarri Barrutell, hasta el final de la guerra. Se exilió a Francia, y después a México.

RICARDO BURILLO STHOLLE

Fue militar de carrera y masón. Trasladado a la Guardia de Asalto. Era el jefe de guardia en el cuartel de Pontejos cuando sus hombres, guardias de asalto, asesinaron a Calvo Sotelo. Negó siempre su participación en el crimen. Se pasó al PCE y trabajó con Orlov y su checa soviética. Fue jefe de policía en Barcelona de mayo a noviembre de 1937. Los policías de Burillo, por orden de Orlov, detuvieron a Andrés Nin, que fue después asesinado salvajemente.

Mandó después el III Cuerpo del Ejército Popular de la República. En marzo de 1939, siendo gobernador de Alicante dirigió la evacuación de los políticos y militares más relevantes del Frente Popular. Fue apresado por los nacionales, juzgado y condenado a tres penas de muerte, siendo fusilado en 1940.

GUSTAVO DURAN MARTÍNEZ

Era miembro de *La motorizada*. Al estallar la guerra ingresó en el PCE. Se enroló en el Quinto Regimiento como teniente coronel, siendo después jefe de Estado Mayor de la 11 Brigada Internacional, más tarde de la 69 Brigada y finalmente jefe de División. Mandó el XX cuerpo de Ejército. Fue jefe del SIM en la zona Centro (el área de Madrid), nombrando 400 agentes, todos comunistas, cosa que disgustó a Prieto, el cual lo destituyó.

Cuando el Ejército Nacional se acercaba a Valencia, pudo escapar desde Gandía, junto a otros republicanos, a bordo de un destructor británico. Se exilió a Marsella, después fue a Londres y de allí marchó a Estados Unidos. Fue perseguido como agente soviético, pues el senador estadounidense Mc Carthy, en su famosa <<caza de brujas>>, lo incluyó en la lista de los 57 sospechosos comunistas espías que trabajaban para el Departamento de Estado.

Su historia la refleja el escritor Horacio Vázquez-Rial en su novela: *El soldado de porcelana*.

TELESFORO MONZÓN

Fue dirigente del Partido Nacionalista Vasco. Ocupó el cargo de consejero de Orden Público de la Junta de Defensa de Guipúzcoa, donde se produjeron unos 500 asesinatos en la retaguardia. Estos hechos le llevaron a dimitir en el verano de 1936, por estar en desacuerdo con el asalto y las matanzas de presos realizadas en Guipúzcoa. Desde su puesto intervino en la compra de armas en el mercado internacional y en la fundación de la Policía Autónoma Vasca, con el fin de poner orden en la zona republicana.

Tras la derrota de 1937 huyó al exilio, a Francia y a México. En los años cincuenta rompió con el PNV volviéndose más radical. Era partidario del terrorismo de la banda terrorista ETA, siendo uno de los fundadores de Herri Batasuna, su brazo político.

VICENTE GIRAUTA LINARES

Fue Subdirector de la Dirección General de Seguridad. Firmó muchas de las <<órdenes de evacuación>> de presos de las cárceles de Madrid, sin lista de nombres que acompañase a esas órdenes, la lista la confeccionaban *in situ*: los presos acababan ejecutados en Paracuellos del Jarama. Fue fusilado el 24 de julio de 1939 en Madrid, por los crímenes cometidos.

RAMÓN TORRECILLA GUIJARRO

Fue nombrado por Carrillo vocal del Consejo de la Dirección General de Seguridad. Declaró acabada la guerra, involucrando a Carrillo, sobre las actividades del Consejo, la forma en que se procedía al exterminio y el número aproximado de víctimas en las 20 a 25 sacas efectuadas en Madrid en noviembre de 1936, cuyo destino era Paracuellos del Jarama.

Fue juzgado, condenado a muerte y fusilado el 2 de julio de 1940, en el Cementerio del Este, en Madrid.

ENRIQUE PEINADOR PORRÚA

Abogado perteneciente a Izquierda Republicana. Dictó numerosas penas de muerte en los tribunales de Bellas Artes. Por sus servicios y entusiasmo fue premiado con un puesto en la Fiscalía de Madrid. Actuó a las órdenes del temible SIM. Declaró la actitud de Muñoz al no oponer resistencia a la presión de los partidos para crear el Comité, aceptando y oficializando la tarea represiva de los partidos y dando a éstos carta blanca para efectuar detenciones por su cuenta. Fue fusilado en Madrid el 27 de abril de 1940, tras ser juzgado y condenado a muerte.

ENRIQUE DOMENECH

Actuó como abogado fiscal de los Tribunales populares de Valencia, pues fue nombrado por su carácter izquierdista y con <<valor para dar la cara ante el caos y ante las gravísimas circunstancias de los procesos que se habían de instruir>>. O sea, que reunía las condiciones adecuadas para enviar gente al matadero. Fue juzgado, condenado a muerte, y fusilado en Paterna, el 28 de marzo de 1941.

ENRIQUE GARCÍA TORRES

Fue también abogado fiscal del mismo Tribunal Popular que Enrique Domenech. También fue nombrado por su carácter izquierdista y con <<valor para dar la cara ante el caos y ante las gravísimas circunstancias de los procesos que se habían de instruir>>. Está claro que no todo el mundo valía para condenar a morir a seres inocentes, de ahí que se eligiera precisamente a personajes con ciertas <<características y valor moral>> que, privados de conciencia y de escrúpulos morales, fueran capaces de impartir la <<justicia revolucionaria>>. También fue juzgado, condenado a muerte, y fusilado en Paterna el 28 de marzo de 1941.

ANTONIO HURTADO FAJARDO

Alias El Chato de Ventas. Era un personaje siniestro y desalmado que dirigía la checa del ateneo libertario de Ventas de la CNT, que estaba en el Arroyo del Abroñigal, cerca del puente de Ventas. Esta checa era un auténtico matadero. Fue fusilado el 21 de marzo de 1942 en el Cementerio del Este, en Madrid.

MARIANO CABO PÉREZ

Era miembro de la CNT y marchaba al frente de un grupo que asaltó los cuarteles en Madrid en el inicio de la Guerra Civil. Después formó la Brigadilla *Relámpago* en Bellas Artes y Fomento, donde destacó como chequista y asesino por su ferocidad y su actividad criminal, cualidad que demostró en el asesinato de 34 personas en la carretera de Andalucía. A manos de él y de su grupo murieron en Aravaca y Paracuellos, Ramiro de Maeztu y 31 personas más. Se arrepintió más tarde de sus actos, siendo de los pocos que aceptó con entereza su responsabilidad.

Fue juzgado, condenado a muerte y fusilado el 27 de abril de 1940 en el Cementerio del Este de Madrid.

ANTONIO ARIÑO RAMIS

Era miembro de la CNT, pistolero de la FAI y jefe de una Brigadilla de la checa de Fomento. Apodado *el catalán*, este individuo, antiguo delincuente común que había estado preso en la Guayana francesa, de donde se evadió, realizó una labor represiva y asesina tan exquisita en la checa de Fomento y en Vallecas, que fue distinguido por las autoridades republicanas del Frente Popular. Fue el terror de los pueblos de Madrid y Toledo. Su ferocidad no tenía límites. Era una especie de ultracriminal. También pertenecía al grupo de asesinos de la checa privada de Cabrejas. El frenesí criminal del Comité de Muñoz permitió a este individuo actuar asesinando a sus víctimas por su propia cuenta, sin llevarlos a la checa. Era tal la magnitud de sus crímenes, que el propio Frente Popular lo detuvo, juzgándole y condenándole a 30 años de prisión, siendo salvado por la intervención de la UGT. Fue fusilado en Madrid el 27 de abril de 1940, tras ser juzgado y condenado a muerte por sus crímenes y fechorías.

MANUEL RASCON RAMÍREZ

He aquí otro individuo, anarquista, que desarrolló una intensa actividad en las checas, actividad por supuesto criminal y asesina, y en los envíos de presos en autobuses a Paracuellos, para ser asesinados. Seleccionaba a los presos destinados a las fosas. Su testimonio tras la guerra implicando a Manuel Muñoz en la autorización tácita para <<pegar cuatro tiros>> a elementos fascistas y peligrosos, fue decisivo y coincide con el testimonio de Julio Diamante Menéndez. También declaró las indicaciones de la DGS para cambiar el lugar de las ejecuciones a lugares como Aravaca y Paracuellos del Jarama, para evitar la visión cotidiana de cadáveres desparramados por las afueras de Madrid, lo que causaba una pésima opinión internacional y un escándalo monumental. Este asesino y sus compañeros del CPIP, propusieron a Galarza el exterminio de los presos de las cárceles madrileñas, cosa que Galarza aceptó tácitamente. Fue fusilado en Madrid el 8 de septiembre de 1941, tras ser juzgado y condenado a muerte.

FEDERICO MANZANO GOVANTES

Abogado y maestro nacional. Fue inspector general de las Milicias de Vigilancia de Retaguardia MVR, creadas para <<normalizar>> y supervisar la actividad represiva de los distintos grupos milicianos, y servir de enlace entre las milicias y el Gobierno, primero, y la Junta de Defensa después. Las MVR fueron disueltas en diciembre de 1936, y sustituidas por el infame Ángel Galarza

Gago en Valencia, por el temible DEDIDE. Administró las milicias que efectuaban las sacas con destino a Paracuellos del Jarama.

Fue fusilado junto a 13 comunistas más el 3 de julio de 1941 en Madrid, junto a las tapias del Cementerio del Este.

ISIDORO DIÉGUEZ DUEÑAS

De profesión albañil, fue miembro comunista nombrado delegado de las Milicias en la Junta de Defensa de Madrid, junto a Carrillo y Pablo Yagüe. Fue suplente del comunista Mije en la Consejería de Guerra de la Junta de Defensa. Propuso seguir efectuando el proceso de <<evacuación>> de presos. Pudo exiliarse al final de la guerra, a Francia, URSS, EE.UU y México. En 1941 fue detenido en Portugal, cuando volvía a España para reorganizar el PCE, y entregado a las autoridades españolas. Fue juzgado, condenado a muerte y fusilado el 21 de enero de 1942, en los muros del Cementerio del Este, en Madrid.

CAYETANO BOLIVAR ESCRIBANO

Fue el primer diputado electo del PCE. De familia acomodada, estudió medicina en Granada, se doctoró en ginecología en la universidad de Leipzig (Alemania), donde comenzó a frecuentar los ambientes comunistas. Se hizo amigo personal de la Pasionaria y de José Díaz. Siempre justificó la violencia como instrumento para la revolución y como el único camino para lograr la justicia y la igualdad. Mostraba su admiración y lealtad por la Unión Soviética como modelo de virtudes y ejemplo a seguir.

En la ofensiva de Málaga el predominio político pasó de los anarquistas a los comunistas, siendo nombrado Comisario Político del Ejército Sur, que nunca llegó a funcionar, con sede en Málaga. Viajó a Kiev en un submarino soviético para conseguir armas para la República, pues Largo Caballero le negó el envío de armas, con la famosa frase: <<ni un fusil ni un cartucho más para Málaga>>

Debió ser tremenda la cuantía de sus crímenes, cuando los propios tribunales republicanos lo juzgaron, a instancias del PSOE, por su conducta represiva y asesina en Málaga. Fue detenido en abril de 1937 en Baza, encerrado en Granada, y fusilado por los nacionales el 4 de julio de 1939.

JULIO DIAMANTE MENÉNDEZ

Era ingeniero y representaba en el Comité Provincial de Investigación Pública (CPIP), a Izquierda Republicana. Dimitió por no estar de acuerdo con los procedimientos criminales del Comité y ya no volvió a él, por lo que no participó en las activas tareas de <<limpieza>> de dicho Comité. Fue testigo importante de la responsabilidad del director general de Seguridad Manuel Muñoz en la represión, el cual concedía amplias facultades a dicho Comité, erigido en checa, para que sus miembros pudieran realizar, sin limitaciones ni formalidades, los asesinatos que considerasen oportunos. Su testimonio también implicó a los miembros del Comité, los cuales estaban de acuerdo con la postura criminal de Muñoz. Tras la guerra, fue condenado a una pena leve. Estos hechos, documentados, los negó Muñoz tras la guerra.

ALBERTO VAZQUEZ SANCHEZ

Militante de Izquierda Republicana que dirigió, junto a dos de sus hermanos, la siniestra checa Marqués de Riscal en Madrid, situada en el Palacio de los Condes de Casa Valencia, en el número 1 de esta calle. Este canalla estableció junto a sus dos hermanos, dos *sucursales* en las calles Fernández de la Hoz 7 y Caracas 17. La actividad de esta checa consistía en torturar salvajemente a sus víctimas y después asesinarles en la Pradera de San Isidro o en los Altos del Hipódromo. Por supuesto, las víctimas habían sido previamente saqueadas, pues los milicianos de esta checa expoliaban casas, chalets, pisos, iglesias, capillas y conventos, acumulando un cuantioso botín.

FELIPE EMILIO SANDOVAL CABRERIZO

Este individuo, albañil, fue atracador, anarquista y espía de la CNT. Fue un auténtico verdugo en la checa de Fomento. Su mote era <<Doctor Muñiz>>. Este ex convicto tenía un extenso historial delictivo que incluía atracos y robos, incluido un arsenal de armas por el que fue detenido e ingresado en la cárcel de Colmenar Viejo, de donde escapó hiriendo a un guardián. Este criminal fue máximo dirigente de la checa del Cinema Europa, del barrio de Cuatro Caminos, en el distrito de Tetuán. La checa de Fomento controlaba a la checa de Ferraz, trasladada después a la calle de Serrano. El 17 de agosto de 1936, aprovechando una saca de la cárcel de Ventas, liquidó a dos funcionarios de prisiones, Ramón Donallo y Luis Santigosa. El motivo fue que le habían tratado mal cuando estuvo preso anteriormente. Mandaba el grupo de milicianos que asesinó al médico de la Cárcel Modelo, Gabriel Rebollo Dicenta en plena vía pública, arrastrándolo fuera del automóvil del diplomático noruego Warner con el que viajaba. Fue también el responsable del asalto y la quema de la cárcel Modelo de Madrid.

Fue detenido en 1939, recién acabada la guerra, y se suicidó arrojándose por una ventana de un edificio habilitado como comisaria en la calle Almagro de Madrid, tras ser invitado a confesar y delatar a sus secuaces, mediante tortura y obtener el repudio de éstos.

TENIENTE GARCIA GUMILLA

Dirigía la checa de Madrid *Spartacus*. El 19 de noviembre de 1936 fusiló de una sola vez a 53 Guardias Civiles sacados de esta checa, cuyo objetivo era la depuración política de la Guardia Civil y de la propia GNR. Un superviviente de esta saca, Severiano Sanz Zamarro, que saltó de uno de los camiones en los que eran transportados los guardias, huyó en la oscuridad y, agazapado, vio como asesinaban a sus compañeros. Después consiguió llegar desde Vicálvaro al Cerro de los Angeles, donde se presentó al comandante de los Nacionales y declaró el tremendo crimen. Al acabar la guerra, el teniente García Gumilla fue detenido en Alicante cuando intentaba huir, siendo juzgado y condenado a muerte.

LUIS OMAÑA DÍAZ

Era otro chequista más, agente de policía raso que se convirtió en comisario con el Frente Popular, en la comisaría de Buenavista, donde formó el llamado *Consejillo de Buenavista,* que era una banda de delincuentes, dedicada al robo, saqueo de las personas acaudaladas y posterior asesinato. Dirigía esta checa, la del distrito de Buenavista, de fama siniestra.

SANTIAGO GARCÍA IMPERIAL

Era el segundo en el mando de la checa de la comisaría de Buenavista, situada en calle Hermosilla 24 del barrio de Salamanca, dedicada también a la depuración de la policía. Este individuo abominable se distinguió por sus actuaciones en todo tipo de asesinatos, robos, asaltos, desmanes y torturas, quedándose para sí cuanto le convenía de lo incautado en los saqueos.

Este sujeto se caracterizaba por abusar de las mujeres que iban a la checa a interesarse por sus familiares detenidos, de lo que se jactaba, cosa que se le volvió en su contra, pues en 1941, la declaración de un testigo de la checa, el conserje de la Comisaría José Hernández Díaz, sirvió para inculparle por todos estos actos ruines. Esta checa realizó violaciones de mujeres en grupo, con el posterior asesinato de las pobres víctimas. A esta checa acudía a diario el famoso *matacuras,* que se llamaba Justo Roldán Sainero, asesino de sacerdotes, condenado a muerte, conmutada la pena a 30 años de reclusión, y acogido en el monasterio del Escorial por los monjes benedictinos como portero y llavero de la abadía, hasta el 9 de octubre de 1945 en que salió en libertad gracias a un indulto de Franco.

ELVIRO FERRET OBRADOR

Este tipo, afiliado al partido sindicalista de Ángel Pestaña, estaba al mando de la checa Marqués de Cubas, la cual destacó por sus atroces torturas y por el elevado número de rapiñas y latrocinios que ejecutó. El tal Elviro actuaba junto a varios agentes de policía y guardias de asalto, sembrando el terror en los infelices arrastrados a la checa, la cual tuvo una sucursal en una casa en la calle Montera número 22. La actuación de estos indeseables bandidos se extendió a los pueblos cercanos a Madrid, sobre todo en Navalcarnero. Este individuo despreciable, fue subdirector de Seguridad y uno de los cabecillas de la matanza de la cárcel modelo de Madrid. En abril de 1938 intentó escapar a Francia con su esposa, un abogado, y un botín de tres millones de francos y 12 cuadros valorados en dos millones de francos. Fue detenido por las autoridades republicanas, a pesar de llevar salvoconducto amplio, pero exonerado y liberado por la intervención del director general de Seguridad, el también infame socialista Carlos de Juan. Esta era la clase de gentuza que proclamaba la libertad y la justicia social. Acabada la guerra consiguió ocultarse en La Coruña con el nombre falso de un comerciante.

JUAN COBO

Era comisario de policía en Valencia. Este destacado comunista, dirigió la checa de Santa Úrsula y las checas del Partido Comunista de la plaza de Tetuán números 13 y 19, en Valencia. La faena de estos personajes era el saqueo de toda clase de edificios pertenecientes a personalidades y gente pudiente, incautándose de los principales edificios. Cometían con total impunidad sus latrocinios, pues el Partido Comunista tenía gran predominio en la dirección política y de justicia en Valencia. Fue fusilado el 9 de marzo de 1940.

JUSTINIANO GARCÍA

Era miembro de la checa del Convento Santa Úrsula en Valencia. También era comandante, jefe de la escolta del ministro Galarza, el cual le encargó en noviembre de 1936, junto a otros secuaces de su checa, y viendo el avance de las tropas nacionales, el transporte de las maletas cargadas con dinero y joyas, que el siniestro e infame Galarza tenía reservadas para él mismo, a un lugar más seguro. Las milicias anarquistas de Barcelona se enteraron del paso de semejante tesoro y se apoderaron por la fuerza del mismo. Fue una buena <<incautación>>. Esta era la República que defendía esta caterva de sinvergüenzas.

FERNANDO VALENTÍ

Responsable de la Brigada Z de Madrid, dedicada entre otras cosas al tráfico de joyas. Este criminal con siniestros antecedentes como chequista, participó en el secuestro, tortura y asesinato de Andreu Nin. Era el enlace permanente entre el SIM y el estado mayor del espionaje soviético. Esta es la prueba definitiva de que el SIM actuó siempre de acuerdo con los soviéticos. Estudiaba el censo electoral de las elecciones de 1931, 1933 y 1936, con la intención de localizar a las personas que se habían presentado por los partidos de derechas.

Visitaba a menudo el hotel *Gaylord,* donde se encontraba el Estado Mayor del Estado amigo (Orlov y sus rusos) para entrevistarse con agentes del NKVD y con otra gentuza.

Fue acusado junto a sus hombres, de trato brutal a los prisioneros de su checa en calle Serrano 108, por lo que se le instruyó sumario, que tras determinar la veracidad de las acusaciones provocó solamente el cierre de la checa, yéndose entonces Valentí de jefe de Brigada del SIM. Fue atrapado en Alicante cuando intentaba huir con maletas llenas de joyas, junto a Ángel Pedrero y otros miembros del SIM. Fue juzgado y fusilado el 13 de diciembre de 1940 en el Cementerio del Este de Madrid, junto a otros nueve miembros de su <<Brigada Especial>>.

PETER SONIN

Su nombre era Schaja Kindemann, de origen polaco. Este bellaco fue uno de los muchos rusos que vinieron a España a implantar el terror y el crimen como norma, siguiendo las órdenes del verdugo Stalin. Figuraba como técnico con amplios poderes, en la checa del convento de Santa Úrsula. Le asistía en su criminal tarea su esposa, que se hacía llamar Berta.

AGAPITO GARCÍA ATADELL

Hemos llegado a uno de los máximos delincuentes, maestro en el arte del latrocinio. Este tiparraco era tipógrafo y militante socialista, de la línea de Prieto. Al estallar la guerra estaba en Madrid. Como militante del Frente Popular, fue convertido en agente de policía por el Gobierno, en agosto de 1936, y adscrito a la Brigada de Investigación Criminal, desligándose de esta y haciéndose chequista libre en el palacio incautado a los condes de Rincón, en la calle Martínez de la Rosa número 1, creando la unidad llamada Milicias Populares de Investigación, que llegó a tener cuarenta y ocho agentes. Su actividad era la caza del hombre. A partir de listas facilitadas por el Ministerio de la Gobernación, esta tropa de indeseables llamados chequistas, perseguía, detenía, torturaba y mataba, robando después los bienes a sus indefensas víctimas. Este tipo tenía una red de porteros, de la organización sindical de porteros, los cuales le informaban de la posición económica de los inquilinos y otros datos de interés. Acumuló una gran fortuna entre el aplauso general y los elogios de la prensa del Frente Popular que elogiaba y jaleaba sus logros. Incluso el ministro socialista Anastasio de Gracia se retrataba con los <<héroes>>. ¡Qué gran pandilla de asesinos saqueadores!

A finales de octubre de 1936, García Atadell y sus dos lugartenientes, Luis Ortuño y Pedro Penabad, abandonaron Madrid con gran parte del botín acumulado, embarcándose hacia Marsella con documentación falsa. Al enterarse de esta fuga el diario *Política*, que tanto había cantado y elogiado sus logros, clamó el 26 de noviembre en grandes titulares: <<No hay perdón para los traidores. Garcia Atadell y sus cómplices serán traídos a España>>. Los delincuentes, vendieron en Marsella los brillantes y joyas expoliadas y se embarcaron de nuevo en el barco Mexique rumbo a Sudamérica, con el fruto de sus saqueos. Pero por desgracia para ellos, el barco hizo una escala técnica en el puerto de Santa Cruz de la Palma, en La Palma (islas Canarias). Se sospechó que fue el cónsul republicano en Marsella quien dio aviso. Otras fuentes indican que fue el propio Luis Buñuel, que iba de pasajero hacia Cuba, el que dio aviso al capitán del barco. El chequista Atadell fue detenido junto a su cómplice Penabad, por las autoridades nacionales. Trasladados a Sevilla, fueron juzgados, condenados y ejecutados a garrote vil, el 15 de julio de 1937, como justo castigo a las atrocidades que habían cometido. Se hizo justicia. Su caso se relató incluso en la prensa republicana.

Esta es la historia de quien fue uno de los mayores asesinos y ladrones que, al amparo de la triste situación de guerra, se aprovechó de la situación para su lucro personal, asesinando y robando a multitud de seres inocentes. Hubo miles de personajes y de situaciones idénticas. Sus protagonistas fueron en muchos casos atrapados y juzgados, pero un gran número de ellos se puso a salvo en el extranjero al acabar la guerra.

ANGEL PEDRERO GARCÍA

Este maestro, hombre frio, sanguinario, depravado y delincuente, codirigió el DEDIDE con Julio de Mora y después dirigió en Madrid el Servicio de Información Militar, el temible SIM, creado por Indalecio Prieto. Fue el segundo de la Brigada de Agapito García Atadell en su checa, participando en sus robos y asesinatos, pero no en su fuga. Fue miembro de *la Brigada Amanecer*, cuyas actividades ya se conocen. Fue un personaje muy cercano a Ángel Galarza y a Indalecio Prieto. Tuvo mando también en la famosa checa de Buenavista. Tras ser juzgado en consejo de guerra sumarísimo, fue ejecutado mediante garrote vil el 4 de marzo de 1940.

LUIS ORTUÑO

Fue colaborador estrecho de Agapito García Atadell en las rapiñas, expolios, condenas a muerte y demás actos criminales que cometían en su checa. Tras las sentencias dictadas por el <<comité de sentencia>>, formado por Agapito, Ángel Pedrero, Luis Ortuño, Antonio Albiach Chiralt, y un miliciano escogido cada día al azar, se producía la ejecución inmediata de los infelices sentenciados por esta pandilla de asesinos.

Cuando fue detenido Agapito en la isla de La Palma, Luis Ortuño permaneció en el barco y siguió viaje a La Habana, con la esposa de Agapito, Piedad Domínguez Díaz, y parte del sustancioso botín empaquetado en maletas.

ANSELMO BURGOS GIL

Era policía profesional de militancia socialista, responsable directo de actividades represivas en la checa Agrupación Socialista de Madrid, en calle Fuencarral 103, (palacio propiedad el conde de Eleta), pues dirigía este centro de asesinato. Durante la guerra fue escolta de Luis Jiménez de Asúa. En septiembre de 1936 se ocupó de la vigilancia de la Embajada Soviética en el Hotel Palace de Madrid, siendo jefe de la escolta del embajador de la URSS, el famoso Marcel Rosenberg. Después tuvo cargos de responsabilidad en Valencia, Guadalajara y Madrid. Acabada la guerra fue detenido y condenado a muerte en Consejo de Guerra celebrado el 8 de marzo de 1940. La condena fue conmutada el 31 de diciembre del mismo año, a 30 años de reclusión. Tras pasar por varias prisiones, el 24 de abril de 1944 salió en libertad condicional.

DAVID VÁZQUEZ BALDOMINOS

Era policía profesional de militancia socialista que dirigió inicialmente el DEDIDE. Codirigió la checa de la Agrupación Socialista de Madrid, en calle Fuencarral 103, junto a Anselmo Burgos. Ambos trabajaban con el método de usar las listas electorales de Madrid para obtener información sobre orientaciones políticas de los madrileños, y ejercer mejor la represión y el robo. Bajo la cobertura de una Comisión de Información Electoral Permanente, estas listas se convirtieron en un poderoso instrumento de muerte. Las víctimas fueron numerosas monjas y ciudadanos católicos.

LORETO APELLÁNIZ GARCÍA

Fue oficial de Correos y militante revolucionario. Fue el más cruel de todos los cabecillas del SIM de Valencia, convirtiéndose en una de las principales figuras del terror en esa ciudad. Este depravado individuo fue un torturador desalmado que hizo su ascenso y carrera sobre una extensa red de agentes y delatores creada por él, que actuaba dentro de las propias checas y bajo las órdenes del NKVD. Mientras torturaban a las víctimas, expoliaban sus viviendas y sus bienes. También actuó dirigiendo la checa de Sorní, en Valencia. Tras el golpe de Casado en Madrid, fue detenido por el Frente Popular y encarcelado en la cárcel modelo de Valencia. Se le hizo juicio para ejecutarlo, y entonces llegaron las tropas de Franco a Valencia. El director de la cárcel, Tomás Ronda lo retuvo encerrado en prisión, y allí lo encontraron los nacionales, los cuales lo juzgaron en base a los crímenes que había cometido. Fue fusilado el 3 de abril de 1939 en Paterna, junto a 19 miserables colaboradores de su famosa brigada asesina.

ROBERTO ESPINOSA VERDU

Fue delegado del gobernador civil de Valencia, y jefe de la checa de los Escolapios de Gandía, situada en el Colegio de los Escolapios, en el edificio de la antigua Universidad fundada por los jesuitas en el siglo XVI, donde fueron asesinados entre otras muchas personas, el rector, Tomás Sitchas, y varios jesuitas más. Esta fue una de las checas más activas. En ella se encerraba a personas por su ideal político, posición económica, ideas religiosas, o simplemente por la sospecha de ser considerado enemigo de clase o contrario a la causa del Frente Popular. Se exilió a México.

JUAN TOMÁS ESTELRICH

Era militante socialista, oficial de la Guardia de Asalto. Mandaba la unidad *los linces de la República*, que dirigidos por él mismo y por el capitán miliciano Emilio Losada, <<paseaban>> a sus víctimas en la Casa de Campo. Esta cuadrilla de asesinos competía con la *Brigada de Atadell* y con la *Brigada Amanecer* por ver quién lograba más éxitos. En marzo de 1939 mandaba en Madrid una brigada, en la guerra mantenida entre las tropas republicanas del coronel Casado y los comunistas. Fue fusilado el 31 de a agosto de 1940 en el

Cementerio del Este, en Madrid, tras ser juzgado y condenado por sus crímenes.

FELIPE MARCOS GARCÍA REDONDO

Fue sargento, subjefe de la escuadrilla los *linces de la República*, dentro de las milicias de Julio Mangada, que tenían como misión la represión, es decir, las detenciones, saqueos y asesinatos. Llegó a capitán por sus servicios represivos. Fue jefe de los piquetes de ejecución de Paracuellos del Jarama. Tras prestar declaración acabada la guerra, y siendo reconocido por testigos, fue condenado a muerte y fusilado el 27 de enero de 1944 en el Cementerio del Este de Madrid.

FRANCISCO CAMINERO RODRIGUEZ

Consejero del Partido Sindicalista en la Junta de Defensa de Madrid, organismo creado por el Gobierno de Largo Caballero el 6 de noviembre de 1936, cuando este decidió abandonar Madrid y huir a Valencia. Al frente de la Junta quedaba el general Miaja, y de Francisco Caminero dependía la evacuación de la población civil de Madrid hacia Valencia a partir del 11 de noviembre de 1936. Después se encargó de la Consejería de Servicios del Frente, cuya tarea era recuperar los bienes en casas abandonadas, y los servicios postales. Llegó a ser capitán del Ejército. En esas fechas sucedieron las matanzas de Paracuellos del Jarama.

PRUDENCIO SAYAGÜES

Antiguo universitario militante de la FUE y de Izquierda Republicana, con notable trayectoria en el campo de la represión y el bandidaje durante la Guerra Civil. Participó en el asalto al Cuartel de la Montaña, pasando acto seguido a dirigir la checa de los Servicios Especiales del Ministerio de la Guerra. En noviembre de 1936 huyó con sus agentes y el Gobierno, a Valencia. Decidía detenciones y ejecuciones. Fue director del temible SIM tras Ángel Díaz Baza. Fue pronto sustituido por Manuel Uribarri Barrutell, procedente de la Guardia Civil.

RAMÓN GONZÁLEZ PEÑA

Fue militante socialista y uno de los líderes del movimiento revolucionario de Asturias en 1934, siendo detenido, condenado a muerte, conmutada la pena por cadena perpetua, y liberado en las elecciones de febrero de 1936. Fue el máximo portavoz de la radicalización de la UGT y el líder de la oposición a Largo Caballero. Negrín le nombró ministro de Gobernación el 5 de abril de 1938 en su segundo gabinete. Al terminar la Guerra Civil huyó a Francia, y después a México.

MANUEL URIBARRI BARRUTELL

Era capitán de la Guardia Civil al empezar la guerra y perteneciente al partido valencianista de izquierdas Esquerra Valenciana (EV). Dirigió el SIM, tras Prudencio Sayagües. Desempeñó un papel importante en la organización, instrucción y armamento de las milicias en Valencia, mandando después la *Columna Fantasma* socialista y el Estado Mayor republicano en Extremadura. Para la URSS <<no funcionaba correctamente>> en el SIM. Acusado de informar solo a los comunistas, suscitó desconfianza, y pudo huir de España en abril de 1938, a Perpiñán, poniendo antes a buen recaudo una considerable fortuna en oro y joyas, producto de sus requisas policiales, siguiendo el gran espíritu republicano que incitaba al robo, al saqueo y al crimen. De Francia se exilió a Cuba, donde murió el 6 de octubre de 1962, en la pobreza.

RICARDO AMOR NUÑO PEREZ

Fue secretario de la Federación de la CNT en Madrid al comienzo de la Guerra Civil y también consejero responsable de Industrias de Guerra en la Junta de Defensa. Este idealista formó parte de los jurados de los llamados Tribunales Populares creados tras la matanza de la Cárcel Modelo de Madrid. Se mostró partidario de los paseos emprendidos por grupos anarquistas durante las primeras semanas de la guerra, diciendo que <<la justicia expedita robustecía la moral revolucionaria del pueblo y le comprometía en la lucha a vida o muerte que teníamos entablada>>. Según declaró después Felipe Sandoval, Amor Nuño tuvo un control casi total sobre las checas anarquistas de Madrid.

Capitaneaba los miembros anarquistas de la Junta de Defensa que se reunieron la noche del 6 de noviembre de 1936 con los miembros comunistas de la Junta de Defensa, recién llegados de las Juventudes Socialistas Unificadas (Carrillo y compañía), y decidieron acometer la limpieza de la retaguardia, es decir, lo que los agentes de Moscú venían reclamando desde días atrás. En esa reunión hicieron una segregación de presos en tres categorías para comenzar la <<liquidación>>.

Tuvo responsabilidad en las sacas de presos en noviembre de 1936 en Madrid, los fusilamientos habidos en Paracuellos, Torrejón y otros enclaves de los alrededores de la capital madrileña, y en los sucesos del tren de Jaén en agosto del mismo año, habiendo pruebas documentales que lo inculpan. Según una anécdota, el líder anarquista Cipriano Mera lo agarró del cuello y tras golpearlo acogotándolo contra la pared, le dijo que <<merecía que lo mataran>>.

Pese a su valentía homicida, poseía acentuados escrúpulos morales. Cerró la checa del Carmen, detuvo y fusiló a su jefe, José Olmeda Pacheco, por haber organizado una macabra exposición profanando tumbas, desenterrando cadáveres y mostrándolos al público, previo pago de entrada. La checa fue convertida en almacén de abastos en el verano de 1937.

Fue detenido en Alicante en marzo de 1939. Tras ser juzgado y condenado en consejo de guerra, fue fusilado el 17 de julio de 1940 en el Cementerio del Este de Madrid.

JUAN PEIRÓ

Anarquista. Fue ministro de Industria en la II República, uno de los cuatro ministros anarquistas. Aunque más moderado, también era partidario de la <<gimnasia revolucionaria>>. Defendió la entrada de la CNT en la Generalidad de Cataluña y en el Gobierno de la República. Planteó una República Social Federal como forma de estado cuando se acabase la guerra. Fue director del diario *Solidaridad Obrera* (1930) y del diario *Cataluña* (1937), vespertino de la CNT.

Capturado por la Gestapo en Francia, fue enviado a España. Se le ofreció asumir un cargo en los nuevos sindicatos verticales franquistas, pero lo rechazó, lo que determinó su condena a muerte. Fue fusilado en Paterna, en el campo de tiro, el 24 de julio de 1942, junto a otros seis cenetistas. Mantuvo su compromiso con la clase obrera hasta su muerte, demostrando una honestidad extraordinaria.

JOSE PEIRATS

Fue un activo militante anarquista integrado en las Juventudes Libertarias, fundadas en 1932. Llegó a ser un alto dirigente de la CNT. Fue uno de los principales historiadores del movimiento anarquista en España. Fue muy crítico con la participación de la CNT en los gobiernos republicanos. Tras la guerra pasó por dos campos de prisioneros en Francia, y pudo exiliarse a Santo Domingo, Ecuador, Panamá y Venezuela. Volvió a Francia en 1947, y a España en 1976. Murió en Burriana (Castellón), en 1989, nadando en la playa.

DIEGO ABAD DE SANTILLÁN

Fue un activista anarquista que ingresó en la FAI. Como buen revolucionario formó parte del Comité de Milicias Antifascistas de Cataluña. Fue consejero de Economía en el Gobierno de la Generalidad entre diciembre de 1936 y abril de 1937. Después fue muy crítico con Juan Negrín y su Gobierno de comunistas, denunciando continuamente los crímenes cometidos por las checas y el PCE, como por ejemplo los más de sesenta hombres y mujeres de la CNT asesinados en Mora de Toledo por el mero hecho de criticar y oponerse a los comunistas en sus métodos de terror y sangre.

Como director de la revista *Timón* afirmó que <<desde febrero a mayo de 1937 cayeron asesinados en Madrid y sus alrededores, por las checas organizadas por los rusos más de ochenta miembros de la CNT>>.

En agosto de 1936 encabezó una delegación de la FAI, banda de anarquistas que pretendía apoderarse de las reservas del Banco de España para reforzar la <<revolución libertaria>>, que se reunió en Madrid con Giral y Azaña. Abad de Santillán exigió, en forma de ultimátum, el traslado inmediato de los depósitos de oro a Barcelona. Por supuesto, no le hicieron caso. En su libro *Por qué perdimos la guerra* confiesa las atrocidades cometidas en las checas comunistas, los crímenes espeluznantes y el espanto que producía encontrar cadáveres todos los días tirados en las cunetas.

Al acabar la guerra volvió a Argentina. Volvió a España en 1977 y murió en Barcelona en 1983.

JESUS HERNÁNDEZ TOMÁS

Fue uno de los fundadores del Partico Comunista de España, con catorce años. Después participó en un atentado contra Indalecio Prieto. En 1931, con motivo de una huelga general, participó en los tiroteos contra los socialistas en Vizcaya, produciéndose muertos en estas reyertas propias del pistolerismo.

Durante la guerra era el encargado de la propaganda comunista y fue ministro comunista de Instrucción Pública y Sanidad, y de Educación y Bellas Artes, con los Gobiernos de Largo Caballero y Negrín. Declaró que fue Togliatti, a las órdenes de Moscú quien impuso el cese inmediato de Largo Caballero como presidente del Gobierno, <<por no ser suficientemente servil, y su sustitución por Juan Negrín, el único posible, pues Prieto es anticomunista, y Álvarez del Vayo demasiado tonto>>. En este momento tomó forma definitiva la represión en la España republicana bajo control de Negrín, y su influencia soviética.

Tras el golpe de Casado, y contrario a la rendición, a pesar de la inevitable derrota del bando republicano, marchó a Valencia, huyendo después en un avión que pudo escapar despegando de la escuela de vuelo de Totana (Murcia), el 24 de marzo de 1939, rumbo a Oran. Después fue a París y acabó en Moscú. Más tarde fue enviado a México, bajo el control del KGB, para tomar contacto con las organizaciones republicanas en el exilio.

Su antiestalinismo le llevó a intentar formar grupos comunistas de oposición a la línea soviética y acabó en la órbita del yugoslavo Tito. Fue Yugoslavia, en cuya embajada mejicana trabajó como asesor, quien financió la edición del libro *Yo fui un ministro de Stalin*, contradiciendo la mentira que siempre difundió la izquierda española de que Hernández abjuró del comunismo, y que su libro lo pagaron los norteamericanos. En este libro relata el papel de Stalin y la URSS en la Guerra Civil, revelando y demostrando la tremenda mentira que encerraba la tan propagada y cacareada solidaridad soviética al pueblo español durante la Guerra Civil. Fue purgado de la historia oficial del PCE después de publicar en 1953 el citado libro tan crítico con la política comunista de Stalin. Había sido expulsado del PCE en 1944. En 1954 se trasladó a Belgrado, y después a México, donde murió en 1971.

KLÉBER (MANFRED STERN)

Este rumano nació en la Bucovina, entonces región del norte de Rumanía integrada en el Imperio Austrohúngaro, y fue oficial austrohúngaro del servicio de inteligencia militar de la URSS (GRU, antecesor de la NKVD). Fue enviado por Stalin a España para integrarse en las Brigadas Internacionales, llegando a ser nombrado general. Mandó la 45 división compuesta por brigadistas internacionales. La fama obtenida en la guerra de España le hizo caer en desgracia ante Stalin, que lo llamó a Moscú al producirse la retirada de las Brigadas Internacionales en octubre de 1938. Stalin le arrestó, arrancándole bajo torturas supuestos actos de traición cometidos en España. Kléber pasó a engrosar la lista de los asesinados o represaliados por el tirano Stalin en sus famosas purgas de los años 1937 y 1938. Condenado en 1939 a 15 años de prisión, fue encerrado en el campo de prisioneros del Gulag, Ozerlag de Sosnovka, en Taishet, Siberia, donde murió en 1954.

ANTONIO ORTEGA GUTIÉRREZ

Oficial de Carabineros. Estuvo involucrado en el asalto al Gobierno Civil de San Sebastián en los sucesos relacionados con la sublevación de Jaca en 1930. Fue procesado, y al llegar la República, el proceso fue sobreseído. El 17 de agosto de 1936, siendo gobernador civil de Guipúzcoa, ordenó fusilar a ocho civiles y cinco oficiales de San Sebastián como represalia por un bombardeo. Después, desde su cargo de director general de Seguridad, nombramiento impuesto a Negrín por los comunistas, ejecutó la feroz represión contra el POUM. Ingresó en el PCE en 1937. Actuó de mediador en Madrid entre Casado y los comunistas. Gracias a su consejo se organizó el traslado de los principales líderes comunistas a Alicante para salir de España. Pero no pudo escapar. Fue capturado en Alicante por el Ejército Nacional, y fusilado en julio de 1939.

ÁNGEL DÍAZ BAZA

Este militante socialista fue el primer director del SIM. Tras hacer infructuosas gestiones con el bando nacional para buscar un final a la guerra a finales de 1937, acabó <<quemado>> siendo sustituido por Prudencio Sayagües.

WENCESLAO CARRILLO

Fue un viejo militante socialista que había ocupado cargos importantes en el PSOE y la UGT desde los años veinte. Protagonizó el asalto a la Embajada de Perú. Largo Caballero lo nombró ministro de Gobernación, cargo desde el que realizó un papel destacado en la represión política. Desempeñó varios cargos en la guerra y participó en la conspiración del coronel Casado, por lo que su hijo, el criminal Santiago Carrillo, lo repudió como padre, tachándolo de traidor. Ante la inminente entrada de las tropas de Franco a Madrid, consiguió huir con otros dirigentes, embarcándose en el buque inglés *Galatea* en el puerto de Gandía, rumbo a Gran Bretaña. Después pasó a Francia y se instaló en Bélgica, donde murió, en el exilio. Fue responsable también del asalto y desalojo de la embajada alemana con la detención de todos sus miembros.

JOSE BERGAMIN

Era un comunista de familia acomodada, hijo de un ministro que fue de la Restauración. Fue director general de Seguros en el primer Ministerio de Largo Caballero, en 1931. En la guerra presidió la Alianza de Intelectuales Antifascistas y fue agregado cultural de la embajada republicana en París, convirtiéndola en centro de agitación cultural en favor del Frente Popular. Tras la guerra, se exilió en Iberoamérica y Francia. Volvió a España en 1958 entrando en contacto con el PCE clandestino. Se exilió de nuevo en 1963 y volvió a España en 1970. Se mostró hostil a la transición democrática y a la monarquía parlamentaria, radicalizando su postura y acabando en la órbita de ETA escribiendo en el diario terrorista *Egin*. Murió en Fuenterrabía en 1983, donde pidió ser enterrado para <<no dar sus huesos a tierra española>>.

Como escritor se le considera el principal discípulo de Unamuno. Escribió el prólogo del panfleto comunista <<espionaje en España>> que los comunistas hicieron circular por toda Europa para sepultar en el oprobio a los militantes del POUM. Estas técnicas de acusaciones delirantes y crímenes monstruosos fueron muy utilizadas por el régimen soviético en las grandes purgas estalinistas de los años treinta. De esta manera, Stalin quitaba de la circulación a quien le apeteciera eliminar.

FRANCISCO ORDOÑEZ PEÑA

Fue un militante de la FUE (Federación Universitaria Escolar), perteneciente a su junta directiva, detenido por su participación en el traslado de un camión de armas para el levantamiento obrero de octubre de 1934. Fue un activista revolucionario de las Juventudes Socialistas, siendo el primer jefe del siniestro DEDIDE. Estaba vinculado a los elementos de *la Motorizada* de Prieto, afín a la línea bolchevique de Largo Caballero. Estuvo implicado en el asesinato de Calvo Sotelo, pues viajaba en la camioneta donde lo asesinaron.

ANGEL JIMENEZ BELLA

Fue funcionario de la Dirección General de Seguridad. Sus declaraciones tras la guerra fueron fundamentales para demostrar y documentar la responsabilidad de ciertos dirigentes en los crímenes cometidos en Paracuellos. Declaró que la orden de extracción de la Cárcel Modelo de todos los reclusos que fueron después asesinados en Paracuellos del Jarama, iba firmada por el director general de Seguridad. Este dispuso en dicha orden que el director de la Cárcel Modelo entregase a los portadores de la misma los presos que verbalmente le indicasen, y que esta orden se firmó después de una conversación que con dicho director sostuvo la diputado socialista Margarita Nelken. Es decir, la Nelken fue a exigir a Muñoz carta blanca firmada para cometer sus tropelías. Esta era la <<gimnasia revolucionaria>> que proclamaban estos <<defensores de la libertad>>. Todo ello se efectuaba, por supuesto, bajo órdenes del soviético Koltsov, esbirro de Stalin.

ALVARO MARASA BARASA

Fue un policía comunista que prestó un testimonio fundamental el 7 de noviembre de 1939 para esclarecer la responsabilidad en las matanzas cometidas también en Paracuellos del Jarama. Confesó haber llevado una expedición a Paracuellos del Jarama. Según este policía, las víctimas las seleccionaba el delegado de Orden Público Serrano Poncela, bajo el subterfugio de <<órdenes de traslado>>. Por la tarde, los presos eran despojados de todo objeto personal, maniatados y sacados de las cárceles en convoyes de autobuses escoltados por milicianos. Al llegar al lugar de la ejecución, les hacían descender formando largas filas, donde había cientos de milicianos, sobre todo comunistas y anarquistas, traídos para ese fin desde la capital, como si de una fiesta se tratase, que se iban relevando en los piquetes de ejecución. Entonces, los presos eran ametrallados y arrojados a las enormes zanjas que servían de fosas comunes, donde eran sepultados, algunos malheridos y vivos todavía. Fue fusilado el 9 de agosto de 1940 en el Cementerio del Este de Madrid.

MANUEL SALGADO MOREIRA

Aquí tenemos otro individuo con un historial impresionante. Fue un anarquista, perteneciente a la CNT y después a la FAI. Jefe de los Servicios de Inteligencia del Estado Mayor de la Defensa (SIEMD) del Ministerio de Guerra, conocido como *Servicios Especiales*. Era el responsable de la Checa del Ejército del Centro, antes llamada del Palacio de Buenavista.

Participó en el asalto al Cuartel de la Montaña. Junto con Antonio Verardini Díez organizó una de las más siniestras trampas para cazar incautos <<fascistas>>: la falsa Embajada de Siam, un plan que pusieron en marcha los más destacados anarquistas para acabar con el máximo número de personas de derechas. Hicieron correr la voz por las calles de Madrid de que en aquella Embajada daban refugio a los que huían del horror y los crímenes de las organizaciones del Frente Popular. Así comenzaron a llegar incautos que previo cobro o saqueo monetario por el <<servicio de salvación>> prestado, eran vilmente asesinados en aquella trampa tenebrosa. En la noche del ocho de diciembre de 1936, todos los refugiados en aquella macabra <<embajada>> fueron sacados por milicias de la CNT, la banda *Campo Libre,* montados en camiones y trasladados al Colegio de Huérfanos de Telégrafos, incautado, como no, por la CNT, sito en la carretera de Hortaleza número 75, donde fueron salvajemente asesinados.

En declaración en 1938 ante la autoridad Jurisdiccional republicana, Salgado relató y reconoció estos hechos. Su declaración sería reproducida después en la Causa General. Participó de manera destacada en el levantamiento de Segismundo Casado contra el Gobierno estalinista de Juan Negrín.

Pudo escapar embarcando en Gandía en el crucero Galatea hacia el Reino Unido, junto a Casado, Eduardo Val, García Pradas, Manuel González Marín, Wenceslao Carrillo y otros granujas, librándose así del paredón que le hubiera destinado la Justicia Nacional, pues fue condenado a muerte en rebeldía en un Consejo de Guerra finalizada la misma. Murió en Londres en 1967. Su compañera Asunción González, no pudo escapar. Fue condenada a nueve años de prisión.

ANTONIO VERARDINI DÍEZ-FERRETI

Era un anarquista perteneciente a la plana mayor de Cipriano Mera. Fue un antiguo estafador reconvertido en comandante del Ejército Popular de la República. Junto con Manuel Salgado Moreira organizó la trampa de la falsa Embajada de Siam para asesinar a inocentes. Este golfo, también de familia acomodada, pudo huir a Orán, acabada la guerra, escapando así de la Justicia que le hubiera hecho pagar por sus actos criminales.

ALFONSO LOPEZ DE LETONA

Otro individuo con una actuación delictiva espectacular. En 1931 fue procesado por robo, duplicidad, falsedad y estafa. En 1934 también, por estafa. El 5 de Julio de 1936, por tenencia ilícita de armas. Y durante los años previos a la Guerra Civil, estuvo preso en varias ocasiones en comisarías y cárceles de Madrid. El historial de un delincuente entrenado. Era personaje de doble filo, afiliado a Renovación Española, que ayudó a escapar al líder del partido monárquico Goicoechea a Portugal, por la frontera con Salamanca, cuando iban a buscarlo los asesinos de Calvo Sotelo, en Julio de 1936. Traicionó a los suyos, y para <<rectificar errores>> se puso al servicio de la causa del Frente Popular, pasando a prestar servicios en los Servicios Especiales del Ministerio de Guerra, con credencial de Salgado como agente importante. Comenzó su trabajo deteniendo el 13 de diciembre de 1936 en una casa de la calle Pontejos de Madrid a once jóvenes simpatizantes de Falange Española, escondidos para no ser movilizados por la República en el Ejército del Frente Popular. Los once jóvenes fueron asesinados en Chamartín de la Rosa, una vez robados sus objetos de valor. Testigo de este espantoso crimen fue el mecánico Modesto Eraña Elguiazu, obligado por los asesinos a acompañarles en uno de los coches. Este mecánico declaró el suceso, al acabar la guerra, ante las Autoridades Judiciales Nacionales. Es realmente curioso que en la <<Memoria Histórica>> no se mencionen jamás estos tristes hechos, que afectaron a tantos infelices, con nombres y apellidos, asesinados por delincuentes a los cuales catalogarán después como <<represaliados por el bando franquista>> por el hecho de aplicarles la lógica Justicia en base a sus crímenes cometidos.

Junto a los dos individuos anteriores, este siniestro personaje tuvo una gran importancia en la represión clandestina que realizó la CNT durante el otoño-invierno de 1936, especialmente en el macabro asunto de la falsa Embajada de Siam. En este individuo confiaban los infelices que iban a parar a esta trampa mortal. Igual asesinaba para Falange que para la FAI.

Detenido tras la guerra y en base a los testimonios de hijos de víctimas y de otras víctimas que escaparon de la muerte, fue detenido, juzgado en Consejo de Guerra y condenado a muerte. Fue fusilado el 27 de enero de 1943 en el Cementerio del Este de Madrid.

En la <<Memoria Histórica>>, se le recuerda, igual que a tantos criminales, como <<represaliado por el franquismo>> al acabar la guerra. Es práctica habitual de esta gentuza, omitir la verdadera actuación de ciertas personas, ocultando los crímenes y falseando la verdad, para así aplacar su absurda sed de venganza.

GENERAL JOSÉ ASENSIO TORRADO

Se alineó con el Frente Popular desde el primer momento. Por petición expresa del embajador soviético Marcel Rosenberg hecha a Largo Caballero, fue cesado como Subsecretario de Guerra. Tal era el poder de la URSS en España. Este era un puesto clave desde el que se debía organizar el Ejército Popular de la República: escuelas de oficiales, centro de reclutamiento e instrucción…etc. Era el puesto que deseaban los comunistas, por lo que toda la maquinaria y parafernalia comunista se puso en marcha contra el general, en una agitada campaña de desprestigio y de traición, hasta el punto de ser detenido y juzgado, siendo la causa sobreseída pocos días después. Acabó como embajador de la República en USA, desde donde se adhirió al golpe de Casado. Murió en Nueva York.

JOAQUÍN MAURÍN JULIÁ

Fundador del POUM junto a un puñado de aventureros y visionarios. Fue elegido diputado en las elecciones del 16 de febrero de 1936, en virtud del pacto del POUM firmado con el Frente Popular. Le sorprendió el alzamiento militar en Galicia, zona nacional. Intentó pasar al bando republicano a través de Jaca, pero fue detenido por los sublevados al intentar pasar a Francia, y encarcelado en Salamanca. Pasó toda la guerra en la cárcel, siendo juzgado en 1944 y condenado a treinta años de reclusión. Fue indultado en 1946, pasando al régimen de libertad condicional. En 1947 viajó a París, de donde viajó al exilio, reuniéndose con su familia en Nueva York, donde murió en 1973.

JULIAN GRIMAU

Fue policía e hijo de policía. Era militante de Izquierda Republicana y entró en el PCE en octubre de 1936. Fue nombrado por Santiago Carillo jefe de grupo de la Brigada de Investigación Criminal, en Barcelona, donde el PCE y el PSUC ocupaban los puestos clave de la represión y el orden público, al estar las checas ya bajo control comunista. Exiliado tras la guerra, trabajó dentro del PCE para el partido, en Cuba. En 1954 ingresó en el Comité Central.

En 1957 entró en España para organizar la clandestinidad, instalándose dos años después bajo el nombre falso de *Emilio Fernández Gil*. En 1962 fue detenido y sometido a juicio, resultando condenado a muerte. Fue fusilado el 20 de abril de 1963 por su responsabilidad en los crímenes cometidos durante la Guerra Civil. Fue la última persona procesada y condenada en España a consecuencia de la Guerra Civil.

En documentos de la época constan recompensas y felicitaciones oficiales, en agosto de 1937 y noviembre de 1938, por su labor en la captura de presos políticos. En su juicio, numerosos testigos le acusaron de torturas y asesinatos, con testimonios que coincidían, como jefe que fue de la checa situada desde principios de 1938, en la plaza de Berenguer el Grande, en Barcelona. Las víctimas del POUM también le señalaron como uno de los principales responsables de la represión y crímenes sufridos por los miembros de este partido.

Este personaje se convirtió en protagonista de una fuerte campaña internacional contra el Gobierno de Franco por el hecho de haber sido ejecutado. No se tenía en cuenta su trayectoria criminal y el daño propio de las alimañas, infligido a sus pobres víctimas. Otro caso más que después se encargarían los defensores de Grimau y luego los de la <<Memoria Histórica>> de falsear, elevando al asesino a la categoría de héroe, defendiendo que sus funciones fueron las de un policía convencional.

ANDRES NIN PEREZ

Fue un político sindicalista catalán que después pasó a las filas de la CNT. Durante su estancia en Rusia fue testigo de la revolución rusa, se hizo marxista y regresó a España, siendo uno de los fundadores del POUM. En la persecución más cruenta contra el POUM, tras las jornadas de mayo, fue detenido por los policías de Ricardo Burillo, jefe policial de Barcelona, por orden de Orlov, es decir, de la NKVD, la terrible policía política soviética. Fue llevado a Valencia y después a Madrid, donde fue salvajemente torturado, desollado, desmembrado y asesinado en Alcalá de Henares, el 20 de junio de 1937, por los chequistas de Orlov, con la complacencia de Negrín y el PCE.

El Gobierno del Frente Popular, Negrín y Carrillo, entre otros, haciendo gala de su capacidad para institucionalizar la mentira, dirían siempre que Nin fue liberado por la Gestapo. Fue la República quien lo asesinó en su sangrienta persecución del POUM. Todos ellos fueron culpables de este espantoso crimen, calculado para no dejar vivo a este personaje que podría denunciar la trama montada por los esbirros de Stalin en España. Se le acusó vilmente de ser un espía fascista. Como siempre, la mentira comunista al servicio del <<bien común>>. Mentira que mantienen sobre este crimen político los defensores de la <<Memoria Histórica>>.

FRANCISCO CRUZ SALIDO

Este periodista ingresó en 1934 en la *Asociación de Prensa de Madrid*. Ese año fue encarcelado en Ciudad Real por haber escrito un artículo humorístico sobre el ministro de Gobernación. ¡Qué gran democracia la República! Fue redactor jefe de *El Socialista*, del que Zugazagoitia era el director. También fue secretario de los ministros de Defensa Nacional Indalecio Prieto y Juan Negrín. En la Guerra Civil fue secretario de actas de la comisión ejecutiva del PSOE.

En julio de 1940 fue detenido por la Gestapo en Francia, siendo entonces responsable de la oficina de prensa de la JARE. Entregado a España, juzgado y condenado a muerte, fue fusilado el 9 de noviembre de 1940 en el Cementerio del Este de Madrid.

ENRIQUE LÍSTER

Fue otro destacado miembro comunista que pasó también por la *Academia Lenin*, de Moscú, y por la *Academia Militar Frunze*, lugares de enseñanza en materia política y militar, para la formación de buenos y rentables cuadros comunistas, con el objetivo de implantar las doctrinas marxistas–leninistas por todo el mundo.

Llegó a general, y fue jefe del Quinto Regimiento de Madrid. Le acompañaba un oficial soviético como asesor. Eran famosas las borracheras de Líster y los continuos malos tratos a su compañera. Tenía su Estado Mayor en un maravilloso lugar de la costa, y su casa <<particular>> en un precioso hotel cerca de la playa de Sitges, el lugar de los grandes millonarios catalanes. Allí vivía con su nueva mujer, familiares, escoltas, automóviles y una gran despensa con una buena bodega. Sus comisarios, igual que los de Modesto, eran prácticamente dos domésticos, celestinas que ocultaban sus orgías, su incompetencia y sus crímenes. Se limitaban a alimentar al *Batallón del Talento*, que era un grupo de poetas, escritores y otros sinvergüenzas que vivían como pequeños cortesanos, lamiendo el culo, y envenenando a las gentes con la más miserable de las literaturas, la del elogio, de la baba y de la sumisión, exaltación y adoración del jefe. Típico de los dirigentes comunistas. Enrique Líster participó de forma muy activa en la represión que ejerció el comunismo contra el anarquismo.

Tras la caída de Barcelona y el golpe de Casado, y viendo la guerra perdida, pudo escapar de España saliendo en avión desde Elda, junto a otros cuadros y dirigentes comunistas, rumbo al exilio. Volvió a España en 1977, al ser legalizado el PCE, y murió en Madrid, en 1994.

VALENTIN GONZALEZ, *EL CAMPESINO*

Pertenecía al PCE. Este personaje fue otra gran mentira de la propaganda comunista, un <<héroe>> creado durante la Guerra Civil por la propaganda soviética. Su primer atentado fue a los 16 años, tras volar con dinamita un puesto de la Guardia Civil en Peñarroya-Pueblonuevo, en el que murieron cuatro guardias civiles. Huyó y fue capturado. Destinado al Ejército de África y después a la Legión, asesinó a un sargento que le abofeteó. Su primer propagandista profesional fue Miguel Hernández.

Durante la Guerra Civil dirigió el Quinto Regimiento. Era brutal con sus subordinados y con los prisioneros. Líster y Modesto le tomaban por cobarde y fanfarrón. Líster pensaba fusilarlo por envidia y porque en el cerco, toma y caída de Teruel, abandonó de noche la ciudad dejándola sin resistencia alguna. Pudo escapar del cerco cruzando el rio Turia junto a su división, a una temperatura bajo cero, en el gélido invierno 1937 a 1938. Muchos de sus hombres murieron congelados en el rio. El resto de sus hombres, más de 400 lo encontró el Ejército Nacional disperso y desarmado vagando por los caminos. Habían dejado atrás a los heridos en la retirada impuesta por el gran general, el Campesino. Pero otros militares obedientes a Moscú se negaron al linchamiento. Era un militar de opereta. En el área dominada por él se produjo el secuestro y asesinato de Andrés Nin.

Tras la batalla de Lérida, ganada por Franco, el Campesino desapareció de escena. Apareció en Moscú contando la fantástica historia sobre su huida a Orán y su embarque en el puerto de Le Havre hacia la URSS.

Lo cierto es que al acabar la guerra escapó en un barco desde el puerto de Adra (Almería), con un maletín que contenía 160.000 pesetas en billetes, rumbo al norte de África. Fue internado en el campo de concentración de Boghar (Argelia), y después marchó a la URSS, al paraíso comunista.

Al final fue un disidente castigado por la URSS en el Gulag, siendo internado en el campo de trabajo de Vorkuta (Siberia), de donde escapó en 1949 a Francia, donde comenzó a pronunciar sus alegatos antiestalinistas. Allí vivió hasta su regreso a España en 1977. Otro que volvió. No se marchó de nuevo a la URSS, a su idílico paraíso comunista. Murió en Madrid en 1983. Escribió dos libros, autobiográficos, donde refleja sus amargas experiencias en la miseria del régimen comunista: *Yo escogí la Esclavitud* y *Vida y muerte en la URSS*.

GEORGE ORWELL

Este gran y famoso escritor vino a España, como tantos idealistas, diciendo que no volvería contento a su país hasta <<haber matado a algún fascista>>. Gran pensamiento. Se adscribió a las milicias del POUM. Fue muy crítico con el rumbo que tomó la República, a pesar de haber apoyado al bando republicano durante la guerra. Criticó las mentiras de la prensa internacional en referencia a la Guerra Civil, cosa que le honra.

Este individuo reducía la persecución religiosa a poco más que una cuestión material al decir en *Homenaje a Cataluña*, su famoso libro, que <<algunos periódicos antifascistas extranjeros se rebajaron a la mentira lamentable de pretender que las iglesias solamente fueron atacadas cuando se utilizaban como fortalezas fascistas. En realidad, las iglesias fueron saqueadas en todas partes y como cosa natural, porque se entendía perfectamente que la Iglesia española formaba parte de la estafa capitalista. En seis meses en España solo vi dos iglesias intactas>>.

Refiriéndose a la Sagrada Familia, opinaba que los anarquistas demostraron tener mal gusto al no volarla cuando tuvieron oportunidad. En cambio, le resultaba difícil de comprender la destrucción del Patrimonio Cultural y las matanzas de curas.

RAFAEL ALBERTI

Procedía de una familia de origen italiano de acomodados bodegueros. Fue miembro de la Alianza de Intelectuales Antifascistas, junto a otros escritores. Era miembro activo del PCE, y estaba a la cabeza como responsable de la checa para intelectuales instalada en el Palacio de Zabálburu, incautado a los condes de Heredia-Spínola, donde se alojaron numerosos intelectuales de la época junto a Alberti y María Teresa León: León Felipe, Neruda, Buero Vallejo y Huidobro entre otros. Esta checa se llamó de la Alianza Internacional de Intelectuales Antifascistas. Alberti se propuso depurar la Academia Española. Fue fiel hasta el final con sus ideas comunistas. Participó como diputado del Partido Comunista en innumerables y clamorosos mítines por toda España.

Con su compañera María Teresa León, se disfrazaba de obrero con monos azules, demasiado nuevos, de proletarios señoritos, y ambos marchaban al frente a recitar versos y hacer arengas y otras soflamas incendiarias, mientras reclamaba el <<asesinato necesario>>. Otro caradura que actuaba de comisario político.

María Teresa León, mujer de Alberti, estaba permanentemente en el Hotel de la calle Serrano, donde tenía su Estado Mayor General el general, Miaja. Era la acompañante casi permanente del general, y ayudaba en todo lo que podía. Se reunían todas las noches, Miaja, Pozas, Rojo, Castro, Ortega, Lister... y demás elementos en el comedor, con grandes espejos y arañas de caro cristal. Los generales no se fiaban de los comunistas. María Teresa León estaba pues al corriente de todo. Era asidua también de la checa de Fomento. Este era el compromiso político y social que tenía esta clase de gente, y que los defensores de la <<Memoria Histórica>> pretenden ensalzar, en lugar de dignificar a las víctimas, poniendo a cada uno en su sitio.

Al acabar la Guerra Civil española, pudo huir de España a la República Argentina. Volvió a España en 1977, siendo elegido diputado por el Partido Comunista. Murió en 1999.

RAMÓN J SENDER

Excelente escritor nacido en Chalamera, Huesca. Era hijo de una familia acomodada de terratenientes. La guerra le sorprendió con su esposa y sus dos hijos, Ramón de 2 años y Andrea de 6 meses, en San Rafael (Segovia). Cruzó con riesgo las líneas enemigas y se incorporó como soldado en las columnas republicanas de la sierra de Guadarrama. Después, en octubre, siendo suboficial de infantería, fue fusilada en Zamora su esposa, Amparo Barayón, activista anarquista, republicana y socialista, como represalia, al no poderlo capturar a él las tropas nacionales. Recuperó a sus hijos en Bayona en 1937. También acompañaba a las Brigadas Internacionales del Quinto Regimiento.

Era un propagandista de la gran mentira que representaba la II República. Fue enviado por el Gobierno a Estados Unidos a dar conferencias en universidades y otros centros para presentar la causa republicana, y después hizo lo mismo en París. Ofreció sus servicios a los comunistas, pero no le hicieron caso alguno.

MARGARITA NELKEN MAUSBERGER

Procedente de una familia judía de Alemania, sus padres eran alemanes, nació en España. Era llamada la virgen loca del comunismo. Su cara mostrando siempre un gesto de odio era realmente impresionante, sobre todo cuando llevaba el revólver al cinto. Era escritora y agitadora, una de las principales propagandistas del comunismo soviético en España. Pululó en la órbita periodística del feminismo. Pasó a las filas del PSOE dentro del ala bolchevique.

Tuvo responsabilidad en los sucesos de Castilblanco (Badajoz) en diciembre de 1931, por sus soflamas incendiarias, y por su participación en lo ocurrido en Salvaleón (Badajoz) en mayo 1932.

En los sucesos de 1934 dirigía la chusma de campesinos armados con guadañas que se enfrentaron en Extremadura a la policía. Huyó de España tras la revolución de 1934, escapando de la pena de 20 años de prisión a que fue condenada, refugiándose en la URSS.

Volvió a España para la fiesta organizada por el Frente Popular. Fue elegida diputada socialista del Frente Popular en febrero de 1936. Fue uno de los primeros agentes reclutados por los servicios secretos soviéticos en España, según consta en documentos de la *Operación Verona* que contienen la correspondencia del GPU y la KGB entre Moscú y América. Su alias era *Amor*. En la Guerra Civil estuvo en Madrid y tuvo responsabilidad comprobada en las matanzas de noviembre de 1936. Pedía la pena de muerte para los quintacolumnistas, y participó en paseos y asesinatos. El 6 de noviembre se dirigió a ver a Manuel Muñoz y, tras halagarle con el argumento de que él era, en ese momento, la única autoridad en Madrid, obtuvo una orden genérica para el traslado de presos. A continuación fue a efectuar otra saca de las cárceles, para su inmediata ejecución. Estos hechos están documentados en la declaración que hizo, tras la guerra, el funcionario de la Dirección General de Seguridad Ángel Jiménez Bella.

En 1937 ingresó en el PCE. Disponía de su propio grupo de milicianos para ejecutar tareas represivas, es decir, para matar. Era asidua de la temible checa de Fomento. En Madrid había quien la tenía considerada como la responsable del orden público. Ocultaba a los visitantes británicos y demás visitas humanitarias las sacas de presos, en los sucesos de Paracuellos y de otras matanzas.

Incluso el ministro anarquista de Justicia García Oliver advirtió al presidente del Tribunal Supremo que iba a denunciarle como ejecutor de la indignidad jurídica jamás cometida: <<la de haberse constituido siendo él presidente, un tribunal en la cárcel Modelo de Madrid y haber juzgado a unos presos, haberlos oído y condenado a muerte, cuando llevaban ya más de un día ejecutados por Margarita Nelken>>.

Al acabar la guerra se exilió a México hasta que la expulsaron del partido. Murió en el exilio. Junto a Victoria Kent, fue contraria a otorgar en 1931 el derecho de sufragio femenino.

Más tarde, la ideología comunista se encargaría de desvirtuar la realidad de lo acontecido, ensalzando a esta señora como un adalid de la libertad y de los derechos sociales, al igual que sucedió con las <<trece rosas famosas>>, que en realidad eran unas chequistas terribles, según documentos fehacientemente comprobados, y que por cierto participaron en el atentado que acabó con la vida del comandante Gabaldón, su joven hija y su chofer. Las trece rosas pagaron con su vida, al acabar la contienda, por los crímenes cometidos, siendo juzgadas, condenadas y fusiladas en virtud de sentencia firme.

JOAQUÍN ATAZ HERNÁNDEZ

Director del campo de concentración de Totana (Murcia). Este fogonero ferroviario fue militante de UGT y formó parte del Tribunal Especial murciano durante la Guerra Civil. Su conducta honesta y humanitaria al frente del campo hizo para los penados que ser internado en Totana fuese una liberación. Tras la guerra se ocultó. Detenido y juzgado en 1951 se le condenó a treinta años de reclusión, pero quedó libre en virtud de los numerosos testimonios a su favor y a los indultos dictados hasta esa fecha. ¡Qué gran diferencia de humanidad con el personaje anterior!

39. DESPROPÓSITO DE LA <<MEMORIA HISTÓRICA>> Y CONCLUSIÓN

> *Di lo que has pensado y lo que has visto y deja a los demás que, oyéndote o leyéndote se sientan arrastrados a decir su verdad también. No hagas programas en los que no creas, y no mientas.*
>
> Arturo Barea – *La forja de un rebelde*

¿Qué pasó para que España se condenara a una brutal contienda cuyas heridas se niega a cerrar la izquierda? Después de tantos años, en pleno Estado de Derecho, con plenas libertades, habiendo alcanzado un estado de bienestar bastante aceptable, las izquierdas siguen tratando de cambiar la Historia para amoldarla a sus principios y absurdas ideas. Nada mejor para hacerlo que la llamada ley de <<Memoria Histórica>>. Y si no lo consiguen con ésta, esperarán a sacar otra ley que será tan absurda como la primera, pero con otro nombre.

Cuando se produce el descrédito del socialismo, cuando se ve la mentira que ha sido y sigue siendo el comunismo y toda esta ideología que solo pretende la esclavitud física y moral del ciudadano, resulta que alguien viene a proclamar las bondades de semejantes alucinaciones mentales diseñadas para mentes ignorantes. Desde 2004, el infame Zapatero y la izquierda española, tratan de imponer el dogma de la <<democracia republicana>> del Frente Popular como versión oficial (más bien ficción oficial que no se creen ni ellos mismos). Resucitando a <<sus muertos>>, y a otros que les convenga, luchan desde las Instituciones, cuando tienen el poder, para alterar, con leyes absurdas, y actos deleznables, la realidad de los hechos sucedidos tiempo atrás, y de esta forma asentar para el futuro la versión con respecto a la Guerra Civil española y a la posguerra que a ellos les conviene, con vistas a obtener réditos electorales. Después de tantos años, sacrificios y esfuerzos por la convivencia pacífica de todos los españoles, y tras el restablecimiento de la democracia, equiparando por igual a todas las víctimas del triste episodio que supuso la Guerra Civil, se obstinan en ganar, o al menos dejar constancia de ello, la guerra que perdió el bando republicano, que también era español, por cierto. Y de paso sitúan como héroes a aquellos que realmente fueron unos asesinos y unos auténticos verdugos.

Todos los países estudian su Historia, con sus buenos y malos momentos, sus hazañas y sus fracasos. En España, con el patrimonio histórico y cultural que tenemos, parece que da vergüenza hacerlo. Se empecinan los dirigentes de un tiempo a esta parte en tergiversar los hechos para adoctrinar a una población, a la joven principalmente, en el aborregamiento de las masas, sobre la doctrina explicada a conveniencia. Debería escribirse la Historia tal como fue e implantar su estudio y lectura en las escuelas. En lugar de eso, adoctrinan a la cada vez más ignorante población, con los embustes de la llamada <<Ley de Memoria Histórica>>, alterando como ya se ha indicado, la verdad para amoldarla a sus bastardos intereses. Es la historia que las izquierdas han tratado de convertir en un cuento para ignorantes. Al final, aunque los que hablan son los más hábiles, los que deciden son los ignorantes, dejándose manejar por una masa política indecente.

Los grupos de ideología de izquierda y ciertos sectores afines se empeñan en presentar el Alzamiento en armas del 18 de julio de 1936 como un golpe de Estado a la República. Sí, efectivamente fue una rebelión militar contra un Gobierno de ineptos e incompetentes que había perdido toda legitimidad ante sus ciudadanos. La realidad es que el golpe de Estado ya estaba dado, pero por las izquierdas, a la convivencia pacífica de los españoles, a la libertad de sus ideas, expresión y movimientos, a su libertad de culto, a su seguridad y la de sus propiedades. El Gobierno de la República había perdido toda legitimidad, si es que la tuvo alguna vez, al consentir ese estado de cosas, el caos, el crimen, el saqueo, hasta desembocar en una sociedad en la que imperaba el caos y la anarquía. Perdió la legitimidad desde el momento en que comenzó a elaborar leyes que protegían al delincuente y penaban a las personas honradas. Así pues, hay que reflexionar antes de decir quién dio el golpe de Estado.

Cuando la Unión europea ha condenado el comunismo y sus crímenes especificando que en algunos países de la Unión Europea los partidos comunistas están prohibidos por sus innumerables crímenes, lo ha hecho por muy buenas y poderosas razones. El comunismo ha costado casi 105 millones de muertos en poco más de 100 años, en todo el mundo. Los partidos que representan esta ideología nunca han pedido perdón por los crímenes cometidos. Y en España defienden al régimen criminal que los alentó, toleró y cometió, la Segunda República.

Ante las pruebas documentales, resulta absolutamente incomprensible que se pretenda imponer un relato unívoco y sectario de lo ocurrido durante la Guerra Civil falseando la verdad, con la amenaza de sancionar a quienes discrepen de la versión oficial que quieren imponer. Sin embargo, se homenajea como demócratas a quienes mantienen al día de hoy las bondades del totalitarismo comunista, su espíritu productivo y virtuoso, cuando resulta que es la ideología más abyecta y criminal, causante del asesinato de más de cien millones de personas, como ya se ha dicho, y de la violación permanente de los derechos humanos más elementales, en numerosas naciones del mundo.

Las izquierdas se empeñan en airear las <<virtudes>> del periodo republicano, ensalzando la lucha del pueblo por la libertad, la igualdad y la justicia social. La realidad es bien distinta. Es cierto que se intentó un cambio democrático en España, pero se confundieron los términos y todo resultó un rotundo fracaso. Se degradó el sistema democrático y la sociedad de tal manera, que la convivencia pacífica era prácticamente imposible. Mientras tanto, los sucesivos gobiernos de turno consentían toda clase de tropelías y atropellos al sentido común, a la propiedad privada y a la vida de las personas, hasta desembocar en un Estado en el que la delincuencia, el caos y la anarquía eran el pan de cada día. Los problemas sociales y estructurales que arrastraba España no se solucionaban asesinando inocentes y quemando iglesias. La situación degeneró en un estado de inseguridad cuyo responsable era el Gobierno y los partidos y agrupaciones de izquierda, que juraban no consentir jamás que gobernasen las derechas. Esta lección de <<democracia>>, lógicamente no podía acabar de una manera pacífica. Esto unido a la implantación paulatina de una ideología comunista dictatorial, en todos los sectores de la sociedad, hizo que la división de la sociedad fuese cada vez mayor. El odio y la sed de venganza harían lo demás. La inspiración basada en las virtudes de la Revolución Rusa, sembrada en las mentes ignorantes, no podía traer más que adversidades a España, como lamentablemente sucedió después.

Es una obsesión morbosa la que sienten las izquierdas por el pasado, por la necrofilia que representa el estar resucitando y evocando continuamente a los muertos. Si por ellos hubiese sido, se hubiese reanudado la Guerra Civil, tal y como pretendía el PCE y ciertos dirigentes políticos en las postrimerías de la II Guerra Mundial, pues lo estaban preparando. Incluso lo intentaron con las <<hazañas>> del maquis en la <<invasión>> por el Valle de Aran, y en otros actos de bandidaje. No les hubiera importado que la población siguiera soportando dolor y miserias con tal de alcanzar sus miserables objetivos de sumisión total a la URSS.

Estos valedores minimizan la terrible persecución que sufrió la Iglesia. Vienen a decir que ellos se la buscaron, que era la <<libre expresión de la voluntad popular>>, pues los curas y frailes azuzaron con sus escritos y diatribas la sublevación militar. Por cierto, la sublevación no fue respondida con una <<insurrección generalizada en todo el país>>. Están los hechos. Más de media España no estaba conforme con el estado de caos, anarquía y crimen que imperaba en todo el país. Por ello, por esa división, entre el bien y el mal, entre la razón y el sentido común contra el despropósito y la sinrazón, se produjo la Guerra Civil.

La aplicación indiscriminada de la normativa de la llamada <<Memoria Histórica>> ha servido para ser tratados como represaliados muchos que fueron violadores, asesinos, torturadores, verdugos y ladrones, siendo hoy tratados mejor que sus víctimas e incluso dando lugar a indemnizaciones a familiares de dichos asesinos.

Es vergonzosa la actuación de algunos escritores tratando de dar la vuelta a los hechos, al defender como hombres de bien a los auténticos responsables de los crímenes cometidos, argumentando que trataron de evitar la violencia y los crímenes en el bando republicano. Se podrían poner muchos nombres. Critican estos defensores el hecho de que muchos de estos criminales pagaron con su vida o con la cárcel por los delitos cometidos, calificando la lógica Justicia implantada tras la guerra, de salvaje represión. ¿Hubiera sido mejor tal vez dejar los delitos impunes? Hay que perdonar, pero al mismo tiempo hay que pagar las deudas contraídas.

Estos personajes tienen un afán desmesurado en blanquear a personajes que tuvieron una conducta criminal, llegando en algunos casos a ponerlos como ejemplos de probidad y honradez. No puede haber mayor indignidad. Personajes como Amor Nuño, que controlaba las checas anarquistas, o Ángel Pedrero, el segundo de Atadell, y tantos otros, que fueron capturados, juzgados por sus crímenes, y fusilados, en aplicación de sentencias judiciales, son pretextos de los defensores de la <<Memoria Histórica>> para situarlos en los altares de la represión franquista, al criticar los juicios a que fueron sometidos por los vencedores <<los cuales implantaron sus normas>>. Por supuesto que implantaron sus normas, juzgando a todo criminal que pudieron capturar. La única norma para juzgar el crimen es la aplicación de la Ley. Estos dos individuos, como tantos otros, fueron juzgados por sus crímenes, y posteriormente ejecutados, pero no represaliados. Hay que recordar que la pena capital se aplicaba solamente a quienes tuvieran delitos de sangre o hubiesen ejecutado actos abominables.

Cierto es que hubo personas que, denunciadas por envidias, rencillas personales, despecho, o cualquier otra acusación sin fundamento, o denunciadas por personas que querían congraciarse con el nuevo régimen, podían pasarse meses y a veces años en la cárcel, sobreviniendo después un sobreseimiento de la causa y obteniendo por tanto la libertad. Pero no era lo habitual. El espíritu de la Ley era castigar a los asesinos. Hay que tener en cuenta que hubo individuos que, en los años de la guerra, presumieron de haber ejecutado ciertos actos de <<justicia revolucionaria>>. A muchas de estas personas se les volvieron en contra estas <<manifestaciones heroicas>> de las que presumieron en tiempos de la Guerra Civil.

Y por si todo esto fuera poco, se critica con una especie de rabia y odio el que las víctimas de aquellos delincuentes y criminales, cuyos actos amparaba la República, las víctimas de Paracuellos del Jarama, las de los asaltos a las prisiones, las de la Cárcel Modelo, las de las checas, los eclesiásticos masacrados, los seminaristas asesinados, las monjas y cualquier fusilado o asesinado vilmente en cualquier lugar de España, y tantos otros más, fuesen recordados y sus nombres situados en el panteón simbólico de la <<Nueva España>>, en monumentos y cruces dedicadas a estas pobres víctimas. ¿Tal vez hubiese sido mejor homenajear a los asesinos, como hacen ahora los defensores de la <<Memoria Histórica>>? Los nombres de estos individuos también se recuerdan, pues quedaron grabados en las actas de los procesos instruidos, y en el libro de la Historia de la infamia. Esa es la gran verdad de la <<Memoria Histórica>>.

Estos descerebrados llegan a criticar el hecho de que la Iglesia reconozca, y beatifique a muchas de sus víctimas elevándolos a la categoría de mártires. Como si las propias víctimas tuviesen la culpa por haberse dejado asesinar. Tal vez a alguno de estos defensores le hubiese gustado ocupar el lugar del desdichado obispo de Segorbe, por ejemplo, o de cualquier otro religioso y haber pasado desapercibido ante la Historia, para así obrar de forma acorde a sus ideas.

El obispo de Segorbe fue detenido por una pandilla de desalmados. Poco después, el obispo y otros sacerdotes, fueron asesinados a hachazos en Vall de Uxó (Castellón). Uno de sus asesinos Manuel Fenollosa, reconoció el asesinato de varios sacerdotes, alegando que no participó en el del infortunado obispo. No le sirvió tal excusa. Fue fusilado en Segorbe. Este es un ejemplo de que, aunque no existiese culpabilidad en un acto determinado, había muchos otros en los que una persona sí la tenía. No por ello se ha de tratar al criminal como a un <<héroe de la revolución contra el fascismo>>, como pretenden los defensores de este entramado maquinado para negar la verdad.

No mencionan para nada multitud de casos espeluznantes, como el del obispo de Barbastro, o el del sacerdote de Grioms, Gerona, desangrados tras ser castrados. ¿Tampoco se merecen ser declarados mártires? Los sacerdotes asesinados en Almería, donde hay pozos con cadáveres sin sacar todavía. Los enterrados bajo la carretera de Turón... ¿No son <<Memoria Histórica>>?

Precisamente los defensores de esta miserable Ley, implican a una gran parte de la sociedad, descendiente según ellos de aquella masa de colaboradores, partidarios, cómplices, delatores, confidentes y ejecutores que prestaron servicio a los <<golpistas>> y dieron vida al <<fascismo>>, achacándoles que no quieran sacar la verdad a la luz. No hay nada que sacar. Todos los cargos que imputan al bando Nacional son precisamente los que ellos cometieron impunemente. Los hechos están ahí. Está todo documentado. Pero, puestos a sacar la verdad, es muy interesante hacerla relucir, pero la real, no la que ellos intentan imponer, para que no caiga en el olvido. Defienden que resulta útil regresar a esa dimensión de nuestro pasado, para la reactualización de viejos mitos, o para tratar de reconstruir una memoria plural en la que quepan todos. En definitiva, son excusas y palabrería vana para falsear la verdad, que está más que demostrada, y para hacer su versión de lo sucedido durante la República y la Guerra Civil, acorde a su abyecta ideología e intereses partidistas.

La disculpa que hacen las izquierdas de los <<incontrolados>>, es inadmisible: Instituciones y organizaciones se sirvieron del término <<incontrolados>> para exculparse por no haber frenado la violencia, alegando que no tenían control sobre quienes la practicaban. Eran las propias instituciones gubernamentales quienes facilitaban los medios para ejercer la represión, el robo y el asesinato.

Cuando definen a los vencedores de la Guerra Civil como a monstruos, y asesinos, ¿qué calificativo habría que aplicar a quienes se dedicaron a matar impunemente y con saña a personas de toda edad y condición social? Sacerdotes, seminaristas, monjas, catequistas, ancianos, niños por el hecho de pertenecer a Acción Católica, nadie escapó al furor asesino y revolucionario que regó España de sangre y provocó tanto dolor en tantas familias. Olvidan el dolor de aquellas pobres víctimas y propagan precisamente el <<sufrimiento y persecución>> que hubieron de soportar los pobres asesinos, tras la victoria del bando Nacional, con la intención de alimentar el odio hacia quienes defendieron a las víctimas, reconocieron su dolor y tuvieron un comportamiento decente. Precisamente, critican al bando Nacional cuando tras la guerra, y en cumplimiento de la Ley y aplicación de la lógica Justicia, el bando Nacional calificaba como monstruos, bestias y bárbaros a quienes habían perpetrado crímenes y torturas espantosas a seres inocentes.

Tal vez se podría imponer la medalla al mérito civil a los salvajes que sacaron del Hospital Militar de Carabanchel al General López Ochoa, lo asesinaron en el montecillo Cerro de Almodóvar, lo decapitaron y pasearon su cabeza clavada en una pica o machete, por las calles de Madrid. La prensa republicana había dado pelos y señales sobre el ingreso hospitalario del general. Una vez más, la prensa al servicio de los villanos. Y tuvo suerte el general, pues los milicianos lo querían quemar vivo en una manta empapada en gasolina.

Esta y muchas atrocidades más son las que niegan o no reconocen los defensores de la <<Memoria Histórica>>. Su obsesión en adecuar los hechos a su versión, les impide ver que la verdad está saliendo de nuevo a la luz con el relato y el esclarecimiento de los hechos tal y como ocurrieron.

En el afán por revisar la Historia, si la revisión la hacen las izquierdas, se considera lícita, y por tanto correcta. Por el contrario, si son los historiadores de derechas los que la hacen, o cualquier otro que desmienta una tesis o hecho protagonizado por las izquierdas, incluso con pruebas documentales concluyentes, estas carecen de valor.

Se simboliza la persecución que sufrieron los republicanos durante la dictadura de Franco, pero se ignora la que sufrieron los nacionales y la población civil, a manos de los republicanos, la mayoría sin ninguna culpa ni implicación política. Cuando no hay una excusa para matar, se inventa. Las víctimas masacradas por la barbarie comunista y revolucionaria, al amparo del Gobierno, merecen honrar su memoria. Pero parece que da vergüenza sacar a la luz hechos tan espantosos que provocan la repulsa y, en principio, un posible rechazo en la sociedad que se mueve siguiendo la inercia de las consignas clásicas de la izquierda y de la absurda progresía que se va imponiendo en la sociedad actual, cada vez más idiotizada.

Después de tantos años, en la lejanía de los hechos, pero a la luz de los datos documentados en Hemerotecas, diarios de la época, declaraciones de testigos, verdugos y víctimas, ¿es preciso sacar a la luz todas las víctimas de ambos bandos para establecer una comparación y una contabilización de las víctimas y sucesos ocurridos, para cuantificar quien causó más daño? Hubo víctimas y represión, así como injusticias y muerte de personas inocentes en ambo bandos. Pero lo inadmisible es que se pretenda ensalzar a las víctimas de una parte que fue precisamente la que también ejecutaba seres humanos, pero con la complacencia de un Gobierno <<legítimamente constituido>>, como era el régimen republicano. No remover las viejas heridas es una muy buena manera de permitir la convivencia pacífica, desde el reconocimiento de la tragedia que supuso la Guerra Civil y el reconocimiento también a la justicia que merecen las víctimas, todas las víctimas.

La Historia es lo que realmente ocurrió, y así hay que estudiarla y aceptarla, para no repetir los mismos errores. Con más motivo cuando los hechos, ya lejanos, están documentados, siendo imposible alterar la verdad, a menos que se haga con falsedades y tras años de adoctrinamiento proclamando y transmitiendo esas falsedades. En el asunto de la Guerra Civil española, hay que dejar los hechos tal y como sucedieron, en ambos bandos, sin más juicios de valor, pero aprendiendo, para no incurrir en los mismos errores y despropósitos a los que condujo la clase política. Hay que dejar que sean las generaciones venideras quienes juzguen lo acontecido, desde la lejanía en el tiempo, pero siempre dentro de la verdad, para llegar al convencimiento de que los grandes perdedores de la Guerra Civil fueron todos los españoles.

No es preciso homenajear desde las instituciones a personajes que mostraron un comportamiento indigno con sus semejantes, cometiendo crímenes por los que, en su mayoría, fueron juzgados y condenados. Hoy día, se pretende homenajear a chequistas sabiendo el horror que provocaron en toda la zona republicana las famosas checas. La hipocresía mostrada insulta a la inteligencia. Esta gente jamás ha pedido perdón por los miles de personas que fueron asesinadas en la España republicana, y por supuesto, jamás se hace la más mínima referencia a las terribles checas, a los crímenes cometidos en ellas, a los paseos, a los asesinatos indiscriminados de gente inocente, a las viudas y niños huérfanos víctimas de estos crímenes, a la persecución casi hasta el exterminio de los miembros de la Iglesia, a los robos, saqueos y demás expolios, y sobre todo a las espantosas condiciones de vida que tuvieron que soportar los españoles en la <<dorada>> y alabada época republicana. No se menciona ni un solo nombre de los miles de víctimas causadas por el furor y el odio hacia las gentes de bien, hacia sacerdotes, frailes, monjas y católicos en general que padecieron horribles sufrimientos antes de ser asesinados. ¿Es esto lógico?

¿Por qué muestran un desprecio absoluto hacia las pruebas documentales, testimonios y documentos que demuestran de manera irrefutable los hechos ocurridos durante la Guerra Civil? ¿Por qué quieren amoldar estos hechos a sus abyectos intereses e ideología perversa? Son tantos datos y hechos, perfectamente documentados, que cuesta creer que los defensores de esta mal llamada ley de <<Memoria Histórica>> sigan con esas monsergas cuando precisamente hoy día la información veraz está al alcance de cualquiera, gracias a los medios disponibles.

Cuando elogian la lucha de un pueblo por la defensa de la democracia y la libertad en España y en el mundo, ocultan que en realidad España era prisionera de un Estado despótico y anárquico en el que estaban restringidas las libertades, permitiendo solamente aquello que fuera acorde con la ideología comunista o de izquierdas. En la ideología de la <<Memoria Histórica>>, se enaltece la acción de ciertos militares republicanos, sobre todo si obtuvieron alguna victoria en alguna ofensiva, pero no se habla de ciertas acciones criminales y matanzas indiscriminadas protagonizadas también por dirigentes republicanos con mando de tropas.

Se cambian nombres de calles y se quiere alterar la historia con el fin de cambiar la verdad ineludible de que la II República fue el periodo más nefasto en la historia de España. No fue la gran época del cambio, progreso y de la lucha por alcanzar derechos y libertades. No se puede consentir que con la farsa que supone esta miserable Ley, pasen a la historia como héroes quienes fueron realmente asesinos, verdugos y esbirros de Moscú.

Raya en lo demente ese afán desmesurado por situar como víctimas a los que realmente cometieron atroces asesinatos, chequistas, sindicalistas, delincuentes, gobernantes, ciertos mandos militares, y muchos otros más cuya actuación fue realmente delictiva y criminal. En los medios de comunicación, en la filmografía, y con dinero público, todos los esfuerzos van encaminados a ensalzar a esas víctimas y aquella época que el gobierno de Franco <<frustró>>. Un ejemplo de esta campaña propagandística es <<las trece rosas>>: Trece jóvenes fusiladas el 5 de agosto de 1939, tras ser capturadas y encarceladas al acabar la guerra. No faltará quien aproveche para una buena medalla ensalzando en películas y relatos la <<represión>> ejecutada contra estas infelices que lucharon por la <<libertad de un pueblo>>. Eran chequistas y, entre otros actos, tuvieron participación en el asesinato por atentado del comandante Gabaldón, su joven hija y el chofer, como ya se ha relatado. ¿Alguien ha mencionado a esta niña víctima de la actuación de gente como la juzgada al acabar la guerra? Al igual que en otros miles de casos, nadie de los defensores de la <<Memoria Histórica>> se ha dignado, al menos en reconocer el dolor causado a tantos inocentes. Eso sí, organizan filmografías y demás actos sobre hechos similares destinados al adoctrinamiento y falseamiento de lo que en realidad fue la II República española y los motivos por los que no podía acabar de otra manera ese régimen despótico, asfixiante y perverso.

Y como siempre, hay parásitos que viven de este invento, que reciben ayudas públicas y subvenciones, bien sean locales o autonómicas, de organismos públicos, incluso de la Vicepresidencia del Gobierno, y exponen sus teorías deleznables y unos razonamientos que ofenden al sentido común. El papel jugado por los medios de comunicación en esta gran farsa, en lo que respecta a la información y a la desinformación, ha sido vergonzoso e importante, pues se han situado al lado del mejor postor, es decir, del que paga.

Es absurdo buscar, con dinero público y con una obsesión delirante, huesos y restos de las víctimas de la guerra, de sus víctimas, las que la <<Memoria Histórica>> defiende como represaliadas por la dictadura franquista. No se hace la mínima alusión a las víctimas causadas en zona republicana o de ideología de derechas, o simplemente asesinadas por el Frente

Popular y las bandas de milicianos, que fueron miles y en circunstancia atroces. Precisamente las víctimas que defiende la <<Memoria Histórica>> son prácticamente todas aquellas cuyos actos criminales, comportamiento delictivo, y responsabilidad política en los hechos ocurridos, tuvieron después la aplicación de la justicia que sobrevino al acabar la guerra.

Pero algunos defensores de esta deleznable Ley disculpan los hechos ocurridos en la zona republicana durante la guerra, diciendo cosas como que <<en realidad las personas con armas eran campesinos encuadrados en milicias>>. Y por supuesto, hablan de la ayuda externa a Franco, pero no de la ayuda de la URSS a la República. Falsean la realidad diciendo que en media España no hubo guerra civil alguna. De esta forma condenan los muertos provocados por el bando Nacional. En cambio, no mencionan los muertos provocados por la zona republicana. Vienen a afirmar que por un lado estaban los golpistas ocupando el poder y matando a quienes les venía en gana, y por otro lado mucha gente huyendo y ocultándose. Hablan del terror de la posguerra, pero callan y ocultan el terror de la guerra en las ciudades, pueblos y campos, provocado por el Frente Popular. Es el colmo de la falsedad.

La represión del bando Nacional está siempre en candelero. Solo se habla de los crímenes del bando fascista, explicándolos con todo lujo de detalles. En cambio, se trata de exculpar a los represaliados por el bando Nacional con los pretextos más zafios, pues lo fueron por <<haber atravesado unos troncos en alguna carretera>>, para evitar la entrada de los sublevados en la población, o por habérseles recogido cuatro escopetas de caza y algunas pistolas viejas e inservibles, que por supuesto <<no se utilizaron para detener a nadie>>, o por <<haber pasado casualmente por aquel lugar>>.

Así son todas las historias y argumentos de estos defensores de la <<verdad>>. Y los medios de comunicación y palmeros afines se desviven en la propagación de esta ideología, sobre todo si reciben dinero público, como ocurre en la cinematografía, por ejemplo. Todas las películas, documentales y demás basura subvencionada propagan la misma idea dictada por la <<ley de Memoria Histórica>>. Se tergiversa la verdad y se oculta la realidad de lo sucedido, poniendo a los que sufrieron penas a causa de sus hechos criminales como víctimas, y a todos los demás contrarios como verdugos.

Cierto es que hubo represión en el bando Nacional, y al acabar la guerra también, sobre muchas personas por los hechos ocurridos, al impartir justicia en aplicación de la Ley. Pero al menos se trataba de hacer justicia, resarcir los daños causados, con la responsabilidad penal, deteniendo y castigando a todo aquel que tuviese las manos manchadas de sangre. Mientras que en la zona controlada por la República, el afán de matar y robar era lo que impulsaba a las masas, envalentonadas por el poder que les daba el hecho de estar armadas, y protegidas siempre por los organismos gubernamentales. Era la ley del más fuerte dentro de la anarquía.

La realidad es que en la zona republicana fue mucho peor la represión que en la zona nacional, a causa del descontrol y los desmanes de las milicias. Pero a pesar de la violencia y represión ejercida en ambos bandos contendientes, hubo un mayor control de las autoridades en el bando nacional para evitar actos de bandidaje.

Hay escritores que, en su intento de convencer y propagar la desinformación en esta grandiosa Ley, exponen la teoría miserable de que no son igual las víctimas de izquierdas que las de derechas, pues no cabe equiparar la muerte de quien muere defendiéndose y con la ley de su lado, (los republicanos), con la muerte de quien muere atacando y fuera de la ley (el bando nacional). No puede haber teoría más deleznable. Dicen estos chupópteros que no es igual la violencia de quien agrede que la de aquel que se defiende. ¿Es que estaban fuera de la ley los asesinados en las checas, en las sacas y paseos nocturnos, los sacerdotes, monjas, seminaristas, que después fueron arrojados a las cunetas, a las puertas de cementerios y a las fosas? ¿Es que todos estos infelices estaban <<atacando>> cuando fueron detenidos, encerrados, torturados y asesinados? Defienden los graves excesos revolucionarios como <<meros excesos espontáneos>>, producidos por cuatro campesinos analfabetos mal armados que no implicaban responsabilidad alguna para las autoridades oficiales y los partidos y sindicatos que los sostenían. Es el toque perfecto para eximir a los dirigentes y gobernantes de su responsabilidad penal y limpiar su conducta durante estos años. Es realmente vergonzoso. Incluso llegan a decir que en la represión en zona republicana <<son sobradamente conocidos los numerosos casos de personas, desde simples alcaldes a los más altos cargos políticos, que hicieron todo lo que estuvo en sus manos para evitar los crímenes>>. No cabe mayor hipocresía. Incluso dicen que hubo cárceles llenas de derechistas en las que primó el respeto a la vida. Que se lo digan a las víctimas de Paracuellos, de la Cárcel Modelo, o a las de tantos y tantos centros de detención cuyo destino final fue la saca nocturna y la posterior ejecución. Otra falsedad más.

Es preciso repetir, aunque estos defensores no lo quieran admitir, que desde bien temprano, los ciudadanos que han leído y se han informado adecuadamente, han descubierto que en 1936 no era cierto que hubiera una tranquila y pacífica República democrática que, de repente, fue asaltada por unos generales, algunos obispos y terratenientes, ayudados y apoyados por Hitler y Mussolini, que se lanzaron contra el régimen democrático constitucional que tenía el apoyo de todo el pueblo español. España no era un remanso de paz como pregonan los defensores de esta farsa Histórica, cuando comparan la situación de España en esos años con otros países europeos de nuestro entorno, <<siendo un oasis de paz en comparación a lo que vino al estallar la guerra en 1936>>. Es la mentira hecha dogma.

De nuevo hay que remitirse a hemerotecas, escritos, testimonios y mucha más documentación que nos puede ilustrar sobre la vida en la España de la República y sobre los hechos ocurridos de 1931 a 1936, así como del estado de caos y anarquía que imperaba en las calles, y que convirtieron esta violencia en una de las claves de la tensión que llevó a propiciar y justificar la sublevación militar contra un gobierno de incompetentes. Por cierto, media España apoyó después esta sublevación con el fin de acabar de una vez con este estado de cosas.

No se puede defender que los miles de republicanos, socialistas, anarquistas, comunistas y rojos en general fueron <<víctimas>> de un terror paralizador, implantado por el bando Nacional. ¿De nuevo hay que recordar a los asesinados en la zona republicana? ¿Estos no sufrían terror? ¿O es que no lo sentían por ser de derechas?

Algunos escritores critican el reconocimiento y beatificación de tantos mártires, diciendo que <<ya tienen bastantes martirologios publicados>>. Las víctimas en la zona republicana son tan dignas de mencionar como las del otro bando, y con más motivo por hallarse entre ellas ancianos, mujeres, niños y personas inocentes, además de los religiosos masacrados, que nada tenían que ver con la guerra ni con el frente de batalla, y lo pasaron realmente mal. Pero eso no interesa a los partidos de izquierda que, impulsados por un odio feroz, un resentimiento y un espíritu revanchista sin límites, no quieren asumir que debemos vivir todos en paz, y que remover las heridas del pasado no puede acarrear más que desgracias y odio, a menos que se busque un rédito político con esa actuación. No se debe hablar de vencedores ni vencidos. España no hubiera salido de aquel pozo de miseria, corrupción, caos y anarquía en que se encontraba durante el <<glorioso>> periodo republicano, de no haber perdido la República la guerra. Ello propició un cambio de régimen hacia una dictadura que al concluir tras casi cuarenta años ha establecido un cambio de régimen hacia una monarquía y una democracia. ¿Cómo estaba la sociedad española al acabar la guerra? Deberían haber preguntado a todos los españoles sobre si preferían seguir la guerra, seguir con la República, o comenzar con el régimen tan malo de Franco una nueva etapa de paz y concordia en el que todos tuviesen cabida.

Los españoles querían que se acabase de una vez la guerra; simplemente querían trabajar y vivir en paz. Las heridas de guerra tardan mucho tiempo en cerrarse. No debemos consentir que con actuaciones como la del despropósito de la <<Memoria Histórica>>, este desvarío propio de iluminados, se vuelva a insuflar el odio en la sociedad española ni a dividir a sus miembros.

Se sabe muy bien el papel jugado por cada uno de los participantes en el desastre que supuso para España la Guerra Civil y que cubrió de sangre su territorio, dejando varios cientos de miles de muertos. De ellos, más de 60.000 en la retaguardia de la zona republicana, víctimas de la represión sanguinaria del Frente Popular, y más de 55.000 en la zona nacional. En ambos bandos hubo víctimas mortales, muchas de ellas inocentes sin duda. Pero lo aberrante es que en la zona republicana, tal y como está demostrado, por documentos, archivos secretos abiertos posteriormente, hemerotecas y testimonios, tanto de testigos, de las víctimas, como de corresponsales, así como de la declaración de muchos de los encausados al acabar la guerra, se institucionalizó el crimen, la tortura, el robo, el expolio y la anarquía.

No interesa saber quién mató más o con más motivo. En ambos bandos hubo muertes violentas, represión y matanzas. Pero en el bando nacional no se dio la situación de caos, anarquía, robos y crímenes con la saña y cantidad que se dio en el bando republicano, principalmente porque había un mando único y porque los delincuentes no ejercían el poder. Fue una sangría tremenda, en el frente y en la retaguardia. La represión política fue una constante en ambos bandos y se usará después para tratar de legitimar a un bando y deslegitimar al otro cuando ciertos historiadores, de distintas tendencias, entablen una guerra de cifras para demostrar quién mató más.

El bando del Frente Popular manejaba desde noviembre de 1938 la cifra de 200.000 ejecutados por los rebeldes. Aunque algunos autores siguen tomando esa referencia, es un disparate grandioso. Pero todavía, en virtud de la mencionada ley de <<Memoria Histórica>>, se sigue de forma demencial y vengativa, buscando en las fosas esos 200.000 muertos inexistentes.

En la zona gobernada por el Frente Popular, la cifra oficial asentada por el régimen de Franco en la Causa General fue de 85.940 víctimas, causadas por los adictos al Frente Popular. Esta cifra supera en un 30% la cifra que ofrecen los estudios posteriores. Es decir, los historiadores adictos a la <<Memoria histórica>> reducen la cifra de los crímenes cometidos por el Frente Popular. El régimen de Franco, tras la victoria, tenía en sus manos la opción de ofrecer cifras más elevadas, con fines propagandísticos. Pero no lo hizo, porque la Causa General pretendía una descripción realista de los hechos, con asiento en los datos que obraban en sus registros. Una explicación a esta diferencia es que en la Causa General se hubiesen contabilizado de manera indebida asesinatos (registrando algunos varias veces) y que contaran como actos criminales ciertas muertes por otras causas, enfermedades, hambre, bombardeos o bajas en combate.

Lo cierto es que ni los facciosos o nacionales ejecutaron a 200.000 republicanos, ni los rojos o republicanos ejecutaron a 85.940 nacionales en la retaguardia. De igual manera que no es cierto el mito del millón de muertos causado por la guerra. Las cifras no es lo más importante. Lo lamentable es que esta materia se esté empleando con fines políticos en la huella de la llamada <<recuperación de la memoria histórica>>, para reivindicar al bando republicano, responsable, inductor y culpable de la Guerra Civil. Esta ideología de partido inhabilita cualquier debate sobre esta materia, pues no hay nada que recuperar.

La <<Memoria Histórica>>, ese invento de la izquierda vengativa que no se resigna a ser el perdedor de una guerra que ella misma provocó. Es una equivocación tremenda. Perdieron todos y cada uno de los españoles, sobre todo las víctimas mortales y todos aquellos que sufrieron la ineficacia y la ineptitud de los gobiernos y de los políticos, que en su afán de poder, y sobre todo por el odio que sembraron en la sociedad española, propagaron el ansia de venganza, sangre y muerte.

Madrid sufrió especialmente el terror provocado por las milicias y los llamados Comités, más de 15000 víctimas mortales cuya identidad se ha acreditado completamente, y otras 3000 víctimas más, cuyos cadáveres cuentan con informe forense de su exhumación, pero sin identificar.

Merecen también el respeto y el reconocimiento las víctimas no identificadas todavía, aunque sean del bando nacional. Esto es algo que no quieren entender los apologistas de la <<recuperación de la memoria histórica>>. Los crímenes no tienen justificación ni deben ser amparados por el color de las ideas. No se puede desprestigiar a las víctimas de un bando ensalzando a los verdugos del otro. Y menos aun cuando esos verdugos llevan en mente la llama del odio, que solamente les incita a matar y exterminar a todo aquel que no piense como ellos.

Hay un gran número de historiadores y escritores, que al amparo de la llamada <<Memoria Histórica>> falsean la realidad y los hechos acontecidos en aquella triste época, con el fin de congraciarse con sus adeptos ideológicos y reescribir la Historia en la forma que ellos quieren contar o como les gustaría que hubiese sido. Pretenden ser neutrales, pero pecan de un partidismo descarado que nada bueno dice de su profesionalidad. Dan un discurso que no está interesado propiamente en los hechos, sino en salvar la dignidad moral del Frente Popular por oposición a la <<indignidad>> del régimen de Franco, tratando de deslegitimar a este.

Es un hecho importante que la historiografía crítica hacia el Frente Popular (De la Cierva, Martín Rubio, Pio Moa, Vidal, Payne, etc.), que interpreta los crímenes republicanos, no niega los crímenes nacionales. Pero en cambio, los historiadores proclives al Frente Popular sí niegan los crímenes republicanos, disminuyendo su importancia, considerando el asunto como un mero accidente, y justificándolo como necesario dentro de la lucha contra el fascismo y sobrevenido por la <<liberación de pasiones>> que provocó el Alzamiento Nacional. Si esto se discute, el disidente queda inmediatamente marcado y bajo sospecha de justificar la represión franquista. Así, negando los crímenes del bando republicano, el discurso de la historiografía de la izquierda promovido por estos historiadores, se convierte en una especie de imputación universal de culpa. Imputación que cae no solo al bando franquista, sino también a todos los historiadores que denuncian los crímenes cometidos por el Frente Popular. De esta forma pretenden rehacer la Historia a su manera.

Esta actitud complica tremendamente el estudio de la represión republicana. Para estudiar esta represión son mucho más útiles, por ser sinceros y objetivos, los testimonios de los propios protagonistas del Frente Popular, que las investigaciones hechas 60 o 70 años después por quienes han confundido la Historia con el interés ideológico y partidista. En los textos de republicanos como Azaña, socialistas como Besteiro o Araquistain, comunistas como Valentin González el Campesino, anarquistas como Peiró o Abad de Santillán y nacionalistas vascos como Irujo o Galíndez, hay más referencias a la represión del Frente Popular, a su ejecución y motivaciones, que en los libros de autores como Santos Julia y compañía, escritos 60 o 70 años después de los hechos, y con la intención que ya hemos comentado. Esto indica la honradez de algunas figuras históricas del campo republicano y deja en muy mal lugar a algunos historiadores que profesan un exceso de militancia, desprestigiando su dignidad y su ética profesional.

Es enfermiza su obsesión por propagar la represión ejercida por el régimen de Franco sobre el bando derrotado. No escatiman medios, y ejercen constantemente esta propaganda en programas, medios de comunicación, filmografía, y a través de ciertos autores. Lo cierto es que al acabar la Guerra Civil, hubo una cantidad de gente que no pudo o no quiso escapar, pensando que quedarían impunes sus actos delictivos y los crímenes cometidos. Había que buscar y encerrar a los criminales para juzgarlos. Es la manera lógica de actuar del bando vencedor en una guerra. Lo que es inadmisible es que estos defensores, por llamarlos de alguna manera, vengan ahora casi comparando a los criminales con pequeños atracadores de bancos, y otras lindezas por el estilo, tratando de minimizar sus actos delictivos. Total, por matar a unos cuantos curas y quemar algunas iglesias, no pasa nada. Así, critican la ejecución de destacados asesinos que fueron condenados a muerte por fusilamiento, y alguno a garrote vil, como colofón de su carrera delictiva.

La mayor parte de la historiografía de izquierda ha puesto todo el interés en la tarea de legitimar la política del Frente Popular. Por ese motivo, los crímenes del bando republicano, a pesar de sus enormes dimensiones, quedan minimizados en sus libros, o bien maquillados u ocultados. Esto constituye una grave y evidente negación de la realidad y ocultación de la verdad. Pero cuando estos historiadores no tienen más remedio que asumir ciertos crímenes o matanzas, en virtud de las pruebas irrefutables o de las declaraciones de testigos, pasan de largo desplegando un grueso cortinaje, o despachando el asunto con un capotazo. Además, exculpan la responsabilidad del Gobierno de la República alegando que la autoridad competente no podía controlar todas las acciones violentas.

Hay relatos vergonzosos en esta historiografía absurda que lleva como fin distorsionar la realidad justificando y minimizando los crímenes del Frente Popular, y pretendiendo situar como víctimas a los <<valientes defensores de la República española y luchadores antifascistas>> los cuales fueron aniquilados y sus bienes robados y expoliados tras la victoria del bando Nacional. ¿Es preciso recordar los saqueos, robos y demás expolios ejecutados por las <<tropas revolucionarias>> sobre personas y bienes, para descubrir la verdad?

Sobre este tema tienen una gran responsabilidad ciertos escritores e historiadores que modifican a conciencia datos y situaciones con el fin de congraciarse con la ideología de izquierdas y así justificar su brillante apología del progresismo. Se pueden ver algunos ejemplos:

Las armas del barco Turquesa: Se requisó un gran cargamento. Los valedores de la gran Ley lo minimizan a unas cuantas pistolas y fusiles.

Se resta importancia a ciertos hechos delictivos cometidos y se critica la aplicación de la justicia a los mismos. Un ejemplo: En Dueñas, Palencia, los revolucionarios de octubre de 1934, después de su comportamiento habitual, trataron de apoderarse del importante nudo ferroviario de Venta de Baños, con el fin de vigilar los trenes que pasaban, y si venía alguno cargado de militares, meterlo en vía muerta para estrellarlo. En este caso se critica la condena a muerte que se hizo después, de cincuenta y dos personas (se conmutaron catorce). Esto se considera <<violencia franquista>>. Sucesos como este los hay a miles. Pero los <<defensores de la verdad>> los ocultan, adornan o relatan de la forma que a ellos les conviene.

Si estos desalmados hubieran conseguido estrellar algún tren, ¿qué pensarían los familiares de las víctimas? ¿Hubieran sido recordados por la <<Memoria Histórica>> los pobres chavales, muchos alistados a la fuerza, y enviados al matadero por el Gobierno republicano? ¿O tal vez sería mejor poner una medalla a los asesinos? Esto demuestra hasta qué punto se tergiversa la realidad de los hechos y se falsean datos acoplándolos a la conveniencia política de estos <<defensores>> de la verdad.

Por ello hay que dejar constancia de lo ocurrido, ahora que se puede, antes de que algún iluminado prohíba emitir cualquier comentario contrario a su magnífica Ley.

Es ignominioso el relato de Gabriel Jackson atribuyendo la represión del Frente Popular poco menos que a <<pandillas de jóvenes delincuentes>>, y exaltando las virtudes de los asesinos del Frente Popular cuando la CNT, la UGT y el partido comunista tenían sus listas de supuestos <<fascistas y saboteadores>> y establecieron comités para juzgarlos. Comités por cierto formados por una especie de gentuza. En principio ya eran culpables, pero si una pobre víctima podía probar su inocencia, le dejaban marchar tranquilamente a su casa con una guardia de honor, tras invitarle a una copa. Qué gran desfachatez. Hay que hacer un gran esfuerzo para distorsionar más la realidad. Como también es vergonzosa la actuación de Julio Aróstegui, premiado por el gobierno socialista con la cátedra complutense <<Memoria Histórica del Siglo XX>>, cuando explica que: <<Las víctimas de ambos bandos valen lo mismo, pero no los verdugos, de manera que equiparar a los muertos de ambos bandos es un error histórico y moral>>. Esto es incomprensible. Viene a decir que todas las víctimas son iguales, pero todos los verdugos no y, por tanto, las víctimas no son iguales. No cabe mayor aberración. Viene a decir que hay verdugos buenos a los que hay que premiar y verdugos malos a los que hay que castigar. Esto no es justificable ni siquiera en nombre de la libertad ideológica de cada cual. El disparate es que al atribuir valor a las víctimas no por sí mismas, sino por la cualidad circunstancialmente atribuida al asesino, la víctima termina convirtiéndose en algo irrelevante, sólo útil en la medida en que pueda ser identificada con los vencedores o con los vencidos, y por tanto interese o no interese relacionarla.

El tipo de verdugo se diferencia entonces en la simpatía ideológica que el historiador profesa a unos y niega a otros, pasando a ser reconocido de esta forma como verdugo bueno o verdugo malo. Lo cierto es que es difícil encontrar a lo largo de la historia verdugos que actuasen con tanta saña como los que lo hicieron en la España del Frente Popular.

Es una falsedad decir que para la inmensa mayoría de las personas, la lucha por la República y su régimen de libertades había valido la pena. La gente, la población, tanto civil como militar, estaba harta de pasar hambre, miserias, calamidades y soportar tanto sufrimiento y privaciones. Se deseaba el fin de la guerra, hasta tal punto, que, al final, la gente prefería la paz con Franco, que seguir con tantas penalidades y con un Gobierno que había llevado a la catástrofe más absoluta a todos, puesto que no existía ningún régimen de libertades. Sí lo hubo, pero de libertinaje, caos y barbarie.

Hubo una represión ejecutada por el bando nacional. Y hubo una represión, feroz, desencadenada por las fuerzas políticas del Frente Popular. Los que no pudieron tomarse una copa con los asesinos, pero simpáticos y amables revolucionarios de Jackson, porque los cariñosos verdugos de Aróstegui los habían matado, merecen que la Historia los trate, al menos con un poco de justicia y respeto.

Los historiadores proclives al Frente Popular se aplican a su objeto de estudio con un prejuicio de vencedores contra vencidos, tomando siempre partido por los vencidos, a los que quieren reivindicar a cualquier precio, incluso falseando la historia y modificando los hechos. Pero, ¿Cómo se puede considerar <<vencedor>> a alguien que ha sido apresado ilegalmente, torturado, amputado, quemado, arrastrado por un vehículo, fusilado y arrastrado a una fosa, por poner un ejemplo de <<victoria>> común en aquellos días?

Todos los hechos reprobables ocurridos en el bando o zona republicana, lo adjudican automáticamente al bando nacional. Ya se trate de ejecuciones, forma de administrar justicia, bombardeos, represalias… Hasta copian la idea de la famosa señal que en los informes decía quién debía ser ejecutado. Lo hacen cambiando la señal de un punto por la señal X-2 que seguía al nombre del detenido que decían poner en libertad, para después asesinarle.

Nunca hablan del disparate que cometió el Gobierno de la República al armar al pueblo, a los sindicatos, a las milicias de los partidos, y en definitiva, a la chusma. Se entregaron decenas de miles de armas, y pretenden hacernos creer que se trató de cuatro escopetas y rifles viejos y otras cuantas pistolas casi inservibles.

La realidad era bien distinta. Quien tenía las armas tenía el poder, y lo implantaba a sangre y fuego en un régimen de terror en el que nadie estaba seguro. Con la autoridad que les daba el inesperado acceso a las armas, que por supuesto no estaban interesados en devolver, los grupos de milicianos, organizaciones y demás chusma, orientaron la movilización hacia el control del poder, impulsados por el afán de venganza y el acceso a un botín de guerra fruto de la rapiña y los saqueos. Es otra verdad que no reconocen ni mencionan los defensores de esta deleznable Ley. La excusa que alegan al decir que se produjo el hundimiento del Estado tras el 18 de julio de 1936, no justifica las matanzas salvajes ni los expolios que se produjeron.

Y por supuesto, explican los hechos sucedidos, a su manera. Cuando los nacionales tomaban una ciudad, se producía un <<baño de sangre>>, pero cuando era al revés, se dice que era un logro exitoso de la República sobre los fascistas. Cuando había matanzas de presos en la zona republicana como represalia a un bombardeo, se desataba una vorágine de sangre y muerte que llamaban <<profilaxis social>>, una limpieza necesaria de los enemigos de clase.

Claro que cuando se habla de ayuda militar, se hace referencia a la prestada por Alemania e Italia a la España Nacional, pero no se menciona, o se hace de pasada, la prestada por la Unión Soviética del tirano Stalin a la República. Lo mismo sucede con la ayuda de personal, tropas y voluntarios, pero se minimiza la ayuda prestada por la URSS a la República que consistió en el envío de hombres, asesores, comisarios y demás propagandistas y activistas, así como la ayuda para formar las Brigadas Internacionales.

Siempre que se refieren al bando Nacional, lo hacen como el bando fascista, con desprecio. Cuando se refieren al bando republicano o a alguno de sus cómplices, no dicen el bando comunista, que es la expresión más deleznable y la ideología más abyecta que jamás existió. En su lugar dicen el bando republicano, el defensor de la democracia y la libertad. Es curioso que asesinar gente inocente y quemar iglesias fuera <<defender la libertad>>.

Hablan del bombardeo de ciudades, Guernika, Madrid, Barcelona, pero no dicen que la República bombardeó también ciudades, como Cabra, Aguilar de la Frontera, Valladolid, Salamanca, Córdoba, Sevilla, Granada, Jaén, Ávila, Palma de Mallorca, Zaragoza, Oviedo, Algeciras, Tetuán. Ceuta, Melilla, Larache, Pamplona, Huesca, Toledo, Teruel, Talavera, Cáceres, Segovia,

Burgos. Los aviones más utilizados eran los Tupolev SB-2 rusos. No hubo prácticamente ninguna ciudad de la España Nacional que se librara de los bombardeos republicanos.

En realidad, fue la República, la aviación del Frente Popular, quien inauguró el bombardeo de ciudades de la retaguardia, que no eran objetivos militares. Esta población civil estaba lejos del frente de guerra. Son los republicanos los principales culpables de estos crímenes, en contra de la postura oficial de la <<Memoria Histórica>> que constantemente está aireando el bombardeo de Guernica proclamando que solo el bando Nacional bombardeaba ciudades y a su población civil, causando el terror y un sinfín de víctimas. Por cierto, en la <<Memoria Histórica>> no figura por ningún sitio el pago de ocho millones de pesetas que la República hizo a Pablo Picasso, individuo muy altruista, por pintar el famoso cuadro que quedaría como alegoría del <<horror fascista causado por los bombardeos y la guerra>>. Es cierto que los aviones nacionales ametrallaban a la población indefensa cuando huía por carreteras y caminos, sí, es cierto. Pero los republicanos también lo hacían, y jamás lo admitieron. El nuevo método de guerra consistente en el bombardeo de poblaciones civiles indefensas, para causar terror, comenzó a utilizarse en España, y en la II Guerra Mundial alcanzó su mayor grado de salvajismo, por parte de todas las partes implicadas en el conflicto bélico.

Constantemente hacen mención a los créditos concedidos a Franco por París, Londres o Nueva York, pero no se menciona jamás el expolio cometido con las reservas de oro del Banco de España (las cuartas mundiales) y los miles de kilos de metales preciosos que fueron robados a los españoles, para ir a las manos de la URSS y ser fundidos y vendidos como una vulgar mercancía.

Y así, uno tras otro, van desgranando los hechos ejecutados por el bando Nacional, en la descripción que hace la citada Ley. Una colección de acusaciones y de embustes, falseando hechos y cifras para marear al personal y conseguir sus fines propagandísticos.

Hay una absurda obsesión por buscar y encontrar los huesos de los <<represaliados>> por el bando Nacional, y en concreto, por Franco. Puestos a buscar, podrían buscar también en Castelldefels, o en Turón (Granada), donde los frentepopulistas asesinaron a 80 inocentes, enterrando a las víctimas de toda la comarca en las zanjas abiertas en la construcción de una carretera.

También podrían buscar en la fosa Camuñas (Toledo), una antigua mina donde los milicianos fueron arrojando durante tres años a sus víctimas de Ciudad Real y de Toledo, incluso algunos vivos. Hechos semejantes ocurrieron en Almería, donde los milicianos de los comités arrojaban a los asesinados a pozos que luego sellaban. Por no hablar de Paracuellos del Jarama. También se podrían dignar estos mentecatos a mencionar el cementerio de Carrión de Calatrava (Ciudad Real), donde fueron arrojados a un pozo los cadáveres de unas ochocientas personas de distintos lugares, que fueron llevados allí para ser ejecutados. Entre ellos 170 víctimas religiosas, 14 novicios y el obispo. Crímenes similares sucedieron en Alcázar de San Juan, Santa Cruz de Mudela y Valdepeñas. Y así se podría enumerar una larga lista de lugares en toda la España de la zona republicana donde los crímenes cometidos pasan de la represión política a la patología criminal.

El que fue fiscal, García Torres, relata una buena colección de actos brutales, ejercidos por las milicias y los comités, alcanzando el grado máximo de horror en el campo de la tortura, la saña y la violación. Sin duda que hay buen tajo para buscar huesos.

Se ha defendido por algunos sectores la tesis de que el haber acortado la guerra mediante la rendición incondicional de la República o mediante un armisticio o una paz pactada, hubiese supuesto la muerte para miles de personas, la cárcel para decenas de miles de personas, y la seguridad de que España no volvería a ser un país democrático durante varias generaciones. Pero, ¿y si hubiese ocurrido al revés?; si la victoria hubiese sido de la República, ¿Hubiésemos estado mejor en un Estado satélite de la URSS, como los de la Europa del Este, servil a los dictados y forma de vida comunista? Francia tenía entonces de jefe de Gobierno al socialista Léon Blum y no alcanzó el grado de degeneración que alcanzó la República española.

Republicanos, socialistas, comunistas, anarquistas, nacionalistas e independentistas, ¿qué podría salir bueno de esta mezcolanza? Y todo porque cualquier gesto, por perverso que fuera, que apoyara la causa republicana era aceptado de buen grado y se le daba una calurosa bienvenida.

En ningún momento se menciona el famoso <<decálogo del joven socialista>> que el PSOE divulgaba en sus medios en 1934. Es un auténtico tratado de la violencia a seguir para alcanzar el poder. Es escalofriante y seguramente Pedro Sánchez, Pablo Iglesias y Carmen Calvo lo omitirán en su nueva Ley de Memoria Democrática y por la Verdad. ¿Democrática? Será sin duda un tratado más de adoctrinamiento y aborregamiento de la población ignorante.

Tampoco se revela en la <<Memoria Histórica>> la verdadera cara y actuación de Companys, como de tantos otros, cuyo recuerdo honran tan a menudo de forma vergonzosa para cualquier persona decente. Este tipejo clamaba en su periódico *La Humanitat* con motivo de los resultados electorales de noviembre de 1933:

<< ¡En pie de guerra! Ha ganado toda la tropa negra y lívida de la Inquisición y el fanatismo religioso, para apuñalar la democracia. No ha sido la Lliga ni Acción Popular la triunfadora. Ha sido, aquí y fuera, el obispo. Ha sido la Iglesia, ha sido Ignacio de Loyola. Es la hora de ser implacables, inflexibles, rígidos. Sin perder la serenidad, sólo hay que escuchar una voz, que resonará, si hace falta, en el momento preciso>>.

Está claro que se preparaba la insurrección armada. Debería tenerse en cuenta los 28 famosos puntos decretados por Companys en la guerra, muy ilustrativos del afán represivo que expresaban, pues en casi todos ellos este individuo proponía <<confeccionar listas de fusilables>>.

Es realmente demencial la obsesión de esta caterva defensora de la <Memoria Histórica>> por cambiar el nombre de calles y edificios públicos, quitando los de aquellos que fueron víctimas, y poniendo en su lugar los nombres de los verdugos o de los palmeros que los elogiaron.

Y sobre todo, habiendo condenado la Unión europea el comunismo y sus crímenes, al igual que hizo con el fascismo, especificando que en algunos países de la Unión Europea los partidos comunistas están prohibidos por sus innumerables crímenes, ha sido por muy buenas razones. El comunismo ha costado casi 105 millones de muertos en 100 años en todo el mundo, como ya se ha dicho. En España, los partidos que representan esta ideología no solo no han pedido perdón por sus crímenes, sino que defienden al régimen criminal que los cometió, la Segunda República, ensalzando a sus dirigentes en homenajes vomitivos que ofenden a la dignidad humana.

Resumiendo, esta historiografía parece trabajar bajo la sugestión de que reconocer los crímenes del bando republicano sería algo que solo beneficiaría a los vencedores. Por desgracia para ellos, no es así.

Estos historiadores han propuesto abiertamente la censura contra los libros de Historia, con el fin de desvirtuar la verdad, llevarla a su campo ideológico, engañando a las nuevas generaciones, y de paso deslegitimar el régimen anterior y la transición hacia el régimen democrático que ha permitido la normal convivencia entre todos los españoles. Por ello, antes de que caigamos en manos de un Gobierno déspota que tenga la ocurrencia de prohibir hablar de ciertas cosas, permitiendo hablar solamente de aquellas que considere correctas, limitando los hechos históricos a <<su verdad>>, es preciso dejar claro de una vez todo lo relacionado con esta época. En los libros está todo, pero no en todos.

Es impresionante la facilidad que tienen para darle la vuelta a los hechos que no les interesa que se sepan. Por ejemplo, en la visita que el jerarca nazi Heinrich Himmler realizó a España en 1940, en pleno apogeo del Tercer Reich Alemán, declaró haber quedado sobrecogido e impresionado por la sofisticación y el grado de crueldad alcanzado en las checas republicanas, en especial la de Vallmajor que visitó, pues en la huida del ejército republicano tras la derrota, quedaron intactas en su mayoría y se pudieron ver tal y como eran para ejercer su feroz represión. Se sorprendió porque las checas en España habían superado el cruel refinamiento de las checas soviéticas, donde nacieron. Pues bien, no mencionan nada del asunto.

Pero en cambio sí dicen estos energúmenos, sobre todo algún autor, que en esa visita Himmler quedó <<sorprendido>> de la intensidad con que actuaba la policía española, es decir, la policía de Franco. ¡Qué ironía y que ignorancia pretender que el artífice de la <<solución final>>, el plan para exterminar al pueblo judío, se sorprendiera de la actuación de la Justicia española tras una guerra que había devastado el país, que al fin y al cabo lo que hacía era buscar a los culpables de graves delitos para llevarlos ante la Justicia!.

La historia es tal y como ocurrió, sin poner méritos a unos y atribuir males a otros y debe relatar el desarrollo de los hechos tal como ocurrieron, haciendo comprender al lector dichos hechos para que este saque sus propias conclusiones. Es decir, sobre el motivo y las causas históricas que los motivaron. No decir toda la verdad es mentir en la verdad.

La guerra fue una desgracia colectiva para todos los españoles y una lacra para muchos años, y el único esfuerzo que merece la pena realizar es transmitir la cruda realidad de lo sucedido, para que no se repitan los mismos errores y vuelva a suceder la misma desgracia. Es tarea de todos luchar por la paz inculcando a las nuevas generaciones la serie de valores mínimos para lograr una sociedad en paz.

Ahí están los hechos, y que cada cual saque sus propias conclusiones. La Historia no se puede modificar en beneficio de unos ideales, por absurdos que sean. Recomiendo la lectura, la búsqueda y exploración de los hechos acontecidos y los datos reflejados, pues en la lectura está la base del conocimiento, y en su inobservancia, que conduce a la ignorancia, está la clave de todos los desastres.

40. REFLEXIONES FINALES. ERRORES DE LA REPÚBLICA. COINCIDENCIAS DE LA HISTORIA.

> *Un día callarán los fusiles y alguien dirá que ha llegado la paz, pero será mentira. La guerra estará en nosotros y nosotros en ella, inmóviles en este tiempo.*
>
> *José Ramón Arana - El cura de Almuniaced*

Hay una serie de hechos, situaciones y actuaciones que coinciden plenamente con lo sucedido muchos años atrás. Los políticos de izquierdas se comportan como auténticos matones de bandas mafiosas. Solo les interesa el poder y la aniquilación del adversario político. Para ello usan todos los medios a su alcance, desde la compra de jueces hasta la extorsión y la amenaza al débil.

Es cierto que las izquierdas están siempre pregonando el discurso guerra civilista, como víctimas, por supuesto, olvidando lo más importante, que todos fueron víctimas y que no hay que remover viejos rencores que no interesan a las generaciones jóvenes y venideras. Si no se hace así estaremos condenados a repetir los mismos errores.

Desde el 14 de abril de 1931, en que se proclamó la República, en unas elecciones municipales, no lo olvidemos, hasta su defenestración por las tropas del bando Nacional el 1 de abril de 1939, día en que acabó la guerra, y habiendo huido ya toda la lacra del Gobierno, dirigentes y demás mangantes, los distintos Gobiernos que se sucedieron en ese periodo citado, cometieron multitud de errores y arbitrariedades que fueron incrementándose en cantidad y en magnitud hasta alcanzar un nivel delirante propio de esquizofrénicos.

La administración de Justicia en la España de la II República había sido sometida, ya antes de la guerra, a un proceso de reforma revolucionaria que pretendía someter el Tribunal Supremo a la vigilancia política del Frente Popular. La justicia había caído bajo los mandatos revolucionarios.

La amplia amnistía de los delitos políticos y sociales cometidos después de noviembre de 1933, aunque no hubieran sido reconocidos como tales por los Tribunales, fue otro tremendo error. También lo fue la excarcelación inmediata de todos los revolucionarios de 1934 y también de cientos de presos comunes, entre los que había gentuza de toda clase, alegando motivos políticos o sociales, actitud muy frecuente entre los anarquistas.

Se produjo la devolución a la función pública a los traidores y conspiradores de los sucesos de 1934 y la readmisión de despedidos en las empresas por los hechos cometidos o por causar daños y destrozos en dichas empresas. Eran activistas que después dirigieron los comités revolucionarios, que fueron protagonistas de matanzas y otras barbaridades.

Se procedió a la depuración de los Tribunales expulsando de ellos a los profesionales identificados con la derecha, instituyendo así una justicia de Partido y consiguiendo de este modo el control del poder judicial, lo cual es una aberración. El cuerpo jurídico se formó con funcionarios aptos y de absoluta lealtad al régimen, es decir, al Frente Popular.

En el Ejército se produjo la depuración de mandos y en especial de cuantos tuvieron que ver en los sucesos de Asturias en 1934, en el desempeño de sus funciones, defendiendo la Constitución. También se hizo la depuración de las fuerzas de orden público desde una perspectiva estrictamente política, organizando el Cuerpo de Vigilancia con funcionarios aptos (sicarios más bien) y de cumplida lealtad al régimen, o sea, al Gobierno del Frente Popular.

Con estas depuraciones mostraban a los Agentes del Gobierno anterior como los culpables de la violencia revolucionaria que existía, exigiendo la investigación de responsabilidades y su castigo inmediato. Se procedió a la separación del servicio de los agentes que hubieran incurrido en malos tratos o parcialidad política anteriormente, a criterio de las fuerzas del Frente Popular.

La complacencia con los partidos radicales separatistas y de izquierda que apoyaban al Gobierno, y la concesión a los mismos de todas las arbitrariedades, medidas y actuaciones, aunque fuesen delictivas o demenciales, fue otro de los grandes errores, así como el permitir la entrada en el Gobierno a partidos separatistas, revolucionarios y terroristas que propugnaban y perseguían la destrucción de la Nación española.

El PSOE, Largo Caballero, quería ilegalizar a los partidos antirrepublicanos, que no acataban ni respetaban la bandera ni el himno nacional. Hoy se debería prohibir también la entrada en el Gobierno a los partidos que no respetan la Monarquía, ni respetan ni acatan el himno y la bandera, y menos aún las Instituciones. Fue un error permitir la entrada de estos partidos en el Gobierno.

Y por supuesto, otro error más, aunque este fue anterior, fue instaurar el fin de la libertad de expresión. El 28 de octubre de 1931 se consiguió, al cometer Azaña la tropelía de implantar la Ley de Defensa de la República. Esta Ley era una total aberración, pues limitaba la libertad de expresión y en algunos casos la prohibía. Se castigaba el mero hecho de manifestarse en contra de la República, así como dar noticias que pudieran perjudicar la <<paz>> de la República. Incluso la falta de celo de un funcionario se consideraba como un ataque al régimen.

En fin, los gobiernos que se sucedieron en el poder desde el 16 de febrero de 1936, tuvieron en su mano importantes herramientas restrictivas de los derechos ciudadanos: Los gabinetes prorrogaron sistemáticamente el estado de alarma proclamado por Portela Valladares el 17 de febrero, hasta el punto de que la totalidad de los 151 días que mediaron entre la toma del poder por Azaña y la dimisión de Casares Quiroga, transcurrieron con los principales derechos cívicos y políticos en suspenso, en la totalidad del territorio nacional. Este era el panorama previo al desastre.

Y como conclusión, se pueden citar situaciones que parecen calcadas de aquella triste época de miseria y destrucción. La utilización del término progresista. Es una palabra que siempre ha traído ruina a España. Los que se autodefinen como tales suelen ser personas cuyas actuaciones contradicen las ideas que proclaman. Suelen vivir del esfuerzo de los demás, con toda clase de lujos.

Lo que los facinerosos anarquistas llamaban <<gimnasia revolucionaria>>, refiriéndose a sus actos terroristas e incendiarios, hoy le llaman <<expresión democrática de libertad>>. Así lo definen algunos destacados individuos, miembros del Gobierno, advenedizos de la política que no han trabajado nunca, que propugnan la destrucción de España y de la pacífica convivencia de sus ciudadanos.

La rebelión e insubordinación de Cataluña de hoy es igual a la que protagonizó Companys cuando declaró la independencia de Cataluña en 1932. Companys vivió en desobediencia y rebelión, igual que hoy los líderes catalanes.

La incitación desde el Gobierno a la agresión comunista a los partidos opositores, es decir, a todos, en sus mítines y actos públicos, es descarada, convirtiendo a los agredidos en provocadores. Los partidos que promueven la violencia contra el adversario político, se definen como <<víctimas de ese adversario>>.

El Gobierno de continuos despropósitos que tenemos actualmente, usa palabras que en el pasado se emplearon en una época de sangre, terror y odio entre los españoles. La <<nueva normalidad>> que indica el presidente falsario, la usaba el Gobierno del Frente Popular de la República cuando asumió la administración institucional del orden público y la Justicia más o menos <<normalizada>>, al disolver las Patrullas de Control. Simplemente fue un cambio de verdugos.

La degeneración de la clase política gobernante es lamentable, llegando al punto de estar gobernados por auténticos fanáticos, salteadores y terroristas, que pretenden la imposición del pensamiento único a través del adoctrinamiento de masas desde bien temprana edad, sin importarles los medios utilizados, con tal de alcanzar sus oscuros fines.

41. HOMENAJE A LAS VÍCTIMAS

Jamás hubo guerras heroicas. Todas las guerras son sucias, porque el crimen es sucio. Imaginaba horrorizado una parte del mundo sirviendo de holocausto para que la otra parte fuera purificada. ¡La sangre de las víctimas lavaba las manos de sus propios asesinos!

Frederick Tristan - Extraviados

Siempre hubo ignorantes maliciosos, envidiosos, resentidos y fracasados. Se caracterizan por creerse, o tragarse lo primero que se les cuenta, sin molestarse en averiguar la verdad, y por supuesto, por no haber leído jamás un libro que les permita sacar alguna conclusión positiva. Su indigencia moral e intelectual les impide pensar si realmente merece la pena evocar aquella desdichada época en la que tantas víctimas padecieron los horrores provocados por la sed de sangre y el ansia de matar que se extendió por toda España. Los políticos sembraron el odio en España, y hay quien quiere resucitarlo de nuevo avivando las cenizas del odio y el rencor.

Aunque los medios del poder, manipulados por la izquierda, su política asquerosa plagada de mentiras, y el infame y más nefasto presidente que tuvo jamás España, José Luis Rodríguez Zapatero, junto a sus secuaces, se empeñaron en sacar adelante la llamada <<Ley de Memoria Histórica>>, no podrán cambiar la verdad de los hechos ni ocultar los crímenes cometidos durante la República y la Guerra Civil, la <<era dorada>> que esta chusma pregona y añora. El crimen nunca es justificable. En estas páginas están parte de los hechos, no todos, pues resulta irrealizable relatar con detalle todos los abusos y crímenes cometidos durante aquella triste época. Esto debe servir para rendir un honesto homenaje a las pobres víctimas de tanto disparate, antes de que algún mentecato prohíba leer, hablar o escribir sobre ciertos hechos históricos cuando no se adapten a su abyecta ideología establecida por Ley.

La verdad, el recuerdo, el respeto y el relato veraz de los hechos, es el mejor homenaje que se puede hacer a todas las víctimas del tremendo desaguisado que supuso la Guerra Civil en España, por el fracaso de la II República y de sus ineptos dirigentes.

DESENLACE FINAL Y TRISTE LECCIÓN

Cuando Juan Negrín regresó a Madrid, después de haber tocado Francia al huir de Barcelona, quiso tomar el mando absoluto de la situación. Al anunciar que el Gobierno volvía a Madrid, casi anunciaba que volvía él solo, y que el jefe del Gobierno era lo último que quedaba de la República. Ordenó una movilización general: desde los diecisiete a los cincuenta y cinco años. Todo varón quedaba incluido en el Ejército. Pero muchos se escondían, o huían: No se trataba ya de un problema de deslealtad, sino de que veían el final de la guerra. Nadie quería ser el último muerto: ni el último que matara.

Eduardo Haro Tecglen – Arde Madrid

<<*Stalin... Camarada Stalin:*

Hemos prolongado la lucha durante treinta y dos terribles meses.

Hemos perdido más de un millón y medio de españoles.

España tiene en sus ciudades y pueblos, en sus campos y puertos heridas de las que tardará años y años en curarse.

Hemos envenenado de dolor y odio a un pueblo de lo que no podrá curarse en cincuenta años.

¿Estás contento, camarada Stalin?... Si estás contento, camarada Stalin, ¿qué importa lo demás?... ¡Te seguimos creyendo!... ¡Te seguimos amando!... Ha muerto la Segunda República, pero existes tú! ¡Existe la Unión Soviética! ¡Existe la gran esperanza!...

¡Viva Stalin, nuestro jefe y maestro! ¡Viva! ¡Vivaaaaaaaaa!>>

Hombres Made in Moscú - Enrique Castro Delgado

SIGLAS Y ABREVIATURAS

CACDI – Centro Autónomo de Dependientes del Comercio y de la Industria

CEDA – Confederación Española de Derecha Autónomas

CHEKA – Policía Política Soviética que sustituyó a la Ojrana, la terrible policía secreta de los Zares rusos. Organismo de terror que era el brazo armado del gobierno de Lenin. Se aplicó el término Checa a los lugares de detención y tortura en la zona republicana durante la guerra civil española. Eran las llamadas cárceles del pueblo, controladas por grupos radicales de izquierda y anarquistas. En estos antros de muerte se asesinó a multitud de personas inocentes de una manera atroz. La Cheka se transformó en GPU, OGPU, NKVD y después en la famosa KGB.

CIEP – Comité de Información Electoral Permanente

CNT – Confederación General de Trabajo

CPIP – Comité Provincial de Investigación Pública

DEDIDE – Departamento Especial de Información del Estado

FAI – Federación Anarquista Ibérica

FET de las JONS – Falange Española Tradicionalista de las Juntas de Ofensiva Nacional Sindicalista.

FUE – Federación Universitaria Escolar

GNR – Guardia Nacional Republicana

GPU – Administración, Dirección o Agencia de Policía Política del Estado Soviético (Servicio de Inteligencia y Policía Política de acuerdo con el Consejo de Comisarios del pueblo de la URSS, precursora de la KGB).

GULAG – Dirección General de Campos y Colonias de Trabajo Correccional

JARE – Junta de Auxilio a los Republicanos Españoles

JJSS – Juventudes Socialistas

JSU – Juventudes Socialistas Unificadas

MAOC – Milicias Antifascistas Obreras y Campesinas

MVR – Milicias de Vigilancia de Retaguardia

NKVD – Comisariado del Pueblo para Asuntos Internos (Policía Política Soviética).

PCE – Partido Comunista Español

POUM – Partido Obrero de Unificación Marxista

PSOE – Partido Socialista Obrero Español

PSUC – Partido Socialista Unificado de Cataluña

RDA – República Democrática de Alemania

SERE – Servicio de Evacuación de Refugiados Españoles

SIEMD – Servicios de Inteligencia del Estado Mayor de la Defensa

SIM – Servicio de Información Militar (Zona Republicana)

SIPM – Servicio de Información y Policía Militar (Zona Nacional).

UGT – Unión General de Trabajadores

UMRA – Unión Militar Republicana Antifascista

URSS – Unión de Repúblicas Socialistas Soviéticas

BIBLIOGRAFÍA RELACIONADA Y LECTURAS RECOMENDABLES

Abad de Santillán, Diego - Por qué perdimos la guerra, G. del Toro, 1975

Agustí, Ignacio - 19 de Julio, 1965, Ed. Dig: Titivillus 2015

Agustí, Ignacio – Guerra Civil, 1972, Ed. Dig: Titivillus, 2015

Alberti, Jordi – La iglesia en llamas, 2008, Ed. Dig: Queequeg, 2014

Alcalá, César – Las checas del Terror, 2007, Ed. Dig: Titivillus 2015

Alía Miranda, Francisco – La agonía de la República, 2015, Ed. Dig: Titivillus, 2016

Álvarez Tardío, Manuel y Roberto Villa García - 1936 Fraude y violencia en las elecciones del Frente Popular, 2017, Ed. Dig: Insurgentes

Ansó Luis Mariano – Yo fui ministro de Negrín

Azaña, Manuel - La Velada en Benicarló, Espasa-Calpe S.A. 1981

Bahamonde Magro, Angel – Madrid 1939. La conjura del coronel Casado, 2014, Ed. Dig: Titivillus, 2014

Barea, Arturo – La forja de un rebelde, 1951, Bibliotex S.L. 2001

Baroja, Pío – Miserias de Guerra, 1951, Ed. Dig: Titivillus, 2015

Baroja, Pío – Rojos y blancos, Ed. Dig: Titivillus, 2015

Bernanos Georges – Los grandes cementerios bajo la luna, 1938, ediciones digitales Ugesan64, 2014

Bolloten, Burnett - El gran engaño, 1961, Ed. Dig: jandepora 2014

Bortenstein Mieczyslaw – El Frente Popular abrió las puertas a Franco, 1939, Ed. Dig: Titivillus, 2016

Buckley, Henry – Vida y muerte de la República española, 1940, Ed. Dig: Hermes10, 2014

Casanova, Julián – España partida en dos, 2013, Ed. Dig: Titivillus, 2015

Castro Delgado, Enrique - Hombres Made in Moscú, 1961, Ed. Dig: Bacha 15, 2014

Chaves Nogales, Manuel – A sangre y fuego, 1937, Ed. Dig: Emiferro, 2013

Chaves Nogales, Manuel – La defensa de Madrid, 1938, Ed. Dig: ugesan64, 2013

Corredoira, Blanco – Añoranza de guerra, 2011, Ed. Dig: Titivillus, 2015

Courtois, Stéphane, Nicolás Werth, Karel Bartosek, Jean-Louis Panné, Jean-Louis Margolin, Andrzej Paczkowski - El libro Negro del Comunismo, 1997, Ed. Dig: Deucalión - Achab1951, 2014

De Foxá, Agustín – Madrid de corte a checa, 1938, Ed. Dig: ugesan64, 2013

De Guzmán, Eduardo – La tragedia de Casas Viejas, Ed. Dig: ifilzm, 2014

De la Cierva, Ricardo – Carrillo miente, 1994, Ed. Dig: Titivillus 2015

De Vilallonga José Luis – Fiesta, 1983, Plaza y Janés, 1983

De Vilallonga José Luis – La caída, Plaza y Janés, 1982

Eslava Galán, Juan – Una historia de la guerra civil que no va a gustar a nadie, 2005, Ed. Dig: Red_S & JeSsE, 2014

Esparza, José Javier - El terror rojo en España, 2007, Ed. Dig: Titivillus 2019

Espinosa Maestre, Francisco, Pablo Gil Vico, José María García Márquez y José Luis Ledesma - Violencia Roja y Azul, 2010, Ed.Dig: ugesan64, 2014

Fraser, Ronald – Recuérdalo tú y recuérdalo a otros, 1979, Ed. Dig: jasopa1963, 2014

Gallego, Gregorio – Asalto a la ciudad, 1984, editorial Arcos Vergara 1984

Hernández Tomás, Jesús – Yo fui un ministro de Stalin, 1953, Ed. Dig: jandepora, 2014

Howson, Gerald – Armas para España, 1998 Ed. Dig: RLull, 2015

Iturralde, Juan – Días de llamas, 1979 Ed.Dig: Achab1951, 2013

Juliá, Santos, Julián Casanova, Josep María Solé i Sabaté, Joan Villarroya, Francisco Moreno – Víctimas de la guerra civil, 1999, Ed. Dig: ugesan64, 2014

Kurzman, Dan – El asedio de Madrid, 1980, Ed. Dig: ugesan64, 2013

Luca de Tena, Torcuato – Embajador en el infierno, 1955, Ed. Dig: Loto, 2014

Martínez Reverte, Jorge – La batalla de Madrid, 2004, Ed. Dig: ugesan64, 2007

Mata, Santiago – Holocausto católico, Los mártires de la Guerra Civil, 2013, Ed. Dig: Titivillus 2021

Ministerio de Justicia, 1943 – Causa General, Ediciones El Criticón SL, 2018

Mir, Miquel – Diario de un pistolero anarquista, 2007, Ed. Dig: Queequeg, 2014

Moa, Pío – Años de hierro, 2007, Ed. Dig: Titivillus, 2018

Moa, Pío – Los crímenes de la guerra civil y otras polémicas, 2004, Ed.Dig: Queequeeg, 2014

Moa, Pío - Sonaron gritos y golpes en la puerta, 2012, Ed. Dig: FleCos 2016

Payne, Stanley George – 40 preguntas fundamentales sobre la guerra civil, 2006 Ed. Dig: JeSsE, 2013

Payne, Stanley George – El colapso de la República, 2005

Payne, Stanley George – Por qué la República perdió la guerra, 2010 Ed.Dig: Bacha 15, 2014

Plá, Josep – Madrid. El advenimiento de la República, 1931, Ed. Dig: Troktrok, 2014

Reig Tapia, Alberto – Violencia y terror, 1990, Ed. Dig: Titivillus, 2016

Romero, Luis – Tres días de julio

Ruiz, Julius – El terror rojo, 2011, QualityEbook vo.75

Ruiz, Julius – Paracuellos. Una verdad incómoda, 2015 Ed. Dig: Titivillus, 2016

Sales, Joan – Incierta Gloria, 1956, Ed. Dig: ugesan64, 2013

Schlayer, Félix - Diplomático en el Madrid Rojo, 1938, Áltera 2005 SL

Schlayer, Félix - Matanzas en el Madrid republicano, 1938, Achab1951, 2013

Semprún, Alfredo – El crimen que desató la guerra civil, 2005, Ed. Dig: jandepora 2013

Sender Barayón, Ramón – Muerte en Zamora, 1990, Ed.Dig: Titivillus 2016

Solzhenitsyn, Alexander – Archipielago Gulag, 1973, 2002 MDS BOOKS/MEDIASAT

Suarez–Galbán Guerra, Eugenio – Balada de la guerra hermosa, 1983, Ed. Dig: Titivillus, 2016

Torres, Rafael – 1931 Biografía de un año, 2012, Ed. Dig: Titivillus 2015

Trapiello, Andrés – Las armas y las letras. Literatura y guerra civil 1936- 1339. 1994, Ed. Dig: ugesan64, 2013

Vidal, César – Checas de Madrid, 2003 Ed. Dig: jandepora, 2014

Zabala, José María – 1939 La cara oculta de los últimos días de la guerra civil, 2009 Ed. Dig: Titivillus, 2015

Jesús Peramo Moya

San Clemente, 6 de noviembre de 2021

Printed in Great Britain
by Amazon